《区块链法学》跨学科高级课程群课程建设项目

BLOCKCHAIN

新技术法学系列教材

丛书主编 郑 飞 王超毅

区块链法学

郑 飞 王熠珏 ◆主编

中国政法大学出版社

2024·北京

图书在版编目（ＣＩＰ）数据

区块链法学/ 郑飞，王熠珏主编.—北京：中国政法大学出版社，2024.4
ISBN 978-7-5764-1317-5

Ⅰ.①区… Ⅱ.①郑…②王… Ⅲ.①区块链技术－科学技术管理法规－中国 Ⅳ.①D922.17

中国国家版本馆CIP数据核字(2024)第025249号

书　名	区块链法学
	QUKUAILIANFAXUE
出版者	中国政法大学出版社
地　址	北京市海淀区西土城路 25 号
邮　箱	bianjishi07public@163.com
网　址	http://www.cuplpress.com (网络实名：中国政法大学出版社)
电　话	010－58908466(第七编辑部) 010－58908334(邮购部)
承　印	固安华明印业有限公司
开　本	720mm×960mm　1/16
印　张	25.75
字　数	440 千字
版　次	2024 年 4 月第 1 版
印　次	2024 年 4 月第 1 次印刷
定　价	98.00 元

从区块链 1.0 的比特币和数字货币，到区块链 2.0 的以太坊和智能合约，再到区块链 3.0 的价值互联网和元宇宙，区块链技术及其应用不断发展成熟。与此同时，区块链的法律问题也逐渐凸显出来：数字货币的法律属性和相关犯罪问题、智能合约对传统合同法的挑战、基于区块链技术的元宇宙法律问题、区块链证据的司法应用问题等。为此，国内高校纷纷成立区块链法学研究机构，最先成立的是广西民族大学华南区块链大数据法治战略研究院（2015 年），随后包括西安交通大学区块链技术与法律创新研究实验室（2017 年）、中国人民大学大数据区块链与监管科技实验室（2018 年）、中国政法大学青藤链盟研究院—区块链金融法治研究中心（2018 年）、西南政法大学人工智能法学院区块链法律创新联合实验室（2019 年）等机构成立。尽管研究如火如荼，但很少有法学院开设专门的区块链法学课程。最早开设专门区块链法学课程的是区块链法学先行者广西民族大学的齐爱民教授（2019 年），北京交通大学法学院则从2021 年春季学期起正式开设了"新技术法学跨学科本研贯通课程群"，包括人工智能法学、数据法学、区块链法学和网络法学、空天技术法学等。然而，至今区块链法学的学科体系仍然处于探索阶段，本教材试图为区块链法学提供一个初步的教材体系和学科体系，以供各大法学院校开设区块链法学课程参考。

为促进区块链技术的发展应用，习近平总书记在主持第十九届中央政治局第十八次集体学习时就明确指出，"要推动协同攻关，加快推进核心技术突破，为区块链应用发展提供安全可控的技术支撑。要加强区块链标准化研究，提升国际话语权和规则制定权"。党的二十大报告也进一步提出，"推动战略性新兴产业融合集群发展，……加强重点领域、新兴领域、涉外领域立法，统筹推进国内法治和涉外法治，以良法促进发展、保障善治。"希望本书能为加快区块链领域立法进程提供一点助力。

一、理论体系与篇章结构

本教材将区块链法的理论体系概括为"理论基础+场景应用"。所谓"理论基础"，是指区块链法的基础理论；所谓"场景应用"，是指区块链技术的各类应用场景及其法律问题。因此，本教材主要分为六编，共十八章，其基本结构体系如下：

第一编由第一章至第三章组成，为区块链法的基础理论。第一章主要讨论了区块链技术的发展史和基本原理，包括区块链的诞生背景、思潮演进、技术发展路径、基本原理、主要分类和基本特征等。第二章主要梳理了区块链的立法发展，包括国内区块链立法的演进、域外区块链立法情况、区块链立法的未来规制方向等。第三章主要提炼了区块链法学的基本原理，包括区块链法律规制的必要性、区块链法的基本定位、研究思路、概念内涵、基本特征和理论体系等。

第二编由第四章至第八章组成，为数字货币及其法律问题。第四章主要讨论了数字货币的基本范畴，包括数字货币的概念争议、基本特征、主要分类和法律属性等。第五章主要梳理了数字货币相关行为的法律问题，包括"挖矿"行为、发行行为和交易行为的法律问题。第六章主要探讨了数字货币交易平台的监管，包括数字货币交易平台的发展史、运营模式、国内外监管实践和监管逻辑等。第七章主要讨论了数字货币犯罪类型及其规制，包括对象型犯罪、工具型犯罪、名义型犯罪等。第八章主要梳理了央行数字货币及其法律问题，包括央行数字货币的概念、性质、特征、国内外实践和相关法律问题。

第三编由第九章和第十章组成，为智能合约及其法律问题。第九章主要讨论了智能合约的基本范畴，包括智能合约的概念、特征、架构、应用和发展桎梏等。第十章主要探讨了智能合约对合同法的冲击，包括智能合约的私法属性、基本性质和对合同法的制度冲击等。

第四编由第十一章至第十三章组成，为元宇宙及其法律问题。第十一章主要讨论了元宇宙的发展史和基本范畴，包括元宇宙的由来、概念和特征等。第十二章主要总结了元宇宙给实体法和程序法带来的法律冲击。第十三章主要探讨了元规范体系及其与法律的衔接，包括元规范的概念、特征、基本原则及其与法律的衔接问题。

第五编由第十四章至第十六章组成，为区块链的法律应用。第十四章主要梳理了区块链的司法应用，包括区块链在债权行为可视化、赋能刑事侦查、破解执行难等方面的应用。第十五章阐释了区块链证据，包括区块链证据的概念、类型、对传统电子数据的冲击、司法审查和未来展望等。第十六章主要讨论了区块链与知识产权保护问题，包括区块链技术与版权、专利、商标权和商业秘密的保护问题。

第六编由第十七章和第十八章组成，为区块链应用的法律问题。第十七章主要讨论了区块链金融业应用的法律问题，包括区块链在银行、证券、保险等行业应用的法律问题。第十八章主要梳理了区块链在其他领域包括政务、经济、民生、信息等领域应用的法律问题。

二、使用方法与配套资料

本教材主要借鉴了张保生教授主编的《证据法学》教材的编排体例和教学方法。在编排体例上，每章前有一个导读，每节后都列出了该节的要点和思考题，每章后还列出了本章阅读文献，不仅有利于展示知识的缘起与流变，而且还有利于学生进一步深入拓展学习。在教学方法上，因为区块链法学是一门新兴法学交叉学科，我们建议使用本教材时，教师可以采用启发式教学法，先布置学生阅读教材的有关章节及相关文献，用 1/2 课时进行引导性讲授，1/2 课时组织学生提问、研讨和答疑。

三、撰写分工与真诚致谢

"新技术法学系列教材"是主编们为北京交通大学法学院开设的相关系列课程专门组织编写的一套教材，主要包括人工智能法学、区块链法学、数据法学、网络法学，以及未来拟规划开设的生物技术法学等。本教材是其中的第二本，后续拟每年再编写一本。本教材由"北京交通大学法学院新技术法学教研团队""新技术法学虚拟教研室""新技术法学虚拟研究小组"，以及邀请的各高校师生和实务部门精英在集体研讨的基础上分工撰写，并由主编们统稿完成。各章节分工如下：

前言（郑飞）

第一编　区块链法学的基础理论

第一章　区块链概述（夏晨斌、王超毅、姚建业）

本教材的编写程序为五审。其中，一审为主编形式审；二审为副主编实质审；三审为专业老师专业审；四审为主编、副主编系统审；五审为读者校对审。

本教材是集体智慧的结晶，由国内14所高校的师生和9个实务部门的精英共计36位同仁联袂完成，历时3年多。感谢各位同仁的辛勤付出，他们是：

夏晨斌，江苏耀时跨境数据合规研究院特邀研究员

王超毅，北京市中闻（上海）律师事务所合伙人

姚建业，武汉迭驰科技有限责任公司法务总监

马　贺，华东政法大学副教授

郑　飞，北京交通大学法学院副教授、副院长

马国洋，北京交通大学法学院助理教授

许　可，对外经济贸易大学法学院副教授

周彦中，上海金桥股份有限公司解决方案经理

黄赤橙，北京交通大学法学院助理教授

李柯柯，海南海航二号信管服务有限公司法务监察部业务经理

肖梦黎，华东理工大学法学院讲师

方斯怡，广西壮族自治区高级人民法院法官助理

劳霈靖，浙江省海宁市人民检察院检察官助理

王熠珏，北京交通大学法学院助理教授

王俣璇，北京交通大学法学院副教授

王毅纯，北京交通大学法学院副教授

郑卓奇，银行业信贷资产登记流转中心业务经理

赵精武，北京航空航天大学法学院副教授

程　莹，中国信通院政策与经济研究所高级工程师

张玉洁，广州大学法学院副教授

李晓东，燕山大学文法学院讲师

崔世群，中国政法大学法学博士

胡　丽，广西民族大学法学院副教授、广西知识产权发展研究院副院长

柴　鹏，中国政法大学法学博士

陶佳钰，浙江省知识产权研究与服务中心助理研究员

黄尹旭，中国人民大学交叉科学研究院博士后研究人员

黄　琳，北京交通大学法学院助理教授

张美慧，天津财经大学法学院讲师

姚佳琦，华东政法大学司法鉴定专业硕士研究生

李　夏，北京理工大学国际法学专业硕士研究生

郑　日，中国政法大学数据法学专业硕士研究生

郭　佳，北京交通大学民商法学专业硕士研究生

崔佳宇，四川大学南亚研究所国际关系专业硕士研究生

符　缤，中国政法大学证据法学专业硕士研究生

张　良，北京交通大学法律硕士专业研究生

其中，特别感谢中山大学法学院熊晓彪副教授为本书第十五章提供了宝贵的修改意见，以及北京交通大学法学院本科生刘天、中国政法大学数据法学专业硕士研究生郑日对全书进行了仔细的通读校对。

此外，还要特别感谢中国政法大学出版社第七编辑室牛洁颖主任和崔开丽编辑的精心组织和编辑，以及北京交通大学法学院张立学书记和李巍涛院长的关心与支持！

最后，要特别强调的是，区块链法学是一个新兴法学交叉学科，呈方兴未艾之势，而本教材只是一块毛坯青砖，在烧制过程中难免有诸多错漏之处，希望借此能够引出更多的精美之玉。恳请诸位读者多多给本教材提各种改进意见（电子邮箱：zf591014@163.com），我们将在第二版修订时持续修改完善。

郑　飞

2021 年 6 月 21 日于红果园起草

2022 年 11 月 30 日于宝禄斋修订

2023 年 3 月 1 日于红果园修订

2023 年 8 月 18 日于宝禄斋修订

CONTENTS
目　录

第三编　智能合约及其法律问题

第四编　元宇宙及其法律问题

第五编　区块链的法律应用

第一编

区块链法学的基础理论

区块链法学的基础理论将聚焦以下三个问题：

一是回溯区块链技术的发展历程，涉及（1）区块链的诞生背景；（2）区块链技术背后的思潮演进；（3）区块链技术发展的三个重要发展阶段：比特币与数字货币、以太坊与智能合约、价值互联网与元宇宙；（4）区块链的类型，以权限架构为标准或以组织架构为标准的分类；（5）区块链的基本特征，包括复杂性、匿名性、去中心化、不可篡改性和可追溯性。

二是梳理区块链的立法发展史，包括（1）国内区块链立法演进的四个阶段；（2）域外代表性国家或地区的区块链立法情况，如英美国家、欧盟、日本等；（3）区块链立法的未来规制方向。

三是提炼区块链法学的基本原理，涉及（1）从行为论、过程论和价值论三个维度探寻区块链被予以法律规制的缘由；（2）区块链法学的基本定位和研究思路；（3）区块链法的概念和基本特征；（4）从立法论和解释论展开讨论区块链法学的理论体系。

第一章
区块链概述

【导读】

观念货币的诞生使记账本身成为一种货币的表现形式和信用支撑。但中心化记账模式始终面临信用危机，因此，去中心化记账技术成了观念货币发展的现实需求。在反主流文化运动、货币非国家化、密码朋克等技术思潮的化反下，基于分布式记账技术的比特币诞生了。而作为底层技术的区块链也登上了历史舞台。区块链，就是一种由哈希算法、共识机制及对等网络技术构建的，由数据区块以链式结构组成的网络。该网络共有网络层、数据层、共识层、合约层和应用层等五层架构，具有复杂性、匿名性、去中心化、不易篡改性、可追溯性等特征。

第一节　区块链简史

区块链作为新一代信息技术具有重要战略价值，被认为是继个人 PC、互联网、智能手机之后科技领域的第五次颠覆式创新，是人类信用化史上继血亲信用、贵金属信用、央行法币信用之后的第四个里程碑。区块链能够通过数据加密、时间戳、分布式共识和经济激励等手段，在节点无信任的分布式系统中实现基于去中心化信用的点对点交易，解决了长期困扰中心化机构的交易高成本、低效率和数据不安全等问题。[1]

---

〔1〕　参见武岳、李军祥："区块链 P2P 网络协议演进过程"，载《计算机应用研究》2019 年第10 期。

一、区块链的诞生背景

（一）观念货币诞生

纵观人类历史，货币形态演化极其缓慢。[1]人类最早使用货币的记录可以追溯至冰河末期，但是具体时间难以考究。[2]从经济学角度出发，货币本质是商品与信用的综合体，具有商品与信用的二重性。[3]商品性是指货币是一种充当一般等价物的商品，在商品交易中充当着交易媒介作用。有学者对其作了形象举例，"从直接的物物交换（谷子—斧子）过渡到间接的物物交换（谷子—黄金—斧子）——货币充当交换媒介——黄金作为充当一般等价物的商品就登上了经济舞台"。[4]信用性是指货币具有债权债务表示功能。货币持有者能基于此功能向债务方要求特定权利实现。在现代国家货币体系中，该信用通常来自国家背书。[5]

商品经济的发展推动了货币形态的转变，货币形态的转变也推动了货币属性重心的移动。当以金银为主的商品货币向以纸币为主的信用货币演进时，也推动了货币属性向信用性偏移。[6]纸币的出现迈出了货币信用化的第一步，货币票据化则实现了信用货币的关键拼图。正如《资本论》中所言"商品不是为取得货币而卖，而是为取得定期支付的凭证而卖"。[7]从金银到纸币再到票据，随着货币商品性的消解和货币信用性的增强，货币本身的价值性和有体性也面临消解。这一消解进程在凯恩斯货币理论被西方国家用于对抗金融危机时达到了高潮。凯恩斯主义认为货币是可被用于干预国家经济的工具，货币本身具有经济政策功能，可以调控国家的总需求。[8]基于此种认识，凯恩斯进一步提出

---

〔1〕 参见刘昌用："货币的形态：从实物货币到密码货币"，载《重庆工商大学学报（社会科学版）》2020年第2期。

〔2〕 参见刘新华、郝杰："货币的债务内涵与国家属性——兼论私人数字货币的本质"，载《经济社会体制比较》2019年第3期。

〔3〕 参见李黎力、张红梅："基于交易与基于债务的货币本质观之比较"，载《当代财经》2014年第10期。

〔4〕 参见方建国："商品与信用：货币本质二重性的历史变迁"，载《社会科学战线》2020年第2期。

〔5〕 参见刘新华、郝杰："货币的债务内涵与国家属性——兼论私人数字货币的本质"，载《经济社会体制比较》2019年第3期。

〔6〕 参见方建国："商品与信用：货币本质二重性的历史变迁"，载《社会科学战线》2020年第2期。

〔7〕 参见［德］马克思：《资本论》第3卷，中共中央马克思恩格斯列宁斯大林著作编译局译，人民出版社2004年版，第450-451页。

〔8〕 参见伍戈、谢洁玉："论凯恩斯主义的理论边界与现实约束——国际金融危机后的思考"，载《国际经济评论》2016年第5期。

了记账货币概念，并认为记账货币是表示债务、物价与一般购买力的货币。[1]
记账货币的出现使得货币的实体性近乎消解，货币成为一种信用在观念上的数字体现。这种转变使得货币演化为了观念货币。

观念货币顾名思义就是"既无内在价值，也无具体的物质形体，仅以观念的形态而存在"。[2] 电子货币就是典型的观念货币，如网银支付、微信支付和支付宝支付。在电子货币交易场景中，不会出现真实的货币物，人们转账的仅仅是一串数字。人们基于对银行或大型企业的信用信任的观念而确信一串数字能兑付相应的货币。观念货币的诞生使得货币的金融属性进一步得到解放，并迈出了由实物货币向虚拟货币演进的关键一步。

（二）中心化记账信用危机

电子货币和第三方支付改变了信用的支撑点，以纸币为主的信用货币的信用支撑直接来源于国家，而电子货币及第三方支付的信用支撑来源于人们对银行和支付企业的信赖。这一信用体制能够正常运作的前提是交易双方的价值转移能够及时、有效并且诚实地被记录下来。传统的信息互联网依靠 TCP/IP 协议搭建，这一协议能够有效实现信息的高速传输，包括对价值转移信息的传递，但是该协议无法确认账本信息记录的真实性，也无法直接进行价值转移。因此，信息互联网下的信用支撑很大程度上是一种观念信用。这一观念或来源于对大型第三方平台的信任，或来源于对银行与政府承诺的信任。[3]

电子货币与第三方支付在带来诸多便利的同时，中心化记账下观念信用的诸多问题也随之而来。首先是观念信用的主观性导致该信用极其脆弱。平台的信用来源于主观确信，因此，这一信用极易受到市场信息影响，从上海畅购到支付宝，平台挤兑事件时有发生。其次是中心化记账模式下的诚实性问题，这一问题体现在两个方面，一是账本信息记录没有诚实反映价值转移。例如，在 e 租宝案中，平台的非法集资与违规放贷行为就属于此类行为，e 租宝未能诚实反映用户资金账户的价值转移情况。二是记录过程中做了不忠于客户的非权限操作。这类情况十分普遍，主要体现在未经许可擅自收集用户交易信息上。再次是中心化记账模式带来的平台垄断和不正当竞争问题。当前我国主流支付平

---

〔1〕　参见［英］凯恩斯：《货币论（上卷）：货币的纯理论》，何瑞英译，商务印书馆 1996 年版，第 5-6 页。

〔2〕　参见谢太峰："观念货币是货币形式发展的最高阶段"，载《郑州大学学报（哲学社会科学版）》1995 年第 1 期。

〔3〕　参见黄芸芸、蒲军：《零基础学区块链》，清华大学出版社 2020 年版，第 7 页。

台为支付宝和微信。由于在不信任环境中构建观念信用的成本极其高昂，少有企业可以进入这一市场。此外，e 租宝此类事件的发生也不断稀释了第三方平台的公信力，进一步推高了信用构建门槛，同时为大型平台构建垄断市场挖掘了护城河。而支付宝与微信之间及其与其他平台之间依靠支付垄断进行不正当竞争的案例不胜枚举，在此不做展开。

可见，分布式、客观的、不可篡改的记账模式成了观念货币发展的现实需要和理性呼吁。

二、区块链的思潮演进

（一）反主流文化运动

20 世纪 60 年代美国爆发了大规模反主流文化运动。自由、平等、解放、反对强权等充斥反主流文化，这一思潮促使反主流文化者开始建立自治公社。最典型的代表即斯图尔特·布兰德于 1968 年创办的《全球概览》杂志。这一杂志对日后信息技术产业和赛博文化产生了深远影响。[1]

反主流文化对赛博文化的影响不局限于宏大的自由、平等叙事上。反主流文化还在微观层面赋予了赛博文化两个重要特质：一是跨学科协作思想，二是跨学科协作思想的反体制化。

（二）货币非国家化思想

货币的非国家化思想由著名经济学家哈耶克于《货币的非国家化》一书中提出。[2]如果说反主流文化运动为区块链的诞生奠定了最初的思想文化基础，那么货币非国家化思想则为比特币及其区块链技术提供了方法论指引。货币非国家化思想颠覆了人类社会长期以来关于货币的元叙事，彻底改变了传统货币学派关于货币发行权的中心主义基础构造，为货币发行权的去中心化构造奠定了理论基础。囿于时代所限，哈耶克的货币非国家化思想缺乏落地的具体设计，仍有诸多瑕疵。但是，去中心化货币思想仍然使比特币及其区块链技术抵达黎明前夜。正如哈耶克在《货币的非国家化》一书最后一页书写的那样，"国家

---

〔1〕 参见 [美] 弗雷德·特纳：《数字乌托邦：从反主流文化到赛博文化》，张行舟等译，电子工业出版社 2013 年版，第 65-103 页。

〔2〕 参见 [英] 弗里德里希·冯·哈耶克：《货币的非国家化》，姚中秋译，新星出版社 2007 年版，第 3 页。

货币终将消失——不过是早晚而已"。[1]

（三）密码朋克（Cypher Punk）

1988 年蒂姆·梅发表的《加密无政府主义者宣言》和 1993 年艾瑞克·雨果发表的《密码朋克宣言》标志着密码朋克思想的诞生。[2]密码朋克为比特币及其区块链技术的诞生送上了临门一脚，填补了去中心化货币落地的关键环节。

1996 年，克林顿政府提出"信息高速公路计划"以后，颁布了《1996 年电信法》。该法构建了整个通信市场规范的基础，目的在于通过立法减少障碍，实现通信市场最大的自由。[3]然而《1996 年电信法》的颁布，却加剧了知识产权垄断，并对坚持数字技术乌托邦主义的赛博文化产生了严重冲击。为了打破这一垄断，捍卫赛博文化传统，上述两个宣言诞生了。在两个宣言的号召下，恪守数字技术乌托邦主义的黑客、程序员、密码学家以及自由主义者共同搭建了密码朋克技术小组。

密码朋克技术寄希望于运用加密技术对抗大企业、大资本对知识产权的垄断。得益于信息技术革命，早期诞生于军工学联复合体的加密技术逐渐失去了官僚控制属性。在密码朋克运动的推动下，曾经被视为国家控制机器的加密技术成了公民个人隐私与权利保障的平权工具。[4]密码朋克运动再次呼唤了赛博文化的回归，打破了加密技术的垄断，更重要的是为去中心化货币系统的落地提供了关键一招。

密码朋克带来的大规模加密技术讨论，促成了多种密码技术，如公钥加密技术、哈希算法、可信时间戳等。正是这些技术为去中心化数字货币思想的落地提供了技术可能。最终，比特币的缔造者——中本聪完成了赛博文化、去中心化货币、数字加密的融合集成，搭建了世界上第一条区块链。

---

〔1〕 参见 ［英］弗里德里希·冯·哈耶克：《货币的非国家化》，姚中秋译，新星出版社 2007 年版，第 219 页。

〔2〕 See Timothy C. May, The Crypto Anarchist Manifesto, November 22, 1992, http://www.activism.net/cypherpunk/crypto-anarchy.html. Eric Hughes, A Cypherpunk's Manifesto, March 9, 1993, https://www.activism.net/cypherpunk/manifesto.html.

〔3〕 参见张樊、王绪慧："美国网络空间治理立法的历程与理念"，载《社会主义研究》2015 年第 3 期。

〔4〕 参见杨昊："区块链：从密码朋克到人类命运共同体"，载《国际论坛》2021 年第 2 期。

三、区块链的技术发展路径

(一) 区块链1.0

2008年10月，中本聪在互联网上发表了一篇论文《比特币：一种点对点的电子现金系统》，首次提出了区块链的概念，并于2009年1月3日，在位于芬兰赫尔辛基的一个小型服务器上挖出了第一个区块——创世区块。以比特币为主的加密货币是区块链1.0的典型代表。因此，区块链1.0的主要功能指涉也与货币功能息息相关，包括分布式记账、转账、流通交易等。从其技术架构来看，大致包括五个层级，分别是加密货币、激励层、共识层、网络层和数据层。[1] 这一五维设计构成了区块链技术的初始技术架构，如表1.1所示。

表1.1 区块链1.0技术架构

加密货币		
激励层	货币发行	货币挖掘	货币分配
共识层	工作量证明机制（PoW）		
网络层	P2P点对点网络		
数据层	区块数据	梅克尔树	哈希值

作为1.0时代的区块链与其说是一项独立的信息技术，倒不如说是比特币的附庸。区块链1.0是比特币的底层关键技术，其被设计的目的就是支撑和验证比特币的可行性。因此，区块链1.0时代，区块链技术与比特币深度绑定。无论是其技术外在表现形式还是价值体现都落脚在比特币上。因此，1.0时代的区块链技术仅充当比特币网络中存储交易数据总账本的功能。其技术应用场景也相对单一，主要用于私人加密货币的开发。

从技术角度来说，区块链1.0的最大贡献在于解决了"拜占庭将军难题"，并发明了共识机制，从源头解决了不信任网络中的信任问题。"拜占庭将军难题"是分布式系统中节点达成共识的经典问题，最早由莱斯利·兰伯特等在1982年提出。[2] "拜占庭将军难题"的核心任务是构建一个机制，并使得拜占

---

〔1〕 参见黄芸芸、蒲军：《零基础学区块链》，清华大学出版社2020年版，第19页。

〔2〕 参见陆歌皓、谢莉红、李析禹："区块链共识算法对比研究"，载《计算机科学》2020年第A1期。

庭的将军们能在一个有叛徒的猜疑链环境中，建立信息信任和战术共识。共识机制便来源于这一问题的思考。共识机制重点要解决分布式网络环境下如何实现互不信任的节点上数据的统一性，以及不同节点间针对特定操作状态（如"提交"或"回滚"）的一致性，即通过共识机制使分布式节点达成一致性或取得稳定的状态。[1]通常来说共识机制包含两部分，即一致性和共识性。一致性是指区块链网络节点数据状态是否一致。共识性是指区块链网络节点在数据一致的前提下达成统一结果。[2]区块链1.0比特币系统便是使用了工作量证明机制（PoW）。

（二）区块链2.0

区块链2.0的代表是以太坊，以太坊的建立标志着区块链不再被仅仅视为加密货币和支付系统的一部分，其具有了可扩展的独立技术属性。[3]2013年，加拿大滑铁卢大学的维塔利克·布特林利用比特币底层区块链技术，开发了名为"以太坊"的项目，并实现了通证（Token）合约交易，这使得区块链从最初的货币体系拓展到股权、债权和产权等更为广泛的金融领域。[4]相较于区块链1.0而言，区块链2.0取得了两方面主要技术突破，一是共识机制多元化，不再局限于PoW，二是依靠智能合约实现了区块链技术的可拓展性，区块链技术层次结构发生了变化，如表1.2所示。

表1.2 区块链2.0技术架构

应用层	DApp		
智能合约层	智能合约		
共识层	工作量证明机制（PoW）	权益证明机制（PoS）	混合机制（PoW+PoS）
网络层	P2P点对点网络		
数据层	区块数据	梅克尔树	哈希值

共识机制方面，区块链增加了多种共识算法，如权益证明机制（PoS）、委托权益证明机制（DPoS）等。不同的共识算法各有千秋，例如，PoW虽然解决

---

〔1〕 参见王群等："区块链共识算法及应用研究"，载《计算机科学与探索》2022年第6期。

〔2〕 参见武岳、李军祥："区块链共识算法演进过程"，载《计算机应用研究》2020年第7期。

〔3〕 参见黄芸芸、蒲军：《零基础学区块链》，清华大学出版社2020年版，第23页。

〔4〕 参见"区块链3.0时代即将来临"，载新华社客户端，https://baijiahao.baidu.com/s？id=1648 950599534382223&wfr=spider&for=pc，最后访问日期：2023年2月8日。

了最基础的信任共识问题，但存在效率低、功耗大、去中心化程度低等问题。PoS 虽然改良了 PoW 的诸多缺陷，但是其又无法有效应对无利害攻击和长程攻击。混合机制（PoW+PoS）综合了 PoW 和 PoS 的优点，能够有效解决分叉与攻击问题，但混合机制的吞吐量与拓展性却相对较差。[1]技术特征多样化的共识算法能够适应更加多元化的应用需求，为区块链的可拓展性提供了技术可能。

智能合约方面，其构想最早由尼克萨博提出。[2]所谓智能合约，是指以数字化形式定义的一系列承诺，包括合约参与方可以在上面执行这些承诺的协议。以太坊提供一种基于图灵完备语言的智能合约，也是最早的图灵完备智能合约。[3]智能合约是以太坊系统的灵魂，如果说比特币是利用区块链技术的专用计算器，那么以太坊就是利用区块链技术的通用计算机。与比特币相比，以太坊支持更加强大的脚本语言，并允许开发者在上面开发任意去中心化应用（DApps）。[4]这一特征使得区块链具有了可编辑功能，极大拓展了区块链的应用潜力。

（三）区块链 3.0

区块链 3.0 时代意味着区块链应用范围超越了金融范畴，拓展到社会各个领域并成为社会的一种最底层的协议，[5]这种底层协议的形态就是价值互联网（Value Internet，VI）。目前学界与实务界普遍认为区块链是价值互联网的关键基石。[6]2021 年，蔡剑教授在《价值互联网：超越区块链的经济变革》一书中为价值互联网的概念做了定义。简言之，所谓价值互联网是指运用区块链技术，

---

〔1〕 参见邓小鸿等："主流区块链共识算法对比研究"，载《计算机应用研究》2022 年第 1 期。

〔2〕 尼克·萨博最早于 1994 年的文章中提出了智能合约的概念，See Nick Szabo, Smart Contracts, 1994, http://www. fon. hum. uva. nl/rob/Courses/InformationInSpeech/CDROM/Literature/LOTwinterschool2006/szabo. best. vwh. net/smart. contracts. html. 随后他在 1995—1997 年，又撰写了多篇文章进一步讨论了智能合约的相关问题，See Nick Szabo, Smart Contracts Glossary, 1995, https://www. fon. hum. uva. nl/rob/Courses/InformationInSpeech/CDROM/Literature/LOTwinterschool2006/szabo. best. vwh. net/smart_ contracts_ glossary. html. Nick Szabo, Smart Contracts：Building Blocks for Digital Markets, 1996, https://fon. hum. uva. nl/rob/Courses/InformationInSpeech/CDROM/Literature/LOTwinterschool2006/szabo. best. vwh. net/smart _ contracts _ 2. html. Nick Szabo, Smart Contracts：The Idea of Smart Contracts, 1997.

〔3〕 参见范吉立等："区块链系统中智能合约技术综述"，载《计算机科学》2019 年第 11 期。

〔4〕 参见"百度安全研究院：区块链智能合约介绍"，载 CSDN，https://blog. csdn. net/baidu_ secrity/article/details/107814007，最后访问日期：2022 年 7 月 21 日。

〔5〕 参见"区块链 3.0 时代即将来临"，载新华社客户端，https://baijiahao. baidu. com/s? id = 1648950599534382223&wfr=spider&for=pc，最后访问日期：2023 年 2 月 9 日。

〔6〕 参见石菲："区块链：成为价值互联网的基础设施"，载《中国信息化》2019 年第 11 期。

以数字产权为载体构建的价值流通网络。[1]

尽管目前以价值互联网为代表的 Web 3.0 尚处于将来时态，但是已经有学者对其未来形态和技术方向展开了构想。例如，区块链专家赵刚曾指出，以区块链为基石的价值互联网是实现价值在互联网上自由流动的平台、是记录万物资产流转的账本、是数据确权基础上实现数据资产流通的关键支撑、是驱动经济发展的新引擎和社会治理体系的新方法。[2]此外，也有学者从微观技术角度出发对价值互联网时代的区块链进行了展望，例如，区块链数据模型将实现从有链向无链的转变，快速的区块链网络和稳健的区块链网络治理模型将被构建，不同数据结构、不同共识机制的异构多链将被可直接交互操作的系统整合，以减少区块链碎片化的影响，提高区块链网络的效率与兼容性。而且，3.0 时代的混合链将能够连接多个异构区块链系统，实现更多的操作功能并满足更加多样化群体需求。[3]

区块链 1.0 解决了分布式记账与共识机制问题，区块链 2.0 丰富了共识机制并依靠智能合约赋予了区块链技术可拓展性，区块链 3.0 则依托可拓展性变点、线为网络，将传统的信息互联网升级为了价值互联网，为互联网带来了颠覆式变革。

■ 要点

1. 区块链的诞生背景是观念货币的诞生和中心化记账模式面临信用危机，观念货币发展与中心化记账产生了不可调和的矛盾。

2. 比特币及其底层技术区块链的诞生是反主流文化运动、货币非国家化、密码朋克等技术思潮演进化反的结果。

3. 区块链技术发展史大致可以分为区块链 1.0 比特币时期，区块链 2.0 智能合约时期和区块链 3.0 价值互联网时期。

■ 思考题

1.1 简述区块链技术思潮的三个时期及其主要思想。
1.2 简述区块链技术发展的三个时期及其主要表现。

---

〔1〕 参见蔡剑：《价值互联网：超越区块链的经济变革》，清华大学出版社 2021 年版，前言页。
〔2〕 参见赵刚：《区块链：价值互联网的基石》，电子工业出版社 2016 年版，第 167 页。
〔3〕 See Hai JIN, Jiang XIAO, "Towards trustworthy blockchain systems in the era of 'Internet of value': development, challenges, and future trends", *Science China* (*Information Sciences*), Vol. 65, No. 5, 2022, pp. 250-260.

第二节　区块链原理及基本特征

一、区块链基本原理

（一）最简区块链结构

区块链是以区块为单位，按照时间顺序相连组成的一种链式数据结构。[1]其中区块是组成区块链的基本单位。所谓区块是存储交易信息的数据集合。区块包含区块头和区块体，区块头具有追溯、计时和防篡改的基本功能。如图1.1所示，前区块的哈希值存储在本区块的区块头（Block Header）中，因此区块链上除创世区块外的任意区块都可以通过区块头存储的哈希值追溯上一区块的位置，并对上一区块进行锚定，持续重复这一过程就可以追溯到创世区块。除哈希值外，区块头还包括时间戳和梅克尔树根。其中时间戳是指特定区块在1970年1月1日格林尼治时间00∶00∶00（北京时间1970年1月1日08∶00∶00）到当前的总秒数间生成的具体时间。时间戳的功能在于记录数据成功存储于区块链上的时间。梅克尔树根则是区块体中所有层级数据通过哈希函数SHA256递归计算得到的最终值。

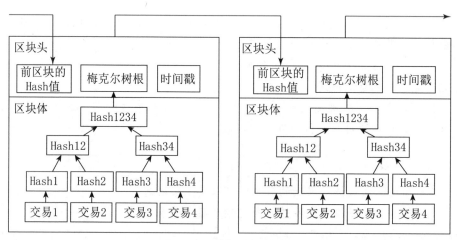

图1.1　区块链链式结构

---

〔1〕　参见"区块链：改变价值传递方式"，载中华人民共和国国家互联网信息办公室，http://www.cac.gov.cn/2019-05/21/c_ 1124523022. htm，最后访问日期：2023年2月14日。

除区块头外，一个完整的区块还包括区块体，区块体主要用于交易数据记录。如图 1.1 所示，区块体通过梅克尔树的数据结构形式对交易数据进行递归计数并形成树状结构。梅克尔树的构建过程是一个递归计算散列值的过程。交易 1 的数据信息经过哈希函数 SHA256 计算后得到 Hash 1，交易 2、交易 3、交易 4 同样经过上述计算分别算得 Hash 2、Hash 3、Hash 4。随后再分别将 Hash 1、Hash 2 和 Hash 3、Hash 4 进行哈希函数计算，得到 Hash 12 和 Hash 34。如此重复递归，最终求得唯一根即梅克尔树根时终止。[1]

区块链中的梅克尔树数据存储形式具有多种优势。首先，从交易数据到树根的链式递归路径使得梅克尔树结构能够实现高效的数据校验作业，能够快速比对某个交易数据是否隶属于该树，是否包含在相应区块中。其次，梅克尔树能够有效防止数据篡改。在区块链中，前后区块之间通过哈希值锚定形成链式结构，因此不同区块之间存在哈希指针。当梅克尔树中交易数据被篡改时会破坏区块链当前哈希值，破坏哈希锚定并能够被哈希指针所察觉。最后，梅克尔树能够提高区块链的运行效率，使得区块头数据大小相对固定。因为，无论区块体中记录多少交易数据，最终封装进区块头中的只有经过递归计算的梅克尔树根。[2]

（二）区块链核心技术

1. 加密技术：哈希算法

哈希算法允许输入任意长度的字符串，并根据不同的函数产生固定字符长度的输出。哈希算法可以在有限时间内计算出哈希函数的输出，并以此为基础，创建数据结构。[3]哈希算法能够运用到加密技术上，因为其具备了碰撞阻力、隐秘性和谜题友好性。

（1）碰撞阻力。在了解碰撞阻力之前，首先需要认识哈希碰撞（Hash Collision）。哈希碰撞是对于两个不同的输入，产生了相同输出。例如在哈希函数 Hash（x）中输入不同的数值 a 和 b，却得到相同的函数输出结果，即 Hash（a）= Hash（b）。如果在函数式 Hash（x）找不到能产生碰撞现象的任意两个数，那么该函数就被认为具有碰撞阻力。[4]实际上，任何函数均存在碰撞可能

---

〔1〕　参见沈鑫、裴庆祺、刘雪峰："区块链技术综述"，载《网络与信息安全学报》2016 年第 11 期。

〔2〕　参见黄芸芸、蒲军：《零基础学区块链》，清华大学出版社 2020 年版，第 67 页。

〔3〕　参见华为区块链技术开发团队编著：《区块链技术及应用》，清华大学出版社 2021 年版，第 113 页。

〔4〕　参见张绍兰：《几类密码 Hash 函数的设计和安全性分析》，北京邮电大学 2011 年博士学位论文。

性。现实生活中的数据近乎无限，将无限的输入空间去映射一个有限的输出空间，必然会存在碰撞。但只要无限降低碰撞出现的概率就可以增强函数的碰撞阻力。以哈希算法 SHA-256 为例，只有当选择 2256+1 个不同数值后，才会出现一次碰撞。因此，虽然理论上哈希碰撞是存在的，但在实践中很少出现。假设用一台每秒可以计算 1 万次哈希值的计算机进行运算，计算 2128 个哈希值需要1027 年。这导致现实中哈希碰撞的概率无限小，小到可以忽略不计。[1]（2）隐秘性。隐秘性即哈希函数不允许通过输出的哈希值反向推算输入值。如上文所述，哈希函数可以输入任意数据，但只能输出固定长度的数据，因此，通过穷举法猜出输入的任意值几乎是不可能完成的任务。在隐秘性和碰撞阻力的作用下，哈希函数很容易正向计算出哈希值，但想要根据哈希值反向推算输入内容则很难。[2]（3）谜题友好性。谜题友好性是指哈希值的计算结果具有不可预测性，比如输入 x，想要哈希值 Hash（x）最终落在某个范围内，没有计算捷径可走，只能通过穷举法尝试。

2. 共识机制

共识机制被认为是区块链的核心问题。[3]在分布式系统中，各单位节点需要通过信息交流对决定达成共识。但相较于中心化系统，分布式系统更容易面临节点网络故障或恶意节点攻击问题。因此，在分布式系统中尤其需要搭建一套算法使得系统能够在不信任环境下达成可信共识。这一达成共识的算法就是共识机制。分布式系统中的共识机制具有一致性和有效性特点，一致性是指共识机制能够保障分布式系统中区块前缀的一致性，有效性是指善意节点发布的信息最终能被系统其他节点认可并记录。[4]共识算法的引入为区块链网络提供了容错性并增加了可信度，使其可以在不安全或不信任环境中实现信息的真实有效记录。

共识机制种类繁多，根据是否用于解决拜占庭难题可以将其分为非拜占庭容错和拜占庭容错，其中针对网络故障问题的机制被称为宕机容错（Crash Fault Tolerance，CFT），也可以被叫作非拜占庭容错，针对恶意节点的机制被称

〔1〕 See Arvind Narayanan etc. *Bitcoin and Cryptocurrency Technologies：A Comprehensive Introduction*, Princeton University Press，2016（7）. p. 1.

〔2〕 参见华为区块链技术开发团队编著：《区块链技术及应用》，清华大学出版社 2021 年版，第113 页。

〔3〕 参见王启河："区块链技术研究综述"，载《现代信息科技》2022 年第 8 期。

〔4〕 参见程书芝、师文轩、刘俪婷："区块链技术综述"，载中国科技论文在线，http://www.paper.edu.cn/releasepaper/content/201611-299，最后访问日期：2023 年 2 月 15 日。

为拜占庭容错（Byzantine Fault Tolerance，BFT）。[1]也有学者依据共识机制的作用原理不同，将共识机制分为以 PBFT 为代表的 BFT 类共识、以 PoW、PoS 为代表的中本聪共识和新型混合共识等。[2]还有学者依据共识机制所应用的区块链种类不同，将共识机制分为公有链共识机制和许可链共识机制。[3]目前主流的共识机制有 PoW、PoS、DPoS、PBFT 和 VRF 等。这五类共识机制各有优缺点，因此通常被用于不同的场景之中，如表 1.3 所示。其中公链中通常使用无许可的 PoW、PoS、DPoS，联盟链中通常使用 PBFT，私有链则多使用 VRF。[4]

表 1.3　主流共识机制比较

特性	PoW	PoS	DPoS	PBFT	VRF
节点管理	无许可	无许可	无许可	需许可	需许可
交易延时	高（分钟）	低（秒级）	低（秒级）	低（毫秒级）	低（毫秒级）
吞吐量	低	高	高	高	高
节能	否	是	是	是	是
安全边界	恶意算力不超过 1/2	恶意权益不超过 1/2	恶意权益不超过 1/2	恶意节点不超过 1/3	恶意节点不超过 1/3
代表应用	Bitcoin、Ethereum（前三阶段）	Peercoin、Ethereum（宁静阶段）	Bitshare	Fabirc（Rev0.6）	Algorand
扩展性	好	好	好	差	差

PoW 机制允许各节点进行哈希函数计算，当某节点率先于其他节点完成计算工作时即可获得"挖矿"奖励。在 PoW 机制下，哈希函数计算难度会随着时

〔1〕　参见刘艺华、陈康："区块链共识机制新进展"，载《计算机应用研究》2020 年第 A2 期。

〔2〕　参见姚前：《数字货币初探》，中国金融出版社 2018 年版，第 112 页。

〔3〕　参见刘艺华、陈康："区块链共识机制新进展"，载《计算机应用研究》2020 年第 A2 期。

〔4〕　参见钱慧等："RPFT：基于 PoW 的高效率共识算法"，载小型微型计算机系统，https://kns.cnki.net/kcms/detail/21.1106.TP.20220227.1657.008.html，最后访问日期：2023 年 2 月 16 日。

间不断增长，以保持每 10 分钟出 1 个新区块的速度。[1]PoS 机制在 PoW 的基础上引入了币龄概念，并规定一个人拥有的币龄与拥有的钱数和时间成正比。因此，该机制中持币数越多、越久的节点更容易完成计算任务获得奖励。[2]DPoS（Delegated Proof of Stake）机制是一种建立在 PoS 基础上的共识机制，它通过投票方式选举出代表节点并轮流生产区块。[3]PBFT（Practical Byzantine Fault Tolerance），译作实用拜占庭容错机制，是指算法容许系统中存在拜占庭（恶意）节点散布虚假信息，进行恶意操作。[4]但是，PBFT 不会对节点性质进行前置评估，仅在运行中识别节点行为，通过随机选择主节点减少错误概率，这就导致其容错率相对较低，通常只能提供不超过（n-1）/3 的故障容错保证。[5]VRF（Verifiable Random Functions），译作可验证随机函数，通常包含一对公钥（Verification Key）、私钥（Secret Key）和种子（Seed）。信息生成者将私钥和种子输入函数后可输出一个随机数及证明文件。验证者则可以通过生成者公钥和证明文件验证信息真伪。因为验证不需要使用私钥，因此在 VRF 中任意节点均可是验证者，均可对信息真伪性进行验证。[6]

3. 点对点网络

点对点网络（Peer to Peer, P2P），又称对等网络。P2P 网络可分为非结构、结构化和混合式三种对等网络结构。[7]非结构对等网络的网络拓扑呈现出随机分布特征，由于网络结构随机松散，因此该网络具有较好的稳定性，单一节点故障不易影响网络整体稳定，但松散结构也导致该网络拓展能力较差。结构化对等网络与非结构网络正好相反，其网络拓扑具有很强的规律性，使得其网络节点相对容易定位，也具有更加良好的拓展性。混合式对等网络需要依靠特殊中继点实现，因此，其稳定性较为依赖中继点状态，稳定性较差。[8]

〔1〕 参见刘怡然等："基于沙普利值计算的区块链中 PoS 共识机制的改进"，载《计算机研究与发展》2018 年第 10 期。

〔2〕 参见刘怡然等："基于沙普利值计算的区块链中 PoS 共识机制的改进"，载《计算机研究与发展》2018 年第 10 期。

〔3〕 参见田志宏等："基于节点权重的 DPoS 共识算法"，载《应用科学学报》2022 年第 4 期。

〔4〕 参见任玺羽、童向荣、张伟："基于信任评估模型的 PBFT 共识算法"，载《山西大学学报（自然科学版）》2023 年第 1 期。

〔5〕 参见赵立瑾、王新胜、夏纯中："基于信任模型的 PBFT 共识机制研究"，载《计算机应用与软件》2022 年第 7 期。

〔6〕 参见王博超："一种结合 DPoS 与 Vrf 的分组 Pbft 共识算法"，载《信息技术与信息化》2022 年第 12 期。

〔7〕 参见王学龙、张璟："P2P 关键技术研究综述"，载《计算机应用研究》2010 年第 3 期。

〔8〕 参见曾诗钦等："区块链技术研究综述：原理、进展与应用"，载《通信学报》2020 年第 1 期。

P2P 网络以去中心化技术消除了 C/S 中心化网络过于依赖中心服务节点的弊端。[1]P2P 网络具有极强的可靠性，用户可以随时加入或者退出网络，任何单一或者少量节点故障都不会影响整个网络正常运转。同时，P2P 网络的网络容量没有上限，随着节点数量的增加，整个网络的资源也在同步增加，P2P 网络提供的服务质量也相应提高。

（三）区块链基本架构

当前学术与实务界对区块链技术架构的层次划分尚未形成统一意见。中国信息通信研究院和可信区块链推进计划在《区块链白皮书（2018 年）》中将区块链技术结构分为基础设施、基础组件、账本、共识、智能合约、接口、应用、操作运维和系统管理九个部分。华为区块链技术开发团队在《区块链技术及应用》中介绍了一种经典的六层架构，从下至上分为基础设施层、数据层、网络层、共识层、合约层和应用层。[2]有学者认为区块链应分为应用层、控制层、共识层、数据层和网络层五层。[3]此外，火币区块链研究院认为区块链应以五层说为宜，但是控制层应改叫合约层。[4]亦有学者支持该观点。[5]综合上述观点，当前学界主流认为区块链基本架构分为五层，包括应用层、合约层、共识层、数据层和网络层，如表 1.4 所示。

表 1.4 区块链的架构层次、内容和作用

层次	内容	作用
网络层	P2P 网络	搭建基础网络
数据层	区块+链	记录交易信息
共识层	共识机制	在不信任节点之间达成共识
合约层	智能合约	实现系统调用
应用层	DApp	实现区块链应用拓展

网络层是区块链的基础，可以将其视为区块链的关键基础设施。区块链的基础网络结构是 P2P 网络。数据层是区块链技术体系的核心。数据层包括前述

---

〔1〕 参见曾诗钦等：“区块链技术研究综述：原理、进展与应用”，载《通信学报》2020 年第 1 期。
〔2〕 参见华为区块链技术开发团队编著：《区块链技术及应用》，清华大学出版社 2021 年版，第 83 页。
〔3〕 参见曾诗钦等：“区块链技术研究综述：原理、进展与应用”，载《通信学报》2020 年第 1 期。
〔4〕 参见李慧、袁煜明、赵文琦：“区块链技术发展与展望”，载《农业大数据学报》2020 年第 2 期。
〔5〕 参见王启河：“区块链技术研究综述”，载《现代信息科技》2022 年第 8 期。

的"区块"和"链"的概念。数据层在区块链中实际上充当着账本作用,以分布式、链式结构存放着记录交易信息的区块。[1]共识层的主要内容就是共识机制,其主要作用是在分布式的系统中,使互不信任的节点在规定时间内对某一数据或提案达成一致意见。[2]网络层、数据层与共识层构建了区块链的底层技术,搭建了最基础的分布式账本,而从底层分布式账本到上层应用之间还需要合约层辅助。合约层又被称为智能合约层。智能合约是一种执行合约条款的计算机交易协议,其将区块链系统的业务逻辑以代码形式进行编译、部署,实现既定规则的触发和自动执行。[3]应用层作为最终呈现给用户的部分,主要作用是调用智能合约层的接口,适配区块链的各类应用场景,为用户提供各种服务和应用。

二、区块链分类

关于区块链的分类较为主流的分类方式包括权限架构分类和组织架构分类。权限架构分类以节点是否需要获得权限许可为标准,可分为非许可链和许可链。组织架构分类则以节点组织关系为标准,分为公有链、私有链和联盟链。此外,权限架构分类与组织架构分类之间存在对应关系,一般来说,联盟链和私有链也统称为许可链,公有链称为非许可链。

(一) 以权限架构为标准的分类

1. 非许可链

非许可链系统中没有许可机构对节点进行身份审查,节点可以以匿名形式任意加入或退出系统,因此非许可链又被称为公有链。由于非许可链具有很强开放性,因此其系统规模通常较大,如比特币和以太坊系统。[4]公有链具有准入自由、网络规模大的特点,但大规模网络节点也导致公有链的共识达成难度更高,网络运行效率更低,交易吞吐量更低。

2. 许可链

许可链则与公有链相反。许可链系统中,参与系统运行的节点必须经过身份标识,参与系统的用户必须经过身份认证和授权。许可链是一种半开放式的

---

[1] 参见李慧、袁煜明、赵文琦:"区块链技术发展与展望",载《农业大数据学报》2020年第2期。
[2] 参见王启河:"区块链技术研究综述",载《现代信息科技》2022年第8期。
[3] See Szabo N, Smart Contracts: Building Blocks for Digital Markets, The Journal of Transhumanist Thought, 1996 (16).
[4] 参见夏清等:"区块链共识协议综述",载《软件学报》2021年第2期。

区块链，只有指定的成员可以加入网络，且每个成员的参与权限各有不同。许可链往往通过颁发身份证书的方式事先建立信任关系，但同时保证系统具备部分去中心化特点。与动辄上万节点规模的非许可链相比，许可链的节点规模远远小于非许可链，由于节点准入需要提前审查许可，节点权限各有不同，共识决策中通常不需要所有节点参与，因此"民主集中制"下的许可链系统更容易达成共识。更高的共识效率意味着更大的交易吞吐量和更准确的数据一致性。[1]鉴于此，我国政务区块链如赣政通、司法区块链如天平链、商业区块链如蚂蚁链等都采用了许可链模式。

（二）以组织架构为标准的分类

1. 公有链

中本聪在设计比特币交易系统时说，"该系统允许任何有交易意愿的双方能直接交易而不需要一个可信任第三方"。[2]有学者将公有链总结为"不由任何个人、组织或机构控制，而是由所有参与主体共同维护的区块链"。[3]开放性是公有链的最大特征，但开放性也是公有链最大的弊端。公有链的节点数量多、成分复杂导致公有链的交易效率低下。在区块链中，交易信息需要全网公告，全网节点都需要参与记账活动，这就导致节点越多耗时越长。此外，不加辨识的节点进出机制也会使区块链更易受到恶意攻击，增加交易的安全风险和交易成本。最后，公有链的完全去中心化状态、低门槛准入机制和匿名性导致其难以被监管，容易成为犯罪的温床。[4]

2. 私有链

私有链与公有链是相对的概念，所谓私有，就是指不对外开放，仅仅在组织内部使用。[5]私有链采用的是中心化网络结构，其通常具备完备的系统权限架构，并且相关系统权限完全受到某一组织机构控制，具有显著的中心化特征。因此，私有链通常被认为是对去中心化的悖反。[6]私有链的缺点在于中心化结构，该网络具有很强的封闭性，通常不对社会面直接开放，所有节点的加入都

---

〔1〕　参见夏清等："区块链共识协议综述"，载《软件学报》2021年第2期。

〔2〕　中本聪："比特币：一种点对点的电子货币系统"，载 https://bitcoin. org/files/bitcoin-paper/bitcoin_zh_cn. pdf，最后访问日期：2023年2月18日。

〔3〕　赵磊："区块链类型化的法理解读与规制思路"，载《法商研究》2020年第4期。

〔4〕　参见赵磊："区块链类型化的法理解读与规制思路"，载《法商研究》2020年第4期。

〔5〕　华为区块链技术开发团队编著：《区块链技术及应用》，清华大学出版社2021年版，第95页。

〔6〕　参见黄永洪等："基于私有链的存证云盘系统方案设计"，载《信息技术与标准化》2018年第7期。

需要经过主导者的授权审查，因此，大幅降低了区块链本身具有的防篡改安全性。但是高度集约化的网络结构也使得私有链具有更高的交易效率，更低的交易成本和相对安全的信息网络环境。[1]由于私有链摒弃了区块链最重要的信任制造价值，因此，私有链的应用环境也相对较少，缺乏代表性平台。

3. 联盟链

联盟链是公有链和私有链的折衷方案，其既不具有公有链的完全去中心化特征，也不具有私有链的单一中心化特征，而是采用了半中心化结构。联盟链的诞生很大程度是因为公有链和私有链都无法满足商业市场的行业需要，因此，联盟链的开发带有强烈的商用目的。[2]

从技术上说，联盟链是指预选节点可以参与共识决策而普通节点只能接入记账的区块链。这种节点预选模式使得节点背后的行业实体之间比较容易形成利益联盟，但是，区块链的分布式记账机制又能防止利益联盟的恶意篡改行为，这就同时保证了数据链内读写效率和数据安全可信性。[3]联盟链背后各行业主体相对独立又紧密合作的关系状态，让联盟链具有平等参与、民主管理的特点。

三、区块链的基本特征

（一）复杂性

复杂系统由大量个体构成，其不是个体性质的简单之和，而是呈现关联、合作、涌现等集体行为。[4]区块链系统是复杂系统的一种。它由大量的计算机节点构成，节点与节点之间依托点对点通信技术进行信息交换。区块链系统不是计算机节点的简单组合，而是按照共识算法实现节点与节点之间的合作，涌现出单个计算机所不具备的难以篡改、分布式的特性。区块链技术在诞生之初仅能实现去中心化账簿的功能，随着以太坊的诞生，区块链技术可以实现全球计算平台的功能。因此，认知和深入学习区块链技术需具备系统思维，将区块链技术、区块链系统、区块链与人类社会的结合体作为复杂系统进行分析和研究，寻找其共性和演化规律。

（二）匿名性

区块链的匿名性指在区块链上进行交易时，参与者的真实身份不会被暴露。

---

〔1〕 参见赵磊："区块链类型化的法理解读与规制思路"，载《法商研究》2020 年第 4 期。

〔2〕 参见李金阳："图书馆与联盟链结合：概念、需求与展望"，载《新世纪图书馆》2020 年第 8 期。

〔3〕 参见章建赛：《基于区块链技术的信用治理研究》，北京邮电大学 2021 年博士学位论文。

〔4〕 参见陈晓松、樊京芳："复杂性科学的机遇：2021 年诺贝尔物理学奖解读"，载《物理》2022 年第 1 期。

在区块链上，随机生成的用户地址替代了可能暴露隐私的手机号、邮箱等现实世界的身份标识，即区块链网络的使用者通过地址断开网络空间和现实世界的联系。比特币系统中通过用户大量自由生成交易地址来实现用户真实身份的保密，即实现了匿名性。[1]

密码学技术保障了依托于区块链技术组成的价值网络。用户在使用区块链应用时无须提供所有私人信息，而是通过地址来实现交易，依靠地址对应的私钥实现对地址及交易的控制。账本中的交易只记录了地址和交易数据，从交易中无法直接得到用户的真实信息。[2]然而，匿名性不是绝对的。尽管区块链上的交易不以真实身份进行，但频繁的交易行为依然会暴露出使用者的某种行为特征，进而暴露现实世界的蛛丝马迹。

（三）去中心化

去中心化不仅是区块链的最本质特征，更是一个文化符号。所谓去中心化是指区块链的系统运营、数据处理、交易记录和共识决策都不再依靠某一中心机构，而是由分布在世界各地的节点运作。区块链的去中心化特征不仅体现在区块链本身技术结构上，还体现在区块链的信用机制和应用上。区块链网络的信任并非对某一权威中心机构的信任，而是对算法的信任。[3]该组织在内部治理结构上摒弃了传统的法人意识产生的中心化机构，在机制运行方面则依靠智能合约取代经理等次中心节点决策，实现执行的算法自动化。[4]

去中心化特征在公有链上体现最为明显，联盟链和私有链则又再度呈现了一定的再中心化。但需要说明的是，去中心化不是无中心化，其只是对中心化的消解。

（四）不易篡改性

不易篡改是指区块链上的信息在上载之前需要经过全网认证，且信息会以分布式形式被多节点记录，因此，其很难被二次修改或者抹除。在联盟链中，区块链多使用 PBFT 类共识机制，该机制下区块链的篡改临界值是 1/3 恶意节点，但是联盟链的预选节点和准入审查机制决定了恶意节点难以混入共识决策

---

〔1〕　参见李佩丽、徐海霞："区块链用户匿名与可追踪技术"，载《电子与信息学报》2020 年第 5 期。

〔2〕　参见李慧、田坤："涉比特币领域犯罪问题审视与司法应对——以海淀区人民检察院近五年涉比特币案件为样本"，载《中国检察官》2021 年第 10 期。

〔3〕　参见王延川："'除魅'区块链：去中心化、新中心化与再中心化"，载《西安交通大学学报（社会科学版）》2020 年第 3 期。

〔4〕　参见楼秋然："公司法与去中心化自治组织：历史回顾、理性反思与制度建构"，载《中国政法大学学报》2022 年第 5 期。

之中，更难以达到 1/3 要求。在公链中，理论上存在 51% 攻击。所谓 51% 攻击即掌握区块链上超过一半的节点，并实现数据篡改。但 51% 攻击不具有经济理性。[1]

（五）可追溯性

区块链的可追溯性实际上是基于区块链的不易篡改特征实现的，由于区块链是按时间顺序接续的链式数据结构，所以理论上来说，区块链上的任意一笔交易信息都会在区块链上留下完整、真实的流转记录。此外，区块链通过区块高度（Block Height）表明区块所在位置，借助区块链浏览器，输入区块高度就可以查看不同高度的区块。尽管在分叉情况下同一高度可能存在不同区块，但结合时间戳、哈希值、区块高度依然可以准确定位目标区块的所处位置。

区块链的可追溯性不仅体现在区块链技术本身上，也体现在基于区块链的溯源系统上。具体来说，依靠区块链的不易篡改和可追溯性，可以有效减少供应链节点的欺诈和灰色交易行为，改善供应链生态。[2]区块链技术还被广泛应用到农业物联网的原产地证明、防伪和食品溯源上，用以保证食品安全。[3]

■ 要点

1. 区块链是以区块为单位，按照时间顺序相连组成的一种链式数据结构。区块包括区块头和区块体两个部分。区块链的核心技术包括哈希算法、共识机制和对等网络。区块链基本架构可分为五层，包括应用层、合约层、共识层、数据层和网络层等。

2. 区块链分类法有权限架构分类法和组织架构分类法，权限架构分类以节点是否需要获得权限许可为标准，可分为许可链和非许可链；组织架构分类则以节点组织关系为标准，可分为公有链、联盟链和私有链。

3. 区块链具有复杂性、匿名性、去中心化、不易篡改性、可追溯性等特征。

■ 思考题

1.3 结合区块链的基本原理，分析如何利用区块链技术"反洗钱"。

---

[1] 参见华为区块链技术开发团队编著：《区块链技术及应用》，清华大学出版社 2021 年版，第 50 页。

[2] 参加李婧婧："利用区块链提高产品生态设计的透明度和可追溯性"，载《科技管理研究》2022 年第 19 期。

[3] 参见史恒等："区块链技术在农业物联网防伪溯源的应用研究"，载《计算机时代》2022 年第 6 期。

■ 本章阅读文献

1. ［美］安德烈亚斯·安东诺普洛斯：《区块链：通往资产数字化之路》，林华、蔡长春译，中信出版集团 2018 年版。

2. 蔡剑：《价值互联网：超越区块链的经济变革》，清华大学出版社 2021 年版。

3. ［英］弗里德里希·冯·哈耶克：《货币的非国家化》，姚中秋译，新星出版社 2007 年版。

4. 黄芸芸、蒲军：《零基础学区块链》，清华大学出版社 2020 年版。

5. 刘百祥、阚海斌编著：《区块链技术基础与实践》，复旦大学出版社 2020 年版。

6. ［加］唐·塔普斯科特、亚力克斯·塔普斯科特：《区块链革命——比特币底层技术如何改变货币、商业和世界》，凯尔、孙铭、周沁园译，中信出版集团 2016 年版。

7. 王俊岭著，成成绘：《漫画区块链》，北京联合出版公司 2019 年版。

8. 赵刚：《区块链：价值互联网的基石》，电子工业出版社 2016 年版。

9. 华为区块链技术开发团队编著：《区块链技术及应用》，清华大学出版社 2021 年版。

10. 赵磊："区块链类型化的法理解读与规制思路"，载《法商研究》2020 年第 4 期。

11. 中国信息通信研究院可信区块链推进计划：《区块链白皮书（2018 年）》，中国信息通信研究院 2018 年版。

第二章
区块链的立法发展

【导读】

中国对区块链整体呈现严格监管的态度。美国联邦法律追求严格而统一的监管模式，州立法则重在鼓励和激发区块链的行业潜力。英国对区块链的态度更为开放、包容，坚持最低管理、大力推动区块链的发展进程，贯彻"监督不监管"的原则。日本对加密货币及其他区块链技术构建了严格的监管体系。欧盟则积极寻找利用区块链促进经济发展的有效途径。各国的监管政策虽不同，但大致可分为积极宽松和适度宽松两种程度。未来，区块链立法趋势将主要集中在区块链法范围扩大、鼓励性与监管性政策双重发展和监管国际化三大模块。

第一节　国内区块链立法概述

一、第一阶段：自由宽松

早在2011年，区块链作为新技术就已经在中国兴起，从业者开始初步建立整个区块链行业。第一家比特币交易网站"比特币中国"于2011年6月成功上线。当时区块链的发展规模较小，未受到政府过多重视和监管，处在完全自由的阶段。

2013年之后，区块链行业进入快速成长时期，对金融、科技等领域改革创新的重要作用日益显现，得到了政府的关注。但前期的无监管状态导致该行业野蛮生长、问题不断。2013年12月，中国人民银行等五部委联合印发了《关于防范比特币风险的通知》，强调各金融机构和支付机构不得开展与比特币相关的业务，加强对比特币互联网站的管理，防范比特币可能产生的洗钱风险和加强对社会公众货币知识的教育及投资风险提示。虽然此后比特币价格出现"跳水"，但该通知发挥的实际监管效力较低，区块链仍拥有相当宽松、自由的发展环境。同时，为鼓励、支持区块链技术在各行业的深度发展，该阶段大多数政策的关键词为"加快""支持""研究""创新"等，旨在最大化发挥其潜在社会效益。

2016 年 12 月，《软件和信息技术服务业发展规划（2016—2020 年）》提出要加快区块链领域技术研究和创新，提升区块链的关键技术服务能力。2016 年 10 月，《中国区块链技术和应用发展白皮书（2016）》阐述了区块链概念、原理及发展应用前景，总结了国内外区块链发展现状和典型应用场景，介绍了中国区块链技术发展路线图以及未来区块链技术标准化方向和进程。2016 年 11 月，商务部等部门印发了《国内贸易流通"十三五"发展规划》，支持流通企业加强信息化改造，推动区块链等技术在流通领域的创新和应用。2016 年 12 月，国务院发布《"十三五"国家信息化规划》，指出我国应加强区块链等新技术基础研发和前沿布局，构筑新赛场先发主导优势。2016 年 12 月，《大数据产业发展规划（2016—2020 年）》支持区块链等前沿技术创新。

二、第二阶段：严厉监管与鼓励发展相结合

2017 年可谓是中国区块链立法变革的重要拐点。在 2017 年之前各类宽松政策的刺激下，中国区块链行业呈井喷式爆发。高收入低风险的区块链项目成为社会资本的投资热点，催生了众多加密资产投资平台及各类新型融资模式。[1] 于是，政府开始转变对区块链技术的监管态度，发布多个行政和司法规范性文件重拳整治区块链无序发展的行业乱象，立法理念开始从宽松自由转变为严格监管。

2017 年 4 月，上海市互联网金融行业协会发布《互联网金融从业机构区块链技术应用自律规则》，要求"区块链技术服务实体经济、切实保护社会公众权益，注重创新与规范、安全的平衡，时刻关注信息安全、防范系统风险，严格遵守法规、预防违法犯罪"。2017 年 8 月，中国互联网金融协会发布《关于防范各类以 ICO 名义吸收投资相关风险的提示》，指出"国内外部分机构采用各类误导性宣传手段，以 ICO 名义从事融资活动，相关金融活动未取得任何许可，其中涉嫌诈骗、非法证券、非法集资等行为"。2017 年 9 月，中国人民银行等七部委发布《关于防范代币发行融资风险的公告》，主要内容包括：（1）准确

---

〔1〕　参见"中国式区块链监管：区块链技术发展已形成内在张力"，载搜狐网，2018 年 12 月 4 日，https://www.sohu.com/a/279621873_100112552，最后访问日期：2022 年 10 月 7 日。

认识代币发行融资活动的本质属性;(2)任何组织和个人不得非法从事代币发行融资活动;(3)加强代币融资交易平台的管理;(4)各金融机构和非银行支付机构不得开展与代币发行融资交易相关的业务;(5)社会公众应当高度警惕代币发行融资与交易的风险隐患;(6)充分发挥行业组织的自律作用。

但是,政府对区块链技术仍持有鼓励、支持的基本态度,高度评价其正面社会效应和潜在作用,并在 2017 年后不断推出各类鼓励和支持区块链技术的规章政策,大力促进区块链技术在经济、金融、工业、交通、司法、知识产权等领域的融合、创新。[1] 2017 年 1 月,国务院办公厅发布《关于创新管理优化服务培育壮大经济发展新动能加快新旧动能接续转换的意见》,提出在区块链等交叉融合领域,构建若干产业创新中心和创新网络。2017 年 8 月,国务院发布《关于进一步扩大和升级信息消费持续释放内需潜力的指导意见》,提出开展基于区块链等新技术的试点应用。2017 年 11 月,国务院发布《关于深化"互联网+先进制造业"发展工业互联网的指导意见》,提出促进区块链等新兴前沿技术在工业互联网中的应用研究与探索。2018 年 4 月,中共中央、国务院发布《关于对〈河北雄安新区规划纲要〉的批复》,提出超前布局区块链等技术研发及试验。2018 年 5 月,国务院发布《关于印发进一步深化中国(广东)自由贸易试验区改革开放方案的通知》,提出在依法合规前提下,加快区块链等技术的研究和运用。2019 年 9 月,国务院发布《关于加强和规范事中事后监管的指导意见》,提出依托区块链等新技术推动监管创新。2019 年 11 月,中共中央、国务院发布《关于推进贸易高质量发展的指导意见》,提出推动区块链与贸易有机融合。2020 年 1 月,国务院发布《关于支持国家级新区深化改革创新加快推动高质量发展的指导意见》,提出加快推动区块链技术和产业创新发展,探索"区块链+"模式,促进区块链和实体经济深度融合。

三、第三阶段:颁布专门性法律和规范性文件

2019 年是中国区块链法发展进程中非常重要的一年。2019 年之前,中央和地方的各类规范性文件构成了中国区块链监管体系,但并未上升到法律的高度,也缺乏专门的规范性文件。2019 年《密码法》和《区块链信息服务管理规定》的先后发布弥补了这一缺陷,完善了区块链领域的法制建设。

---

〔1〕 参见肖飒、崔咪:"区块链行业监管政策解读及趋势",载叶蓁蓁、罗华主编:《区块链应用蓝皮书:中国区块链应用发展研究报告(2019)》,社会科学文献出版社 2019 年版,第 294-305 页。

（一）《密码法》

2019 年 10 月，十三届全国人大常委会第十四次会议表决正式通过了《密码法》。这是中国第一部针对密码应用和管理的专门性法律，具有高度的综合性、基础性，是推动密码事业高质量发展、构建中国特色密码体系、加速区块链技术商用落地的重要举措。作为区块链技术的核心算法，数字签名、杂凑函数、零知识证明、同态加密等多种密码技术是其完成身份认证、数据校验、隐私保护以及公平激励等功能的基础条件。

（二）《区块链信息服务管理规定》

2019 年 1 月，国家互联网信息办公室发布了我国第一部针对区块链信息服务进行监管的重要规范性文件《区块链信息服务管理规定》。该规定明确了区块链信息服务提供者和使用者的概念、法律义务、惩戒措施、管理和监督机构，为区块链信息服务的提供、使用、管理等提供有效的法律依据，促进了区块链信息服务的合规运营。

1. 区块链信息服务的相关概念

该文件第 2 条明确了区块链信息服务及区块链信息服务提供者和使用者的概念。区块链信息服务，是指基于区块链技术或者系统，通过互联网站、应用程序等形式，向社会公众提供信息服务。区块链信息服务提供者，是指向社会公众提供区块链信息服务的主体或者节点，以及为区块链信息服务的主体提供技术支持的机构或者组织；区块链信息服务使用者，是指使用区块链信息服务的组织或者个人。

2. 区块链信息服务的主管机构

该文件第 3 条明确了区块链信息服务的主管机构。国家互联网信息办公室负责全国范围，省、自治区、直辖市互联网信息办公室负责本行政区域内的监督管理执法工作。

3. 区块链的行业组织

该文件第 4 条规定了区块链行业组织的职能：（1）建立健全行业自律制度和行业准则，指导区块链信息服务提供者建立健全服务规范；（2）推动行业信用评价体系建设，督促区块链信息服务提供者依法提供服务、接受社会监督，提高区块链信息服务从业人员的职业素养，促进行业健康有序发展。

4. 区块链信息服务提供者的法律责任和义务

该文件第 5 条至第 10 条对区块链信息服务提供者的法律责任作出了具体规定：（1）落实信息安全管理责任，建立健全用户注册、信息审核、应急处置、安全防护等管理制度；（2）具备与其服务相适应的技术条件，对于法律、行政法规禁止的信息内容，应当具备对其发布、记录、存储、传播的即时和应急处置能力，技术方案应当符合国家相关标准规范；（3）制定并公开管理规则和平台公约，与区块链信息服务使用者签订服务协议，明确双方权利义务，要求其承诺遵守法律规定和平台公约；（4）按照《网络安全法》的规定，对区块链信息服务使用者进行基于组织机构代码、身份证件号码或者移动电话号码等方式的真实身份信息认证，不进行真实身份信息认证的，不得为其提供相关服务；（5）开发上线新产品、新应用、新功能的，应当按照有关规定报国家和省、自治区、直辖市互联网信息办公室进行安全评估；（6）不得利用区块链信息服务从事危害国家安全、扰乱社会秩序、侵犯他人合法权益等法律、行政法规禁止的活动，不得利用区块链信息服务制作、复制、发布、传播法律、行政法规禁止的信息内容。

该文件第 11 条至第 14 条规定了区块链信息服务的备查管理制度。区块链信息服务提供者在备查程序中的法律义务包括：（1）在提供服务之日起十个工作日内通过国家互联网信息办公室区块链信息服务备案管理系统填报服务提供者的名称、服务类别、服务形式、应用领域、服务器地址等信息，履行备案手续。变更服务项目、平台网址等事项的，应当在变更之日起五个工作日内办理变更手续。提供者终止服务的，应当在终止服务三十个工作日前办理注销手续，并作出妥善安排；（2）完成备案的，其对外提供服务的互联网站、应用程序等的显著位置标明其备案编号；（3）在定期查验的规定时间内，登录区块链信息服务备案管理系统，提供相关信息。与此对应，国家和省、自治区、直辖市互联网信息办公室是备查管理制度的管理主体，其在备查程序的监管职责包括：（1）收到备案人提交的备案材料后，材料齐全的，应当在二十个工作日内予以备案，发放备案编号，并通过国家互联网信息办公室区块链信息服务备案管理系统向社会公布备案信息；材料不齐全的，不予备案，在二十个工作日内通知备案人并说明理由。（2）对区块链信息服务备案信息实行定期查验。

该文件第 16 条、第 17 条明确了区块链信息服务提供者对区块链信息服务使用者的监管责任：（1）对违反法律、行政法规规定和服务协议的区块链信息服务使用者，依法依约采取警示、限制功能、关闭账号等处置措施，对违法信息内容及时采取相应的处理措施，防止信息扩散，保存有关记录，并向有关主管部门报告；（2）记录区块链信息服务使用者发布内容和日志等信息，记录备份应当保存不少于六个月，并在相关执法部门依法查询时予以提供。

该文件第 18 条规定了区块链信息服务提供者还需要接受网信部门和社会公

众的监督：（1）配合网信部门依法实施的监督检查，并提供必要的技术支持和协助；（2）接受社会监督，设置便捷的投诉举报入口，及时处理公众投诉举报。

5. 区块链信息服务提供者和使用者的违法处罚

该文件第 15 条、第 19 条至第 22 条列明了区块链信息服务提供者违法违规的处罚措施：（1）提供的区块链信息服务存在信息安全隐患的，应当进行整改，符合法律、行政法规等相关规定和国家相关标准规范后方可继续提供信息服务。（2）违反本规定第 5 条、第 6 条、第 7 条、第 9 条、第 11 条第 2 款、第 13 条、第 15 条、第 16 条、第 18 条规定的，由国家和省、自治区、直辖市互联网信息办公室依据职责给予警告，责令限期改正，改正前应当暂停相关业务；拒不改正或者情节严重的，并处五千元以上三万元以下罚款，构成犯罪的，依法追究刑事责任。（3）违反本规定第 8 条、第 16 条规定的，由国家和省、自治区、直辖市互联网信息办公室依据职责，按照《网络安全法》的规定予以处理。（4）违反本规定第 10 条的规定，制作、复制、发布、传播法律、行政法规禁止的信息内容的，由国家和省、自治区、直辖市互联网信息办公室依据职责给予警告，责令限期改正，改正前应当暂停相关业务；拒不改正或者情节严重的，并处二万元以上三万元以下罚款；构成犯罪的，依法追究刑事责任。（5）违反本规定第 11 条第 1 款的规定，未按照本规定履行备案手续或者填报虚假备案信息的，由国家和省、自治区、直辖市互联网信息办公室依据职责责令限期改正；拒不改正或者情节严重的，给予警告，并处一万元以上三万元以下罚款。

该文件第 21 条第 2 款规定了区块链信息服务使用者违法违规的处罚措施。区块链信息服务使用者违反本规定第 10 条的规定，制作、复制、发布、传播法律、行政法规禁止的信息内容的，由国家和省、自治区、直辖市互联网信息办公室依照有关法律、行政法规的规定予以处理。

四、第四阶段：全面升级重点领域的监管措施

2019 年后，因虚拟货币业务未能受到及时、有效的监管，致使虚拟货币交易炒作活动抬头，扰乱经济金融秩序，滋生赌博、非法集资、诈骗、传销、洗钱等违法犯罪活动，严重危害人民群众财产安全，区块链行业持续暴雷。2021 年 9 月，中国人民银行、中央网信办、最高人民法院等部委发布《关于进一步防范和处置虚拟货币交易炒作风险的通知》，全面升级了虚拟货币领域的监管制度。

第一，明确虚拟货币和相关业务活动本质属性。强调虚拟货币不具有法定货币等同的法律地位，虚拟货币相关业务活动、境外虚拟货币交易所通过互联

网向我国境内居民提供服务均为非法金融活动，警告参与虚拟货币投资交易活动存在法律风险。

第二，建立健全应对虚拟货币交易炒作风险的工作机制。一方面，中国人民银行会同中央网信办、最高人民法院等部门协同联动，建立工作协调机制，督促指导各地区按统一部署开展工作；另一方面，各省级人民政府对本行政区域内防范和处置虚拟货币交易炒作相关风险负总责，建立常态化工作机制，统筹调动资源，强化属地落实。

第三，加强虚拟货币交易炒作风险监测预警。一方面，建立全方位监测预警。各省级人民政府充分发挥地方监测预警机制作用，线上监测和线下排查相结合；中国人民银行、中央网信办等部门持续完善加密资产监测技术手段，实现虚拟货币"挖矿"、交易、兑换的全链条跟踪和全时信息备份；金融管理部门指导金融机构和非银行支付机构加强对涉虚拟货币交易资金的监测工作。另一方面，建立信息共享和快速反应机制。在各省级人民政府领导下，地方金融监管部门会同国务院金融管理部门分支机构、网信部门、公安机关等加强线上监控、线下摸排、资金监测的有效衔接，建立虚拟货币交易炒作信息共享和交叉验证机制，以及预警信息传递、核查、处置快速反应机制。

第四，构建多维度、多层次的风险防范和处置体系。明确金融机构和非银行支付机构不得为虚拟货币相关业务活动提供服务，加强对虚拟货币相关的互联网信息内容和接入管理和对虚拟货币相关的市场主体登记和广告管理，严厉打击虚拟货币相关非法金融活动和涉虚拟货币犯罪活动，加强行业自律管理。

第五，强化组织实施。一方面，加强组织领导和统筹协调，要求各部门、各地区要高度重视应对虚拟货币交易炒作风险工作，加强组织领导，明确工作责任，形成中央统筹、属地实施、条块结合、共同负责的长效工作机制。另一方面，加强政策解读和宣传教育，要求各部门、各地区及行业协会要充分运用各类媒体等传播渠道，增强社会公众风险防范意识。

■ 要点

我国区块链法的立法过程经历了四个阶段，从宽松自由到严格监管和鼓励发展相结合，再将立法重点落在专门性法律、规范性文件之上，最后对重点领域的监管措施进行全面升级。

■ 思考题

2.1 我国的区块链法从哪些方面防范和治理区块链技术的负面后果？

第二节　域外区块链立法概述

一、美国的区块链立法概述

美国对于区块链技术发展总体呈现积极鼓励和严格监管双模式，联邦法律和州法律相互区分、配合。联邦法律在宏观上构建出严格而统一的立法体系，对区块链概念、技术标准及监管框架等基本内容进行明确；州立法则偏向于在具体条文上明确区块链技术所有权归属、法律地位等细节，促进技术创新、激发行业潜力。[1]

（一）数字货币领域

1. 联邦层面的立法

美国政府早在 2013 年其就对数字货币开始了实质性监管。2013 年 11 月，美国参议院第一次举行关于虚拟货币的听证会，以探讨比特币的属性和地位。美国参议院国土安全及政府事务委员会在听证会上认定比特币是一种合法的金融服务，这意味着官方政府首次公开承认了比特币的合法性。[2]随后，以美国商品期货交易委员会、货币监理署、联邦储备系统、证券交易委员会为代表的联邦政府监管机构纷纷在职责内明确监管规则，逐步构建了美国国家区块链监管体系。其中，商品期货交易委员会和证券交易委员会发挥了积极的关键作用。[3]2015 年 9 月，商品期货交易委员会正式将比特币和其他虚拟货币合理定义为大宗商品，规定其交易行为需遵守所有大宗商品衍生品市场规则，并受到商品期货交易委员会的监管。[4]2016 年 10 月，货币监理署发布"责任创新框架"，以促进区块链领域的创业和金融服务创新，在整体上对比特币及其他区块链科技呈积极监管的趋势，并将正在研究区块链和其他金融技术的创业公司规定为监

---

〔1〕　参见马治国、刘慧："中国区块链法律治理规则体系化研究"，载《西安交通大学学报（社会科学版）》2020 年第 3 期。

〔2〕　U. S. Senate Committee on Homeland Security & Governmental Affairs, Beyond Silk Road: Potential Risks, Threats, and Promises of Virtual Currencies, U. S. Senate Committee on Homeland Security & Governmental Affairs（Nov. 18, 2013），https://www. hsgac. senate. gov/hearings/beyond-silk-road-potential-risks-threats-and-promises-of-virtual-currencies.

〔3〕　参见赵炳昊："加密数字货币监管的美国经验与中国路径的审视"，载《福建师范大学学报（哲学社会科学版）》2020 年第 3 期。

〔4〕　Commodity Futures Trading Commission, CFTC Releases Annual Enforcement Results for Fiscal Year 2015, https://www. cftc. gov/（Nov. 6, 2015），https://www. cftc. gov/PressRoom/PressReleases/7274-15.

管对象。2017 年 1 月，联邦储备系统发布《美国支付体系改善进度报告》，认可数字货币在支付行业领域应用的广泛前景，强调分布式记账的特征可能对传统支付行业的运行模式造成冲击，可能取代传统支付链条中清算结算服务商的角色。[1]2017 年 7 月，商品期货交易委员会批准比特币衍生品交易平台 LedgerX 有限责任公司为与加密货币市场挂钩的期权和衍生品提供清算服务，并授予其法律豁免权。[2]同月，证券交易委员会发布一份关于 DAO 的调查报告，提供了四个标准以认定基于以太坊技术而构建的 DAO 代币属于有价证券，并认为虚拟机构的数字资产的提供和销售符合联邦证券法的要求。[3]

2018 年 3 月，证券交易委员会发表《关于可能违法的数字资产交易平台的声明》，指出数字资产属于数字资产证券范畴，因此交易平台必须在证券交易委员会注册或获得注册豁免，同时列出了已经注册的合法证券交易平台供投资者参考。[4]2018 年 11 月，证券交易委员会发表《数字资产证券发行与交易声明》，阐释数字资产证券的发行和发售、投资数字资产证券的投资工具、数字资产证券交易、交易所注册及经纪人—经销商注册问题。[5]

但是，随着区块链技术在金融、科技等领域内迅速发展，其蕴含的风险和危机日益增大，各监管机构"多头管理"模式缺乏有效的统一领导。于是，联邦政府开始建设更高层面的区块链"统一监管"模式。2017 年 2 月，美国国会宣布成立国会区块链决策委员会（Congressional Blockchain Caucus），将由两党成员共同组成，致力于推动有关加密货币和其他区块链技术的公共政策制定、完

---

〔1〕 Federal Reserve Board, Federal Reserve issues progress report on efforts to improve the U. S. payment system, Board of Governors of the Federal Reserve System（Jan. 26, 2017）, https：//www. federalreserve. gov/newsevents/pressreleases/other20170126a. htm.

〔2〕 Commodity Futures Trading Commission, In the Matter of the Application of LedgerX, LLC, For Registration as a Derivatives Clearing Organization, https：//www. cftc. gov/（Jul. 24, 2017）, also see：https：//www. cftc. gov/sites/default/files/idc/groups/public/@ otherif/documents/ifdocs/ledgerxdcoregorder72417. pdf

〔3〕 Securities and Exchange Commission, Report of Investigation Pursuant to Section 21（a）of the Securities Exchange Act of 1934：The DAO, https：//www. sec. gov/（Jul. 25, 2017）, also see：https：//www. sec. gov/litigation/investreport/34-81207. pdf.

〔4〕 Securities and Exchange Commission, Statement on Potentially Unlawful Online Platforms for Trading Digital Assets, https：//www. sec. gov/（Mar. 7, 2018）, https：//www. sec. gov/news/public-statement/enforcement-tm-statement-potentially-unlawful-online-platforms-trading.

〔5〕 Securities and Exchange Commission, Statement on Digital Asset Securities Issuance and Trading, https：//www. sec. gov/（Nov. 16, 2018）, https：//www. sec. gov/news/public-statement/digital-asset-securites-issuuance-and-trading.

善。[1]2020 年 3 月，美国国会议员 Paul Gosar 在众议院提出了新版本的《2020 年加密货币法案》，规定了加密商品、加密货币和加密证券的定义及监管部门，稳定币和合成稳定币的定义及审计要求，并对数字资产的交易、牌照发放与注册等方面作出明确表示。[2]

2. 各州层面的立法

在联邦政府公开授予比特币合法地位后，各州开始了对数字货币不同监管路径的探索，监管不足和监管过度的情况常有发生。作为金融中心的纽约州率先颁布了对虚拟货币严格的监管制度，成为美国第一个对数字货币立法监管的州级政府。2014 年 12 月，纽约州立法机构发布《纽约金融服务法律法规》，明确规定密码货币和比特币牌照的管理规则，开始实施对比特币的正式监管。[3]2015 年 6 月，纽约州金融服务局发布了最终版本的数字货币公司监管框架 BitLicence，用长达 30 页的文件规定申请人披露包括经营历史、财务数据等在内的相关信息，聘请合规与法律专家。[4]这无疑加重了从业者的负担。在通过审核后，从业者方可拿到为纽约居民提供虚拟数字货币服务的营业许可证，持证人在持证期间，还需要在合规、资金要求、财务披露等方面继续接受严格监管，以保障持续性正常经营。[5]

其他州则紧随其后，以法案的形式规定区块链技术在该地区内的监管措施。这些监管措施要求不高，反映了州政府吸引投资以促进本州经济发展的普遍倾向。2018 年 4 月，亚利桑那州签署《公司区块链技术法案》，正式确认区块链签名和智能合约的有效性和区块链存储和交易数据的州法律地位，允许企业持

---

〔1〕　美国国会区块链决策委员会，https://congressionalblockchaincaucus-schweikert. house. gov/about，最后访问日期：2022 年 10 月 14 日。

〔2〕　Crypto-Currency Act of 2020, H. R. 6154.

〔3〕　Department of Financial Services, NYDFS RELEASES PROPOSED BITLICENSE REGULATORY FRAMEWORK FOR VIRTUAL CURRENCY FIRMS, NEW YORK STATE（Jul. 17, 2014），https://www. dfs. ny. gov/reports_ and_ publications/press_ releases/pr1407171.

〔4〕　Michael M. Philipp, Sarah v. Viddell, NYDFS RELEASES FINAL RULES FOR LICENSING VIRTUAL CURRENCY BUSINESSES IN NEW YORK, Morgan Lewis（Jun. 9, 2015），https://www. morganlewis. com/pubs/2015/06/nydfs-releases-final-rules-for-licensing-virtual-currency-businesses-in-new-york.

〔5〕　New York State, NYDFS ANNOUNCES APPROVAL OF FIRST BITLICENSE APPLICATION FROM A VIRTUAL CURRENCY FIRM: NYDFS BitLicense is First Comprehensive Regulatory Framework for Firms Dealing in Virtual Currency Such as Bitcoin: BitLicense Includes Key: Consumer Protection, Anti-money Laundering, Cyber Security Rules to Help Safeguard Customer Funds and Root Out Illicit Activity, https://www. dfs. ny. gov/（Sep. 22, 2015），https://www. dfs. ny. gov/reports_ and_ publications/press_ releases/pr1509221.

有并共享分布式账簿上的数据。[1]2019年1月，怀俄明州推出"金融技术沙箱"法案，允许区块链初创公司在监管"沙箱"中运营，为金融产品和服务开发商营造良好的商业环境进而吸引金融科技人才。[2]

（二）其他领域

2016年12月，联邦储备系统发布首个区块链报告《支付、清算与结算中的分布式账本技术》，强调区块链技术在银行交易结算中的突出价值。[3]

2019年7月，美国参议院商业、科学和交通委员会批准《区块链促进法案》，要求在联邦政府层面成立区块链工作组，由区块链利益相关者共同制定联邦层面的区块链定义和相关标准，旨在推动区块链技术定义及标准的统一，扩大区块链在非金融领域更大范围的应用，从而促进区块链技术创新和保持美国高新技术在全球的领先地位。[4]同月，美国国防部发布《数字现代化战略》，提出了与信息技术相关的现代化最终愿景和具体目标，包括利用区块链进行数据安全传输试验。[5]

二、英国的区块链立法

英国是最早表明对区块链持友好、鼓励态度和提倡促进区块链技术发展的国家之一，也是当下对区块链技术和数字货币最开放的国家之一，秉持"监督不监管"的原则，并开创了很多富有创造力的监督机制。[6]不仅如此，它还为全球区块链初创企业提供了非常优惠的政策，是区块链创业的热门国家。

英国首创的"沙盒监管"（Regulatory Sandbox）模式是全球区块链法发展进程中里程碑式的成就。2015年3月，英国科学办公室发布报告《金融科技的未

---

〔1〕 AZ HB2603.

〔2〕 Financial technology sandbox Act § 61, HEA No. 0034 (2019).

〔3〕 Federal Reserve Board, Distributed ledger technology in payments, clearing, and settlement, Board of Governors of the Federal Reserve System (Dec. 2016), also see: https://www.federalreserve.gov/econresdata/feds/2016/files/2016095pap.pdf.

〔4〕 Senator Edward Markey of Massachusetts, Key Senate Committee Passes Senator Markey's Blockchain Promotion Act, https://www.markey.senate.gov/ (Jul. 11, 2019), https://www.markey.senate.gov/news/press-releases/key-senate-committee-passes-senator-markeys-blockchain-promotion-act.

〔5〕 U. S. Department of Defense, DoD Digital Modernization Strategy, https://media.defense.gov/ (Jul. 12, 2019), also see: https://media.defense.gov/2019/Jul/12/2002156622/-1/-1/1/dod-digital-modernization-strategy-2019.pdf.

〔6〕 参见"盘点：各国政府对待数字货币及区块链技术的态度"，载搜狐网，2018年6月20日，https://www.sohu.com/a/236725500_100190780，最后访问日期：2022年10月7日。

来》，首创了"沙盒监管"模式。[1]"沙盒监管"是指一个监管规则有所放宽的安全空间，在保护消费者或投资者权益、严防风险外溢的前提下，金融科技企业将享受少监管、短周期和小规模的创新环境，在真实的用户中测试产品、服务、商业模式等项目，而不必在相关活动碰到监管问题时立即受到约束。这一模式有利于企业收集数据和用户反馈，在较低的开发成本下加快推出创新产品或服务。

2016 年 1 月，英国政府发布《分布式账本技术：超越区块链》白皮书，表明英国政府肯定了区块链减少福利诈骗、超支错误、纸质成本的价值并正在积极评估区块链技术在各行业的发展潜力。英国政府还从愿景、技术、治理、安全与隐私、信任与操作等方面为发展区块链技术和分布式账本技术提出了 8 条建议，并提出将从法律监管和技术监管两方面构建监管体系。[2]这也是英国第一次从国家层面对区块链的发展技术和前景进行分析。[3]

（一）数字货币领域

英国政府的多项举措表明了其积极推动区块链技术和数字货币创新发展的决心和宽松管理的基本理念。2015 年 3 月，英国财政部发布数字货币相关报告，表示英国政府将与英国标准协会以及数字货币行业共同制定数字货币的监管框架。[4]同时，以金融行为监管局为代表的英国政府金融监管机构在金融服务领域制定区块链技术监管细则，明确区块链服务公司应承担的法律义务，降低金融市场风险。2018 年 3 月，英国金融行为监管局与财政部、英格兰银行共同组建"加密资产专项工作组"，以审查与加密资产相关的风险，及其相关技术的潜在优势，旨在鼓励合法合规地开展加密货币和分布式账本技术相关活动。[5]2018 年 4 月，英国金融行为监管局发布了对加密货币衍生品的警告，强调加密

---

〔1〕　Government Office for Science, FinTech Futures: The UK as a World Leader in Financial Technologies, 2015, available at: https://assets. publishing. service. gov. uk/government/uploads/system/uploads/attachment_ data/file/413095/gs-15-3-fintech-futures. pdf.

〔2〕　Government Office for Science, Distributed Ledger Technology: beyond block chain, Jan. 19 2016, available at: https://assets. publishing. service. gov. uk/government/uploads/system/uploads/attachment_ data/file/492972/gs-16-1-distributed-ledger-technology. pdf.

〔3〕　参见吴燕妮："金融科技前沿应用的法律挑战与监管——区块链和监管科技的视角"，载《大连理工大学学报（社会科学版）》2018 年第 3 期。

〔4〕　HM Treasury, Digital currencies: response to the call for information, 2015, available at: https://assets. publishing. service. gov. uk/government/uploads/system/uploads/attachment_ data/file/414040/digital_ currencies_ response_ to_ call_ for_ information_ final_ changes. pdf.

〔5〕　HM Treasury, Fintech Sector Strategy: Securing the Future of UK Fintech, Mar. 2018, available at: https://assets. publishing. service. gov. uk/government/uploads/system/uploads/attachment_ data/file/692874/Fintech_ Sector_ Strategy_ print. pdf.

货币衍生品是现有法律指引下的金融工具，进行受监管的加密货币衍生品活动的公司必须遵守金融行为监管局手册中的适用法规，以及直接适用于欧盟法规的相关条款。[1]2020年1月，英国金融行为监管局开始监督通过加密资产开展业务的公司，要求从事与加密货币相关特定活动的新老公司必须遵守以下新规定：（1）确定和评估公司业务所造成的洗钱和恐怖主义融资风险的程度；（2）实施政策来减轻这些风险；（3）指定一名高级管理人员负责遵守规定；（4）对客户进行尽职调查，被确定为高风险的客户应接受"加强的尽职调查"。[2]2020年10月，英国金融行为监管局发布禁令，禁止向零售客户推销、分销和销售不受监管的可转让加密资产的衍生品和交易所交易券。[3]2022年4月4日，英国政府宣布其正在采取一系列措施来规范和利用包括比特币在内的加密货币，还将与皇家铸币厂合作推出NFT，从而"使英国成为全球加密资产技术和创新中心"。[4]

（二）司法领域

司法方面，英国司法系统积极利用区块链技术推动自身的司法改革，同时将区块链法的建设重点放在智能合约制度之上。2018年6月，司法部发布关于区块链存储数字证据试点项目计划的声明，解释了区块链如何通过创建追踪保管和防止篡改的绝对可靠的审计线索来帮助数字证据管理，并表示推动对分布式分类账技术的研究是该机构法庭改革计划的主要部分。2018年7月，英国法律委员会发表工作文件，宣布正式启动对区块链智能合约应用的法律改革研究，以确保区块链智能合约制度的明确性。[5]2019年11月，法律科技交付委员会发布《加密资产和智能合约的法律声明》，详细阐释了加密资产的性质、不同于信息的特点、冲突法规则、担保规则、归入破产财产的标准、认定权利凭证的条件、登记规则和智能合约的法律存在及作用、解释规则、匿名化与形式

〔1〕 Financial Conduct Authority, Cryptocurrency derivatives, FCA（Apr. 6, 2018）, https：//www. fca. org. uk/news/statements/cryptocurrency-derivatives.

〔2〕 Financial Conduct Authority, Prohibiting the sale to retail clients of investment products that reference cryptoassets, FCA, Oct. 2020, available at：https：//www. fca. org. uk/publication/policy/ps20-10. pdf.

〔3〕 Financial Conduct Authority, FCA bans the sale of crypto-derivatives to retail consumers, FCA（Oct. 6, 2020）, https：//www. fca. org. uk/news/press-releases/fca-bans-sale-crypto-derivatives-retail-consumers.

〔4〕 HM Treasury, Government sets out plan to make UK a global cryptoasset technology hub, Apr. 4, 2022, available at：https：//www. gov. uk/government/news/government-sets-out-plan-to-make-uk-a-global-cryptoasset-technology-hub.

〔5〕 The Law Commission, Annual Report 2017-18, GOV. UK（Jul. 19, 2018）, https：//assets. publishing. service. gov. uk/government/uploads/system/uploads/attachment_ data/file/727386/6. 4475_ LC_ Annual_ Report_ Accounts_ 201718_ web. pdf.

要求等重点内容。[1]2021 年 11 月，法律委员会表示英格兰和威尔士的现行法律可以适用于智能合约，且对智能合约的执法并不需要对现有法律框架进行大规模的修改，并确认现有的普通法的灵活性足以适应智能合约等新兴技术的结论。[2]

（三）税收领域

税收方面，英国税收与海关总署不断完善与区块链技术相关的税收法规，规定各种情况下的税收政策及监管细则。2019 年 11 月，税收与海关总署发布《加密资产税收指南》，强调加密资产必须按照公认的会计惯例进行计算，规定加密企业必须保留所有以英镑进行的交易记录，明确加密企业该如何缴纳印花税和增值税等不同税收类型，以及税务局在何种情况下可将购买和出售代币视为一种正式交易活动。[3]2021 年 3 月，税务与海关总署更新加密货币税收指南，涉及买卖交易型代币、兑换代币、"挖矿"、提供商品或服务以换取交易型代币的公司或企业都有责任缴纳税务。[4]

三、日本的区块链立法

日本政府和民间对区块链普遍持友好的态度，区块链在日本的数字货币、房地产以及银行间清算等领域都得到了深入发展。

（一）数字货币领域

日本对待加密数字货币的态度比较积极，其在全世界范围内较早授予比特币合法支付货币地位并承认数字资产交易合法化。但在 2018 年日本第二大数字货币交易所 CoinCheck 遭受黑客攻击、价值超 5.3 亿美元的新经币被窃之后，其监管态度日趋严密，并且构建了对加密数字货币交易所的严格监管体系。[5]

---

〔1〕 Courts and Tribunals Judiciary, The Chancellor of the High Court, Sir Geoffrey Vos, launches Legal Statement on the Status of Cryptoassets and Smart Contracts, https://www. judiciary. uk/ (Nov. 18, 2019), https://www. judiciary. uk/announcements/the-chancellor-of-the-high-court-sir-geoffrey-vos-launches-legal-statement-on-the-status-of-cryptoassets-and-smart-contracts/.

〔2〕 The Law Commission, Smart legal contracts Advice to Government, GOV. UK, https://s3-eu-west-2. amazonaws. com/lawcom-prod-storage-11jsxou24uy7q/uploads/2021/11/Smart-legal-contracts-accessible. pdf (Nov. 2021).

〔3〕 HM Revenue & Customs, Cryptoassets Manual, https://www. gov. uk/ (Nov. 1, 2019), https://www. gov. uk/hmrc-internal-manuals/cryptoassets-manual.

〔4〕 HM Revenue & Customs, Cryptoassets Manual, https://www. gov. uk/ (Mar. 30, 2021), https://www. gov. uk/hmrc-internal-manuals/cryptoassets-manual.

〔5〕 参见华为区块链技术开发团队编著：《区块链技术及应用》，清华大学出版社 2019 年版，第 258 页。

目前，日本监管政策的重点主要集中于数字货币的严格注册审查和监控、ICO的监管、虚拟交易平台的监管以及行业自我监管。

日本区块链法的前期建设主体是内阁和国会，主要以正式法案的形式构建了区块链技术的总体监管框架，奠定了"严格监管"的基本原则。2016 年 3 月，内阁通过投票宣布日本成为第一个为加密数字货币交易提供法律保障的国家。2016 年 6 月，国会公布《资金结算法》修正案，承认比特币为合法支付手段，将数字货币作为"外汇"正式纳入日本的金融监管体系。[1]这标志着日本首次批准数字货币监管法案，成为全球第一个为数字货币交易所提供法律保障的国家。在修改《资金结算法》的同时，日本一并修改了《犯罪收益转移防止法》，包括但不限于将虚拟货币交易平台列为《犯罪收益转移防止法》规定的特定事业者，从而将数字货币交易纳入现有的成熟反洗钱规制体系。[2]2017 年 4 月，国会宣布《支付服务法案》正式生效，比特币作为数字货币支付手段的合法性得到承认，数字货币交易所及数字货币交易商受到明确的监管：（1）加强对交易商的限制，必须与交易承担相同责任风险；（2）交易商必须加强对交易的审查，不允许利用未公开信息牟取利益；（3）交易商必须采取强有力的安全措施，确保用户资金安全，并且制定、公布发生资产流失时的偿还方案。

2019 年 5 月，国会通过关于加强对加密货币交易服务商、交易活动监管的《资金结算法》和《金融工具及交易所法案》修正案，正式承认比特币在内的虚拟资产为合法支付手段，并将虚拟资产纳入《金融商品交易法》的监管对象，受到现有法律规制体系的制约，以便限制投机交易行为。此外，2019 年《资金结算法》修正案在完善监管对象名称、制定投资者保护的行为监督、具体监管业务范围、强化行业自律作用四个方面全面提升了对数字资产交易平台的监管水平及平台用户的保护体系；2019 年《金融商品交易法》则明确了在数字资产投资交易中监管 ICO，并将数字资产列为该法所定义的金融商品之一进行适当性监管。[3]

随后，以政府各部门为主的监督机构开始在各自的专业领域内完善监管细则，颁布的法律法规更具针对性和操作性，并贯彻"严格监管"原则。2017 年 4 月，经济产业省发布《日本区块链项目具体的评估方法》，主要包括可扩展性、可执行性、可靠性、节点数量、性能效率等 32 个指标，区块链平台也按公

---

〔1〕 参见陈美宏等："日本发展区块链行业的主要做法及对我国的启示"，载《吉林金融研究》2020 年第 4 期。

〔2〕 参见李敏："虚拟货币的反洗钱监管探析及借鉴"，载《上海政法学院学报（法治论丛）》2022 年第 2 期。

〔3〕 参见杨东、陈哲立："数字资产发行与交易的穿透式分层监管"，载《学习与探索》2020 年第 10 期。

有链和私有链区分。2017 年 9 月，日本国税厅发表《虚拟货币的收益为其他所得》，明确虚拟货币收益的税制，强调比特币及其它虚拟货币的收益不再被视作资本利得，而被定义为综合征税中"视为其他所得或营业收益"项目，并详细列举了虚拟货币在不同交易或使用情况下损益的具体计算方法。2019 年 11 月，日本央行发布数字货币研究报告，针对 CBDC 的主要法律问题进行了分析和讨论。2020 年，日本成立了日本虚拟资产交易所协会（JVCEA）和日本 STO 协会。所有的交易所都是 JVCEA 的成员，而日本 STO 协会包括 5 个主要的日本金融机构。这两个监管机构的工作是为尚未获得许可的交易所提供建议，并促进合规。

日本金融服务厅是其中最有代表性的机构之一，其在金融领域针对区块链技术制定了完善的监管政策。在监管模式方面，日本政府采用了"白皮书"交易所制度，由金融服务厅对"白名单"内的交易所进行"背书"并进行审慎监管。[1]同时，2018 年 10 月，金融服务厅批准日本虚拟货币交易协会成为"经认证的基金结算业务协会"，正式授予日本虚拟货币交换业协会在加密货币行业的自我监管地位。[2]2019 年 3 月，金融服务厅公布《虚拟资产交换业研究报告》主要内容包括：（1）关于扩张日本国内交易所处理的虚拟资产币种的问题；（2）关于金融商品交易法的法律监管方面；（3）关于证券化代币的法规监管方面；（4）关于公用事业型通证的法规监管方面。2019 年 9 月，金融服务厅下属的数字货币交易所行业协会颁布了《新币发售相关规则》及配套的《关于新币发售相关规则的指导方针》，允许公开发行和销售代币进行融资，进一步加强了数字货币的监管规范。2021 年 12 月，日本金融服务厅表示它将在 2022 年提出立法，监管稳定币的发行者，以解决客户的风险，并限制利用稳定币代币洗钱的机会。[3]

（二）房地产领域

在数字货币领域以外，日本政府还在其他领域大力推进区块链技术的应用，其中房地产就是最有代表性的领域之一。目前日本司法部、国土部、市政当局以及房地产公司各自都有财产的登记数据，日本政府正计划将城市、农田和森林

---

〔1〕 参见陈美宏等："日本发展区块链行业的主要做法及对我国的启示"，载《吉林金融研究》2020 年第 4 期。

〔2〕 参见苏剑："区块链监管体系建设研究——基于日本与美国的经验借鉴"，载《财会通讯》2020 年第 4 期。

〔3〕 SATOSHI TEZUKA, KENICHI ONOZAWA and KEITA SEKIGUCHI, Stablecoins to face new restrictions in Japan, Nikkei Asia（Dec. 7, 2021），https://asia. nikkei. com/Spotlight/Cryptocurrencies/Stablecoins-to-face-new-restrictions-in-Japan.

地区的所有财产和土地登记统一到一个由区块链技术驱动的单一分类账中。[1]

四、欧盟的区块链立法

欧盟在开始制定区块链法之时就已经将目标设定为鼓励区块链创新、推动社会发展，对区块链技术始终保持友好、乐观的积极态度，试图通过法律寻找利用区块链技术的正确方法，特别是刺激经济增长的有效途径。因此，大多数的监管政策都体现出极大的包容度和自由度。

欧盟区块链法体系的前期建设完全围绕着发挥区块链经济效益的目标，绝大多数政策均为保证区块链技术利益最大化。2016年3月，欧洲央行发布《欧元体系的愿景——欧洲金融市场基础设施的未来》，公开宣布正在探索如何使区块链技术为其所用。[2]2016年6月，欧洲证券和市场管理局发布《分布式账簿技术应用评估》（The Distributed Ledger Technology Applied to Securities Markets），表示正在讨论证券市场使用证券技术的可能性。[3]2018年2月，欧盟委员会启动了欧盟区块链观察站和论坛，并于7月、10月、12月分别发布了《欧洲区块链创新》《区块链和GDPR》《政府和公共服务区块链》三份主题报告。2018年4月，欧洲区块链联盟成立，成为成员方在区块链技术和监管领域交流经验和传播专业知识的平台，分享成员方的技术和管理经验，促进区块链服务的操作性和实施，避免"碎片化"的技术，并为启动欧盟范围内区块链技术应用做准备。

在区块链技术所带来的风险和危机逐步显现后，欧盟才开始将立法重心转移至解决监管漏洞、完善监管规则方面。2018年4月，欧盟就第五项洗钱指令的文本达成一致。该指令涵盖所有提供法币转换服务的数字货币交易所，要求有义务的实体识别和核实客户的身份，监测交易，并报告可疑活动。[4]2018年

---

〔1〕 Ashour Iesho, Japan to Trial Blockchain Technology for Real Estate Records, Bitcoinist, https://bitcoinist. com/japan-blockchain-tech-real-estate/.

〔2〕 European Central Bank, Eurosystem's vision for the future of Europe's financial market infrastructure, https://www. ecb. europa. eu/（Mar. 2016）, https://www. ecb. europa. eu/paym/target/target2/shared/pdf/RTGS_ services_ consultative_ report. pdf? 7a30e88d06a34a4dd8d25fcb47712b5a.

〔3〕 European Securities and Markets Authority, The Distributed Ledger Technology Applied to Securities Markets, https://www. esma. europa. eu/（Jun. 2 2016）, https://www. esma. europa. eu/sites/default/files/library/2016-773_ dp_ dlt. pdf.

〔4〕 News European Parliament, Anti-money laundering: MEPs vote to shed light on the true owners of companies, https://www. europarl. europa. eu/（Apr. 19, 2018）, https://www. europarl. europa. eu/news/en/press-room/20180411IPR01527/anti-money-laundering-meps-vote-to-shed-light-on-the-true-owners-of-companies.

10 月，欧洲议会通过探讨分布式账本技术潜在监管问题的非立法决议，指出在涉及初始代币发行以及其他加密货币和区块链行业监管问题时，需要遵守欧盟通用数据保护条例，以防止欺诈行为发生。[1]同月，欧洲证券和市场管理局发布《关于加密货币资产和首次代币发行的报告》，表示会就可能适用于加密货币资产的现有规则向欧盟委员会、理事会和议会提供建议，并进一步列出任何可供政策制定者考虑的监管漏洞。[2]2019 年 8 月，欧洲中央银行发布《理解加密资产现象及其风险和衡量问题》，表示缩小与加密资产相关的数据差距对监管机构和金融机构构成重大挑战，并承诺将继续分析"链上和分层协议交易"，并专注于协调和丰富链外交易的元数据，以及开发加密资产指标。[3]2020 年 4 月，欧洲议会经济委员会发布《加密资产：关键发展、监管担忧和对策》报告（Crypto-assets：Key developments, regulatory concerns and responses），指出一些国家现金使用量的下降促使央行考虑建立公开的、可追踪的央行数字货币，以制止洗钱和犯罪活动。[4]2021 年 7 月，欧盟委员会公布了一套立法提案，这些提案将强制收集加密货币转移的发送者和接受者的信息。[5]

■ 要点

1. 美国区块链法整体上采取积极鼓励和严格监管相结合的态度，通过联邦法律和州法律共同构建全国区块链监管体系。前期的区块链法依赖各机构"多头监管"模式，后期开始重视"统一监管"。

2. 英国和欧盟都大力支持、鼓励区块链技术，以创造宽松自由的发展环境

---

〔1〕 European Parliament, Distributed ledger technologies and blockchains: building trust with disintermediation, https://www. europarl. europa. eu/ （Oct. 3, 2018）, https://www. europarl. europa. eu/doceo/document/TA-8-2018-0373_ EN. html.

〔2〕 Securities and Markets Stakeholder Group, Own Initiative Report on Initial Coin Offerings and Crypto-Assets, https://www. esma. europa. eu/ （Oct. 19, 2018）, also see: https://www. esma. europa. eu/sites/default/files/library/esma22-106-1338_ smsg_ advice_ -_ report_ on_ icos_ and_ crypto-assets. pdf.

〔3〕 European Central Bank, Understanding the crypto-asset phenomenon, its risks and measurement issues, https://www. ecb. europa. eu/ （Aug. 7, 2019）, https://www. ecb. europa. eu/pub/economic-bulletin/articles/2019/html/ecb. ebart201905_ 03-c83aeaa44c. en. html.

〔4〕 Robby HOUBEN, Alexander SNYERS, Crypto-assets - Key developments, regulatory concerns and responses, https://www. europarl. europa. eu/ （Apr. 7, 2020）, also see: https://www. europarl. europa. eu/RegData/etudes/STUD/2020/648779/IPOL_ STU （2020）648779_ EN. pdf.

〔5〕 European Commission, Anti-money laundering and countering the financing of terrorism legislative package, https://finance. ec. europa. eu/ （Jul. 20, 2021）, https://finance. ec. europa. eu/publications/anti-money-laundering-and-countering-financing-terrorism-legislative-package_ en.

为主要立法目标。

3. 日本则更为严格，从区块链法立法之初即严格监管区块链技术在各行业的运用，制定各类监管规则。

■ 思考题

2.2 结合各国的法律渊源和社会现状，说明为什么以上四个国家或地区会呈现不同的监管态度？

第三节　区块链法的未来走向

一、区块链法范围扩大

各国的区块链法律体系发展模式将大致呈现两个方面。一方面，政府将不断颁布、完善或者运用法律解释规则对现有的其他法规进行扩张解释，使区块链发展中的具体问题分别纳入其中，如适用或完善税法、反洗钱法解决区块链行业的税务、资金安全等问题；另一方面，许多国家的立法机关将编制、颁布区块链专门法，以完整、全面的成文法形式对区块链技术发展中的法律问题进行全面梳理和总结，形成具有可操作性的、系统性的区块链法律规范。

其一，颁布、完善或扩张解释其他领域的法律规则是立法机关应对包括区块链技术在内所有新兴行业的法律问题的通用办法。2020年1月，新加坡金融管理局（MAS）开始根据《支付服务法》监管加密货币行业，要求本国所有的加密货币交易所和服务提供商遵守该法令的规则和规定。[1]2021年11月，美国总统拜登签署两党基础设施法案，其中对加密货币和 NFT 等数字资产的税务报告作出了新的要求和规定。[2]

其二，区块链成文立法化在近几年区块链立法进程中尤其明显，许多国家选择编制区块链专门法进行区块链立法工作。2018年11月，马耳他关于区块链技术及数字资产监管的三部法案，即《马耳他数字创新管理局法案》《虚拟

---

〔1〕 Monetary Authority of Singapore, Payment Services Act Comes Into Force, https://www.mas.gov.sg/ (Jan. 28, 2020), https://www.mas.gov.sg/news/media-releases/2020/payment-services-act-comes-into-force.

〔2〕 The White House, President Biden to Sign Bipartisan Infrastructure Investment and Jobs Act Monday, https://www.whitehouse.gov/ (Nov. 10, 2021), https://www.whitehouse.gov/briefing-room/statements-releases/2021/11/10/president-biden-to-sign-bipartisan-infrastructure-investment-and-jobs-act-monday/.

金融资产法案》《创新技术安排和服务法案》同时生效，使得马耳他成为全球第一个对区块链技术进行立法并实施的国家。2019 年，中国相继颁布《密码法》《区块链信息服务管理规定》，开启了本国区块链专门立法阶段。2020 年 5月，中国通信工业协会区块链专委会呼吁全国两会尽快制定《区块链产业促进法》，并已启动相关调研、起草工作。2019 年 7 月，美国参议院商业、科学和交通委员会批准《区块链促进法案》，2020 年国会议员向众议院报告了解决区块链监管问题透明而完整的《区块链创新法案》《数字分类法法案》和《推进区块链法案》三项法案。2020 年 1 月，列支敦士登的《列支敦士登区块链法》生效。2020 年 9 月，瑞士议会通过《区块链法》。2021 年 6 月，萨尔瓦多议会投票通过《比特币法》。除此之外，俄罗斯政府也在讨论全面监管加密货币的法律提案。泰国央行（BoT）则计划提出关于数字资产行业的全面立法。[1]

二、鼓励性与监管性政策双重发展

（一）鼓励性政策

区块链技术处在高速发展时期，各个国家正在探索从立法和机制两个途径制定区块链行业的鼓励性政策。

1. 立法支持

在过去几年里，许多国家把区块链立法重心放在了推动区块链技术创新和行业发展上，为区块链创造了很大的自由发展空间。这些国家的法律法规将继续对区块链保持支持、鼓励态度并推出相关优惠政策。在宏观方面，通过立法手段加快其与各行业的深度融合，保障和促进企业进行区块链技术的开发、推广。在微观方面，通过制度性安排措施培养区块链技术人才，为企业的科研提供资金等物质支持。

我国的区块链法鼓励性政策将在整个区块链法律体系中继续占据相当显著的比例。2020 年 6 月，全国人大常委会公布《2020 年度立法工作计划》，强调其"重视对区块链等新技术新领域的相关法律问题的研究"。2021 年 10 月，商务部等三部门发布《"十四五"电子商务发展规划》，强调"从深化创新驱动、优化要素配置，统筹发展安全入手，深度挖掘数据要素价值"，推动区块链等先进技术的集成创新和融合应用。2022 年 5 月，最高人民法院发布《关于加强区块链司

---

〔1〕　Bank of Thailand, Joint Press Release: BOT, SEC, and MOF to jointly set guidelines on the usage of digital assets as a means of payment for goods and services, https://www.bot.or.th/（Jan. 25, 2022）, https://www.bot.or.th/English/AboutBOT/Activities/Pages/JointPress_ 25012022. aspx.

法应用的意见》，强调将进一步加强区块链在司法领域的应用，充分发挥区块链在促进司法公信、服务社会治理、防范化解风险、推动高质量发展等方面的作用。

国际趋势也是如此。2020 年，瑞士政府公开宣布将继续努力建立一个对加密货币友好的监管环境，同年生效的《区块链法》、金融和公司法改革也印证了其态度。[1]此外，瑞士的地理位置和政治地位意味着它在区块链领域的友好信号会给欧盟带来压力，迫使欧洲的法律变得对加密货币友好和支持。[2]2020 年 2 月，澳大利亚政府发布了长达 52 页的区块链产业路线图，区块链技术下的葡萄酒业、银行业和金融业成为重点优先发展领域，并计划让未来的澳大利亚成为区块链产业的全球领导者。[3]2022 年 3 月，美国总统拜登签署"确保负责任地开发数字资产"行政命令，呼吁财政部等政府机构积极评估数字资产的好处和风险，加快探索开发美国央行数字货币，以保障美国在数字资产领域保持全球的领先地位。[4]

2. 机制创新

各国政府试图创建一种实验机制，在不扰乱行业正常秩序、最大限度降低市场风险的前提下，鼓励区块链技术自由创新。其中，内容完善、体系健全的金融科技监管沙盒（Fintech Supervisory Sandbox, FSS）受到了许多国家的青睐，代表了当下创新机制的最高水平。

2015 年 11 月，英国金融行为监管局正式发布《监管沙盒》指引文件，首次完整提出"监管沙盒"的核心意义与具体实施要求。[5]2016 年 9 月，香港金融管理局推出适用于银行业的金融科技"监管沙盒"。一年后，香港证监会和保监局也分别推出了证券与保险行业的"监管沙盒"。2016 年 11 月，新加坡金

〔1〕 Comply Advantage, Cryptocurrency Regulations Around The World, https://complyadvantage.com/ (Jun. 10, 2022), https://complyadvantage. com/insights/cryptocurrency-regulations-around-world/.

〔2〕 参见"2022 年将是加密货币监管之年吗？"，载中金网，http://www. zzvips. com/news/215089. html, 最后访问日期：2023 年 2 月 8 日。

〔3〕 Australian Government, THE NATIONAL BLOCKCHAIN ROADMAP: Progressing towards a blockchain-empowered future, https://www. industry. gov. au/ (Mar. 18, 2019), also see: https://www. industry. gov. au/sites/default/files/2020-02/national-blockchain-roadmap. pdf.

〔4〕 The White House, FACT SHEET: President Biden to Sign Executive Order on Ensuring Responsible Development of Digital Assets, https://www. whitehouse. gov/ (Mar. 9, 2022), https://www. whitehouse. gov/briefing-room/statements-releases/2022/03/09/fact-sheet-president-biden-to-sign-executive-order-on-ensuring-responsible-innovation-in-digital-assets/.

〔5〕 Government Office for Science, FinTech Futures: The UK as a World Leader in Financial Technologies, 2015, available at: https://assets. publishing. service. gov. uk/government/uploads/system/uploads/attachment_data/file/413095/gs-15-3-fintech-futures. pdf.

融管理局发布了《金融科技监管沙盒指引》文件，对"监管沙盒"的适用对象、准入条件、操作流程进行了说明。[1]2016 年 12 月，泰国银行发布《金融科技监管沙盒指南》正式版，详细披露了"监管沙盒"申请者所需要的资质、申请流程、退出机制以及一些泰国银行附加的注意事项。2017 年 2 月，澳大利亚证券投资委员会发布《金融科技产品及服务测试》，开始对部分未获得澳大利亚金融服务许可证或澳大利亚的信用许可证的金融科技企业，开放产品和服务测试环境。[2]2017 年 2 月，加拿大证券管理局公布"沙盒监管计划"，由加拿大 3 个地区和 10 个省的证券监管机构组成的伞式组织，旨在通过共同制定在全国范围内一致施行的监管计划，协调、改善和统一加拿大资本市场监管，确保加拿大证券行业的平稳运行。[3]2018 年 3 月，欧盟 13 个成员方建立"金融科技促进者"的监管沙盒，使初创公司能够更快地进入市场，更好地了解规则和监管期望。[4]2018 年 7 月，美国财政部发布《创造经济机会的金融体系：非银金融、金融科技和创新》报告，着重提及监管沙盒的开发及其作用。[5]2019 年 4 月，印度储备银行发布"监管沙盒"相关报告，申请沙盒测试的名单包括区块链平台、移动支付和数字身份软件、数据分析、人工智能或机器学习应用等项目。[6]2019 年 12 月，北京市地方金融监督管理局发文，宣布率先启动金

〔1〕 Monetary Authority of Singapore, FINTECH REGULATORY SANDBOX GUIDELINES, https://www. mas. gov. sg/（Nov. 16, 2016）, https://www. mas. gov. sg/-/media/MAS/Smart-Financial-Centre/Sandbox/FinTech-Regulatory-Sandbox-Guidelines-19Feb2018. pdf? la=en&hash=B1D36C055AA641F580058339009448CC19A014F7.

〔2〕 Australian Securities & Investments Commission, 16-440MR ASIC releases world-first licensing exemption for fintech businesses, https://asic. gov. au/（15 Dec. 15, 2016）, https://asic. gov. au/about-asic/news-centre/find-a-media-release/2016-releases/16-440mr-asic-releases-world-first-licensing-exemption-for-fintech-businesses/.

〔3〕 Canadian Securities Administrators, The Canadian Securities Administrators Launches a Regulatory Sandbox Initiative, https://www. securities-administrators. ca/（Feb. 23, 2017）, https://www. securities-administrators. ca/news/the-canadian-securities-administrators-launches-a-regulatory-sandbox-initiative/.

〔4〕 EUROPEAN COMMISSION, FinTech Action plan: For a more competitive and innovative European financial sector, https://eur-lex. europa. eu/（Mar. 8, 2018）, https://eur-lex. europa. eu/legal-content/EN/TXT/HTML/? uri=CELEX: 52018DC0109&rid=15.

〔5〕 U. S. DEPARTMENT OF THE TREASURY, A Financial System That Creates Economic Opportunities: Nonbank Financials, Fintech, and Innovation, https://home. treasury. gov/（Jul. 2018）, https://home. treasury. gov/sites/default/files/2018-08/A-Financial-System-that-Creates-Economic-Opportunities---Nonbank-Financials-Fintech-and-Innovation. pdf.

〔6〕 Reserve Bank of India, RBI releases draft "Enabling Framework for Regulatory Sandbox", https://www. rbi. org. in/（Apr. 18, 2019）, https://www. rbi. org. in/Scripts/BS_ PressReleaseDisplay. aspx? prid=46843.

融科技创新监管试点建设，探索构建中国版"监管沙盒"。2020 年 4 月，葡萄牙政府发布监管沙盒框架，测试包括人工智能、区块链、大数据和 5G 在内的新兴技术。同月，开曼群岛立法议会公布《虚拟资产服务提供商法案》，规定沙盒许可证及其注册规则，允许从事的技术具有风险的公司注册为期一年的许可证以测试其模型。[1]2021 年 1 月，俄罗斯第 258 号联邦法律《关于俄罗斯联邦数字创新领域的实验性法律制度》生效，允许对新软件进行测试，以确保其有效性和实用性，然后根据测试结果，决定是否修改现行法律以适应创新。

除了上述"通用沙盒"，近年来，"主题沙盒"纷纷出现，其特点是监管机构依据政策目标提出预定义项目，用以解决金融领域某一具有共性的具体问题或者用于金融服务相关技术指南和标准。例如，马来西亚国家银行赞助的"普惠金融"主题沙盒；泰国银行利用主题沙盒就国内和跨境支付的标准化二维码进行协作；日本金融服务委员会的金融技术概念验证中心进行小范围的沙盒测试，重点是客户身份验证；巴林中央银行通过沙盒为开放银行提供账户聚合基础设施；新加坡金融管理局计划为保险经纪、汇款和交易平台提供的"预定义沙盒"。

(二) 监管性政策

1. 监管对象增加

首先，稳定币将成为各国的重点监管对象，并迎来独立的监管体系。根据区块链数据分析机构 Messari 发布的相关报告，截至 2021 年 8 月，27 种全球主要的稳定币总市值约为 1180 亿美元，比 2020 年上涨 332.23%，可以称之为快速膨胀式发展，且波动幅度巨大、持续剧烈波动。在此种趋势下，稳定币可能作为一种支付工具与价值储存手段，在未来拥有更大的用户基础、交易规模，成为某个国家或地区范围内乃至跨越国界的具有系统重要性的加密货币，也因此会威胁全球金融稳定。[2]2019 年 10 月，G20 金融稳定委员会向 20 国集团领导人发出了一封紧急信函，详细阐述了"全球稳定币"对全球金融市场稳定秩序的潜在威胁。2020 年 4 月，美国金融稳定委员会（FSB）公开发布了《解决

---

〔1〕 Ministry of Financial Services and Home Affairs, VIRTUAL ASSET (SERVICE PROVIDERS) BILL, 2020, http://www. legislativeassembly. ky/（Apr. 2020）, also see: http://www. legislativeassembly. ky/portal/pls/portal/docs/1/12962522. pdf.

〔2〕 参见周利萍、许蕴："加速构建全球稳定币监管机制"，载《中国社会科学报》2021 年 9 月 2 日，第 A09 版。

全球稳定币项目所引起的监管和挑战》，其中提出 10 项监管建议，要求"监管机构应当拥有、利用必要的权力和工具以及充足的资源，全面地监管、监督全球稳定币项目及其各种活动，并有效执行相关法律法规"。[1]2021 年 11 月，美国总统金融市场工作组（PWG）发布了《稳定币报告》，对可能发生的"Stablecoin 挤兑"以及"支付系统风险"提出了质疑，建议应尽快把稳定币机制中的某些活动定义为具有系统重要性的支付清算和结算活动，纳入现有监管体系。此外，该机构要求尽快对美国现有法律予以补充，对托管钱包提供商、稳定币发行机构遵守关于商业机构从属关系的活动进行限制，以便有效地管控稳定币及其相关活动存在的各种风险。[2]

　　比起稳定币逐步进入监管范围的法律趋势，加密货币则将被越来越多的国家明确严格监管，甚至直接禁止。相关犯罪案件频繁发生迫使各国重视，监管甚至禁止加密货币的司法管辖区急剧增加，且没有显示出放缓的迹象。根据美国国会图书馆（LOC）发布的报告，目前美国有 9 个司法管辖区对加密货币实行绝对禁止政策，42 个司法管辖区实行隐性禁止政策，比 2018 年报告首次发布时的 8 个和 15 个有所上升。103 个司法管辖区运用了反洗钱和打击资助恐怖主义的法律，比 2018 年有此类法律的 33 个司法管辖区增加了 3 倍。[3]除此之外，2021 年 6 月，韩国金融服务委员会（FSC）宣布对特定金融信息法施行令修正案进行立法预告，规定加密货币交易所将不能代理交易所或其相关人员不得直接发行或交易加密货币，禁止加密货币交易所和职员通过相关经营公司（交易所）进行交易。2021 年，我国《关于进一步防范和处置虚拟货币交易炒作风险的通知》明确规定，虚拟货币不具有法定货币等同的法律地位，任何虚拟货币相关的业务活动为非法活动。

　　其次，去中心化金融（DeFi）在 2021 年迎来爆炸式增长，市场规模接近2000 亿美元级别，而利用 DeFi 的违法行为层出不穷，致使其将要面对严格监管危机。2021 年 7 月，日本金融服务管理局（FSA）成立新部门以监管数字货币及 DeFi，发布的相关报告暗示政府有意将 DeFi 纳入监管体系中，以防范洗钱、

---

〔1〕 The Financial Stability Board, Addressing the regulatory, supervisory and oversight challenges raised by "global stablecoin" arrangements, https://www.fsb.org/ (Apr. 14, 2020), also see: https://www.fsb.org/wp-content/uploads/P140420-1.pdf.

〔2〕 参见"美国 2022 年将如何进一步监管稳定币?"，载 51CTO，https://www.51cto.com/article/697826.html，最后访问日期：2022 年 10 月 7 日。

〔3〕 参见"报告：禁止加密货币的国家数量在三年内翻了一番"，载中金网，http://www.zzvips.com/news/218285.html，最后访问日期：2022 年 10 月 7 日。

价格操作，保护本土投资者。[1]2021 年 10 月，国际组织反洗钱金融行动特别工作组（FATF）发布《虚拟资产和虚拟资产服务提供商基于风险的方法更新指南》，对 DeFi 进行了新的定义并建议成员方根据控制或影响来识别 DeFi 的属性，强调存在控制或影响者的 DeFi 协议应用 VASP 定义来考虑监管。[2]2021 年 11 月，美国证券交易委员会针对 DeFi 的监管发表《关于 DeFi 的风险、监管和机会的声明》，警告不受监管的市场受到结构性限制，缺乏充分的信息披露，且 DeFi 智能合约所有者处于匿名状态，未能采用保护性监管框架的不公平市场易被违规操控，政府应当解决透明度和匿名的问题，并呼吁社区与证券交易委员会合作探讨合规发展。[3]

最后，Crypto 资产在过去几年间的巨大波动已经超出了市场的正常交易波动区间，正在引起各国乃至国际权威金融监管机构的注意。2021 年 11 月，英国央行副行长 Jon Cunliffe 就发展中的 Crypto 市场产生的金融稳定风险发出了警告。[4]2021 年 12 月，国际货币基金组织（IMF）发布详细报告，指出许多与 Crypto 相关的活动仍然不受监管，Crypto 的波动性"可能反映了估值过高环境中的泡沫"，同时其生态系统还存在"风险的识别、监控和管理"等挑战，需要监督 Crypto 交易所和钱包以识别完整性风险，并提倡应在全球范围内采取"全面、一致和协调"的 Crypto 管理办法。[5]2022 年 5 月，欧盟金融服务委员会委员 Mairead McGuinness 在 *The Hill* 上发表文章，强调应首先规定"一项关于 Crypto 市场的全球协议，任何产品都不应该脱离监管"，呼吁就 Crypto 监管达成全球共识，并透露欧盟即将批准其全面的围绕 Crypto 资产市场和相关新兴市场

---

〔1〕 参见"DeFi 监管进入'立规矩'阶段"，载雪球，https://xueqiu.com/2653541866/202830053，最后访问日期：2022 年 10 月 7 日。

〔2〕 FATF, Updated Guidance for a Risk-Based Approach to Virtual Assets and Virtual Asset Service Providers, https://www.fatf-gafi.org/（Oct. 28, 2021），https://www.fatf-gafi.org/publications/fatfrecommendations/documents/guidance-rba-virtual-assets-2021.html.

〔3〕 Caroline A. Crenshaw, Statement on DeFi Risks, Regulations, and Opportunities, U. S. SECURITIES AND EXCHANGE COMMISSION（Nov. 9, 2021），https://www.sec.gov/news/statement/crenshaw-defi-20211109.

〔4〕 Emily Nicolle, Bank of England's Jon Cunliffe says bitcoin threat to financial stability is 'getting closer', Financial News（Nov. 15, 2021），https://www.fnlondon.com/articles/bank-of-englands-jon-cunliffe-says-bitcoin-threat-to-financial-stability-is-getting-closer-20211115.

〔5〕 Tobias Adrian, Dong He, and Aditya Narain, Global Crypto Regulation Should be Comprehensive, Consistent, and Coordinated, IMF Blog（Dec. 9, 2021），https://blogs.imf.org/2021/12/09/global-crypto-regulation-should-be-comprehensive-consistent-and-coordinated/.

的 Crypto 监管框架。[1]

2. 监管规则升级

（1）准入门槛提升。

区块链交易商和运营商的准入门槛是区块链行业监管体系的基础内容之一，也是市场主体资质审查的第一个环节。它可以保障资质合格的市场主体安全、稳定地开展市场活动，限制不合格的市场主体进入区块链市场，有效降低整个区块链行业的市场风险。因此，在区块链市场主体鱼龙混杂、行业安全问题频发的背景下，各国选择从准入门槛这一源头开始，严格审查区块链交易商和运营商，甚至直接禁止。

2020 年 1 月，新加坡《支付服务法案》正式生效，要求数字货币交易所、钱包及 OTC 平台遵循基于支付服务公司活动的许可框架，并从风控和合规两个方面对相关企业的活动和业务进行全面监管。2020 年 9 月，欧盟发布《欧洲加密资产市场（草案）》，为证券市场、投资中介机构、交易场所在内的加密货币发行商和服务提供商创建一个欧盟级的许可框架。[2] 2021 年 1 月，英国金融行为监管局（FCA）禁止所有向零售客户推销、分销和销售可转让加密资产衍生品、交易所交易券的企业进入市场，相关公司必须满足新的许可要求并向监管机构重新登记。[3] 2021 年 2 月，泰国证券交易委员会举行听证会，宣布进入加密货币交易市场的新零售投资者需要通过新的资格认证体系，并要求将要开设加密货币交易账户的投资者证明自己有足够的金融资源来源以承受加密货币价格高度波动性带来的风险。2021 年 4 月，韩国加密货币交易所取消所有运营商的经营许可，并要求其按照新的市场进入许可申请要求，重新向金融服务委员会提交正式许可申请，完成相关流程。我国《关于进一步防范和处置虚拟货币交易炒作风险的通知》停止所有境外虚拟货币交易所和运营商通过互联网向我国境内居民提供服务的市场准入许可。

除以上明确的立法动向外，加密货币交易所在 2021 年遭受了世界各地监管

〔1〕　Mairead McGuinness, We need a global approach to regulating cryptocurrencies, THE HILL（May. 1, 2022）, https://thehill. com/opinion/finance/3472882-we-need-a-global-approach-to-regulating-cryptocur-rencies/.

〔2〕　EUROPEAN COMMISSION, Proposal for a Regulation of the European Parliament and of the Council on Markets in Crypto-assets, and amending Directive（EU）2019/1937, https://eur-lex. europa. eu/ （Sep. 24, 2020）, https://eur-lex. europa. eu/legal-content/EN/TXT/? uri=CELEX%3A52020PC0593.

〔3〕　HM Treasury, UK regulatory approach to cryptoassets and stablecoins: Consultation and call for evi-dence, https://assets. publishing. service. gov. uk/, https://assets. publishing. service. gov. uk/government/uploads/system/uploads/attachment_ data/file/950206/HM_ Treasury_ Cryptoasset_ and_ Stablecoin_ consultation. pdf.

机构的多次打压，日本、英国、意大利、新加坡、开曼群岛、马耳他、波兰和荷兰等国家禁止了许多公司在其管辖范围内开展业务。

（2）监管主体增加：行业自律。

由行政监管机关和行业自治组织合作共建风险预警和评价监督体系是国际社会为适合当前形势的普遍做法与选择。[1]行政监管机关的高威慑力、强执行力辅助以行业自治组织的灵活性、专业性，不仅能创新区块链行业监管方式、扩大监管覆盖面，还可以减少政府监管负担，提升重点问题的监管效率。

中国区块链立法条文明确鼓励政府、企业及相关单位设立区块链行业协会等组织，从2015年至今，国内已经涌现了多个区块链相关组织，包括中国计算机学会区块链专委会、中关村区块链产业联盟、可信区块链联盟、中国电子学会区块链专委会、中国移动通信联合会国际区块链创新应用联盟、中国区块链研究联盟、北京区块链技术应用协会、浙江省区块链技术应用协会、深圳市区块链协会、金融区块链合作联盟（深圳），等等。这些行业组织为区块链从业单位提供信息、技术、培训等服务，建立健全行业自律制度和团体行为准则、制定、实施区块链技术标准、操作规范，引导、督促协会成员合法合规利用区块链技术、从事区块链市场行为并监管、打击违法行为。例如，上海市互联网金融行业协会发布了国内首个区块链技术应用自律规则《互联网金融从业机构区块链技术应用自律规则》，明确金融稳定与信息安全的底线，强调互联网金融从业机构应用区块链技术应当向当地监管部门及行业自律组织进行报备，主动接受行业监管与自律管理。

区块链行业组织自律监管也成为其他国家的重点监管手段之一。2020年3月，日本区块链协会（JBA）提交报告《面向区块链国家战略的建议（事例分析篇）》，为政府制定区块链监管法律法规提供建议。2020年4月，新加坡区块链协会（SBA）及新加坡区块链企业及可扩展技术组织（BEST）合并成为一家新的行业组织（Blockchain Association Singapore，BAS），以提升区块链技术的安全和扩展性平台，成为与政府和监管机构沟通的新桥梁，倡导自律组织形成更高的职业道德标准。[2]

---

〔1〕 参见韩欣悦、聂洪涛："论区块链法律风险防控的'元治理'思维"，载《江苏商论》2021年第12期。

〔2〕 Editorial Team, Launch of Blockchain Association Singapore to bolster blockchain and scalable technologies in Singapore and across the globe, Blockchain Association Singapore（Apr. 15, 2020），https://singaporeblockchain. org/launch-of-blockchain-association-singapore-to-bolster-blockchain-and-scalable-technologies-in-singapore-and-across-the-globe/.

三、监管国际化明显

各国、各地区政府只能在有限领域内制定相关政策，区块链规则常常难以相融，不仅导致最新技术的传播受阻，而且削弱了整体监管效果。自 2018 年起，监管政策已经呈现全球联动和统一执行，国家及国际组织之间开展交流、合作，利用各种途径构建全球监管系统，共创跨国联合监管框架。

（一）构建全球监管系统

国际联合监管体系的设立成为监管和打击区块链国际犯罪的重要议题，各国区块链法也正在不断尝试构建全球监管系统。国际联合监管主要体现在两方面。一方面是应对全球稳定币的发行，促成监管的协同和一致性；另一方面是联合反洗钱、反恐怖组织融资。为解决这两个问题，国际社会希望在国际合作层面加强区块链立案标准和共同打击区块链犯罪这两方面的国际司法合作，构建起健康有序的区块链国际协同共治平台。[1]

有关机构已经着手确定全球监管系统的具体内容和操作细节。2020 年 2 月，欧盟委员会广泛收集欧盟公民、企业、监管机构和其他有关方面的反馈意见，以建立针对欧洲范围内加密资产和市场的监管框架。随着欧洲范围内加密资产和市场的监管框架的建立，欧盟内的跨境联合监管机制将逐渐形成。[2] 2020 年 5 月，世界经济论坛（WEF）发布《Presidio 原则：去中心化未来的基本价值观》，详细阐释了其全球区块链理事会起草的一系列行为原则。[3] 2020 年 10 月，全球金融稳定委员会提出 10 条针对全球稳定币的监管建议，强调各国应建立针对全球稳定币合适的监管工具，部署综合管理措施、风险控制框架、数据系统、恢复方案等，为加强国际协作和跨境监管提供可能。[4]

---

〔1〕　参见金璐："规则与技术之间：区块链技术应用风险研判与法律规制"，载《法学杂志》2020年第 7 期。

〔2〕　European Securities and Markets Authority, ESMA Report on Trends, Risks and Vulnerabilities, https://www. esma. europa. eu/（Feb. 19, 2020）, https://www. esma. europa. eu/sites/default/files/library/esma_50-165-1040_ trv_ no. 1_ 2020. pdf.

〔3〕　World Economic Forum, Blockchain Principles Launched to Preserve and Protect User Rights, https://www. weforum. org/（May. 22, 2020）, https://www. weforum. org/press/2020/05/blockchain - principles - launched-to-preserve-and-protect-user-rights/.

〔4〕　The Financial Stability Board, Regulation, Supervision and Oversight of "Global Stablecoin" Arrangements, https://www. fsb. org（Oct. 13, 2020）, https://www. fsb. org/2020/10/regulation-supervision-and-oversight-of-global-stablecoin-arrangements/.

（二）国际组织发力

为了跟进研究区块链技术及应用最新发展情况，积极推进区块链技术在全球范围内的安全应用，近年来，各领域、各行业的国际组织纷纷成立区块链专门机构，如欧盟区块链观察站和论坛（EU Blockchain Observatory & Forum）、世界银行区块链创新实验室（World Bank's Blockchain Innovation Lab）、国际货币基金组织金融科技高级顾问小组等专门组织，以加强对区块链技术及其风险的研究，为各国政府提供有效的建议或解决措施，推进全球化监管进程。

2019 年 4 月，金融稳定委员会发布《加密资产监管目录》，梳理了二十几个国家和数个国际组织在加密资产监管方面的主要职责和监管要求。2020 年 10 月，该机构发布《"全球稳定币"项目监督管理高层级建议》终版报告，提出 10 项高层级建议以促进针对全球稳定币的高效协调监管，同时表明将就国际标准制定、主管部门之间调整合作安排等工作采取进一步行动。

2019 年 10 月，欧盟区块链观察站及论坛发表最新论文《区块链及智能合约的法律及监管框架》，明确区块链和智能合约的法律和监管框架所面临的挑战并提出相应的解决方案。[1]

2020 年 2 月，国际证监会组织（International Organization of Securities Commissions）发布《有关加密资产交易平台的问题、风险和监管重要考量》报告，列出监管加密货币交易所的一系列重要考虑，帮助监管机构监管加密资产交易平台。[2]同年 3 月，该机构宣布将成立稳定币工作组，并发布《全球稳定币计划》，从证券市场监管机构的角度出发，评估全球稳定币可能引起的监管问题，以及现有原则和标准是否适用于现有行业发展。[3]同年 12 月，发布《加密资产投资者教育》，指出投资者可能面临市场缺乏流动性、波动性、投资金额部分或全部损失、信息披露不足和欺诈等一系列风险，阐释监管机构可以用来向散户投资者提供加密资产投资风险教育材料的方法，并提供关于加密资产的教育内容、向公众通报未经许可或欺诈性的公司、利用各种沟通渠道告知投资者和

〔1〕 The European Union Blockchain Observatory and Forum, Legal and regulatory framework of blockchains and smart contracts, https://www.eublockchainforum.eu/（Sep. 27, 2019）, also see：https://www.eublockchainforum.eu/sites/default/files/reports/report_ legal_ v1. 0. pdf.

〔2〕 Board of the International Organization of Securities Commissions, Issues, Risks and Regulatory Considerations Relating to Crypto-Asset Trading Platforms, https://www.iosco.org/（Feb. 2020）, also see：https://www.iosco.org/library/pubdocs/pdf/IOSCOPD649. pdf.

〔3〕 Board of the International Organization of Securities Commissions, Global Stablecoin Initiatives, https://www.iosco.org/（Mar. 2020）, also see：https://www.iosco.org/library/pubdocs/pdf/IOSCOPD650. pdf.

建立伙伴关系来编写和传播教育材料四个指导领域。[1]2021 年 10 月，国际证监会组织证券监管机构集团和中央银行全球论坛国际清算银行共同发布一系列提案，阐述了主要清算、结算和支付服务的现行规则也应适用于"系统性"或大量使用的稳定币，强调对同一类型的业务和伴随的风险采用相同的规则。[2]

2020 年 5 月，国际货币金融机构官方论坛（OMFIF）宣布成立数字货币研究所，重点研究批发和零售市场中的支付工具以及央行数字货币，弥合数字货币与传统银行之间的鸿沟。[3]

2022 年 6 月，反洗钱金融行动特别工作组（Financial Action Task Force）发布《关于虚拟资产及其服务提供商标准实施情况的针对性更新》，重点关注和报告了虚拟资产服务提供商在不同司法管辖区中落实 FATF 建议的反洗钱重要措施——旅行规则的实际落实情况，防范虚拟资产相较于传统金融活动更高的洗钱和恐怖主义融资风险。[4]

此外，许多专业性更强的国际组织纷纷投入区块链技术标准化建设。去中心化并自成体系的技术结构决定了区块链应用具有天然的国际性，技术标准的统一是建构区块链监管国际协调体系的重要突破口。[5]国际标准化组织（ISO）自 2019 年起着手制定区块链和分布式账本技术的国际标准（ISO/TC307），由 44 个参与成员及 13 个观察成员共建立 11 个工作组，目前成功发布 ISO 标准 2 项，正在制定中的 ISO 标准 9 项。

■ 要点

1. 大多数国家或颁布、完善已有法律法规，或运用法律解释规则扩张和现有的监管其他具体内容的法规，或编制、颁布区块链专门法典，以扩大区块链

---

〔1〕　Board of The International Organization of Securities Commissions，Investor Education on Crypto-Assets，https：//www. iosco. org/（Dec. 2020），also see：https：//www. iosco. org/library/pubdocs/pdf/IOSCOPD668. pdf.

〔2〕　BIS, CPMI and IOSCO publish guidance，call for comments on stablecoin arrangements，https：//www. bis. org/（Oct. 6, 2021），https：//www. bis. org/press/p211006. htm.

〔3〕　JACK MARTIN, Global Central Banking Think Tank Launches Digital Monetary Institute，Cointelegraph（May. 22, 2020），https：//cointelegraph. com/news/global-central-banking-think-tank-launches-digital-monetary-institute.

〔4〕　参见"新动向丨网络虚拟财产，国际上怎么监管？"，载腾讯网，https：//new. qq. com/rain/a/20220724A01OEQ00，最后访问日期：2022 年 10 月 7 日。

〔5〕　参见陆洋："我国对区块链立法规制的沿袭、突破与展开"，载《南京邮电大学学报（社会科学版）》2021 年第 2 期。

法的覆盖面，加强监管范围和力度。

2. 因区块链技术风险和利益并存，各国纷纷采取鼓励性与监管性政策双重发展的立法模式。一方面用立法和机制为区块链技术创造自由、宽松环境，另一方面增加监管对象、升级监管规则。

3. 区块链技术依托互联网，具有高强度的时空传播和跨越度，国际犯罪比例大大增加。因此，国际合作监管不断开展，以构建全球监管系统，共创跨国联合监管框架。众多国际组织在区块链监管国际化进程中发挥着重要的连接功能和引领功能。

■ 思考题

2.3 "监管沙盒"在实践中有没有不足之处？

2.4 区块链监管国际合作中面对的主要困难有哪些？

■ 本章阅读文献

1. 陈美宏等："日本发展区块链行业的主要做法及对我国的启示"，载《吉林金融研究》2020 年第 4 期。

2. 金璐："规则与技术之间：区块链技术应用风险研判与法律规制"，载《法学杂志》2020 年第 7 期。

3. 陆洋："我国对区块链立法规制的沿袭、突破与展开"，载《南京邮电大学学报（社会科学版）》2021 年第 2 期。

4. 马治国、刘慧："中国区块链法律治理规则体系化研究"，载《西安交通大学学报（社会科学版）》2020 年第 3 期。

5. 姚前主编：《区块链蓝皮书：中国区块链发展报告（2020）》，社会科学文献出版社 2020 年版。

6. 苏剑："区块链监管体系建设研究——基于日本与美国的经验借鉴"，载《财会通讯》2020 年第 4 期。

7. 吴燕妮："金融科技前沿应用的法律挑战与监管——区块链和监管科技的视角"，载《大连理工大学学报（社会科学版）》2018 年第 3 期。

8. 肖飒、崔咪："区块链行业监管政策解读及趋势"，载叶蓁蓁、罗华主编：《区块链应用蓝皮书：中国区块链应用发展研究报告（2019）》，社会科学文献出版社 2019 年版。

9. 杨东、陈哲立："数字资产发行与交易的穿透式分层监管"，载《学习与探索》2020 年第 10 期。

10. 赵炳昊："加密数字货币监管的美国经验与中国路径的审视"，载《福建师范大学学报（哲学社会科学版）》2020 年第 3 期。

第三章
区块链法的基本原理

【导读】

随着区块链技术逐渐融入人们的生产生活，对其进行法律规制的需求逐渐增大：首先，区块链有关领域频频发生违法现象体现了区块链需要法律规制的迫切性；其次，"区块链+"项下的问题存在法律空白证成了区块链需要法律规制的现实性；最后，区块链自身技术性风险展现了区块链需要法律规制的必要性。区块链法遵循在基本问题达成共识的基础上，采用场景类型化的思维研究具体问题。区块链法为直接或间接调整区块链建设、运营、维护、使用、监管活动以及区块链信息服务过程中产生的各种社会关系的法律规范的总称，具有技术融合性、综合性、跨域性、针对性和协调性的特点。区块链法学的理论体系有两条线索：其一可以解释论为出发点对区块链法的现存制度进行归纳，其二可以立法论为根基对区块链应用进行类型化规制。

第一节　区块链为什么需要区块链法进行规制

区块链因其去中心化、不可篡改等特点被应用于数字货币、智能合约、元宇宙、司法区块链以及金融等众多领域。然而，区块链为人们带来便利的同时，亦对社会生活产生了一定的挑战。首先，非传统货币兴起对以往的违法行为监管产生了一定的冲击，新型犯罪方式不断涌现；其次，在"区块链+"的模式下，仅仅依据现有基础性法律并无法解决如司法区块链、数字货币的法律效力等问题；最后，区块链自身存在的风险如何在技术层面上进行完全消解尚无定论。可见，区块链被法律规制的必要性已经显现。

一、行为论视角：规制区块链领域违法行为的现实需求

（一）民事领域争议焦点升级

我国法律对基于区块链技术产生的新生事物如数字货币的性质以及治理方式等尚未有明确的规定及处理范式。例如，在李某亚诉曹某贤委托理财合同纠纷一案中，[1]法官认为虚拟货币的货币性质为中国人民银行发布的通知所否认，[2]因而公民投资和交易中金亿投 VAP 积分、马克币（虚拟货币的一种）这种不合法"物"的行为虽系个人自由，但不能受到法律的保护。与此相反，法官在闫某东等与李某艳等财产损害赔偿纠纷一案中确认了比特币网络虚拟财产的性质。[3]两个判决截然不同的原因实际上是对 2013 年《关于防范比特币风险的通知》、2017 年《关于防范代币发行融资风险的公告》等文件中否定"虚拟货币"作为货币的法律地位这一表述的理解不同。前一案件的裁判者进行了扩大解释，主张文件旨在否定"虚拟货币"的法律地位；而后者则是根据文义进行解释，说明"虚拟货币"不是货币并非意味着"虚拟货币"不受法律保护。法律不确定性产生的结果便是在实践中产生上述"同案不同判"的现象，当事人的利益不能得到很好的保护。

（二）刑事领域案件涉猎甚广

在与区块链相关的刑事案件中，以行为人主体为出发点进行类型化可以将其分为普通人实施的犯罪行为和区块链开发者实施的犯罪行为。就前者而言，首先，虚拟货币的匿名和无中介特质使其容易被大多数犯罪分子利用，成为隐瞒不法资产，进行不法交易的支付手段，因而滋生了大量财产类犯罪。[4]其次，区块链技术推动了虚拟货币的发展，人们对于虚拟货币的盲目推崇致使社会中不断涌现相关市场经济秩序类犯罪。最后，区块链技术加剧了相关部门对于违法犯罪行为的监管难度，妨碍社会管理秩序的犯罪随之出现。就后者而言，区块链技术在一定程度上体现为开发者主导性，相应的开发者一旦滋生犯罪的想法，实施的可能性以及便利度要远远高于其他人，因而对区块链技术的监管迫在眉睫。

---

〔1〕 参见杭州市萧山区人民法院民事判决书（2018）浙 0109 民初 9107 号。

〔2〕 此处所指的虚拟货币系以区块链技术为基础的"货币"，与数字货币概念具有一致性。

〔3〕 参见上海市第一中级人民法院民事判决书（2019）沪 01 民终 13689 号。

〔4〕 参见陆洋："我国对区块链立法规制的沿袭、突破与展开"，载《南京邮电大学学报（社会科学版）》2021 年第 2 期。

综上，刑事案件涉猎甚广的根本原因在于对区块链相关领域的监管力度薄弱以及监管法律的欠缺。纵使《刑法》已经对于相关行为人做了否定性评价，但如若区块链技术不被相关部门监管，进而使其成为法外空间，那么相关犯罪数量将会呈指数地上升，同时对于罪犯的追踪亦会变得越发困难。这样就提高了执法、司法的现实门槛，因而将区块链纳入法律评价的空间已经是当今社会的急迫需求。

二、过程论视角：弥补区块链领域法律空白的时代呼唤

本部分选取部分法律问题突出的区块链应用领域，采用由公法到私法的论述顺序，旨在说明为促进区块链应用的发展，在总结现实经验的情况下进行"法律填补"也已成为时代呼唤。

（一）区块链司法

区块链司法是指将区块链应用至多元解纷、诉讼服务、审判执行和司法管理工作中，进而有效促进司法公信，提升司法效率，强化廉洁司法的行为。国外早有学者指出："区块链创造了一套全新的法律系统，该系统由自动执行的智能合约和去中心化组织管理的规则组成。"[1]于我国而言，区块链也已被应用于技术存证方面，最高人民法院 2021 年 8 月 1 日起施行的《人民法院在线诉讼规则》首次规定了区块链存证的效力范围以及真实性审核规则，同时在司法实践中也有判例承认了区块链证据的效力。[2]亦有学者于传统证据法领域再论区块链证据可采性问题，试图为构建区块链证据规则扫清障碍。[3]

最高人民法院于 2022 年 5 月颁布的《关于加强区块链司法应用的意见》扩大了区块链司法的范围并指出在区块链司法中应注重标准先行，更多就区块链在司法中的各个环节以及在不同案件领域发挥的作用作出原则性的规定，并未阐明具体"标准"为何，尚须进一步出台相关标准。

（二）区块链行政监管

2019 年 9 月国务院发布的《关于加强和规范事中事后监管的指导意见》在

---

〔1〕［阿根廷］费德里科·阿斯特、［法］布鲁诺·德法因斯："当在线纠纷解决遇到区块链：去中心化司法的诞生"，张智豪译，载《中国应用法学》2021 年第 6 期。

〔2〕相关案例如杭州互联网法院民事判决书（2018）浙 0192 民初 81 号；上海市普陀区人民法院民事判决书（2020）沪 0107 民初 3976 号。

〔3〕参见陈爱飞："区块链证据可采性研究——兼论我国区块链证据规则的构建"，载《比较法研究》2022 年第 2 期。

监管原则部分明确将区块链作为推动监管创新的重要新技术之一,以此提高监管效能、减少监管成本,达到对市场主体影响最小的目的。然而上述文件的内容更多是宣示性规制,并未就具体操作流程以及要求予以明确。因此,在监管主体、监管范围、监管方式以及监管成本等尚未确定之前,区块链作为监管手段仍存在"制度"桎梏。

(三)数字货币

纵使在数字货币应受法律保护这一前提下,由于数字货币性质尚不明晰,保护相关当事人在交易中的合法权益这一目标仍然难以实现。关于数字货币性质的争议频频发生,运用不同的解释路径无法为司法实践提供行之有效的解决方案,因而出台相关法律以解决该问题不失为可行之法。另外数字货币的流通具有分布式结算、匿名化交易等特点,[1]区块链作为对其记录的唯一方法,对于区块链进行监管成为数字货币发展中不可或缺的一步。

(四)非同质通证

非同质通证是指"基于以太坊智能合约及相关标准形成的带有特殊可追溯标记的数字通证",[2]其为区块链技术与应用的重要创新,但是其发展亦存在着法律上的困境。首先,非同质通证作为一种数字通证,可能影响金融安全和金融秩序稳定;其次,将其纳入法律范畴进行管理所面临的首要问题就是非同质通证的性质如何确定;最后,该通证本身面临着如技术、知识产权等各种风险。[3]

有学者利用现有法律对非同质通证的适用规则进行了一定的梳理:首先,在数字作品交易过程中,由于该通证带有可追溯性标记,区块链上的即时权属信息变更发挥着公示的效用;其次,作品的非同质代币化交易的对象为数字作品的复制件,因而"在交易过程中虽不发生著作权的转让,但发生了作品的复制、发行与信息网络传播"。[4]此观点虽然清晰,但仅解决了非同质通证对于知识产权所造成的冲击,对于该通证的性质以及将要面对的金融、技术风险却未置一词。因而,解决上述问题不仅依赖技术手段,更应出台相关法律以定分止争,如确定性质,确定监管方法等。

---

〔1〕 参见柯达:"论我国法定数字货币的法律属性",载《科技与法律》2019年第4期。
〔2〕 苏宇:"非同质通证的法律性质与风险治理",载《东方法学》2022年第2期。
〔3〕 参见苏宇:"非同质通证的法律性质与风险治理",载《东方法学》2022年第2期。
〔4〕 陶乾:"论数字作品非同质代币化交易的法律意涵",载《东方法学》2022年第2期。

（五）区块链与反垄断

其一，区块链点对点的信息传播为实现公平透明的竞争提供了保障；其二，其技术运用中的算力竞争、入链壁垒等诱发了一系列垄断风险。[1]在抑制竞争方面，区块链合谋是经营者利用区块链实施垄断的主要形式。"由于其点对点的信息传递方式，全球范围内的用户可以直接磋商并达成交易，不需要居间第三方进行撮合，此为经营者垄断降低了门槛。"[2]与此同时，由于区块链的隐蔽性，反垄断执法机构对于垄断进行监管的难度直线上升。《反垄断法》的规制重点在于法律层面上判定违法行为并进行处罚，并不涉及如何在事实层面探求证据以证明相关垄断行为。因而，若欲缓解区块链对市场竞争的冲击，对区块链技术依法监管十分必要。

（六）区块链与证券、票据

区块链结算已经成为传统证券结算的替代性方案。[3]然而区块链结算平台、区块链技术的法律地位以及职能并未被法律确认，上述法律空白之处均须法律予以填补。

智能合约的加入为区块链票据提供了履行保障和履行强制。区块链记账技术的创新既符合票据权利取得的需要法定公示这一要求，也符合债权转让意思表示需到达收款人进而发生效力的要求。[4]但在区块链账本记录的法律性质认定、区块链上数字货币合法性问题、区块链智能合约的相关法律问题未予以解决之前，区块链在票据领域的应用仍存在制度障碍。[5]

三、价值论视角：解决区块链技术制度危机的法律路径

区块链技术的应用范围广泛，包括但不限于金融以及司法执法领域。然而区块链技术本身并非毫无风险，其不仅存在技术危机问题，还影响着现有制度。因此，降低区块链本身的风险以及减弱区块链对现有制度适用的冲击是区块链法价值论的最终目标。

〔1〕参见张婉茹："区块链技术应用的反垄断法规制——以区块链应用于数字货币为例"，载《网络安全技术与应用》2021年第11期。

〔2〕刘梦佳："区块链合谋的反垄断法思考"，载《河南牧业经济学院学报》2020年第3期。

〔3〕参见卜学民："论区块链对中央对手方结算的挑战及其应对"，载《北方法学》2019年第6期。

〔4〕参见张红、程乐："区块链票据对传统票据的挑战与回归"，载《辽宁师范大学学报（社会科学版）》2020年第1期。

〔5〕参见吴京辉、胡兰："区块链技术助推中小企业票据融资的法律完善"，载《江西社会科学》2019年第12期。

（一）区块链技术危机的法律应对路径

区块链技术自身存在安全风险，该风险贯穿区块链技术的各个运行环节。具体安全风险包括但不限于以下几个方面：首先是数据安全风险，其可以分为数据质量的安全风险与数据隐私的安全风险。前者主要表现为"在区块链技术下应该防止因承载过量、数据滥用、数据加密失效等带来的系统安全风险"；[1]数据隐私的安全风险主要体现为在区块链系统中，区块链数据加密的关键技术之一为私钥，只有具有私钥的用户才可被认为具有用户身份凭证，以此打开加密数据。然而，该技术也并非毫无漏洞。[2]其次是"算法治理价值导向的安全风险、算法治理路径依赖的安全风险"等。[3]最后是区块链技术易被相关人员利用，进而加剧人们在社会交往中的风险。

进一步而言，相关法律措施的出台对于化解区块链自身产生上述风险所导致的区块链信任危机具有重要意义。一方面，在数据质量安全保护方面，除加强区块链系统可运行性等技术性方法外，还应结合《数据安全法》等法律对数据进行分级分类保护，并佐之以相应的监管措施；另一方面，就数据隐私而言，"隐私的加密，是否真的难以篡改，值得推敲，同时其可信任程度也值得合理怀疑"。[4]如若法律仍以模糊治理的态度对区块链相关问题予以解决，不仅加大了治理难度，还会出现犯罪数量激增，人们对于区块链信任度减弱甚至排斥区块链技术的后果。所以区块链的治理更需要明确的准入条件、实名认证、安全评估等制度来打造一个相对清晰的环境，克服区块链传输的安全风险。

着眼于算法治理价值导向的问题，如欲将其纳入法律规制的范畴内，"算法法律化或法律算法化或为解决路径"。[5]然而就算法法律化而言，由于区块链匿名性的特点，如何确定规制行为主体以及内容还需进一步研究；就法律算法化而言，如何在技术上实现将复杂的法律转化为算法仍待探索。[6]

就减弱社会风险而言，除相关部门应加强对区块链技术的监管外，还应把握对违法犯罪行为的侦查力度，聘请有关技术人员对区块链上的"痕迹"进行

---

〔1〕贺嘉："社会治理中区块链的安全风险及其法治应对"，载《西南政法大学学报》2021年第3期。

〔2〕参见贺嘉："社会治理中区块链的安全风险及其法治应对"，载《西南政法大学学报》2021年第3期。

〔3〕贺嘉："社会治理中区块链的安全风险及其法治应对"，载《西南政法大学学报》2021年第3期。

〔4〕李佳伦："区块链信任危机及其法律治理"，载《法学评论》2021年第3期。

〔5〕贺嘉："社会治理中区块链的安全风险及其法治应对"，载《西南政法大学学报》2021年第3期。

〔6〕参见贺嘉："社会治理中区块链的安全风险及其法治应对"，载《西南政法大学学报》2021年第3期。

取证，以保证证据链的完整。同时做到及时追缴犯罪所得以及收益，以防止犯罪嫌疑人利用该技术将犯罪所得转入他方。

（二）区块链制度危机的法律协调方法

区块链作为一个开放、低成本、安全的信息存储系统，其出现不仅可能令个人对其相关信息的权利难以实现，更会对个人信息处理原则造成冲击。具体而言，"区块链技术会对个人行使其删除、更正权造成阻碍"。[1]在运用区块链技术的情况下，如果网络正常运行，区块链上对交易信息的记录是不可能改变的，那么相关个人信息一旦被记录到区块链中，就将被永久保护而无法更改或删除。[2]虽然在一定程度上阻止了欺诈等行为的发生，但却与《个人信息保护法》所规定的具体制度出现了冲突。《个人信息保护法》第47条第2款明确规定：当删除个人信息从技术上难以实现时，个人信息处理者应当停止除储存和采取必要安全措施之外的处理。在此规则的引导下，区块链中的个人信息能否从区块链上完全清除变得无关紧要，如何保障此时的个人信息安全才是重点。此问题还涉及区块链监管问题，如何监管以及监管程度是需要法律加以明确的。

■ 要点

1. 在区块链领域频频发生的违法行为促使法律对区块链予以规制，但此种规制不应再局限于传统的民法、刑法领域，更应该从区块链监管入手。

2. 就区块链技术本身而言，其存在一定的风险，滋生犯罪现象的同时造成区块链信任危机，法律应对底层技术予以治理。另外，于区块链技术对传统法律体系造成冲击的情形下，在加强区块链法律监管的同时，还需对相关法律进行解释从而实现制度无障碍衔接。

■ 思考题

3.1 除文中提及的原因外，还有哪些原因可以证明区块链需要法律规制？

3.2 如何协调区块链技术与个人信息保护之间的矛盾？

---

〔1〕 王禄生："区块链与个人信息保护法律规范的内生冲突及其调和"，载《法学论坛》2022年第3期。

〔2〕 参见马长山主编：《数字法治概论》，法律出版社2022年版，第346页。

第二节　区块链法的法理学意义

本节将着眼于区块链法的本质，阐明区块链法内外两个维度的法理学意义。

一、区块链法学的基本定位

区块链何以成为被规制对象的深层含义被忽略，对此可以从本体论视角进一步厘清。区块链作为一种互联网中存在的"技术"，采用"技术中立"的态度进而将其排除在法律规制的范围之外的观点是不正确的。原因在于：其一，无论是"公有链"还是"私有链"，其设计本身就包含了一定的价值判断。例如，公有链中哪些信息可以大范围披露涉及个体隐私保护的问题，而私有链中该链主体究竟有哪些又涉及各方之间协商合意；其二，法律对于区块链应用所持的态度直接影响区块链底层构造，决定了区块链的未来发展。相关部门评估风险而后改进具有风险性的底层构造，进而将其运用于执法司法领域便是法律对区块链影响的例子之一。如今法律对区块链的发展采鼓励态度，因而区块链广泛进入各种应用领域，促进了区块链法独有的领域地位的实现。

区块链法实然上拥有领域地位为其应然上成为一门领域法学奠定了基础。所谓领域法学，即"一种按不同领域法律问题进行划分方法的法学知识体系"。[1]其是相对传统法学知识体系而言的，强调领域上的分散性以及重要要素的统领性。同时，领域法学采取相互联系的视角，以跨部门法的研究具体于领域法学之中。[2]具体于区块链法中，区块链作为一项技术，其深入数字货币、存证、监管等各个应用之中，显然具备领域上的多样性；同时区块链法以区块链技术为核心构建，该技术具备区块链不同领域应用之中的"统领性"，至此，区块链法作为领域法学的形式要素已然具备。另外，对区块链技术的监管方式、监管手段应需统一进行规制，此系行政法的适用范围；对区块链中违法犯罪行为的规制系刑法的任务；对跨域区块链的处理又涉及国际法问题，区块链领域具有不同部门法适用的空间，具备跨部门法的特点。鉴于区块链自身的技术，适用分级分类管理措施控制风险、采用《密码法》的原理规制区块链底层技术，这些手段明晰了不同领域法律问题解决方式的一致性。区块链法作

---

〔1〕 丁晓东："从'马法'到马克思主义之法：网络法的法理学与部门法意义"，载《地方立法研究》2021年第6期。

〔2〕 参见丁晓东："从'马法'到马克思主义之法：网络法的法理学与部门法意义"，载《地方立法研究》2021年第6期。

为领域法学的实质要件亦已具备。因而，区块链法的基本定位为领域法学。

作为一种新的研究范式，区块链法拥有领域法学的研究特点，即在体系上形成共识以解决该法中的基本问题，同时为不同领域之中的具体问题解决留下了空间。[1]此共识系从区块链本体论出发，总结既有研究的特点，为区块链中统一问题提供了框架性解决路径，进而形成方法论指导；[2]于元宇宙、司法区块链等具体领域，区块链法学采取"具体问题具体分析"的规制模式，更贴近问题实际解决的需要。

二、区块链法学的研究思路

区块链法学的传统研究思路与人工智能法学一脉相承，即将区块链划归到传统法学领域，再通过既有法律规范和法律领域进行调整。[3]如于知识产权与区块链的框架之内，若涉及确定是否赋予知识产权的问题，其标准仍应遵循知识产权法所规定的实质要件，因此，传统领域中已有问题的研究思路并不存在可辩驳的空间。相反，一旦涉及区块链法学独有的争议，如数字货币性质的认定等，是否还应遵循既有规范便值得探讨。人们期望法律概念是精准的和单义的，然而法律作为一个包含多种概念的综合体，其存在一定的模糊性和不确定性。[4]正是这种模糊性和不确定性坚定了传统研究思路的立场，其认为区块链法的相关问题研究仍应遵循法教义学的研究方法，在面临法律"难题"时，研究者将其视为"法律漏洞"进而利用民法教义学等部门法教义学进行填补。[5]

该思路背后的法理逻辑似乎为现有法律体系已经能够解决所有法律问题，然而事实并非如此。早有研究者指出法教义学通过解释既存法律并非能够解决所有法律问题，这促成了法社会学、法经济学的蓬勃发展。[6]笔者认为法教义学在法学体系中的作用不可偏废，但其解释空间并不是无所限制的，而是拥有一定的"振幅"，调整该"振幅"范围的因素包括立法原则、立法目的等。将目光聚焦在区块链法学之中，我们发现区块链法学无法被传统法学包含，其原

〔1〕　参见申卫星、刘云："法学研究新范式：计算法学的内涵、范畴与方法"，载《法学研究》2020 年第 5 期。

〔2〕　参见王禄生："论法律大数据'领域理论'的构建"，载《中国法学》2020 年第 2 期。

〔3〕　参见程龙："从法律人工智能走向人工智能法学：目标与路径"，载《湖北社会科学》2018 年第 6 期。

〔4〕　张妮、徐静村："计算法学：法律与人工智能的交叉研究"，载《现代法学》2019 年第 6 期。

〔5〕　参见程龙："从法律人工智能走向人工智能法学：目标与路径"，载《湖北社会科学》2018 年第 6 期。

〔6〕　张妮、徐静村："计算法学：法律与人工智能的交叉研究"，载《现代法学》2019 年第 6 期。

因在于：首先，其作为一个新兴领域，对其规则的构建便是对适用既有规范的一大挑战。区块链法建构的核心主要在于如何调和区块链技术对既有法律形成的冲击，其本身就是在传统研究思路之上进一步扩展的结果。其次，区块链作为一项网络技术，蕴含着一定的风险，因而其相比于传统法学注重对违法行为的事后救济，更注重对相关技术风险的事前防范。

区块链法学应有其自身的研究思路。艾丹米勒认为，机器人规制必须要针对特定机器人并结合具体场景而定。[1]区块链的法律规制亦应遵循场景类型化这一研究方法，根据应用的不同进行具体的规则制定。在不同应用场景之中，区块链在其中的作用、相关领域的立法宗旨、法律原则、治理机制均有差别，只有尊重区块链在实践中的运行规律，才能充分发挥区块链的作用，进而处理好区块链法与其他法律之间的关系。[2]场景类型化的思维不应局限于区块链法之中。在如今技术蓬勃发展的时代，相关技术手段早已"渗入"生活中的各个领域，因而于其他诸如算法规制领域亦有其适用空间。

■ 要点

1. 区块链法系领域法学的一种，其遵循了领域法学在基本问题上形成共识，在具体问题上具体分析的研究思路。

2. 传统法律规范无法调整区块链领域中特有的问题，场景类型化是区块链法研究思路的核心。

■ 思考题

3.3 区块链法的具体制度是如何体现场景类型化思维的？

第三节　区块链法的概念与特征

学界如今并没有对于区块链法概念的统一界定，因而本书将《网络安全法》以及《密码法》的定义延续至区块链法之中。

---

〔1〕　参见［德］霍斯特·艾丹米勒："机器人的崛起与人类的法律"，李飞、敦小匣译，载《法治现代化研究》2017 年第 4 期。

〔2〕　参见周汉华："论互联网法"，载《中国法学》2015 年第 3 期。

一、区块链法的概念

区块链法是以直接或间接方式调整区块链建设、运营、维护、使用、监管活动以及区块链信息服务过程中产生的各种社会关系的法律规范之总称。该定义由以下三部分组成。

首先，区块链法是直接调整因区块链技术基本运作所产生的社会关系的法律规范，其法源主要包括《密码法》。2018 年《中国区块链技术和应用发展白皮书》指出，区块链是一种利用块链式数据结构来验证与存储数据，利用分布式节点共识算法来生成和更新数据，利用密码学的方式保证数据传输和访问的安全，利用由自动化脚本代码组成的智能合约来编程和操作数据的分布式基础架构与计算范式。此定义符合《密码法》第 2 条所规定的密码内涵，即采用特定变换的方法对信息等进行加密保护、安全认证的技术、产品和服务，因而区块链相关问题当然为此法所涵摄。该法采取类型化的方式对密码监管等整个过程的相关行为标准、各个主体的义务进行说明以确保密码事业发展，纵使其并非完全囊括区块链法律关系，但其仍为区块链法所不可分割的一部分。

其次，区块链法是直接调整因区块链信息服务所产生的社会关系的法律规范，其法源主要包括《区块链信息服务管理规定》《关于加强区块链司法应用的意见》《关于加强和规范事中事后监管的指导意见》《关于防范比特币风险的通知》《关于防范代币发行融资风险的公告》等。《区块链信息服务管理规定》中指出：区块链信息服务是指基于区块链技术或者系统，通过互联网站、应用程序等形式，向社会公众提供信息服务。该法明确需采用监督安全管理、安全风险评估、实名制、备案等方式保障区块链运作过程中的稳定性以及安全性。另外，以区块链应用类型为起点制定的相关法规更多是明确调整区块链相关应用所要求的指导原则，并未对其应用边界以及在应用过程中所遇到的法律问题如何解决进行具体阐述。

最后，区块链法是在调整区块链应用所产生的法律关系的基础上，对区块链进行间接规制的法律规范的总称。随着区块链应用的不断涌现，出台区块链专门法律的同时，亦需要对区块链应用中的具体问题进行具体规制，因而"对区块链进行规制的法律规范可分为区块链关联法与区块链专门法两部分"。[1]区块链专门法系上文所指的两部分；而区块链关联法，是指"由于法律规范在

---

[1] 陆洋："我国对区块链立法规制的沿袭、突破与展开"，载《南京邮电大学学报（社会科学版）》2021 年第 2 期。

语义表达的射程范围之内具有解释张力，围绕区块链技术应用所产生的新社会关系可以经解释后部分地被旧有法律规范所涵摄"。[1]具体而言，在区块链司法领域可以适用《民事诉讼法》《刑事诉讼法》以解决区块链证据有效性问题；在数字货币领域可以适用《民法典》以解决主体因数字货币交易遭受损失如何救济问题；在非同质通证领域可以适用《著作权法》以解决数字作品著作权流转问题；在竞争法领域，可以适用《反垄断法》《反不正当竞争法》处理区块链的运用是否限制市场竞争或为市场竞争造成其他不利影响的问题；若区块链技术所有人的权益遭受严重侵害，则可以适用《刑法》中的假冒专利罪，非法侵入计算机信息系统罪，非法获取计算机信息系统数据、非法控制计算机信息系统罪，破坏计算机信息系统罪对侵害主体进行惩处。

通过对区块链法进行界定将一部分法律纳入区块链法的框架，进而形成了相对完整的区块链法律体系，但是在缺乏对区块链应用具体问题进行规制的前提下，实践中仍存在大量难以解决的问题。

二、区块链法的特征

（一）技术融合性

区块链法作为以区块链为调整对象的法律规范必然要将区块链从产生到运作的整个过程进行全面规制，而建立此种规制的前提就需要对该过程进行充分理解，所以区块链自身的强技术性意味着区块链法也具有相应的技术性。

（二）综合性

由于区块链应用众多，在区块链领域中所产生的法律问题往往不具有相似性，并不能一体解决。为精准规制区块链应用过程中的各种问题，同时保障区块链法不至于过于冗杂，在区块链立法中，需要保障法律解决问题的综合性。

（三）跨域性

上文所论述的区块链法的概念展现了区块链所解决的法律关系庞杂，涉及法律领域众多的特点。如于数字货币纠纷的解决中，关于区块链运作、监管过程的问题应求助于区块链专门法；有关当事人数字货币权益保护的问题应运用《民法典》解决；若上升至违法犯罪层面，则需要以《刑法》为基础对案件进行剖析。同时在案件审理的整个过程中，还存在区块链证据问题，此应寻求

---

[1] 陆洋："我国对区块链立法规制的沿袭、突破与展开"，载《南京邮电大学学报（社会科学版）》2021年第2期。

《民事诉讼法》、《刑事诉讼法》等程序法。

（四）协调性

由于区块链法的广泛性，区块链专门法与特别法、区块链特别法与一般法之间的关系就变得至关重要，为谋求法律的有效运用，调和社会关系的矛盾，区块链法应具有协调性的特点。具体而言，《区块链信息服务管理规定》第8条、第20条均提及相关规范的运用应当依照《网络安全法》的规定，体现了区块链专门法与特别法协调的问题。同时，上文所提及的个人信息保护与区块链自身特征的矛盾解决亦体现了相关法律之间的协调。

■ **要点**

1. 区块链法为以直接或间接方式调整区块链建设、运营、维护、使用、监管活动以及区块链信息服务过程中产生的各种社会关系的法律规范的总称。其包括了区块链专门法和区块链特别法。

2. 区块链法具有技术融合性、综合性、跨域性、协调性等特点。

■ **思考题**

3.4 如何理解区块链法协调性的特点？

第四节　区块链法的理论体系

区块链法的理论体系是指区块链法的理论架构及内在逻辑的外在表现形式。一方面，区块链立法正处于刚刚起步阶段，相关内容大多为原则性规定，对于其内在逻辑的建构尚须进一步探索；另一方面，随着区块链应用领域的不断扩张，学界亦逐步区分不同场景提出区块链的规制方案，因而区块链法的外在表现形式也在不断更新。但着眼于目前研究，区块链法的理论体系可以分为两条路线，分别为解释论和立法论。其中解释论以现存法律为出发点，总结区块链应用不同领域的共同之处，进而采取一以贯之的规制方式；立法论则深入区块链应用的每个场景，探寻其独有特点，进而采取单独处理的规制方式。

一、区块链法的解释论线索

区块链法的解释论以现存制度为着眼点，对相关法律的适用进行归纳，进而得出区块链法的理论架构。具体而言，区块链作为网络技术的一种，其运作离不开网络这一环境，根据《网络安全法》第 2 条的规定，[1]区块链当然受该法所规制。加之《区块链信息服务管理规定》第 1 条即明确根据《网络安全法》制定该法，《密码法》则是全篇屡次提及依照《网络安全法》适用具体规范，由此以《网络安全法》为一般法，《密码法》以及《区块链信息服务管理规定》作为特别法的区块链法制体系业已建立。

其一，区块链法学采取以监管为主的法律规制方式。首先，《网络安全法》第 2 条即指出在中华人民共和国境内开展数据处理活动及其安全监管，适用本法。该条文确立了"监管"这一措施在区块链法学体系中处于核心地位。《区块链信息服务管理规定》亦于第 18 条第 1 款指出区块链信息服务提供者应当配合网信部门依法实施的监督检查，并提供必要的技术支持和协助。该条通过确定区块链信息服务提供者义务的方式突出了监管的重要性。其次，在数字货币领域，对数字货币交易平台的监管无疑为数字货币的合法交易提供了保障；在智能合约范畴内，对于合约履行的监管是合约有效运行的前提；元宇宙作为一个新兴事物，对其进行监管更能令普通群众对其放下戒备，接受其发展；在区块链司法中，鉴于司法本身的特点，其监管的必要性更是不言而喻。

其二，区块链法对分级管理措施一以贯之。首先，其于规范建构层面上表现为，作为一般法的《网络安全法》建立网络安全等级保护制度，但该法并未言明如何划分等级以及如何根据等级采取具体措施。具体于区块链特别法领域，《密码法》对等级的划分予以补充，其将密码类型分为核心密码、普通密码与商用密码，根据每个密码所属性质的不同，制定不同的处理原则。如核心密码、普通密码以安全管理为主，相关规定的目的大多为完善管理措施，增强密码安全保障能力；与上述不同，商用密码则以鼓励利用为原则，同时辅之以适当的监管，进而健全统一、开放、竞争、有序的商用密码市场体系，鼓励和促进商用密码产业发展。[2]其次，在相关应用中，亦应在特定场景中进行类型化，对风险等级予以划分，进而进行分级分类管理。具体而言，在数字货币中，区分该货币的流通范围，若范围相对较小，则监管力度应该予以放松；若范围较大，则更应该加强监管，进而保障社会中多数人的利益；再如区块链司法中，由于司法活动的权威性，对其监管应更加严格，以保障证据的准确性、过程的可信赖性。

---

〔1〕《网络安全法》第 2 条规定："在中华人民共和国境内建设、运营、维护和使用网络，以及网络安全的监督管理，适用本法。"

〔2〕《密码法》第 21 条第 1 款规定，国家鼓励商用密码技术的研究开发、学术交流、成果转化和推广应用，健全统一、开放、竞争、有序的商用密码市场体系，鼓励和促进商用密码产业发展。

其三，区块链法采用公私法并重进行规制的模式。上文体系性强调了监管于区块链法学中的重要作用，而该种方式便为利用公法手段对区块链进行调整。诚如数字货币领域，对于其性质的认定尚需依赖民法的一般理论；智能合约中，合约生效、履行以及违约责任均离不开合同法的基础问题；知识产权领域中，数字版权的保护更要以知识产权法为基础。

二、区块链法的立法论线索

区块链法的立法论以应用类型化为出发点，就每个应用中独特之处进行分别规制。本书以区块链自身的特征为基础，区分场景的不同，着眼区块链相关的衍生应用，在具体法律关系之中解决区块链存在的问题。

第一，对于数字货币的探究。首先，数字货币是区块链应用的1.0，对此问题探究的起点是数字货币法律属性，即通过将数字货币与其他客体的关系予以厘清，进而归纳出其规制路径。其次，从数字货币相关行为入手，将其类型分为数字货币挖矿行为、发行行为以及交易行为三种进行分别探讨。再次，如何实现对于数字货币交易平台的监管，即平台应采取何种监管模式才能符合数字货币的交易规律。最后，面对数字货币刑事风险所带来的制度挑战，应及时审视发现刑法漏洞，倒逼前置法作出相应规定，在必要时对刑法予以修改。

第二，对于智能合约的探究。智能合约是区块链应用的2.0，区块链的出现使智能合约的运转成为可能，智能合约的运行为现行法律制度提出了新的要求：智能合约属性的确定是探寻其规制方案的前提，需要结合智能合约自身特点，对其进行定性。本书采取的立场为智能合约兼具合同本质与新表现形式，因而对其规制需在既有合同法路径之上，结合智能合约去意志性等新型特征进行调整。

第三，对于元宇宙的探究。元宇宙是区块链应用的3.0，作为一个由数据构成的虚拟现实交互世界，对现存法律制度带来了巨大的冲击。

第四，对于区块链司法应用的探究。一方面，区块链技术为区块链司法带来了极大的便利性，如区块链使得债权行为可视化、赋能刑事侦查、助力执行难等。另一方面，区块链证据的适用对证据的关联性、真实性以及合法性提出了新的要求，以往的证据审查方式已无法完全适用，因而对于技术出现带给法律的挑战还需通过立法论给予逐一回应。

第五，对于区块链与知识产权保护探究。区块链本身公开性、全流程追踪的特点为其成为版权登记的工具提供了可能性。根据知识产权自身的特点，确权要求作品自身具备独创性，但问题在于将区块链因素引入确权过程中是否会对独创性的判断产生影响尚待探究。另外，对相关确权主体于区块链上的活动予以多大程度上的披露，才能既满足确权需要又不害及主体自身的隐私也成为区块链知识产权应用上的一大难题。

第六，对于区块链金融领域的研究。各国业已陆续将区块链与金融相关领域进行"融合"，但"融合"过程并非一帆风顺。

第七，对区块链进行法律规制并不限于上述领域，于区块链政务、经济、新闻平台以及信息产权、网络餐饮等领域，亦需要出台相关区块链法律进行规制。区块链法规制的重点均在于根据不同场景自身的特点，探寻区块链进入相关领域对现存法律的冲击，进而谋求制度之间的平衡。

■ 要点

1. 区块链法的解释论线索对区块链法的现有制度进行归纳，进而对其理论架构予以总结，其包括以监管为主进行规制、适用分级管理措施，采取公私法并重模式三部分内容。

2. 区块链法的立法论线索对区块链应用进行类型化，进而于数字货币、智能合约、元宇宙、区块链司法等具体场景中解决相关法律问题。

■ 思考题

3.5 尝试从法律角度谈谈你对元宇宙发展的看法。

■ 本章阅读文献

1. 石松、邝志强："司法区块链的应用与发展"，载《中国应用法学》2021 年第 3 期。
2. 陈爱飞："区块链证据可采性研究——兼论我国区块链证据规则的构建"，载《比较法研究》2022 年第 2 期。
3. 马明亮："区块链司法的生发逻辑与中国前景"，载《比较法研究》2022 年第 2 期。
4. 冯洁语："论私法中数字货币的规范体系"，载《政治与法律》2021 年第 7 期。
5. 柯达："论我国法定数字货币的法律属性"，载《科技与法律》2019 年第 4 期。
6. 苏宇："非同质通证的法律性质与风险治理"，载《东方法学》2022 年第 2 期。
7. 陶乾："论数字作品非同质代币化交易的法律意涵"，载《东方法学》2022 年第 2 期。
8. 李佳伦："区块链信任危机及其法律治理"，载《法学评论》2021 年第 3 期。
9. 王禄生："区块链与个人信息保护法律规范的内生冲突及其调和"，载《法学论坛》2022 年第 3 期。

第二编

数字货币及其法律问题

本编首先将从基础理论层面，着眼于数字货币与区块链、加密货币、虚拟货币、电子货币等相近概念的辨析；数字货币的基本特征、基本类型、法律属性争议、法律属性界定。进而分别以私人数字货币和法定数字货币为探讨对象，聚焦如下问题：数字货币相关行为的法律规制，涉及挖矿行为、发行行为、交易行为的规制；数字货币交易平台的发展史及其运营模式；域内外数字货币交易平台的监管实践和监管逻辑；数字货币领域的刑事风险及其规制理念；数字货币所涉的主要犯罪类型，从对象型犯罪、工具型犯罪和名义型犯罪作具体展开；域内外央行数字货币的实践；域内外央行数字货币的法律问题。

第四章
数字货币概述

【导读】

数字货币与区块链、加密资产、虚拟货币、电子货币、法定数字货币等具有本质区别，应当予以厘清。数字货币是一种新型的货币形态和支付方式，具有不同于其他财产形式的法律特征。按照不同的标准可以将数字货币划分为不同类别。对数字货币法律属性的界定，立法和司法实践都比较混乱，理论界尚未形成共识，多种学说争鸣。厘清数字货币与法律上的货币、数据、物、证券、债权等相关客体的关系，有助于进一步探究数字货币的法律属性。数字货币具备作为财产权客体的三个特性，符合网络虚拟财产的法律特征，应当将其法律属性界定为虚拟财产，适用网络虚拟财产的保护规则。

第一节　数字货币的概念与特征

数字货币的概念最早可追溯至 1983 年大卫·乔姆所构建的"E-Cash"模型，即一种具有匿名性、不可追踪性的，以密码学技术为原理和方法的货币系统。自"E-Cash"模型诞生之后的二十余年里，数字货币的发展并未取得令人瞩目的进步，直至 2009 年中本聪设计的比特币横空出世，使得概念化的数字货币理念得以实现。这场私人数字货币实验运动中诞生了一系列影响经济模式和社会格局的技术创新，但也引发了一系列规制难题。目前，国内外对数字货币缺乏统一的定义，对虚拟货币、数字货币等概念区分不清。

一、数字货币的概念争议

目前，各界对于数字货币的概念界定还在自发认识阶段，尚未形成理性和统一的认识。这突出表现在虚拟货币、加密资产、加密货币、数字货币等几个概念的混用。例如，2014 年，欧洲银行业管理局称此种货币为"虚拟货币"，并将其定义为"价值的数字化表示，既非央行或公共当局发行，也不与法币挂钩，但由于被自然人或法人接受，可作为支付手段，也可以电子形式转移、存储或交易"。[1]2018 年，国际货币基金组织（International Monetary Fund，IMF）的报告中则使用"加密资产"（Crypto Assets）的称谓，通过密码学和分布式账本技术的进步实现，且基于电子形式获取，从而实现存储和交易等多种用途。[2]世界银行将"加密货币"（Cryptocurrency）界定为一种使用分布式账本技术达成共识的数字货币。[3]我国也有学者称其为"数字货币"，并认为"数字货币是以区块链作为底层技术支持，具有去中心化、可编程性、以密码学原理实现安全验证等特征"；[4]还有学者认为"数字货币，是一种具有财产性价值属性的电磁记录型数据"。[5]从以上定义可知，数字货币的概念定义多种多样，呈现模糊化和多样化。

我国对数字货币的概念并没有明确的法律规范，本书认为，"数字货币"应当是一种新型的货币形态和支付方式。首先，从货币形态的角度，数字货币的原生形态就是数字的，没有物理形式，它们的基础只不过是一个数据串；其次，从支付的角度，数字货币是点对点的数字现金，可以实现支付、清算、结算同时完成，而无须依赖金融中介（如银行）、清算机构和中央银行的中心化数据库；最后，从金融体系的角度，点对点现金使得数字货币在技术上具有脱离金融中介和改变现有金融体系信用创造格局的可能性。"数字货币"概念的提出将其与现有的"电子货币""电子支付"等简单的数字化支付手段区分开来。"数字"一词指向的是一种丰富的、高级的数字化特征，包括使用密码学和共识算法技术，对价值的描述是在共享账本上，用非对称加密签名技术保证每一笔价值的产权，可实现价值流转的历史溯源。此外，对于是否使用"货币"一词也隐含着不同取向。一些国际组织注意到"货币"一词可能引起的误解，"货币"（Currency）一词在长期使用过程中，与"法定货币"（Legal Cur-

---

[1] 张正鑫、赵岳："央行探索法定数字货币的国际经验"，载《中国金融》2016 年第 17 期。

[2] International Monetary Fund：Monetary Policy in the Digital Age，https://www.imf.org/external/pubs/f/fandd/2018/06/central-bank-monetary-policy-and-cryptocurrencies/he.pdf（Last visited on September 18，2022）.

[3] World Bank：Distributed Ledger Technology and Blockchain，World Bank Publications，http://documents1.worldbank.org/curated/en/134831513333483951/pdf/WP-PUBLIC-Distributed-Ledger-Technology-and-Blockchain-Fintech-Notes.Pdf（Last visited on Jan. 5th，2023）.

[4] 杨延超："论数字货币的法律属性"，载《中国社会科学》2020 年第 1 期。

[5] 罗勇："论数字货币的私法性质——以日本 Bitcoin.Cafe 数字货币交易所破产案为中心"，载《重庆大学学报（社会科学版）》2020 年第 2 期。

rency）已经几乎成为同义词，这种概念在长期使用意义上的混同，很容易导致用法定清偿意义上的货币来讨论数字货币的货币属性。因此，一些有影响力的国际组织在表述中有意识地使用"资产"（Assets）替代"货币"，意在防止对其性质的混淆。例如，2018 年 2 月，德、法两国致信 G20，建议将"加密货币"一词改为"加密资产"，并在 2018 年 12 月发布的 G20 布宜诺斯艾利斯高峰会议公报中就使用了"加密资产"（Crypto-assets）的表述。[1]但是，"资产"一词偏离了数字货币的历史缘起和社会关注焦点。数字货币中的"货币"一词指向的是一种事实意义上的货币，强调货币作为交易媒介、价值储藏和计价单位的功能，发行主体既可以是中央银行，也可以是非中央银行（私人）。

根据数字货币的发行机关是否具有国家信用，可以将数字货币分为两大类，即央行数字货币和私人数字货币。广义上的数字货币包括央行数字货币和私人数字货币，狭义上的数字货币仅指私人数字货币。央行数字货币（Central Bank Digital Currency，CBDC），也被称为"数字化法定货币"（Digitalized Fiat）、数字法定货币（Digital Fiat Currency），指的是央行借鉴区块链技术，采用密码学、分布式账本等技术，以数字化形态发行和交易的法定货币，其定位为现金类支付凭证（M0），本质上仍然是法定货币，与央行发行的纸币、硬币具有同等的法定清偿地位，2020 年 4 月 16 日已经在我国开始试运行。央行数字货币具有价值特征，可在不依赖银行账户的前提下进行价值转移，并且，用其进行支付时，实现的是货币所有权的转移，而非传统电子支付下的债权转移。因央行数字货币以特定加密字符形式存在，市场主体在使用央行数字货币需要注册账户，通过账户之间或交易设备之间的流通划转完成交易，且与现金相比，央行数字货币难以实现无限法偿性，也就是说，其无法像现金那样可独立进行支付。但是，相较于现有货币体系，央行数字货币的优势在于以下几方面：一是其因采用现代加密技术具有加密性，从而具备更高的安全性；二是央行数字货币能实现资金流与数据流的天然合一，实现支付即结算；三是央行数字货币以数字化形式铸造、流通和储存，能最大程度消除各项成本，促进资金流转效率；四是数字货币的数字网络流通性能使货币政策的目的得到更好落实。私人数字货币的发行主体并非拥有货币发行权的国家机关，其流通使用也不依赖于既存的银行账户，支付能力仅由交易参与者的认可和供求的经济机制来支撑，在支持并信任

---

〔1〕　G20 Leaders' Declaration：Building Consensus for Fair and Sustainable Development，G20 Information Centre（December 1，2018），http://www.g20.utoronto.ca/2018/2018-leaders-declaration.html.

其价值的群体之间即可实现自由流通，游离于国家法定货币体系之外，[1]与传统法定货币是独立存在的两套体系，互不关联。

鉴于实践中引发定性及监管争议的主要是私人数字货币的属性界定，因此，本章所讨论的数字货币主要是指狭义上的私人发行的数字货币，不包括由央行发行的数字货币。

二、数字货币与相关概念的比较

在司法实践中，概念混用、互相指代的情况大量出现，有必要将数字货币与相关概念进行比较并厘清其关系。

（一）数字货币与区块链

区块链本质上是一个存储信息的共享数据库。由于其具有不可篡改、可溯源留痕、公开透明的特点，将其应用于数字资产交易的存证，能够解决交易主体之间的信任缺乏与安全顾虑。私人发行的数字货币包括基于区块链技术的加密数字货币和不基于区块链技术的数字货币。比特币是典型的以区块链作为底层技术的加密货币，正是基于区块链技术，比特币既区别于传统的纸币，也区别于电子货币、Q币、游戏币等其他虚拟货币。但事实上，区块链技术应用场景的外延远远不止数字货币领域，其在价值流转、权利证明、商业模式等方面都有广泛的运用空间，足以影响经济模式和社会格局。[2]

（二）数字货币与加密资产

2018年10月，金融稳定委员会（Financial Stability Board，FSB）在其发布的《加密资产：对未来金融稳定的潜在影响报告》中指出，加密资产是指部分内在或外在价值主要依赖于加密、分布式记账或类似技术的私有资产。[3]中国人民银行发布的《中国金融稳定报告（2018）》指出，加密资产是一种民间金融资产，其价值主要基于密码学及分布式记账等技术。加密资产不由货币当局发行，不具有法偿性与强制性等货币属性，不具有与法定货币等同的法律地位，其是一种私有资产，主要依赖于加密技术和分布式账本技术作为其感知或固有价值的一部分。加密资产"代币化"（Tokenization）是指对资产或资产所有权

---

〔1〕 参见张莉莉、徐冰雪："法定数字货币应用的法律风险及制度完善"，载《行政与法》2021年第3期。

〔2〕 参见朱玮、吴云、杨波：《区块链简史》，中国金融出版社2020年版，第179-226页。

〔3〕 Financial Stability Board, Crypto-asset Markets：Potential Channels for Future Financial Stability Implications, http://www.fsb.org/wp-content/uploads/P101018.pdf（Last visited on September 19, 2022）.

进行电子化的过程，这种资产可以是货币、商品、证券或财产等。[1]比特币等加密货币实际上仅属于加密资产中的支付类代币（Payment Token），即获得商品、服务而采用的支付方法，以作为货币或价值转移的具体形式。除此之外，加密资产包括效用类代币（Utility Token）、资产类代币（Asset Token），而这两类都代表持有者对发行人的权益，因此也属于权益类加密资产。[2]

（三）数字货币与虚拟货币

根据国际货币基金组织的定义，虚拟货币是价值的数字表示，由私人开发商发行并以自己的记账单位计价。[3]根据反洗钱金融行动特别工作组（Financial Action Task Force，FATF）的界定，虚拟货币是一种能以数字形式交易，以密码学和分布式账本技术为底层技术发行的可编程代币，具有交易媒介和（或）计价单位及（或）价值存储功能，但在任何法域不具有法定货币地位的数字形式的价值。[4]其在一定程度上承担了网络世界计价单位、交换媒介或价值储藏的职能，主要包括网络游戏币、腾讯Q币、比特币等。[5]由此可见，虚拟货币泛指一切以数字化方式存在的记账单位，其范围比数字货币更加广泛，既包括传统虚拟货币，也包括采用区块链技术和去中心化方式运营的数字货币。因此，在数字货币与虚拟货币的关系上，我们认为数字货币是虚拟货币的一种。但此处的"数字货币"采用的是广义的概念，并没有对发行主体予以限定。私人数字货币，是指非有权机关发行的，以区块链技术为支撑并以电子化方式记录的，不代表实质商品或货物，发行者亦没有兑现实物义务的通货。[6]据此，数字货币，是指非有权机关发行的，以区块链或类似技术为支撑并以电子化方式记录的通货。另外，以虚拟货币的价值形态可否转换为标准，可以将虚拟货

---

〔1〕 参见皮六一、薛中文："从加密资产到数字证券"，载《多层次资本市场研究》2020年第3期。

〔2〕 效用类代币一般代表着持有者对发行方未来产品及服务的购买权，发行主体一般是主打技术产品研发和生产的企业；资产类代币代表着现实世界一定数额的实物、金融资产，或一定的收益流，如自然资产、证券、股权、债权或其他衍生品或收益权。参见皮六一、薛中文："从加密资产到数字证券"，载《多层次资本市场研究》2020年第3期。

〔3〕 International Monetary Fund, Virtual Currencies and Beyond：Initial Considerations, https://www.lmf. org/external/pubs/ft/sdn/2016 /sdn1603. pdf（Last visited on September 21，2022）.

〔4〕 但事实上现在已有若干国家将比特币规定为法币。See Financial Action Task Force（FATF），Virtual Currencies：Key Definitions and Potential AML/CFT Risks, http://www. fatf-gafi. org/media/fatf/documents/reports/Virtual-currency-key- definitions-and-potential-aml-cft-risks. pdf（Last visited on September 21，2022）.

〔5〕 参见黄光晓：《数字货币》，清华大学出版社2020年版，第2页。

〔6〕 参见齐爱民、张哲："政策与司法背景下虚拟货币法律属性的实证分析"，载《求是学刊》2022年第2期。

币分为可转换式虚拟货币和不可转换式虚拟货币，前者能够将价值形态转化为法定货币或其他形态虚拟货币，后者是指不能转化为其他资金或价值的虚拟货币。因此，所谓私人数字货币，是指可以在不同用户之间转移，从而可以实现与法定货币、其他虚拟货币交换的可转换式虚拟货币。[1]

（四）数字货币与电子货币

电子货币，又称电子支付，是指"通过电子信息的交换来完成债务清偿的支付工具"，[2]是互联网技术在支付领域的应用。

电子货币与数字货币都有一定的通货支付属性，但二者存在诸多不同之处。其一，从货币形态来看，电子货币是现金的电子化"映像"，以账户余额形式存在。而数字货币的原生形态就是数字的。其二，从发行机构来看，电子货币是由有权机关或其授权的发钞机构发行，以国家信用为背书，并通过法律保证其法偿性。私人数字货币并非由有权机关发行，不代表实质商品或货物，发行者亦没有兑现实物的义务。其三，从技术原理来看，基于公有链技术的数字货币采用去中心化方式运行，用户的交易记录在全网公开，任何人都可以通过区块链浏览器等方式查询到特定区块高度的交易。而对于电子货币，用户只能看到与自己相关的交易，无法得知他人的交易情况，只有中心运营机构，如银行或第三方支付机构才知道所有账户的交易情况。其四，从支付角度来看，数字货币是点对点的数字现金，可以实现支付、清算、结算同时完成。而在现有货币体系下，零售客户之间货币的电子化交易必须包含支付、清算和结算三个过程，三个过程分步骤完成且分别依赖于金融中介（如银行）、清算机构和中央银行的中心化数据库。

三、数字货币的基本特征

（一）去中心化

所谓数字货币的去中心化，是指数字货币是去中心化发行，以区块链技术为支撑和底层网络技术开发，采取分布式记账方式存在的属性。[3]与传统的电子货币不同，在技术上，数字货币采用分布式数据库，其中的数据由分布在不同地方的多个节点共同记录，而且每一个节点都可以同步记录完整的交易数据，

---

[1] 参见吴云、朱玮："数字货币和金融监管意义上的虚拟货币：法律、金融与技术的跨学科考察"，载《上海政法学院学报（法治论丛）》2021年第6期。

[2] 张庆麟："电子货币的法律性质初探"，载《武汉大学学报（社会科学版）》2001年第5期。

[3] 参见赵莹："数字货币激励性法律规制的逻辑与路径"，载《法商研究》2021年第5期。

这种去中心化的优势体现在数字货币在运行过程中的安全性、交易透明度显著提高，使数字货币系统能够有效降低黑客攻击并保证数据传输安全。但比特币等数字货币背后无现实资产予以支撑，无法保持稳定的交换价值和承担一般等价物的功能，更无法确保其信用体系。去中心化也会导致国家中央银行对其无法进行监控，无法保证国家货币秩序稳定和金融政策实施。

（二）电子化

所谓数字货币的电子化是指数字货币是以区块链技术为支撑，以电子记录形式存在的属性。区别于现实世界中物理属性的资产，数字货币没有物理形式，而是一串专属于某个用户的、存在于区块链之上的电子记录，比如比特币就是由一个 64 字符长的标识符来代表每一枚"硬币"。[1]

（三）共识性

所谓数字货币的共识性是指数字货币的价值来源于人们的共识，即搁置争议达成一致认识的特性。与互联网其他应用网络相比，数字货币采用的区块链网络技术最大的特色是通过去中心化的节点参与和共识性信任机制，可以对信息真实性进行源头控制，实现了信息创造与验证权利的分布式共享，[2]有效解决了互联网其他应用网络无法实现的人与人之间的信任问题，因而被称为安全可信网络。数字货币本身并无内在价值，其价值来源于一定量的用户就数字货币的价值形成共识。

（四）消耗性

所谓数字货币的消耗性是指数字货币使用一次后，便不能再以同一目的加以使用的特性。与数据的可复制性和不可消耗性不同，数字货币虽然以二进制数据形式存在于区块链网络，但其通过非对称加密技术、时间戳、哈希算法等方式解决了困扰密码学家多年的"双重支付问题"在功能上实现了数字货币的"消耗性"。

（五）通货性

所谓数字货币的通货性是指数字货币在商品生产和商品流通过程中可以充当一般等价物的特性。所谓通货是指流通中的货币及替代物的简称，是指在商品生产和商品流通过程中具有一般等价物作用，执行价值尺度、流通手段、支

---

〔1〕　参见王莲："数字货币的商法性研究"，载《法学杂志》2020 年第 12 期。

〔2〕　参见汪青松："信任机制演进下的金融交易异变与法律调整进路——基于信息哲学发展和信息技术进步的视角"，载《法学评论》2019 年第 5 期。

付手段、贮藏货币等功能的货币及替代物，包括法定货币、外国货币、黄金、数字货币等一般等价物。

（六）可支配性

所谓数字货币的可支配性是指数字货币存在于人体之外，能够为人所控制并满足人们的生产生活需要的特性，而用户对于数字货币的这种控制属性是基于密码学原理的公钥和私钥的安全架构完成的。[1]在技术上，用户通过下载比特币钱包等客户端获取唯一对应数字货币控制权限的私钥，通过私钥生成公钥和数字货币钱包地址。每当发起一笔交易，发起方就会对所发起的交易进行唯一的数字签名以供他人验证。在去中心化的语境下，由于缺少了中心机构对用户身份确认的应用场景，公钥与私钥也成为用户行使支配权的唯一验证方法。拥有公钥和私钥即意味着其拥有对该数字货币的实际控制权，一旦丧失了公钥或私钥，也就意味着其永久失去了数字货币的支配权。[2]

■ 要点

1. "数字货币"是一种新型的货币形态和支付方式。从货币形态的角度，数字货币的原生形态就是数字的，没有物理形式，它们的基础只不过是一个数据串；从支付的角度，数字货币是点对点的数字现金，可以实现支付、清算、结算同时完成，而无须依赖于金融中介（如银行）、清算机构和中央银行的中心化数据库；从金融体系的角度，点对点现金使得数字货币在技术上具有脱离于金融中介的可能性，数字货币在技术上具有改变现有金融体系信用创造格局的可能性。

2. 数字货币需要与区块链、加密资产、虚拟货币、电子货币、法定数字货币等作概念上的区分。

3. 数字货币具有去中心化、电子化、共识性、消耗性、通货性、可支配性等特征。数字货币的法律特征是数字货币外在表现的抽象表达。

■ 思考题

4.1 当下对数字货币概念界定不清的主要原因是什么？

4.2 数字货币在产生方式和社会功能上具有不同于其他财产形式的特殊性，应如何认识数字货币？

---

〔1〕 参见杨延超："论数字货币的法律属性"，载《中国社会科学》2020年第1期。

〔2〕 Jeffrey E. Glass, "What Is a Digital Currency?" IDEA: The Journal of the Franklin Pierce Center for Intellectual Property, Vol. 57；3, p. 488（2017）.

第二节　数字货币的种类

按照不同的标准可以将数字货币划分为不同类别，以便于我们进一步厘清其法律属性。

一、通用币和承用币

以数字货币接受方的范围为标准，可以将数字货币分为通用币和承用币。[1]通用币是指在市场上流通并不受发行人使用限制的数字货币，例如比特币、以太币以及大多数的空气币等。承用币是指虽然在市场上可以流通，但仅为发行人承诺使用的数字货币，这种代币的最大特点是只被代币发行机构接受。承用币在欧盟加密资产监管框架建议中被称为实用代币或者实用币，如某些机构发行的仅供购买发行机构商品或服务的数字货币等。

二、升值币与稳定币

以数字货币的价格是否受市场因素影响而剧烈变化为标准，可以将数字货币分为升值币和稳定币。升值币，又称波动币或增值币，是指在短期内受市场因素影响，价格浮动较大的数字货币。比特币、以太币以及大多数的空气币是典型的升值币。在价值存储上，比特币价格波动远高于欧元、日元、英镑等主要币种，高于黄金，甚至比高风险的股票波动幅度还大。所谓稳定币，是指在短期内价格不易受到市场因素影响而相对稳定的数字货币。最典型也是最广泛使用的稳定币就是 USDT（泰达币），它产生于 2012 年，是 Tether 公司推出并锚定美元的代币，1USDT＝1 美元，用户可以随时使用 USDT 与美元进行 1∶1 兑换。[2]区分升值币和稳定币的意义在于，升值币作为投资手段应适用投资类法律，而稳定币则通常作为支付和价值储存手段，因此适用相关支付的法律。同时，稳定币的功能在于规避价格波动风险、降低交易成本，其将现实世界流动资产的价格稳定性反映为与虚拟货币相关的稳定程度，提供了其他数字货币所

---

〔1〕　参见齐爱民、张哲："论数字货币的概念与法律性质"，载《法律科学（西北政法大学学报）》2021 年第 2 期。

〔2〕　参见吴云、朱玮："数字货币和金融监管意义上的虚拟货币：法律、金融与技术的跨学科考察"，载《上海政法学院学报（法治论丛）》2021 年第 6 期。

缺乏的价格稳定预期。[1]但自 2022 年 5 月稳定币 TerraUSD（UST）及其绑定的 LUNA 币的崩盘以及随之而来的加密货币价格的巨幅下跌，表明稳定币的稳定机制目前并不能有效发挥维持币值稳定的功能。[2]

三、资产代币与现金代币

以稳定币锚定的价值来源为标准，可以将稳定币分为资产代币和现金代币。资产代币（Asset-referenced Token）是一种旨在通过锚定多种法定货币，以一种或多种商品以及加密资产及其组合来维护其价值的数字货币。现金代币（E-lectronic money token or e-money Token）是指以用作支付方式为目的和主要用途，通过锚定一种法定货币的价值而发行的数字货币。[3]现金代币和法定数字货币不同，现金代币是锚定一种特定法币而发行的代币，与法币本身是相区别和分离的。法定数字货币，其性质为法定货币，只是采取的技术载体和手段与传统法币不同而已，比如数字人民币（E-CNY）。

四、可转换式虚拟货币与不可转换式虚拟货币

以数字货币的价值形态可否转换为标准，可以将数字货币分为可转换式虚拟货币和不可转换式虚拟货币。[4]能够将价值形态转化为法定货币或其他形态虚拟货币的叫可转换式（Convertible）或开放式（Open）虚拟货币，其中既包括虚拟货币与法定货币相互转换，也包括虚拟货币之间相互转换。不可转换式或称封闭式（Closed）虚拟货币，是指虚拟货币不能转化为其他资金或价值。这些虚拟货币被设定为在特定社群内的单项用途，典型的如 Q 币，持有者仅能在腾讯游戏世界使用，不能转移交付给其他第三方。欧洲中央银行将不可转化的虚拟货币再细分为两类。第一类是完全封闭社群产生的在线游戏币，如在线游戏获得的奖赏或者各种积分奖励（如航空积分、信用卡积分）。第二类是可以通过法定货币购买，但这一过程是单向的，不能反向转回为法定货币，如用人

---

〔1〕 参见邓建鹏、张夏明："稳定币的内涵、风险与监管应对"，载《陕西师范大学学报（哲学社会科学版）》2021 年第 5 期。

〔2〕 参见杨东、乐乐："元宇宙数字资产的刑法保护"，载《国家检察官学院学报》2022 年第 6 期。

〔3〕 参见齐爱民、张哲："论数字货币的概念与法律性质"，载《法律科学（西北政法大学学报）》2021 年第 2 期。

〔4〕 参见〔德〕伦纳·库尔姆斯："比特币：自我监管与强制法律之间的数字货币"，廖凡、魏娜译，载《国际法研究》2015 年第 4 期。

民币购买的腾讯游戏 Q 币。两者都是封闭空间上的电子化商品。[1]可转换性决定了虚拟货币的金融属性，只有当虚拟货币的转换不受限制时，才具有成为金融产品的可能性，金融监管才具有必要性。如果不可转换，那么虚拟货币由于交易的单向性，其更多只是一种实现有限目的的电子商品。[2]

五、证券型代币、支付型代币和实用型代币

在可转换性视角下可对虚拟货币进行再分类，即分为证券型代币、支付型代币和实用型代币（也称为"使用型代币"）。[3]所谓证券型代币（Security Token），是指发行人发行的数字货币符合证券法关于证券或者证券衍生品的实质要件的代币。证券型代币涵盖的范围非常广泛，凡是授予持币者金融权利的币种都可以被归结为证券型代币，这些权利包括分红权、一定时间以后的固定收益权、类债性权利、持有特定资产份额的权利等。[4]所谓支付型代币（Payment Token），又称数字支付代币，是指不以任何货币计价，发行者发布的代币也不与任何货币挂钩，能够以电子记录方式转移、储存或交易，并以成为公众或部分公众接受的支付工具或者媒介为目的发行的数字货币。最典型的支付代币是比特币、以太币、USDT 等。支付代币不属于证券及其衍生品，但是其在属性上构成金融工具，适用金融法。实用型代币，也可称为消费者效用代币，不同于证券型代币和支付型代币，其只用于访问代币发行者提供的商品或服务，因此不构成资本市场背景下的金融工具，不适用金融法的规定。[5]按照可转换性与否的金融监管视角，所谓使用型代币属于不可转换虚拟货币，而支付型代币和证券型代币属于可转换虚拟货币，即本章所说的数字货币。

六、公有链、私有链和联盟链所产生的数字货币

公有链的优势在于通过算法和技术保证信任和公平，缺点是低效，其典型

---

〔1〕 Virtual Currency Schemes, European Central Bank（October 26, 2012）, https://www.ecb.europa.eu/pub/pdf/other/virtualcurrencyschemes201210en. pdf.

〔2〕 Virtual Currency Schemes, European Central Bank（October 26, 2012）, https://www.ecb.europa.eu/pub/pdf/other/virtualcurrencyschemes201210en. pdf.

〔3〕 参见吴云、朱玮："数字货币和金融监管意义上的虚拟货币：法律、金融与技术的跨学科考察"，载《上海政法学院学报（法治论丛）》2021 年第 6 期。

〔4〕 Moran Ofir & Ido Sadeh, ICO vs. IPO: Empirical Findings, Information Asymmetry, and the Appropriate Regulatory Framework, 53 Vanderbilt Journal of Transnational Law, 525, 541-542（2020）.

〔5〕 参见柯达："加密资产分类监管研究——以英国、瑞士、新加坡三国为例"，载郭峰主编：《证券法律评论》，中国法制出版社 2019 年版。

代表是比特币。私有链是基于中心化思路形成的区块链，通常多为大型企业、组织使用，用户均为内部用户，通过中心化控制的组织对所有参与用户进行权限管控，其代表为支付宝。联盟链介于公有链和私有链之间，核心理念是多中心，强调效率与秩序的并存。通常参与联盟链的用户为银行、保险公司、证券公司、商业协会、集团企业及上下游企业的一份子，权限由行业协会等联盟管理组织进行管理，只服务于少量用户。与私有链相比，其权限更加严格，[1]例如 Fabric、BCOS、百度超级链。数字人民币在由中国人民银行创设后，也已经事实性地存在于联盟链为结算方式的区块链系统中。

除此之外，选用不同的区块链技术，还会影响数字货币的权利发生、取得和变更等。例如，私人数字货币一般采取去中心化的公有链设置账本，私人数字货币的得丧变更，须以经过验证节点的验证，并计入分布式账本为前提。分布式账本可以完整地保存私人数字货币的交易历史，并向全链匿名公开"挖矿"取得、权利变更等信息。所以，分布式账本的登记，同时决定了私人数字货币的权利变更与公示性。[2]中国人民银行仅授权了商业银行，允许其在以联盟链为基础设置的分布式账本上，记载数字人民币的交易信息。各次交易信息共同组成了特定数字人民币的移转数据链。据此，商业银行记载交易信息，区别于数字人民币加密币串的移转。而且，记载交易信息的登记中心并没有为用户提供查询途径，直接导致了分布式账本缺乏公示性。所以，纳入登记为要素的公示方式，均不具有适用余地。

■ 要点

1. 以数字货币的接受方的范围为标准，可以将数字货币分为通用币和承用币。

2. 以数字货币的价格是否受市场因素影响而剧烈变化为标准，可以将数字货币分为升值币和稳定币。

3. 以稳定币锚定的价值来源为标准，可以将稳定币分为资产代币和现金代币。

4. 以数字货币的价值形态可否转换为标准，可以将私人数字货币分为可转换式虚拟货币和不可转换式虚拟货币。

5. 以数字货币的用途及代表的内容为标准，可以将数字货币分为证券型代

---

〔1〕 参见刘百祥、阚海斌编著：《区块链技术基础与实践》，复旦大学出版社 2020 年版，第 12 页。

〔2〕 参见李建星："数字人民币私权论"，载《东方法学》2022 年第 2 期。

币、支付型代币和实用型代币。

■ 思考题

4.3 对数字货币进行分类有何意义？其难点何在？

4.4 全球数字货币的发展正朝着三个不尽相同的方向共同发展着：一类是完全的法定化数字货币，即传统纸币的数字化进程，比如我国正在推进的数字人民币。另一类是不完全的非法定化数字货币，它是指流通与使用必须信赖于以法定货币为基础的转换性货币，比如以 Q 币为代表的电子代币和以支付宝为代表的非法定数字电子钱包。最后一类则是完全非法定化的数字货币，比如比特币。由此，有人认为，数字货币的"脱媒"在本质上是一种基于传统信用机制理论上的新的技术集成和表现方式。其中，数字货币作为信用中介的本质没有发生改变，只是其载体发生了变化。[1]请评析前述观点。

第三节　数字货币的法律属性

一、数字货币的法律属性争议

关于数字货币合法性以及法律属性的争议不断加大，立法和司法实践也陷入较为混乱的困局，学界也尚未形成理论上的共识。

（一）数字货币法律属性的立法界定

目前，部分国家已通过立法途径确立了私人数字货币的货币属性，例如，德国和日本承认比特币的法律地位，允许其在一定范围内具有货币职能。但大多数国家对数字货币的法定货币地位仍不予认可。加拿大不认为加密货币属于法定货币，但是将加密货币视为资产或证券。俄罗斯《数字货币资产法》也将数字货币定义为一种资产，同时将其与法币（卢布）区分。在英国，包括数字货币在内的数字资产构成英国法中的"财产"。[2]我国采取"一刀切"的方式，中国人民银行等机构自 2013 年起发布的一系列官方文件明确了比特币等数字货

〔1〕　参见郑彧："金融市场基础设施的历史进路及其监管应对"，载《国家检察官学院学报》2022年第4期。

〔2〕　UK Jurisdiction Taskforce, Legal statement on cryptoassets and smart？contracts, https://35z8e83m1-ih83drye280o9d1-wpengine. netdna-ssl. com/wp-content/uploads/2019/11/6. 6056_ JO_ Cryptocurrencies_ Statement_ FINAL_ WEB_ 111119-1. pdf（Last visited on September 21, 2022）.

币不具有与货币等同的法律地位。2013 年 12 月《关于防范比特币风险的通知》将比特币定性为一种虚拟商品，一方面承认比特币的可交易性，允许比特币作为一种虚拟商品在市场中进行合法流通，承认已登记、备案比特币互联网站的合法性；另一方面，否认比特币的货币属性，禁止各金融机构和支付机构开展与比特币相关的业务，防止比特币对法定货币及现有金融秩序的稳定性产生冲击。2017 年 9 月《关于防范代币发行融资风险的公告》规定："代币发行融资是指融资主体通过代币的违规发售、流通，向投资者筹集比特币、以太币等所谓虚拟货币，本质上是一种未经批准非法公开融资的行为，涉嫌非法发售代币票券、非法发行证券以及非法集资、金融诈骗、传销等违法犯罪活动。"2020 年 10 月《中国人民银行法（修订草案征求意见稿）》第 19 条规定人民币包括实物形式和数字形式。可见人民币增加了数字形式，但只规定人民币作为我国法定货币的地位，否定了其他货币作为我国货币的来源。2021 年《关于进一步防范和处置虚拟货币交易炒作风险的通知》明确规定，比特币、以太币、泰达币等虚拟货币不具有与法定货币等同的法律地位，不具有法偿性，不应且不能作为货币在市场上流通使用。

（二）数字货币法律属性的司法界定

从司法实践上看，数字货币具有支付和投资的经济功能使其作为"财产"的属性和价值得到普遍认可。但由于缺乏必要的法律规范，司法实践关于数字货币法律属性的认定更是模棱两可。通过梳理司法判例可知，法院对于数字货币法律属性的司法判断主要形成了四种判断路径。

其一，数字货币不属于货币，而属于非法代币发行融资行为的实施工具。因此，数字货币交易属于无效行为，不受法律保护。例如，在周某 1 诉周某 2 网络产品买卖合同纠纷案中，审理法院认为，虽然我国法律、行政法规并未明确禁止投融资型数字货币交易，但我国金融监管政策明确禁止非法代币发行融资行为。数字货币涉嫌从事非法金融活动，应对该类行为以及此后延伸的买卖行为予以禁止，判定数字货币买卖属于无效合同。[1]

其二，根据《关于防范比特币风险的通知》和《关于防范代币发行融资风险的公告》，禁止任何代币发行融资活动。因此，不仅数字货币的买卖行为不能受到法律的保护，而且以数字货币为标的所产生的其他合同也不受法律保护。例如，在史某庆与付某委托合同纠纷案中，审理法院认为，所谓的"cvb"是一

---

[1] 参见湖南省长沙市天心区人民法院（2019）湘 0103 民初 51 号民事判决书。

种类似于比特币的网络虚拟货币，当事人委托操作投资经营"cvb"的行为在现行背景下不能受到法律的保护，双方之间的委托合同关系因违反法律规定属于无效合同。[1]

其三，数字货币并不是真正意义的货币，不能作为货币在市场上流通使用。数字货币交易活动不受法律保护，但普通民众在自担风险的前提下拥有参与的自由，交易者错付金额或者错付对象等均不受法律保护，即其遵循"买者自负、风险自担"的原则。例如，在苏某波与孙某军民间借贷纠纷案中，审理法院认为，从性质上看，USDT 数字货币应当是一种特定的虚拟商品，不具有与货币等同的法律地位，不能且不应作为货币在市场上使用，公民投资和交易 USDT 数字货币的行为虽系个人自由，但不能受到法律的保护。[2]

其四，我国法律不承认数字货币的货币属性，但并未禁止比特币作为特殊商品或财产的持有、使用和流转。因而，数字货币具有财产属性，受到法律保护。在民事审判司法实践中，北京、上海有多家法院认可比特币等数字货币具有虚拟财产的属性。例如，在吴某健与上海某网络科技有限公司、浙江淘宝网络有限公司网络侵权责任纠纷案中，杭州互联网法院认为，"比特币满足价值性、稀缺性和可支配性，对比特币作为虚拟财产、商品的属性及对应产生的财产权益予以肯定"。[3]而对于其他数字货币的性质，多数法院也肯定了其虚拟财产属性。例如，在何某与匡某容不当得利纠纷案中，法院认为，"ORG 生命体数字货币是一种不为我国法律所禁止和限制的流通物，系虚拟财产，具有可支配性、可交换性，具有一定的经济价值，在一定条件下可以进行交易与转让"。[4]也有许多法院认为，数字货币作为一种"特定的虚拟商品"，具有商品属性和经济价值，合同法应予以保护。[5]同时应当注意到，更多的地方中级人民法院则对除比特币以外的虚拟货币的财产属性不予认可，部分法院认可比特币作为一种虚拟财产，但称其"缺乏合法的经济评价标准"，故最后的审判结果还是指向"诉请不予支持""合同无效""不属于民事诉讼案件受案范围""风险自担"等。例如，2021 年 7 月，广东省珠海市中级人民法院认为，由某公司创立的数字代币 CC 币是未经批准由平台发行，数量由平台自由发放，并不凝结人类抽象劳动，且无法用现有的度量标准度量其价值，该数字代币不属

---

〔1〕　参见天津市南开区人民法院（2019）津 0104 民初 1416 号民事判决书。

〔2〕　参见河南省南阳市中级人民法院（2020）豫 13 民终 1599 号民事判决书。

〔3〕　参见杭州互联网法院（2019）浙 0192 民初 1626 号民事判决书。

〔4〕　参见四川省华蓥市中级人民法院（2018）川 1681 民初 609 号民事判决书。

〔5〕　参见福建省宁德市中级人民法院（2018）闽 09 民终 1819 号民事判决书。

于网络虚拟财产，不具备商品的流通性。因此，法院认定案涉合同为无效合同，投资代币的风险应由投资者自行承担，不支持返还资金的主张。[1]

（三）数字货币法律属性的理论分歧

关于数字货币法律属性学说总体分为两类：一类是货币说，另一类是非货币财产学说。货币说主张数字货币属于货币；非货币财产学说则否认数字货币为货币，主张其属于普通财产。非货币财产学说在其发展演进过程中又有商品说、债权说、数据说、数字资产说、证券说、虚拟财产说等几种代表学说。

第一，货币说。货币说主要是从经济学定义的货币三大功能进行考量的，即交换媒介功能、计价单位功能、价值储藏功能。以比特币为例分析，其作为支付手段被广泛接受，具有类似货币的计价功能，可以作为价值储藏。[2]并且，与传统货币相比，比特币在低交易成本、可分性、抵抗通胀方面有其优势。但在固定成本投入、网络外部性、争议解决机制、交易时延、价格波动性、网络安全性等方面也有其劣势。虽然这些特点使比特币暂时还无法成为一种法定货币的候选对象，但是并不妨碍比特币在一定领域内继续发挥某些货币职能。

第二，新货币说。货币的本质是一种被普遍认可记账符号。数字货币作为一种去中心化的分布式记账方法，实现了分布式的自动记账模式，省去了中心服务器的记账成本，极大提升了记账效率。因此，数字货币从伊始就具备货币作为记账符号的首要特征。同时，区别于传统货币中心化的信用构建思路，国家试图通过垄断专有服务器来垄断数字货币的路径无法行通。数字货币系在去中心化路径之外完成信用建构，以去中心化的分布式记账方式、借助时间戳加密属性并通过自由市场竞争实现信用建构，最终实现货币普遍认可效力的建构。[3]

第三，商品说。商品说的理论基础主要来自商品的三要件论，即效用性、稀缺性和合法性。[4]以比特币为例，支持数字货币是商品的观点认为，比特币之所以符合商品的特性是因为满足了法律上商品的三个要件：其一，效用性，比特币以其区块链去中心化的技术在国际支付体系上发挥着越来越重要的作用，被越来越多的企业及个人接受作为一种现实货币补充的支付货币，能够满足人的需求。其二，稀缺性，预计比特币在 2140 年达到其 2100 万个的数量上

---

[1] 参见广东省珠海市中级人民法院（2021）粤 04 民终 2401 号民事判决书。

[2] 参见王谨："数字货币的商法性研究"，载《法学杂志》2020 年第 12 期。

[3] 参见杨延超："论数字货币的法律属性"，载《中国社会科学》2020 年第 1 期。

[4] 参见彭万林主编：《民法学》，中国政法大学出版社 2011 年版，第 189 页。

限，此后其数量将不会再增加。其三，合法性。目前大多数国家对比特币本身的合法性不持异议，只是在具体的管制政策上松紧不同，因此比特币又具有合法性。[1]

第四，债权说。该说主张数字货币所表彰的权益内容属于债权，债权人行使权利的对象是区块链上的交易验证节点。[2]其理由包括：其一，根据民法传统理论，物具备三项要件，包括非人之身体、人力所能支配以及独立满足人类生活需要的有体物或自然力。数字货币很难被认定为有体物或自然力，因此非属民法所称之物。其二，虚拟货币如比特币本质上为一系列信息的累积，其权利内容实际上应为"当事人可将他人承认之持有单位数向其他参加者移转之权利"，且该持有单位数须他人承认方有正当性，故此权利不具有对世效力，在民法采债权与物权区分原则下，应属债权。[3]其三，在"占有即所用"的规则下，金钱的占有人凭借事实上的支配而得以主张所有权的归属。通过诸如区块链的交易记录等媒介物，能够实现和使用硬币、纸币等媒介物同样的效果——实现价值的转移。由此推导出如下结论：当有人通过区块链的记录而对数字货币交易账户的余额实施事实上的占有，则该数字货币就归属于此人。

第五，数字资产说。该说认为私人数字货币的货币价值波动剧烈，不能满足货币的价值尺度功能，不能将其视为货币，只能将其看成一种数字资产。[4]价格的剧烈波动是因为人们将其作为投机的金融衍生工具进行炒作，因为人们认可它的货币支付功能，它的价值就是其购买力或支付力，又因为其数量有限，具有稀缺性，可以进行投机。

第六，数据说。该观点认为，数字货币是随着计算机技术进步和互联网通信技术的发展，依托加密算法出现的一种新型数据，其本质属性是一种电磁记录，该电磁记录（数据）可随电子计算机系统实现价值转移和流通，具备了财产权的私法性质。理由如下：其一，数据具有能够复制的特性，使其与单一的有体物有着本质的不同，因此在揭示数字货币的财产权属性时不能与物或物权等同视之。其二，数字货币能成为不特定者之间的支付手段以及买卖对象，能够排他性地归属于特定者，且该排他性的归属状态能够转移给他人。

---

〔1〕　参见王瑾："数字货币的商法性研究"，载《法学杂志》2020 年第 12 期。

〔2〕　参见李敏："数字货币的属性界定：法律和会计交叉研究的视角"，载《法学评论》2021 年第 2 期。

〔3〕　参见蔡英欣："试论虚拟货币之监理与法律定位——以日本法为中心"，载《管理评论》2018 年第 4 期。

〔4〕　参见方显仓、黄思宇："数字货币与中国货币政策转型"，载《学术论坛》2020 年第 2 期。

第七，有价证券说。有价证券说主张将比特币理解为一种无记名的有价证券。理由如下：其一，有价证券是设立并证明某种财产权的书面凭证，是物的一种。[1]在比特币的应用情境中，经营者唯有将获取的数字货币转化为具体数额的法定货币，才能最终实现该笔交易所指向的经济利益。在这一过程中，数字货币作为商品、服务与法币之间的中介，承载了一定数额的法定货币，其实质相当于一种有价证券，数字货币持有人拥有对数字货币（有价证券）本身的所有权和数字货币（有价证券）上所承载的经济利益两种不同性质的权利。其二，数字货币具有"匿名性"。以比特币为例，比特币的流转有赖于一对由密码算法产生的公钥和私钥，每次交易时重新随机生成一对公钥和私钥的方式可隐匿交易者的真实身份，且其分布式账簿仅记录每一笔交易的比特币地址及其数额，并不记录比特币归属的权利人信息。[2]

第八，虚拟财产说。该说认为数字货币是存在于区块链网络之中，能够为人所控制并满足人们的生产和生活需要的虚拟财产。[3]对数字货币法律属性的认定分为"货币"层面和"财物"层面，否定数字货币的"货币"属性，但仍然肯定其"财物"属性。因此，比特币等"代币"或"虚拟货币"符合虚拟财产的构成要件，虽不完全具备货币的合法性，但对其作为虚拟财产、商品属性及对应产生的财产权益，应该予以肯定。

二、数字货币与相关客体的法律关系厘清

（一）数字货币不是法律上的货币

法律意义上的货币，又称法定货币，是指不代表实质商品或货物，发行者亦没有将货币兑现为实物义务，只依靠政府的法令使其成为合法通货的货币。[4]对于数字货币是否构成法律意义上的货币，应当从货币的社会功能和法律特征两个角度进行综合认定。货币社会功能的发挥要求货币具有以下特性：其一，在一国领土范围内被广泛接受和使用。相较于全球消费者数量和每天的交易量，比特币等数字货币的交易量微乎其微，且大部分为投机者，其作为货币

---

〔1〕参见王利明主编：《民法》，中国人民大学出版社2015年版，第95页。

〔2〕参见王熠珏："'区块链+'时代比特币侵财犯罪研究"，载《东方法学》2019年第3期。

〔3〕参见齐爱民、张哲："论数字货币的概念与法律性质"，载《法律科学（西北政法大学学报）》2021年第2期。

〔4〕参见齐爱民、张哲："论数字货币的概念与法律性质"，载《法律科学（西北政法大学学报）》2021年第2期。

的接受范围非常有限，不具有普遍可接受性。[1]其二，一定时期内的稳定性。数字货币以去中心化为发行机制，使其不利于监管，价格太高且价格变动幅度和频率较高，缺乏货币币值的稳定性。其三，以特定具有实际价值的资产作为锚定物。相较于传统货币，数字货币没有锚定任何实物资产，[2]而"完全没有锚的货币不可取"。[3]货币的法律特征是指货币需要依靠政府的法令使其具有合法性。世界多数国家尚未通过法律明确肯定数字货币的货币地位，我国目前对数字货币的货币属性也持否定态度。在司法实践层面，各地法院在相关案件中均持数字货币不是货币的观点，否定了数字货币的货币属性。[4]

（二）数字货币不是法律上的数据

我国《数据安全法》第 3 条指出数据是指任何以电子或者其他方式对信息的记录。一般来说，数据是指固定于一定的载体之上，能够满足人们生产和生活需要的电子记录。[5]之所以说数字货币不是法律上的数据，主要在于其二者价值来源上的差异。其一，数据本身具有价值，是一种区别于物、知识财产和虚拟财产的独立财产形式。而数字货币本身并无价值，其设计初衷在于模拟真实世界中的现金交易，通过时间戳和哈希函数方式将所有区块咬合在一起，从而避免"双重支付"。数字货币的"可消耗性"使其与法律意义上的数据不同。其二，数据的价值来源于数据本身，而数字货币的价值来源于人的主观认知。人们可以通过对气象数据、工业大数据等数据的分析，帮助企业改进生产和营销策略，满足生产和生活需要。但由于数字货币缺乏具有实际价值的锚定物，其财产价值来源于使用者群体的共识。因此，一旦人们选择不再相信它，那它就仅仅是一串存在于网络中的数字而已。另外，在现行数据多维立法格局的模式下，数据的使用价值是其受到法律保护不可或缺的重要条件，诸如商业秘密、独创性的数据库（作品）、受特殊权利保护的数据库、公民个人信息等，都是在不同层面彰显其使用价值，故而也被纳入民法上广义的财产范畴。然而数字

---

[1] 参见闵敏、柳永明："互联网货币的价值来源与货币职能——以比特币为例"，载《学术月刊》2014 年第 12 期。

[2] 参见陈享光、黄泽清："货币锚定物的形成机制及其对货币品质的维护——兼论数字货币的锚"，载《中国人民大学学报》2018 年第 4 期。

[3] 张五常："货币不可无锚"，载《IT 经理世界》2004 年第 1 期。

[4] 相关案例可参见上海市第一中级人民法院（2019）沪 01 民终 13689 号民事判决书；吉林省延边朝鲜族自治州中级人民法院（2019）吉 24 民终 1325 号民事判决书；河南省南阳市中级人民法院（2020）豫 13 民终 1599 号民事判决书。

[5] 参见齐爱民、张哲："论数字货币的概念与法律性质"，载《法律科学（西北政法大学学报）》2021 年第 2 期。

货币不具有与上述数据类似的使用价值，由此也就和法律意义上的数据形成了本质区别。

（三）数字货币不构成法律上的物

法学意义上的物，区别于人类智力劳动创造的产物——知识财产，其价值来源于物本身的物理属性，包括有体物和无体的能量。之所以说数字货币不构成法律上的物，主要有以下理由：就有体物与无体物的层面而言，一方面，数字货币不同于有物质载体的纸币，不符合物的有体性特征。数字货币是以二进制数字方式存储于每一个具体的交易之中，其是在一个个存储于区块链网中的交易记录中体现。因此，在区块链系统中，数字货币仅仅是一个隐藏在公共账本的交易记录之中的数值，并没有所谓的"币"；另一方面，数字货币虽然无体，但其与电、磁、无线电频谱等自然资源在产生方式和价值来源上仍存在着本质区别。电、磁、无线电频谱等自然资源是自然力的表现，其社会价值来源于它们本身。而数字货币的存在并非来源于客观自然力，而是区块链参与者在共识机制下形成的公共账本，其社会价值也并非源于自身，而是来源于使用者群体的共识。就财产价值层面而言，数字货币缺少物的使用价值。数字货币商品说的困境就在于数字货币缺乏使用价值。用户在支配数字货币的过程中，除完成数字货币的余额查询与转账支付外，便别无其他了。用户既不能从数字货币中直接获得使用之功效，亦不能通过数字货币完成情感之寄托，故而数字货币从根本上讲缺乏物之使用价值之要素，这也使得数字货币难以与其他无体物并列作为物权之客体。

另外，有学者认为，只要能够借助相应的技术手段对数字货币加以控制与支配，以数据电文为形态的数字货币可以成为所有权客体。[1]对此，反对的理由有二：其一，可支配性仅仅是物的一项特征，数据、网络虚拟财产、知识财产都可以为人所支配，但其法律性质和保护方式却相差很大。其二，作为一项基本原则，物权法定原则要求对于不动产和动产之外的财产，有明确规定的才纳入物权法保护，如探矿权、采矿权等。而对于数字货币而言，目前还没有对其权利的发生、转移和消灭予以规范的法律，尚不能就数字货币如何在物权或准物权的框架下实现归属和转移等问题作出令人信服的解释。[2]

---

〔1〕 参见赵磊："数字货币的私法意义——从东京地方裁判所 2014 年（ワ）第 33320 号判决谈起"，载《北京理工大学学报（社会科学版）》2020 年第 6 期。

〔2〕 参见罗勇："厘清数字货币的私法性质"，载《中国社会科学报》2021 年 8 月 31 日，第 A02 版。

（四）数字货币不是法律上的证券

有价证券被认为是设定并证明持券人有取得一定财产权利并且能够流通的一种书面凭证，如股票、债券、提单、票据等。[1]根据传统的证券法理论，证券上存在两层权利：一是证券所有权，即证券持有人对证券本身的所有权，这是证券作为证券所有权客体层面所反映的权利；二是证券权利，即证券持有人依据证券可以向发行人行使的权利，这是证券作为股权、债权等证券权利载体层所表彰的权利。[2]证券所有权的价值从根本上来源于证券权利，即证券持有人可以向发行人行使权利。证券亦可分为物权证券、债权证券和综合权利证券。在上述所有关于证券权利的理论中，发行人均作为证券之重要义务人，尤其在债权证券与综合权利证券中，发行人还作为债之相对人身份出现在证券法律关系中。数字货币的去中心化特质并不要求发行人作为法律义务人之角色，在发行人缺失的语境下亦不存在与发行人或者任何第三人之间债的相对关系，这使得数字货币之证券说在适用债权说、综合权利说等学说时存在根本的理论障碍。如果套用证券权利物权说解释数字货币，则需要找到作为证券权利对象的特定之物。然而，在数字货币的语境下，这种特定之物又完全不存在。这样，传统证券法理论上的任何一种学说，都无法为数字货币提供有效的理论支撑。

（五）数字货币不是法律上的债权

债权说借用法定货币的解释论，在某种程度上能够回应数字货币转移和流通的问题，但由于数字货币的去中心化结构导致发行人和债务人的缺失，以至于没有债权请求权可以指向的中央发行机构，无法对特定人主张债权，与债权相对应的债务也无从谈起，因此数字货币的流通和使用无法获得源自国家的强制力保证，不符合债权的基本特征。[3]支持债权说的部分学者从物债二分体系出发，对"物权说"进行批判，继而完成二分体系中"非此即彼"的论证。然而，随着理论和实践的纵深发展，新型权利客体不断出现，权利体系中出现了物债以外的其他权利类型，如人格权、身份权和知识产权为立法和实践所承认，"物债两分"的财产结构日益遭受着冲击。[4]主张新型权利说的学者认为，二分体系已不是权利体系的全集，对其固守将不利于对新型权利客体的论证，面

---

[1]　参见马俊驹、余延满：《民法原论》，法律出版社 2010 年版，第 42 页。

[2]　参见张宇润等：《中国证券法：原理·制度·机制》，中国经济出版社 2002 年版，第 16 页。

[3]　参见赵天书："比特币法律属性探析——从广义货币法的角度"，载《中国政法大学学报》2017 年第 5 期。

[4]　参见范健："中国《民法典》颁行后的民商关系思考"，载《政法论坛》2021 年第 2 期。

对现实社会中不断出现的新形式的财产权利，与其将其纳入现有的法律体系而造成过多的例外解释，使既有的法律体系分崩离析，出现内在逻辑的矛盾，不如正视新财产形式的存在，突破"物债二分体系"，将其规定为新型权利，再据此制定相关法律法规来调整该新型权利义务关系。[1]

三、数字货币的法律属性是虚拟财产

虚拟货币是一种类似于网络虚拟财产的新型财产性利益，其财产属性应得到肯定。[2]

（一）数字货币具有财产属性

在英国等英美法系国家，数字货币的财产属性在相关法律文件中已得到一定程度的认可，而在日本等坚持"物必有体"法律传统的国家中，数字货币因其外在表现形式为数据，属于无体物，但仍可作为"财产性利益"受到保护与规制，且在实践中也得到了应用。本书认为，财产作为权利客体具有三个特性，即价值性、稀缺性和可支配性，数字货币具有和财产权相同的私法性质。

首先，数字货币具备了交换价值层面的本质性要素。数字货币能够向不特定者用于偿还对价，并能以不特定者为相对方进行与法定货币之间的相互兑换。在域外实践中，以比特币为代表的数字货币已在数字交易所合法交易，成为买卖的对象。一般而论，数字货币因具有和法定货币以及普通之"物"相同的表象，所以能够成为强制执行或继承的对象。在资金结算的场合，数字货币作为一种支付对价的手段得以向不特定者使用，并能够在不特定者之间进行买卖。以比特币为例，比特币通过"矿工""挖矿"生成的过程及劳动产品的获得，凝结了人类抽象的劳动力，可以通过金钱作为对价转让、交易、产生收益、对应持有者在现实生活中实际享有的财产，具有使用价值和交换价值。虽然在大多数国家比特币不具备货币的合法性，但其作为虚拟财产、商品属性及对应产生的财产权益应予肯定。在域外，数字货币的此种财产性价值属性已经得到了日本《资金结算法》的立法认同，并增设专章对数字货币进行规制。其次，数字货币具备财产的稀缺性。以比特币为例，其总量恒定为2100万个，供应受到限制，上限数量及时间已被技术锁定。最后，数字货币具备财产的排他性和可

---

〔1〕 参见李岩："'虚拟财产权'的证立与体系安排——兼评《民法总则》第127条"，载《法学》2017年第9期。

〔2〕 参见齐爱民、张哲："政策与司法背景下虚拟货币法律属性的实证分析"，载《求是学刊》2022年第2期。

支配性。数字货币为电子仪器以及类似器械以电子方式所记录的电磁记录，且该电磁记录能够通过电子信息处理系统进行转移。在数字货币实际的转移中，其价值的转移不是依靠同一性价值的转移，而是以价值的消灭和发生来实现。同时，要让数字货币成为不特定者之间的支付手段以及买卖对象，其不可或缺的私法性质便是能够排他性地归属于特定者，且该排他性的归属状态能够转移给他人。数字货币的此种私法性质，是以其作为在交换价值层面的本质性要素（或曰流通）为前提。而数字货币要实现上述归属与转移，即利用电子信息处理系统进行转移的在线转移性，只有在其具备与财产权所拥有的排他支配权相同的权利时方得以成立。简而言之，数字货币作为财产具有明确的边界、内容并可以被转让、分离，其持有者可以对数字货币进行占有、使用并获得收益。

此外，相关规定虽然明确比特币等数字货币不能作为货币在市场上流通使用，但承认其性质上是一种特定的虚拟商品。国家不允许金融机构和支付机构从事比特币买卖、登记、交易、清算等相关业务，但允许提供比特币登记、交易等服务的合法网站备案后运转。在该阶段，比特币等数字货币作为一种虚拟商品，可以在除金融、支付机构以外进行流通和交易，此时数字货币的支配权益以及交易是被法秩序鼓励和认可的，具有财产属性。[1]

（二）数字货币符合网络虚拟财产的特征

虚拟财产，也称网络虚拟财产，是指以电子记录方式存在，其价值来源于群体认同的新类型财产形式。[2]具体而言，虚拟财产是指虚拟的网络本身以及存在于网络上的具有财产性的电磁记录，是一种能够用现有度量标准度量其价值的数字化的新型财产。[3]数字货币的法律属性是虚拟财产，符合虚拟财产的基本特征。

从其性质上来看，数字货币即表现为一种以数字形式呈现的资产。第一，虚拟性。数字货币是一串专属于某个用户的、存在于区块链之上的电子记录，这与虚拟财产所具有的虚拟性相契合。第二，共识性。数字货币本身价值来源于一定量的用户就数字货币的价值形成共识，这与虚拟财产的价值来源于群体认同相契合。第三，流动性或可替代性。运用加密技术与匿名技术，比特币等

---

〔1〕 参见吴春妹、李长林、王星云："非法窃取比特币的刑法定性"，载《中国检察官》2022 年第21 期。

〔2〕 参见齐爱民、张哲："论数字货币的概念与法律性质"，载《法律科学（西北政法大学学报）》2021 年第 2 期。

〔3〕 参见杨立新主编：《民法总则重大疑难问题研究》，中国法制出版社 2011 年版，第 292 页。

数字货币的价值由其自身决定，而不取决于前手的信用。尽管数字货币的价值取决于共识，但其至少在具有共识的社区内拥有流动性（有限的流动性）。第四，明确性。以比特币为例，交易当事人需要先注册一个电子钱包，因此而拥有独一无二的地址。这一地址会自动生成一对密钥——匿名公开的"公钥"与储存特定身份信息的"私钥"。因此，比特币的权属是完全可识别的。第五，稀缺性。仍以比特币为例，只有 2100 万枚比特币可以最终被创造出来。第六，排他性。数字货币运用时间戳、哈希算法等技术解决了此前数字货币的发展"瓶颈"——"双重支付问题"，从而使数字货币具有了可消耗性与不可复制性，数字货币的持有者可以排他地使用。由此可见，数字货币应当被认定为一种以数字形式表现的资产，在我国民商法体系中最为接近的概念则是网络虚拟财产。

（三）界定数字货币虚拟财产属性的意义

实践中，有持"虚拟财产否定说"者认为，比特币等数字货币具有较强的匿名性，采用普通的网络虚拟财产对其进行保护，相关的法律关系以及主体难以认定，使得数字货币的保护面临较大的困境。而且，比特币的数据被篡改，产生大量虚假交易，没有任何主体可以对比特币的数据库进行维护修复，采用虚拟财产制度难以为涉及比特币的法律关系提供保护。但上述说法未必周密。首先，从财产权保护的角度，将数字货币定位为一种网络虚拟财产可以为其财产属性"正名"。目前，数字货币具有支付和投资的经济功能使其作为"财产"的属性和价值得到大部分国家的认可。我国相关监管规定否定的是数字货币作为流通货币的地位，而非其作为财产的地位。因此，将数字货币明确定性为虚拟财产，从而使其明确为受法律保护的利益以适用一般财产的共通规则，支持以财产性质为基础的诉请和与法定货币的兑换请求。其次，从规制路径的角度来看，我国《民法典》第 127 条以法律形式明确规定网络虚拟财产为受法律保护的财产类型，这为数字货币的保护提供了民事基本法依据。最后，从生产角度而言，要获得比特币等数字货币，既需要投入物质资本用于购置与维护具有相当算力的专用机器设备，支付机器运算损耗电力能源的相应对价，也需要耗费相当的时间成本，该过程及劳动产品的获得凝结了人类抽象的劳动力。从需求角度而言，数量稀缺的比特币等数字货币既可作为特定范围内的通用凭证进行高效的跨境价值转移，亦可通过智能合约程序实现特定功能以满足特定人群的效用，因而具有经济价值。可见，以比特币为代表的数字货币，由于具有价值性、稀缺性、可支配性等特点，故具备了权利客体的特征，符合虚拟财产的构成要件，理应受到相应的财产权益法律保护。[1]

■ 要点

1. 数字货币因缺乏普遍可接受性、稳定性、货币的合法性等而不属于法律上的货币；数字货币的财产价值来源于使用者群体的共识而非其本身，因而不属于法律上的数据；数字货币缺少物的使用价值，因而数字货币难以与其他无体物并列作为物权之客体；数字货币语境下不存在作为证券权利对象的特定之物，因此数字货币不属于法律上的证券；数字货币的持有者无法对特定人主张债权，其流通和使用均无法获得源自国家的强制力保证，不符合债权的基本特征。

2. 数字货币具备了财产作为权利客体所需要的价值性、稀缺性和可支配性，其作为虚拟财产对应产生的财产权益应予以肯定。

3. 将数字货币定位为一种网络虚拟财产，可以使其明确为受法律保护的利益以适用一般财产的共通规则，受到相应的财产权益法律保护。未来对于网络虚拟财产可能采取分类规制的路径，数字货币可以作为一种特殊的网络虚拟财产得以有效保护。

■ 思考题

4.5 数字货币说、物权说、债权说、数据说以及有价证券说等学说主张的缺陷是什么？

4.6 数字货币法律属性对于其适用法律规则方面具有决定性意义。在2016年美国加利福尼亚北部法院审理的 HashFast 案中，2013年9月 Lowe 基于商业关系收到 HashFast 3000个比特币。然而2014年5月 HashFast 的破产管理人（Trustee Mark Kasolas）向法院起诉 Lowe，认为双方的交易关系已不存在，要求其返还3000枚比特币。[2]在2013年9月比特币转账当天，3000枚比特币市值约363 861美元；然而，2014年5月起诉当天比特币市值为1 344 705美元，上升约98万美元。对此，应该如何认定比特币的法律属性并计算其财产返还价值？

---

〔1〕 参见许多奇、蔡奇翰："我国加密货币财产属性的司法认定——以金融法与民商法的二维区分为视角"，载《上海政法学院学报》2021年第6期。

〔2〕 参见赵磊："论比特币的法律属性——从 HashFast 管理人诉 Marc Lowe 案谈起"，载《法学》2018年第4期。

■ 本章阅读文献

1. 吴云、朱玮："数字货币和金融监管意义上的虚拟货币：法律、金融与技术的跨学科考察"，载《上海政法学院学报（法治论丛）》2021 年第 6 期。

2. 罗勇："论数字货币的私法性质——以日本 Bitcoin. Cafe 数字货币交易所破产案为中心"，载《重庆大学学报（社会科学版）》2020 年第 2 期。

3. 齐爱民、张哲："论数字货币的概念与法律性质"，载《法律科学（西北政法大学学报）》2021 年第 2 期。

4. 赵莹："数字货币激励性法律规制的逻辑与路径"，载《法商研究》2021 年第 5 期。

5. 王谨："数字货币的商法性研究"，载《法学杂志》2020 年第 12 期。

6. 杨延超："论数字货币的法律属性"，载《中国社会科学》2020 年第 1 期。

7. 李敏："数字货币的属性界定：法律和会计交叉研究的视角"，载《法学评论》2021 年第 2 期。

8. 齐爱民、张哲："政策与司法背景下虚拟货币法律属性的实证分析"，载《求是学刊》2022 年第 2 期。

9. 许可："网络虚拟财产物权定位的证立——一个后果论的进路"，载《政法论坛》2016 年第 5 期。

第五章
数字货币相关行为的法律规制

【导读】

数字货币的相关行为主要包括数字货币的"挖矿"行为、发行行为和交易行为。本章主要结合中国人民银行等部门的政策文件以及《民法典》"公序良俗"原则，对上述三类行为的效力进行学理和司法实践的类型化梳理。为了规范数字货币的相关行为，应当谨慎对待风险分配，谨慎判断法律行为无效，改变"一刀切"的监管模式，探索适合我国国情的发展道路。

第一节　数字货币的"挖矿"行为规制

当越来越多的人加入数字货币"挖矿"热潮，我国对数字货币"挖矿"行为的监管也逐渐升级。"挖矿"行为耗费海量电力，导致碳排放超标等环境问题的同时，对金融秩序、实体经济发展也会产生一定的不利影响。随着我国将"挖矿"产业列入淘汰产业，"挖矿"行为的效力认定也陷入争议。

一、数字货币"挖矿"概述

数字货币"挖矿"是指在区块链网络中，获取数字货币勘探方式的一种形象说法。以比特币为例，比特币本质上是由分布式网络系统生成的数字货币，其发行过程依赖于分布式网络节点共同参与一种称为"工作量证明"（Proof of Work，PoW）的共识过程完成交易的验证与记录。PoW 共识过程即"挖矿"，每个节点被称为矿工。通常每个节点贡献自己的计算资源来竞争解决一个难度可动态调整的数学问题，成功解决该数学问题的矿工将获得区块的记账权，同时当前时间段的所有比特币交易被打包记入一个新区块，并按照时间顺序链接到比特币主链上，获得记账权的节点将由此获得比特币网络奖励的一定数量的比特币。[1]在这个过程中，参与"挖矿"的节点需要通过配置计算机设备、消耗电力进行大量的哈希计算，该行为类似于淘金时代挖金矿（通过挖矿设备消耗能源换取黄金），故把该种获得数字货币打包权方式称为"挖矿"，参与数据处理、抢打包权的节点，称为"矿工"。

因数以万计的矿工竞争打包权，单个矿工抢得打包权的概率非常小，产出非常不稳定。为稳定"挖矿"产出，矿工有两种选择：一是建立专门的用于挖矿的矿场，即大量采购矿机，并找到一个电费便宜的场地，建立规模化的生产场地。二是加入挖矿平台，平台将矿工的算力整合在一起，占据全网总算力中一定的份额，获得较稳定的挖矿产出，平台收取手续费后，将产出按矿工算力分配给矿工。这种集中算力的"挖矿"平台叫矿池，费用相对低廉，适用于单个体。但无论采取何种方式，最终目的都是获取数字货币。[2]

数字货币"挖矿"的意义在于：第一，获得数据的记账权。因人人可以参与数据处理，故谁处理数据就是核心，因而衍生了挖矿机制，即谁能把数据处理得又快又好并得到系统认可，谁就获得数据的记账权。第二，维护整个区块链的去中心化，获取数字货币奖励。区块链本质上是一个激励系统，区块链的去中心化保证了数据信息透明，但缺少一个专门团队进行数据维护。为了激励社区和矿工进行数据维护，故在区块链网络中，谁获得数据记账权，谁就获得作为奖励的数字货币，而数字货币代表了系统价值。参与人越多，系统价值越高，数字货币价格越高，从而吸引更多人参与进来，整个系统去中心化程度越高，安全程度就越高，以此形成一个正向闭环。这是有币区块链[3]的精髓，数字货币"挖矿"是整个生态系统中必不可少的环节。[4]

二、我国对数字货币"挖矿"的监管历程

我国数字货币"挖矿"状况很大程度上取决于政策强度。2013 年我国市场

[1] 参见梁斌："从'比特币挖矿'看区块链技术的共识机制"，载《中国金融电脑》2016 年第 9 期。

[2] 参见励雷咨询："挖矿——矿池与矿工"，载微信公众号"励雷咨询"，https://mp.weixin.qq.com/s/htzgKARc0zgHL6QZO8Y3EA，最后访问日期：2023 年 2 月 26 日。

[3] 区块链分为有币区块链和无币区块链。有币区块链是指以数字货币作为激励的、去中心化的通过挖矿行为维护区块链中的数据。无币区块链是指去掉挖矿环节，改为中心化结构或多中心化结构去维护区块链中的数据。参见小 K："OK 区块链 60 讲——第 5 集挖矿是什么意思"，载微信公众号"OK 区块链商学院"，https://mp.weixin.qq.com/s/P9GhD36aLk_ MH-SFwBaCyA，最后访问日期：2023 年 2 月 26 日。

[4] 参见小 K："OK 区块链 60 讲——第 5 集挖矿是什么意思"，载微信公众号"OK 区块链商学院"，https://mp.weixin.qq.com/s/P9GhD36aLk_ MH-SFwBaCyA，最后访问日期：2023 年 2 月 26 日。

将比特币交易视为普通民众可自由参与的商品买卖行为。但到 2017 年 11 月，重点地区金融办主任整治工作座谈会中提到，下一步工作是让包括比特币等虚拟货币"挖矿"产业有序退出。2018 年 1 月，互联网金融风险专项整治工作领导小组办公室向各地下发文件，要求积极引导辖内企业有序退出比特币挖矿业务。〔1〕接着，号称拥有"世界上最大的比特币挖矿基地"的鄂尔多斯市发布《关于引导我区虚拟货币"挖矿"企业有序退出的通知》〔2〕，引导相关"挖矿"企业有序退出，鼓励转型到国家支持类的云计算企业。2018 年 7 月，四川省金融工作局也召开新闻发布会表示，按照国家要求对虚拟货币"挖矿"进行排查。

2019 年 4 月，国家发展和改革委员会发布《产业结构调整指导目录（2019 年本，征求意见稿）》，显示"虚拟货币挖矿"为未标淘汰期限或淘汰计划的条目，为国家产业政策已明令淘汰或立即淘汰。相比之前针对矿场的靶向限制，该意见稿更加侧重社会全产业链的架构调整。但 2019 年 11 月，国家发展和改革委员会正式发布的《产业结构调整指导目录（2019 年本）》，又将该意见稿中列入淘汰类产业的"虚拟货币挖矿活动"删除，使相关政策处于一种不确定状态。2019 年 9 月，内蒙古自治区也发布《内蒙古自治区工业和信息化厅发改委公安厅地方金融监督管理局大数据发展管理局关于检查清理整顿虚拟货币"挖矿"企业的通知》，要求对虚拟货币"挖矿"企业进行清理整顿。2019 年 11 月，内蒙古自治区工业和信息化厅发布《关于对虚拟货币"挖矿"企业清理整顿情况联合检查的通知》，自治区联合检查组赴部分盟（市），对虚拟货币"挖矿"企业清理整顿情况进行联合检查。从各地政府的政策来看，各地对虚拟货币"挖矿"产业的态度已由早期的"支持"引进变为"审慎"，后来又按照国家要求进一步排查"挖矿"企业甚至对企业进行"清退"。但各地政府并未立即转变对虚拟货币"挖矿"产业的不支持态度。

2021 年 5 月，刘鹤主持召开国务院金融稳定发展委员会第五十一次会议的会议纪要指出要坚决防控金融风险。这是国家首次提出对数字货币"挖矿"产业进行打击的"禁令"。会议纪要发布之后，相关数字货币挖矿企业分布密集的省份相继出台了禁止数字货币"挖矿"的政策性文件。2021 年 9 月，国家发展改革委等 10 部门也联合发布了《关于整治虚拟货币"挖矿"活动的通知》（以下简称《整治"挖矿"通知》）。《整治"挖矿"通知》指出虚拟货币"挖

---

〔1〕　参见"虚拟币挖矿被纳入淘汰类产业，业内人士称挖矿将进一步中心化"，载"澎湃新闻"，https://baijiahao.baidu.com/s? id=1630429945472459756&wfr=spider&for=pc，最后访问日期：2023 年 1 月 23 日。

〔2〕　参见《关于引导我区虚拟货币"挖矿"企业有序退出的通知》（内整治办函〔2017〕47 号）。

矿"活动,能源消耗和碳排放量大,对国民经济贡献度低,对产业发展、科技进步等带动作用有限,加之虚拟货币生产、交易环节衍生的风险越发突出,其盲目无序发展将对推动经济社会高质量发展和节能减排带来不利影响。[1]故将虚拟货币"挖矿"活动作为淘汰产业管理,加快存量项目有序退出,严禁新增虚拟货币"挖矿"项目,限制向虚拟货币"挖矿"企业供电,对虚拟货币"挖矿"项目实行差别电价并禁止向其提供财税支持、金融服务等。各地也纷纷发出通知开展针对虚拟货币"挖矿"的专项整治。2021年10月,国家发展和改革委员会修改《产业结构调整指导目录(2019年本)》并公开征求意见。2021年12月30日正式将"虚拟货币'挖矿'活动"增补列入该指导目录"淘汰类",文件施行之日起立即淘汰。2021年11月,国家发展改革委员会召开"挖矿"治理专题视频会议,其发言人称,将全面整治国内虚拟货币"挖矿"活动,重点领域是产业式集中式"挖矿"、国有单位涉及"挖矿"和比特币"挖矿"。有关政策规定,严禁地方政府、金融机构和非银行支付机构等以财税、金融等任何形式支持新建"挖矿"项目,更不能以发展数字经济、战略性新兴产业等名义宣传、扩大"挖矿"项目。一些地方大数据产业园、高新技术园区内存在的隐蔽"挖矿"活动是排查重点。

三、我国数字货币"挖矿"禁令出台的原因

(一)"挖矿"浪费巨量能源,扰乱经济发展

由于"挖矿"是使用计算机等网络运行设备对数字货币交易过程中的数字问题进行计算以争夺记账权及相应收益,算力越高的"矿工","挖矿"成功概率越大,整体算力在竞争中不断增加,而巨量能源在竞争中被浪费。

以比特币为例,区块链数据商 Coinshare 于2018年11月发布的报告称,全球近50%的比特币网络的哈希率来自四川。2019年5月,四川开始严禁水电站与比特币矿场公司合作,因此大量的比特币矿场转移到新疆,新疆因此成为比特币挖矿主场。[2]根据剑桥大学替代金融中心(CCAF)2020年公布的比特币挖矿地图显示,全球比特币算力中65%来自中国,其中新疆地区占据35.76%。[3]

---

[1] 李禾:"密织防范网络,淘汰虚拟货币'挖矿'",载《科技日报》2022年1月21日,第5版。

[2] 参见新金融洛书:"比特币挖矿开始中国大逃亡",载未央网,https://www.weiyangx.com/386879.html,最后访问日期:2023年2月26日。

[3] "剑桥大学CCAF数据:中国比特币产能急剧下降哈萨克成第三大挖矿国",载币圈子,https://www.120btc.com/zixun/wk/16741.html,最后访问日期:2023年2月26日。

按照比特币数量每四年减半的规则，全部 2100 万枚比特币大约将在 2140 年被挖完。2020 年，经过第三次减半后，挖矿难度越来越大，对矿机和显卡等硬件设备的性能要求越来越高，消耗的电力也越来越大。[1]截至 2021 年 5 月 17 日，全球比特币"挖矿"的年耗电量大约是 1348.9 亿度，超过瑞典全国的年耗电量。根据中国科学院、清华大学学者 2021 年 4 月 6 日在《自然通讯》（*Nature Communications*）发表的论文称，在没有任何政策干预的情况下，中国比特币区块链的年能耗预计将在 2024 年达到峰值 296.59TWh，约产生 1.305 亿公吨碳排放，排放量在国内 182 个地级市和 42 个主要工业部门中排名前十，约占中国发电的碳排放量的 5.41%，超过捷克和卡塔尔的年度温室气体排放总量。[2]根据剑桥大学另类金融研究中心发布的指数，以 2021 年 5 月底的水平预估，数字货币挖矿的年耗电量约为 115.54 TWh，占全球每年用电量的 0.53%。[3]

在"碳中和、碳达峰"的节能减排背景下，如此巨量的能源消耗，在造成环境污染的同时，也给经济社会发展带来不利影响。实体经济高质量发展是国民经济发展稳定器，禁止虚拟货币"挖矿"，将电力投向实体经济，是出于工业生产产值的考虑，也是出于保证供应链、产业链正常运转，防止缺电导致就业形势下滑的考虑。

（二）"挖矿"扰乱金融市场秩序，侵害中小投资者利益

相较于国外从事数字货币挖矿主体主要是企业、机构、财团，如特斯拉公司、华尔街机构等，中国从事数字货币挖矿主体除了矿池就是大量散户，散户规模小、分散、抗风险能力弱。自 2021 年上半年以来，国内已发生若干起因从事高倍数虚拟货币期货交易而倾家荡产的极端风险事件，对金融秩序和社会秩序影响很大。

可见，国家整治打击数字货币"挖矿"，不在于"挖矿"本身，也不在于取缔高能耗产业，而是因为"挖矿"活动消耗的电力能源、引发的投机风险与"挖矿"成果对国民经济的贡献度不匹配。因此，最高人民法院典型案例认为比特币"挖矿"行为违反社会公共利益、违背公序良俗，同时违反行政法规的

---

〔1〕　参见时希杰、张琪："规范比特币挖矿行业发展之建议"，载《中国能源》2021 年第 6 期。

〔2〕　See Shangrong Jiang, Yuze Li, Quanying Lu, Yongmiao Hong, Dabo Guan, Yu Xiong&Shouyang Wang, Policy assessments for the carbon emission flows and sustainability of Bitcoin blockchain operation in China, *Nature Communications* 12，1938（2021）.

〔3〕　参见陈惟杉："中国'熄火'比特币"，载中国新闻周刊，http://www.zgxwzk.chinanews.com.cn/finance/2021-06-08/12811.shtml，最后访问日期：2023 年 2 月 25 日。

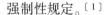

强制性规定。[1]

四、"挖矿"相关行为的法律规制

(一) 恶意"挖矿"行为违反民事法律规范

现有恶意"挖矿"行为大致可以分为两种：第一，利用他人计算机的闲置资源进行"挖矿"。即"挖矿"程序智能化，在别人使用计算机时自动停止"挖矿"，当别人闲置计算机时自动开启"挖矿"程序，具有秘密性不易被发现。第二，强制控制"挖矿"，通过病毒控制别人的计算机，挤占别人的使用权进行饱和状态强制"挖矿"，具有强制性容易被发现。[2]强制"挖矿"（Cryptojacking，即 Cryptocurrency 加密货币+Hijacking 劫持）又称"加密劫持"，字面意思是劫持加密数字货币，实际意思是强制"挖矿"，即劫持用户的设备，利用其 CPU 等资源来挖掘加密货币。[3]有时也称被动"挖矿"、非法"挖矿"。强制"挖矿"行为是指通过强制劫持用户的计算机设备、网页、其他终端设备，非法利用其 CPU 的计算能力或者其他处理器来挖掘虚拟加密货币，例如比特币、门罗币等。

根据相关报道发现，随着"云挖矿"的兴起，云主机成为挖取门罗币、以利币等数字货币的主要利用对象，盗用云主机计算资源进行"挖矿"的行为逐渐增多。"争夺矿机"已成为僵尸网络扩展的重要目的之一，2018 年就已经出现新型"挖矿"病毒（挖取 XMR/门罗币），两个月内非法"挖矿"获利近百万元人民币。腾讯安全发布的《2017 年度互联网安全报告》认为，挖矿木马三种挖矿手段，即"僵尸网络挖矿""植入普通软件挖矿""网页挖矿"。挖矿木马越来越智能，不仅成为僵尸网络的一个新拓展"业务"，随着时间发展，也开始隐藏到浏览器、插件、外挂辅助等普通软件进行传播，同时也可嵌入网页中，在用户上网看小说、看视频的同时"隐身"后台偷偷"干活"，令人防不胜防。[4]

---

[1] 参见北京市东城区人民法院（2021）京 0101 民初 6309 号民事判决书。

[2] 参见杨玉晓："区块链金融衍生品刑法规制研究"，载《重庆大学学报（社会科学版）》2020 年第 6 期。

[3] 参见程叶霞等："区块链安全分析及针对强制挖矿的安全防护建议"，载《信息通信技术与政策》2019 年第 2 期。

[4] 参见李栋、朱一梵："工信部定性非法'挖矿'：严重威胁互联网网络安全"，载人民网，http://money.people.com.cn/n1/2018/0910/c42877-30283812.html，最后访问日期：2023 年 2 月 26 日。

■ 案例　成某、江某非法"挖矿"财产损害赔偿案

2018年2月至2018年8月15日，成某利用在网吧任技术员的便利，私自将"挖矿程序"通过网吧服务器植入网吧的616台电脑，电脑开机即自动运行"挖矿程序"，在后台为成某"挖取"虚拟货币。江某主张成某植入"挖矿"程序的行为导致计算机出现不同程度的卡机、运行慢、掉线及成本攀升等状况，为自己带来重大损失，请求法院判处成某依法承担赔偿损失的侵权责任。一审、二审法院均支持了江某的诉讼请求。[1]

以上案例充分显示了通过在计算机设备、网络和网站上放置加密"挖矿"软件或代码，利用恶意软件对有漏洞的计算机主机进行攻击，强制被攻占的计算机进行"挖矿"为违法行为。这种强制性"挖矿"行为一方面导致所在区域服务器速度变慢，另一方面也导致被侵占计算机用户存在数据泄露、容易被发动DDoS[2]攻击、被植入勒索软件进行加密货币勒索等安全风险。国家工信部发布的《2018年第二季度网络安全威胁态势分析与工作综述》显示，非法"挖矿"严重威胁互联网网络安全，已成为严重的网络安全问题。案例中的违法"挖矿"行为由于被劫持计算机数量较多且行为人为网吧管理员，发现可能性大且尚可以获取相关证据予以证明，但是更多的强制"挖矿"行为所依靠的程序越来越智能化，难以被计算机使用者发现。在司法实务中，这类行为已经被明确认定为违反民事法律规范，[3]但是否构成犯罪，构成何种犯罪，理论和实务界也存在较大分歧。

部分学者认为区块链金融衍生品不属于刑法中所规定的财产，盗窃该类"产品"应按非法获取计算机数据罪定罪处罚。[4]具体到"挖矿"环节，利用、控制他人计算机"挖矿"则可能构成非法侵入计算机信息系统罪，但目前并未有明确定性。也有学者认为将区块链金融领域相关行为纳入现有刑法计算机相

---

〔1〕　成某、江某财产损害赔偿纠纷二审民事判决书，（2020）粤01民终24639号。

〔2〕　分布式拒绝服务攻击（Distributed Denial of Service，DDoS）是指处于不同位置的多个攻击者同时向一个或数个目标发动攻击，或者一个攻击者控制了位于不同位置的多台机器并利用这些机器对受害者同时实施攻击。由于攻击的发出点是分布在不同地方的，这类攻击被称为分布式拒绝服务攻击，其中的攻击者可以有多个。

〔3〕　《民法典》第1194条规定，"网络用户、网络服务提供者利用网络侵害他人民事权益的，应当承担侵权责任。法律另有规定的，依照其规定"。

〔4〕　参见卜学民："论区块链对中央对手方结算的挑战及其应对"，载《北方法学》2019年第6期。盗窃数字货币刑法规制见本书第7章内容。

关犯罪中的处理方法，混淆了具有中心化的 Q 币、金币、游戏道具和去中心化的区块链金融衍生品之间的区别，存在不妥之处。但是，如果刑法固守传统不对区块链金融衍生品进行刑法意义上的保护，那么广大持有者的合法权益就得不到保护，显然背离了刑法宗旨。[1]因此，应当在保持刑法谦抑性的同时，对于无法解释到现有传统刑罚体系中的新型衍生犯罪行为适当增加新罪名予以规制。

（二）窃电"挖矿"行为构成盗窃罪

随着"挖矿"难度越来越大，如果按照标准缴纳电费，想要利用"挖矿"赚钱的行为人不仅赚不到钱，还可能会亏本，窃电"挖矿"成为最为频繁的选择。2018 年以来，国内陆续出现多起比特币挖矿机窃电的案件，窃电行为猖獗、涉案金额大、安全隐患大。

2020 年，国网陕西省电力公司汉中供电公司在用电检查中，通过将档案数据引入数据治理，对高损、负损台区线路逐一排查，比对历史档案数据和实时数据，辅助现场用电检查，成功破获一起比特币"挖矿"窃电案，为企业挽回经济损失 70 余万元。2021 年 11 月 10 日，国家发展改革委员会组织召开虚拟货币"挖矿"治理专题视频会议，明确要严查严处国有单位机房涉及的"挖矿"活动。与此同时，浙江省全面整治利用公共资源参与虚拟货币挖矿和交易行为。专项行动对浙江省涉嫌参与虚拟货币挖矿的 4699 个 IP 地址进行了全面筛查，梳理排查出 77 家单位的 184 个 IP 地址存在涉嫌利用公共资源从事挖矿行为。涉及比特币、以太币等 10 余种虚拟货币，查处了一批违纪人员，并对违规所得进行了追缴。

■ 案例　镇江特大"矿机"盗电挖比特币案

经法院审理查明，为降低运行比特币"挖矿机"高额的电力成本，2017 年 3 月至 2019 年 5 月，被告人兰某锋、李某、毛某海共谋在镇江市丹徒区等地租用场地，通过互感器短接等方式，盗窃国家电力挖取比特币，被告人王某斌、叶某华、蓝某连、毛某平明知上述情况仍出资加入并帮助维护管理。被告人朱某忠、徐某民、刘某群明知被告人兰某锋等人盗窃国家电力仍予以提供帮助，并从中获利。其中，主犯兰某锋涉案金额高达 13 781 383 元。另查明，被告人退出赃款 98 万元已发还国网江苏省电力有限公司镇江供电分公司。庭审中，兰某锋等人自愿将公安机关在侦查阶段扣押的近 4000 台"挖矿机"以及账户中持

---

[1] 参见杨玉晓："区块链金融衍生品刑法规制研究"，载《重庆大学学报（社会科学版）》2020年第 6 期。

有的 14 枚比特币作为违法所得退赔给供电公司，并对公诉机关指控的犯罪事实无异议，当庭认罪认罚。法院依盗窃罪分别依法判处 10 名被告人有期徒刑 3 年至 13 年不等刑罚，并处罚金。

本案是江苏省有史以来涉案金额最大的一起盗电案件，案中主犯兰某锋涉案金额高达 1300 多万元，属于数额特别巨大，是较为典型的窃电"挖矿"案件。除此之外，小额窃电"挖矿"案件更是不胜枚举。和上述强制"挖矿"行为不同，窃电"挖矿"虽然也属于数字货币"挖矿"这一新型金融衍生行为的衍生犯罪，但其本质上仍属偷电，归入盗窃罪并无争议，需要格外关注的只是对于这一具有隐秘性的犯罪行为的重点排查。

（三）"挖矿"行为的效力问题

1. 个人"挖矿"行为是否属于违法行为？

根据上文所述《整治"挖矿"通知》以及《产业结构调整指导目录（2019年本）》规定"挖矿"为淘汰类产业，视"矿机"为国家明令淘汰的用能设备，并适用《节约能源法》第 71 条进行行政处罚，处罚的对象仅限企业，不适用于个人。那么个人"挖矿"是否违法需要讨论。

《整治"挖矿"通知》等行政监管政策明确整治虚拟货币"挖矿"活动，监管政策属于行政管理秩序。个人、企业在《整治"挖矿"通知》发布之后继续实施"挖矿"活动的，属于故意违反行政管理秩序，依据《行政处罚法》第 4 条的规定由行政机关依法进行处罚。但是进行处罚时应当注意处罚时效及"法不溯及既往"原则，即只能对通知发布之后继续实施的行为进行处罚，而不能对通知发布之前的行为进行处罚。故而各地方监管部门在适用《整治"挖矿"通知》查处、清退虚拟货币"挖矿"活动时，依法应区分是存量项目还是新增项目；是企业"挖矿"还是个人"挖矿"；是大规模的"矿场"还是仅仅几台"矿机"或者电脑显卡。在作出行政处罚决定之前，应当严格界定被处罚对象是否属于法定追责对象，被处罚行为是否属于法定违法行为。尤其在查处个人"挖矿"行为时，更应当准确界定是否达到课处行政处罚的程度，即使依法应当给予行政处罚，也不应当机械地甚至错误地直接适用《节约能源法》第71 条，不分行为性质、违法后果及损害程度、适用对象是否正确，笼统地给予没收的行政处罚，而应当首先适用《行政处罚法》第 9 条的规定，给予警告、通报批评、罚款等行政处罚，当前述处罚不足以惩戒违法行为及其后果时，再考虑适用更重的没收处罚。

此外，利用虚拟货币"挖矿"实施各类犯罪活动必然会受到刑事制裁，但是对于个人"挖矿"行为是否能够构成犯罪行为应当基于刑法的谦抑性谨慎处理。根据《刑法》第 225 条[1]可知，非法经营罪的经营行为属于法律、行政法规规定的需要政府监管部门特别许可后才可以开展经营活动的经营行为，未经特别许可就开展相关经营活动的，涉嫌非法经营罪。此外，如果是法律、行政法规禁止的经营行为，同样涉嫌非法经营罪。那么个人"挖矿"行为是否属于"非法经营行为"呢？虚拟货币"挖矿"行为属于部门规章规定的淘汰类产业，即禁止经营的行业，因此虚拟货币"挖矿"行为属于行政法规禁止的行为。但是"挖矿"行为不属于"经营行为"。目前我国现行有效的法律、行政法规等并没有对"经营行为"给出明确的定义，参照《消费者权益保护法》第3 条的规定，经营行为是指提供商品或服务，而"挖矿"的过程是"生产"虚拟货币，类似于生产商品，且我国现行有效的法律法规及监管政策均没有明确认可虚拟货币为商品或虚拟商品。因此，"挖矿"行为包括个人"挖矿"和企业"挖矿"，均不属于非法经营行为，不构成非法经营罪。

2. 数字货币"挖矿"相关行为效力评价

（1）因违背公序良俗和强制性规定而无效。

在《民法典》第 153 条中规定的两种民事法律行为无效的事由中，明确了违反法律、行政法规的民事法律行为和违反公序良俗的民事法律行为无效。《全国法院民商事审判工作会议纪要》（以下简称《九民纪要》）中分别以第 30 条、第 31 条明确了强制性规定的识别与违反规章的合同效力。以上述规则为依据，在评价比特币"挖矿"行为的效力时，可以从违反强制性规定和违反公序良俗两个方面发展出裁判说理体系。

在确认比特币"挖矿"行为的效力时，有一个具有区分意义的关键时间点：2021 年《整治"挖矿"通知》将比特币"挖矿"活动视同淘汰类产业处理；2022 年 3 月，国家发展改革委、商务部联合发布了《市场准入负面清单（2022 年版）》，该清单在"禁止准入类"明确了"《产业结构调整指导目录》中的淘汰类项目，禁止投资"，与《产业结构调整指导目录（2019 年本）》相契合。国务院于 2005 年 12 月发布的《促进产业结构调整暂行规定》对淘汰类项目明令禁止投资，对国家明令淘汰的生产工艺技术、装备和产品，一律不得进口、转移、生产、销售、使用和采用。从上述政策与行政法规的沿革可以看

---

[1]《刑法》第 225 条规定："违反国家规定，有下列非法经营行为之一，扰乱市场秩序，情节严重的，处五年以下有期徒刑或者拘役，并处或者单处违法所得一倍以上五倍以下罚金；情节特别严重的，处五年以上有期徒刑，并处违法所得一倍以上五倍以下罚金或者没收财产。（一）未经许可经营法律、行政法规规定的专营、专卖物品或者其他限制买卖的物品的……"

出，在《整治"挖矿"通知》将比特币"挖矿"活动列为淘汰类产业之前，国家打击整治比特币"挖矿"的措施属于政策和规章层面，尚无法律、行政法规的强制性规定。在此之后，从事比特币"挖矿"活动因违反《促进产业结构调整暂行规定》，属于行政法规强制规定禁止投资的淘汰类产业。

在对国家从行政法规层面禁止"挖矿"行为之前的相关活动进行司法认定时，应当厘清打击"挖矿"与公序良俗的关系。"挖矿"活动消耗的电力能源、引发的投机风险与"挖矿"成果对国民经济的贡献度不匹配，难以构成对国民经济的贡献度，对于产业发展、科技进步作用有限，违背经济社会高质量发展和碳达峰碳中和目标。在政策导向明确、监管要求从严的背景下，司法实践应当以法律原则、法律体系和法律规定为基础，及时发展出评价"挖矿"行为的法律适用方法。

■ 案例　"挖矿机"委托合同纠纷案——最高人民法院司法推进碳达峰碳中和典型案例

2020 年 5 月，北京 A 公司与案外人上海 B 公司签订《服务器设备采购协议》约定，A 公司购买 B 公司采购的型号为 M20S 的服务器（即比特币"挖矿机"），货款未付清之前，服务器仍然由 B 公司所有。双方协商将服务器托管在 A 公司运营的云计算中心。2020 年 6 月 1 日，B 公司与上海 C 公司签订《项目合作合同》约定，由 C 公司代表 B 公司和第三方签署技术服务协议直接结算，支付电费、服务费并接收比特币。2020 年 6 月 5 日，C 公司与 A 公司签订《云计算机房专用运算设备服务协议》约定，C 公司委托 A 公司对案涉服务器提供机房技术服务，A 公司应保证供电并确保设备正常持续运营。因案涉服务期间机房多次断电，C 公司以 A 公司违约为由，诉请人民法院判令 A 公司赔偿比特币收益损失 530 余万元。

法院认为，比特币"挖矿"行为本质上属于追求虚拟商品收益的风险投资活动。比特币"挖矿"行为使电力能源消耗巨大，不利于我国高质量发展、节能减排和碳达峰碳中和目标的实现，与《民法典》第 9 条"绿色原则"相悖，亦不符合产业结构调整相关政策法规和监管要求，违反公序良俗，案涉委托维护比特币"矿机"及"挖矿"的合同应属无效。双方当事人对合同无效均有过错，相关损失后果亦应由各自承担。判决驳回上海 C 公司的诉讼请求。[1]

---

〔1〕 最高人民法院发布十一起司法积极稳妥推进碳达峰碳中和典型案例之一：上海某实业公司诉北京某计算科技公司委托合同纠纷案，北京市东城区人民法院（2021）京 0101 民初 6309 号民事判决书。

本案融合了"矿机"买卖、合作分成和托管服务等多重合同关系。根据《民法典》第9条"绿色原则",将环境资源保护上升至民法基本原则的地位,具有鲜明的时代特征。本案中,法院认为,为贯彻《民法典》第9条立法精神,结合国家产业政策规定,依法认定比特币"挖矿"行为资源消耗巨大,符合《民法典》第153条第2款关于违背公序良俗民事法律行为无效的规定,给予相关合同效力否定性评价。

但是本案中法官认定合同因违反公序良俗而无效的裁判思路和逻辑值得进一步推敲。本案法官依据《民法典》第9条规定[1]认为,司法在评价一种以巨大的能源消耗生产,国家金融政策不许发行、禁止定价,列入淘汰生产的虚拟商品时,其立场应当是贯彻《民法典》"绿色原则",支持金融监管政策,防范金融投机风险。在此背景下,鉴于比特币监管规章及政策内容涉及金融安全、市场秩序、国家宏观政策等公序良俗,因此得出结论,在充分说理的情况下,将比特币"挖矿"活动认定为一种因违反公序良俗而无效的行为。

应当围绕公序良俗原则展开较为充分的说理,证明运用这一兜底性规定认定合同无效的合理性。法院通常认为政策、规章等不属于法律法规的强制性规定,从而判决合同有效。而自福建伟杰投资公司、福州天策实业公司营业信托纠纷开始,法院通过违反规章进而违反公序良俗的进路,判决合同无效。《九民纪要》[2]则提出违反规章一般情况下并不影响合同效力,只有在规章涉及"金融安全、市场秩序、国家宏观政策"时,才兼顾监管强度、交易安全保护以及社会影响而慎重地以违反公序良俗认定合同无效。[3]

将"挖矿"合同认定为无效合同,可以从以下两个方面进行解释。一方面,"挖矿"浪费巨量资源,危害自然环境,不同于造成环境污染的其他工业产业,"挖矿"行为几乎不会对实体经济产生促进作用,付出和回报严重不成正比,违背"绿色原则"且损害社会公共利益。另一方面,我国法学理论工作者和法律实务者,参照国外判例学说并结合我国的司法审判实践,把违反公序

---

[1] 《民法典》第9条规定,民事主体从事民事活动,应当有利于节约资源、保护生态环境。

[2] 《九民纪要》第31条规定:违反规章一般情况下不影响合同效力,但该规章的内容涉及金融安全、市场秩序、国家宏观政策等公序良俗的,应当认定合同无效。人民法院在认定规章是否涉及公序良俗时,要在考察规范对象基础上,兼顾监管强度、交易安全保护以及社会影响等方面进行慎重考量,并在裁判文书中进行充分说理。此处观点参见谢鸿飞:"公序良俗原则的功能及其展开",载《探索与争鸣》2020年第5期。

[3] 参见许多奇、蔡奇翰:"我国加密货币财产属性的司法认定——以金融法与民商法的二维区分为视角",载《上海政法学院学报(法治论丛)》2021年第6期。

良俗的行为归纳分类为"十种类型"[1]，已经被最高人民法院法官在实践中采纳运用。[2]其中"挖矿"行为作为私人数字货币的生成行为，其后续的发行、交易行为均可能危害国家金融安全和市场秩序，属于危害公共秩序型的民事法律行为。

但是同时对"公序良俗"条款的适用应当谨慎对待，不应当简单地将其理解为社会公共利益、社会公德，对此条款的适用尚存在较大的弹性空间。有学者认为，公序良俗条款是兜底条款，是强制性规范以外的重要条款，应当充分发挥其兜底条款的功能。[3]法官在适用中尤其不能简单地先援引规章规定、再援引公序良俗条款，然后判令合同无效，而是要从此类规章中进行妥当提取和转化，产生底线性法律评价标准，并负有论证义务。[4]因此，"挖矿"法律行为效力评价的司法裁判应当具体问题具体分析，加强论证，在不能适用违反法律行政法规强制性规定的无效条款时，应当谨慎运用"公序良俗"的无效条款。

在明确"挖矿"行为效力评价规则之后，法律关系的梳理、法律责任的承担是实现"同案同判"不可或缺的核心环节。确定"挖矿"行为的责任承担的关键在于认定参与各方的过错。"挖矿"行为一般是双方或多方法律行为，在法律行为被认定为无效后主张赔偿损失的一方应当满足三个方面的条件，即损失真实发生；赔偿义务人存在过错；过错和损失之间存在因果关系。

第一，认定损失是否真实发生以及损失大小具有障碍，举证难度大。除设备、场地、电力、人工费用等可以具体量化的损失外，如何认定可得利益损失是审理"挖矿"案件的难点。比特币"挖矿"活动面临一系列的不确定因素，包括投资收益不确定和生产条件不确定。在缺乏比特币定价机制的前提下，无法确定投资者的预期收益损失。如在周某等人非法控制计算机信息系统案中，周某等人通过在他人计算机信息系统中安装"挖矿"程序，控制他人计算机信息系统获取虚拟货币。由于虚拟货币的分布式记账原理，侦查人员仅对涉案虚

---

〔1〕　这十种违反公序良俗的类型为危害国家公共秩序型、危害家庭关系型、违反性道德行为型、侥幸行为型、违反人权和人格尊严型、限制经济自由行为型、违反公平竞争行为型、违反消费者保护行为型、违反劳动者保护行为型和暴利行为型。参见谢鸿飞："公序良俗原则的功能及其展开"，载《探索与争鸣》2020年第5期。

〔2〕　参见宋才发："《民法典》对公序良俗的确认、吸纳与适用"，载《河南师范大学学报（哲学社会科学版）》2022年第4期。

〔3〕　参见崔文星："民法典视野下强制性规范和公序良俗条款的适用规则"，载《法学杂志》2022年第2期。

〔4〕　参见于飞："《民法典》公序良俗概括条款司法适用的谦抑性"，载《中国法律评论》2022年第4期。

拟货币的账户进行形式上的查封，无法限制其流转，虚拟货币无法有效转化为证据，一旦账户关闭将无法追回。〔1〕在缺乏可得利益是否真实发生的前提下，以支付应得比特币为内容的超出实际损失范围的请求不应支持。

第二，在过错责任分配上，由于"挖矿"活动是合同各方在监管部门三令五申明确政策导向、提出"双碳"目标、提示相关风险的情况下，仍然选择继续从事的活动，应当认定各方存在同等过错。明确比特币"挖矿"活动系具有风险性的无效民事法律行为，最终发生损失后果时应当风险自担。

第三，对于如何认定过错和损失之间存在因果关系，须明确过错行为与算力损失、算力损失与比特币损失、比特币损失与法定货币损失之间的关系。以上述案例中原告主张被告违约断电导致比特币损失为例，是否实际发生断电、断电的时间、断电的原因是被告的过错还是不可抗力等原因均构成案件审查要点。如前所述，即使因被告过错发生断电，特定期间的断电能够导致多少比特币的损失亦缺乏可靠的计算标准。同时，即使能够明确因过错导致的比特币损失，因监管政策禁止各金融机构为比特币提供定价服务，过错行为产生的货币损失标准无法确定。因此，在"挖矿"案件中各方当事人难以提供直接性、客观性证据以证明过错与损失间的因果关系，在因果关系相关事实真伪不明的情况下，依据客观证明责任，应由提出主张、由负有举证责任的当事人承担不利后果。〔2〕

(2)"挖矿"相关民事法律行为并不必然无效。

同样有学者持有不同看法。购买挖矿机合同作为数字货币交易常见合同之一，并不必然违背公序良俗和强制性规定。就购买挖矿机合同而言，它们既没有违反法律、行政法规的强制性规定，也未违背公序良俗，不存在无效的情形，而是合法有效的合同。首先，我国目前也没有任何法律或行政法规明确规定数字货币或挖矿机属于禁止流通物，没有否定其"财产性"。其次，国家有关部门并非一律禁止任何涉及数字货币的交易活动，而只是禁止作为非法金融活动的数字货币相关业务活动，譬如开展法定货币与数字货币兑换业务、为数字货币交易提供信息中介和定价服务、代币发行融资以及数字货币衍生品交易等数字货币相关业务活动涉嫌非法发售代币票券、擅自公开发行证券、非法经营期货业务、非法集资等非法金融活动。在部分购买矿机交易中，当事人并没有直

---

〔1〕 参见浙江省温州市中级人民法院（2019）浙03刑终811号刑事裁定书。

〔2〕 参见冯宁、邵一峰："比特币'挖矿'行为效力的司法认定——勤某公司诉云某公司委托合同纠纷案"，载微信公众号"最高人民法院司法案例研究"，https://mp.weixin.qq.com/s/u_V8h-y-Fe-GRrgpBibiwPA，最后访问日期：2023年2月25日。

接从事与虚拟货币相关的非法金融活动或代币发行融资活动，故此，不能"一刀切"地将合同认定为无效合同，应当具体问题具体分析，不涉及非法融资等的买卖合同合法有效。[1]

■ **要点**

1. 我国对数字货币"挖矿"行为和产业的监管经历了由松到严、从自由到管制的过程。但是"挖矿"合同是否全部无效在理论和实务中存在争议，应当围绕公序良俗原则谨慎对待。

2. 利用他人计算机的闲置资源进行"挖矿"和通过病毒木马控制他人计算机强制"挖矿"均属于恶意非法"挖矿"行为，在民事法律责任上应当承担相应的侵权责任，在刑事法律责任上，可以在保持刑法谦抑性的同时，对于无法解释到现有传统刑罚体系中的新型衍生犯罪行为包括非法"挖矿"行为适当增加新罪名予以规制。窃电"挖矿"本质上仍属于偷电，应当归入盗窃罪进行讨论，需要格外关注对这一具有隐秘性的犯罪行为的重点排查。

3. 个人"挖矿"行为属于故意违反行政管理秩序，由行政机关依法进行处罚。但应当注意处罚时遵循"法不溯及既往"原则。个人"挖矿"行为不涉及非法经营罪。

■ **思考题**

5.1 可否用通俗的语言解释数字货币"挖矿"行为？如何看待我国禁止"挖矿"行为的相关政策？会对我国产生哪些影响？

5.2 对于屡禁不绝的非法"挖矿"行为，我国应该采取何种措施予以有效治理？

5.3 结合刑法的谦抑性谈谈"挖矿"行为在刑事和民事责任认定界限上的看法。

第二节　数字货币的发行行为规制

一、数字货币发行概述

根据数字货币发行方式不同，分为 ICO、IFO、IMO、STO、IEO 等。

---

[1] 参见程啸："虚拟货币相关交易合同的效力"，载《法治日报》2022 年 5 月 18 日，第 9 版。

（一）ICO 行为

1. ICO 行为的概念解读

ICO（Initial Coin Offering），即首次代币发行，其概念源自股票市场的首次公开发行（IPO），是基于区块链技术项目，通过发行代币的方式，募集比特币、以太币等基础数字货币的行为。[1]ICO 发行主体是初创区块链公司，其是基于区块链技术的项目，筹资形式是发售数字代币行为。[2]早期投资该项目的投资者可以获得初始产生的加密数字货币作为回报。代币具有市场价值，可以兑换法币，从而支持项目开发成本。简而言之，ICO 是一种初创区块链公司通过发售数字代币进行融资的手段，ICO 所发行的代币可以基于不同的区块链，常见的是基于比特币和以太坊币区块链发行。因为区块链提供记账服务和价值共识，可以实现全球发行和流通。

ICO 融资模式因门槛低、周期短、效率高等特点优于传统融资方式，从而受到投资者青睐。在 ICO 的过程中，投资者向 ICO 项目发起方支付比特币或以太坊等数字货币，作为回报，投资者可获得项目发起方基于区块链技术初始发行的加密数字代币，该加密数字货币是投资者将来使用 ICO 项目的凭证。项目发起方获得比特币等数字货币后，一方面将比特币作为给付报酬直接支付员工；另一方面，若要变现，可在各虚拟货币交易所或者以场外交易（OTC 模式）方式兑换各国法定货币。ICO 投资者关注从 ICO 项目中获得代币，并将该代币在货币交易机构交易后，带来的潜在收益。[3]

一般 ICO 流程包括代币预售、代币众筹、代币上市三个阶段。[4]ICO 代币预售即"我要发币"，是指一家公司、团体或个人，表示自己计划或正在研究区块链技术与应用或相关项目，同时在公有链上内置或自己公有区块链上可转让流通的加密数字货币，如比特币、以太币等。代币众筹即"你来买股"，是指投资者以比特币、以太币等加密数字货币换取代币（先用法币买币），以此作为其权益凭证。代币上市即"去交易吧"，是指项目发行的代币上线交易平台，投资人进行买卖。在这一过程中，核心是代币是否有价值，其本质是代币背后的区块链是否有价值。若区块链项目价值不高或项目失败，将会出现卷款

---

[1] 参见黄光晓：《数字货币》，清华大学出版社 2020 年版，第 93 页。

[2] 参见何隽铭："ICO 商业模式的法律性质分析及监管模式优化——基于九国 ICO 监管现状"，载《上海金融》2018 年第 2 期。

[3] 参见邓建鹏："ICO 非法集资问题的法学思考"，载《暨南学报（哲学社会科学版）》2018 年第 8 期。

[4] 参见张巧良、刘佳："基于区块链的代币融资研究综述"，载《财会月刊》2021 年第 3 期。

私逃或者套现跑路，投资者血本无归。

2. ICO、IPO 以及股权众筹的区别和联系

三者虽同属权益类证券发行活动，但存在本质差别。一是融资资金不同。ICO 融资资金为比特币、以太币或其他加密数字货币；IPO 和股权众筹的融资资金为法定货币。二是法律定位不同。ICO 法律定位尚不明确，监管处于空白；IPO 和股权众筹已有相应的监管法律法规，例如《证券法》《私募股权众筹融资管理办法》等。三是发行主体不同。ICO 发行主体可以是实体企业或非实体企业，且主要是区块链行业；IPO 和股权众筹发行主体是来自各行业的实体企业。四是投资主体限定不同。ICO 投资主体范围未有限定；IPO 和股权众筹的投资主体虽面向大众，但监管上对投资者提出限制。五是是否存在中介机构不同。ICO 因在去中心化网络上发行，不存在相关服务中介机构；IPO 和股权众筹存在证券经纪商、众筹平台等中介机构。六是流通市场不同。ICO 的代币可在各类代币交易所进行二级流通；IPO 的企业股票在证券交易所等二级市场流通，股权众筹资产流通变现需依靠场外交易。[1]

3. ICO 行为的潜在风险

据国家互联网金融安全技术专家委员会于 2017 年 7 月发布的《2017 上半年国内 ICO 发展情况报告》显示，截至 2017 年 7 月 18 日，监测发现在四类平台上线并完成 ICO 的项目 65 个，项目上线频率呈指数级加速趋势。然而，据 ICO 咨询公司 Satis Group 发布的报告显示，全球 2017 年近八成 ICO 都是骗局，我国也相继出现了一些打着区块链之名而行诈骗之实的 ICO 项目。这种融资方式未经主管部门批准就向社会公众募集资金，且具有信息披露不充分、融资门槛低、资金使用不透明等问题，很容易被犯罪分子利用以实施诈骗、传销、非法集资等活动。

（二）IFO 行为

IFO（Initial Fork Offering），即首次分叉发行，是以分叉数字货币为核心发行代币，通过分叉比特币区块链生成新的代币，在原有比特币区块链的基础上，按照不同规则分裂出另一条链。IFO 是对比特币的进一步挖掘，是变相的 ICO，也是一种新的数字货币融资手段。

以比特币为例，比特币的区块大小只有 1MB，区块越小，容量越小，比特币交易会越慢。为了解决比特币区块拥堵问题。2017 年 8 月 1 日，比特币被人

---

〔1〕　参见姚前："数字加密代币 ICO 及其监管研究"，载《当代金融家》2017 年第 7 期。

以技术手段分叉,在 478 559 区块成功将 BCH 区块链与主链分离,得到新的数字货币,即比特币现金(BCH),该区块链大小为 8MB,且区块容量可调整,在数量和算法方面仍和比特币保持一致,拥有比特币的人按照 1∶1 比例,免费获得 BCH。该次分叉成功后,更多数字货币通过 IFO 的方式产生,比如 BTG(比特币黄金)、BCD(比特币钻石)、SBTC(超级比特币)、LBTC(闪电比特币)、BTP(比特币白金)、BCK(比特币王者)等。主要分叉币的基本情况如表 5.1 所示。

表 5.1　主要分叉币的基本情况[1]

分叉币名称	发起人	分叉时间	区块大小(MB)	总量(枚)	"预挖"情况
比特币现金(BCH)	比特大陆 CEO 吴忌寒	2017. 8. 1	8	2100 万	不"预挖"
比特币黄金(BTG)	霹雳 ASIC 公司创始人廖翔	2017. 10. 25	8	2100 万	预留 1%给原始股东,预留 2%给团队
比特币钻石(BCD)	Evey 团队和 007 团队	2017. 11. 9	8	2.1 亿	4000 万枚用于提供用户"挖矿"和对 BCD 团队及社区奖励
超级比特币(SBTC)	李笑来	2017. 12. 12	8	2121 万	"预挖" 21 万枚

(三) IMO 行为

IMO(Initial Miner Offerings),即首次矿机发行,是指首次通过售卖硬件(矿机)来发行代币,即通过"挖矿"来产生新数字货币。IMO 与 ICO、IFO 不同的是,IMO 先有矿机,再挖出通证代币;ICO 是先有通证代币,再利用矿机挖数字货币。

IMO 是传统互联网企业进入区块链领域的切入点。曾几何时,国内的迅雷、快播、暴风影音均参与其中,并在自己原有应用服务或智能硬件基础上融入区块链技术。常见的 IMO 有迅雷玩客云——链克(原玩客币 WKC)、快播旗下流量矿石的流量宝盒——流量币(LLT)、暴风播酷云——BFC 积分等。互联网企业进入该领域,一方面与时俱进,转战有前景的新技术领域;另一方面,发行的数字资产促进项目生态发展。短期看,都产生了相当惊人的效果。

然而,2017 年 1 月 12 日,中国互联网金融协会点名批评迅雷的"链克"

---

[1]　参见宋立志:"首次分叉币发行风险及监管建议",载《中国信用卡》2018 年第 6 期。

（原玩客币），并在中国互联网金融协会发布的《关于防范变相 ICO 运动的风险提示》中将 IMO 模式定义为变相的 ICO，其存在风险隐患。因此，迅雷和暴风影音等也意识到该问题，并向其他方向谋求转型发展。

（四）STO 行为

STO（Security Token Offering），即证券通证发行，是指以通证（Token）为载体来进行证券的发行、记账、交易和流通，通证对应着现实中的金融资产或权益。

STO 主要分为三种情形，基于实际资产的 STO、基于证券的 STO、基于支付的 STO。一是基于资产的 STO 类似于资产证券化的结构与设计，其拥有基础资产池。由资产组合而成的基础资产池现金流是偿付 STO 收益的基础，并将信用增级措施、现金流归集机制、破产隔离运用到发行与交易过程。同时，STO 利用区块链技术和分布式账本对传统资产证券化实现了多方位的拓展。二是基于证券的 STO 在产品结构和逻辑上与存托凭证（Depository Receipts，DR）非常类似。上市公司为使其股票提高流动性、增加股票交易的便利性，并可以在全球流通，将一定数额的股票委托某一存托机构保管，由存托机构通知发行人在链上发行相应数量的 STO，之后 STO 以数字资产形式进入二级市场交易，或进入全球范围内的证券交易所或柜台市场交易。从投资人的角度来说，STO 是由存托机构发行的可转让股票凭证，证明一定数额的某上市公司股票已寄存在保管机构。三是基于支付的 STO 是区块链技术与支付手段融合的产物，其类似央行的数字货币。

STO 是 ICO 的升级版，其修正了 ICO 存在的监管缺乏、投资者与项目方信息严重不对称、权利与责任不明晰等致命缺陷。它以真实的资产或者收益作为价值支撑，并将 KYC/AML 机制自动化。与此同时，STO 共识要符合相应标准，并经过所在国家证券监督管理机构的注册和审批才能够开展，积极主动拥抱政府监管。[1]

（五）IEO 行为

IEO（Initial Exchange Offerings），即首次交易发行，是指以交易所为核心发行代币，即交易所首次公开出售代币进行募资。IEO 具有安全风险低和便捷高效的特点，其与 STO 类似，相比较 STO 官方机构的审核，IEO 是交易所审核，

---

〔1〕 参见郭艳、王立荣、张琴："STO：重新定义证券与泛金融工具的发轫"，载《经济研究参考》2020 年第 17 期。

因此它的流程更短、效率更高。此种交易方式，将项目发行方的风险转移给交易所，交易所是用自己的信用背书，因此项目的可信度、监管程度会更高。交易所为了保证交易安全会利用自身资源和项目经验对项目进行审核调查并排除潜在的网络钓鱼、恶意攻击等技术风险。因此，IEO被认为是区块链项目融资的新方向。

IEO没有融资认购过程，也就没有公开募集资金、发行等环节，它是由交易所自己推广宣传，故用户可以直接在线上交易所进行购买。虽然其风险低，但不是没有风险。现行法律法规没有明确的判定项目的准则，实质上是很难保证IEO项目的质量。

综上，上述五种发行行为各自有自己的优点和不足，但符合所在国家法律规定才是该行业持续发展的长久之计。五种发行行为的特点如表5.2所示。

表5.2　五种发行行为的对比

简称	英文全称	中文全称	发行方式	禁止状态
ICO	Initial Coin Offering	首次代币发行	认购融资后，上线流通	全面禁止
IFO	Initial Fork Offerings	首次分叉发行	对主流币种硬分叉生成代币，上线流通	未禁止
IMO	Initial Miner Offerings	首次矿机发行	硬件附加"挖矿"功能，分众挖币，谋求流通	中国互联网金融协会，风险提示
STO	Security Token Offering	证券通证发行	以通证为载体进行融资	允许流通，受到监管
IEO	Initial Exchange Offerings	首次交易发行	直接在交易所上线发行，流通交易	未禁止

二、其他国家或地区数字货币金融监管现状

数字货币对国家金融秩序提出了挑战，也对国家监管提出了新的要求。多元化的数字货币种类带来了多元化的监管态度和要求。总体而言，各国对数字货币的态度取中间值，即各国既没有全盘否定数字货币也没有全盘接纳数字货币，而是形成了多元化的数字货币治理结构。

（一）美国：多头监管模式

从美国联邦层面看，不同的监管机构看法迥异。采取多头监管模式，数字

代币业务要接受多个政府部门监管，不同的部门机构对数字货币的定性存在差异。在此种监管模式中，"叠加式"的监管较为常见，如纽约州的数字代币经营者既可作为"证券"受到美国证券交易委员会（SEC）监管，也可作为"货币"受到联邦及州货币监管机构的监管，还需要遵守金融监管方面的其他一般性规则。[1]其中美国证券交易委员会将私人数字货币发行视为证券发行的立场，和商品期货委员会（CFTC）2015年将数字货币视为商品的立场就存在明显差异。故在2017年10月，CFTC根据SEC在其金融科技工作小组（Lab CFTC）发布的指导意见作出澄清，认为"SEC的分析和CFTC关于虚拟货币是商品、虚拟代币可能是商品或衍生品合约的决定之间无矛盾，这取决于特定的事实和情况"。2019年4月，SEC进一步发布了数字资产"投资者合同"分析框架，仍然秉持证券定性的立场。

可见美国对数字货币态度较为宽松，美国最大的虚拟货币交易所Coinbase在纳斯达克直接上市，成为全球第一家上市的虚拟货币交易所。但是由于监管机构对数字货币的定性决定了交易对象的属性，而不同监管机构看法各异，无疑会增强交易监管规则的内在冲突，增加不确定性。[2]

（二）欧盟：允许各成员方试点并逐步推动监管趋同

2017年11月初欧洲证券与市场管理局（ESMA）发布了两份文件，强调ICO的公司应该遵守的4部欧盟立法：（1）《招股说明书指令》；（2）《金融工具市场指令》；（3）《另类投资基金经理指令》；（4）《反洗钱指令》。在其成员方提出的各种倡议中，以最具有创新性立场之一的法国金融管理局（AMF）为例，它于2017年就ICO开展了一次公众咨询，公众咨询主要集中于ICO发行人面向大众披露的白皮书内容，以及"通证"一词作为新型商品的定义和范围。据此，AMF为ICO提出了三种可能的监管选择：（1）发展自我监管环境，即适用软法，根据最优实践规则，使之接近监管沙盒的非强制性规则；（2）将IPO欧洲监管扩展到ICO；（3）适用专门针对国际商事组织的特别规定。在第三种情况下，AMF将创建一个事前或可选择的授权制度。ICO发行人必须获得AMF授权后才能进行附条件的代币销售。AMF在评估项目的过程中有两种不同类型的决策：要么完全禁止未经授权的ICO，要么在ICO白皮书中对没有经过AMF许可的情况提出强制性警告。AMF还专门创建"UNICORN项目"，方便市场主

---

〔1〕 参见苏宇："数字代币监管的模式、架构与机制"，载《东方法学》2021年第3期。

〔2〕 参见许多奇："从监管走向治理——数字货币规制的全球格局与实践共识"，载《法律科学（西北政法大学学报）》2021年第2期。

体了解法国私人数字货币的监管框架。

2013年12月，欧洲银行管理局（EBA）发表了一份声明，并于2014年1月向欧盟机构和国家监管机构发表了意见，呼吁对私人数字货币进行全面的长期监管。该意见对私人数字货币采取批评的语气，并指出许多潜在的风险。EBA并不鼓励金融机构购买、持有或出售私人数字货币，直到采取实质性的规制手段，其中包括：（1）建立一个治理方案。设立权威机构为每个私人数字货币构建非政府实体管理的规制主体，该规制实体必须对监管机构负责。（2）强制客户尽职调查、防止市场滥用行为和满足资本市场参与者的需求。（3）强制市场参与者在欧盟成员方注册成为有资格起诉和被起诉的法人。（4）建立私人数字货币交易的支付担保和退款制度。（5）国际监管协作方式。EBA主张对于私人数字货币的监管适用较为全面和严格统一的监管，采取宽松的申报和登记举措、相对严格的许可证准入制，并在较为宽松的监管环境中守住反洗钱和反恐底线。[1]

（三）新加坡：集中监管，借鉴美国证监会模式

集中监管模式是以统一的金融监管机构对数字代币进行全方位的监管。其将数字代币作为一种资本市场产品，进而按照资本市场产品的既有监管规则对数字代币的发行与交易进行监管。在美国对DAO案[2]作出裁决不到一个月后，2017年8月新加坡央行和金融监管机构（MAS）即要求，只要私人数字货币符合《新加坡证券和期货条例》规定的资本市场产品，则其发行由新加坡证券管理局监管。[3]

（四）日本：适度监管模式

2016年3月，日本向国会提交的《资金结算法》，于2017年4月1日正式实施。该法案明确了日本对数字货币采取的适度监管、鼓励创新的态度，明确了数字货币及其交易平台的合法地位。《资金结算法》对虚拟货币设定的是统一的准入条件，所有开展虚拟货币交易服务的主体，都需要统一向监管当局

---

〔1〕 参见许多奇："从监管走向治理——数字货币规制的全球格局与实践共识"，载《法律科学（西北政法大学学报）》2021年第2期。

〔2〕 DAO（岛）是一种将组织的管理和运营规则以智能合约的形式编码在区块链上，从而在没有集中控制或第三方干预的情况下自主运行的组织形式。美国CFTC对DAO提起诉讼，使得每一个参与过投票的人（匿名）都可能承担法律责任，这样的监管行为在DAO、Web3领域里引起了相当大的震动，这将使DAO这一去中心化组织暴露在美国政府的严格监管之下。

〔3〕 参见许多奇："从监管走向治理——数字货币规制的全球格局与实践共识"，载《法律科学（西北政法大学学报）》2021年第2期。

（日本财务局）申请登记。根据要求，监管当局对申请主体的资格进行的是实质性审查，即名为登记制，实为许可制。日本严格限制了监管当局的自由裁量，目的是以具体的法规明确准入资格，强化货币监管，防范各类风险。

（五）俄罗斯：稳监管模式

俄罗斯对数字货币的监管处于稳步进行状态。2017 年，俄罗斯总统普京提出一项"成吉思汗式"的加密货币计划。在金砖国家和欧亚经济联盟成员国使用统一数字货币，再通过区块链和智能合约技术，实现亚洲、东欧、非洲和南美洲内一些最有前途的新兴市场经济体进行互联。为加快该计划推进，俄罗斯也加快了监管步伐。2018 年 3 月 26 日，俄罗斯提交了《修改俄罗斯联邦民法典第一、二、四部分》的联邦法律草案。但因为俄罗斯存在关于数字金融资产的诉状，故 2018 年 11 月 29 日，民事立法编纂阿赫改进总统委员会会议上决定将当时处于第二阶段的数字金融资产法案返回到第一阶段。尽管如此，俄罗斯依旧在大力发展数字经济，包括确定以电子形式进行民事交易的程序、规范数字金融资产和使用数字技术吸引财政资源。因此，整体来看，俄罗斯对数字货币采取循序渐进的稳监管政策。

（六）韩国：从完全禁止到适度放宽

与前述国家或地区实践相对照的是，我国和韩国走了完全不同的道路。虽然许多矿商和区块链投资者和公司都在这两个国家，但两国监管机构都禁止 ICO。2017 年 9 月 4 日，中国人民银行决定禁止向投资者出售数字代币的任何融资活动，以及虚拟货币和法定货币之间的任何转换。中国人民银行还表示，将加强对交易平台和代币融资的监管，禁止金融企业和支付服务提供商为代币融资活动提供产品或服务。韩国在 2017 年 9 月 29 日决定禁止 ICO 国金融监管机构甚至禁止一切形式的 ICO 通过合法途径筹集资金，并考虑将对违反该禁令的行为采取严厉制裁。但在最新的监管中，韩国的立场已经从完全禁止转为适度允许。[1]

对数字货币的监管模式多种多样，其均涉及下列四类法律机制：一是信息报告，即要求数字代币从业者向监管者提供信息及向投资者报送或披露代币发行、交易的相关信息；二是营业限制，即要求从事数字代币业务的主体必须取得某种执照方可营业，或者限定其业务范围；三是行为监管，即要求数字代币

----

〔1〕　参见许多奇："从监管走向治理——数字货币规制的全球格局与实践共识"，载《法律科学（西北政法大学学报）》2021 年第 2 期。

从业者的经营行为符合一定的合规义务要求，保障代币业务的合法性、连续性、安全性等目标；四是综合性的"监管沙盒"，即在风险可控的有限范围内允许新型金融业务开展试验，以决定是否允许该种业务获得正式许可或向更大范围扩展。四种机制的结合可以形成众多的机制设计方案，承载不同监管模式的具体运作。[1]

三、我国数字货币金融监管现状

2017 年 9 月，中国人民银行等七部门发布《关于防范代币发行融资风险的公告》，紧急叫停了 ICO，这标志着我国虚拟货币监管进入一个新的阶段，从以风险警示为主发展到以打击特定交易活动为主。

2018 年深圳证券交易所对涉及区块链概念的 17 家上市公司采取了问询、停牌核查等措施，要求这些公司就涉及区块链的相关业务、投入产出和盈利模式，以及对公司业绩的影响进行核实、澄清，并作出风险提示，对于利用区块链概念炒作、误导投资者的违规行为，将采取严厉措施进行处分，同时，对广大投资者进行提示。2018 年 8 月，银保监会、中央网信办、公安部、人民银行、市场监管总局发布的《关于防范以"虚拟货币""区块链"名义进行非法集资的风险提示》中提到，一些不法分子还以 ICO、IFO、IEO 等花样翻新的名目发行代币，或打着共享经济的旗号以 IMO 方式进行虚拟货币炒作，具有较强的隐蔽性和迷惑性。

2019 年 3 月，北京市互联网金融行业协会发布《关于防范以"虚拟货币""1CO""STO""稳定币"及其他变种名义进行非法金融活动的风险提示》公告，再一次明确指出：共同抵制和防范以"虚拟货币""区块链""1CO""STO""稳定币"，及其他变种为名义进行的非法集资行为及传播活动。警惕不法分子以 IFO、IEO 等花样翻新的名目发行代币，或打着"共享经济""通证经济""众筹""共识经济"等旗号，以 IMO 方式进行虚拟货币炒作。

2021 年 9 月，中国人民银行等十部门联合发布《关于进一步防范和处置虚拟货币交易炒作风险的通知》，该通知在法律效力层级上仍属于部门规范性文件，但作为我国当前关于虚拟货币监管的最新政策，它的出台意味着我国对虚拟货币交易炒作活动进入全面监管阶段，监管对象也从特定交易行为，如代币发行融资行为扩展到境内境外各类相关业务活动，在监管的体系性和力度方面进一步升级。在当前的金融市场中，市场主体无论是通过股票、债券还是私募

---

[1] 参见苏宇："数字代币监管的模式、架构与机制"，载《东方法学》2021 年第 3 期。

等方式融资，都必须经过主管部门的审批或备案，而 ICO 行为显然没有经过严格审核，无论是主体资质、运营规范性还是信息披露等方面都缺乏严格的制度约束和政府监管，在市场成熟度和法治化方面远不如传统的证券和期货市场。由于虚拟货币天然的高流动性和高风险性，在这种信息高度不对称甚至毫无秩序的市场环境下，一旦放开其自由流通，不仅会刺激社会民众的投机欲望，还会纵容资本、技术和市场优势方对散户们持续"割韭菜"，甚至有可能引起区块链领域"泡沫"事件。[1]

对于社会公众而言，《关于防范代币发行融资风险的公告》提示高度警惕代币发行融资与交易的风险隐患，其中提到"投资者须自行承担投资风险"。在司法实践中，一些法院以此作为认定数字货币民事合同无效的理由，认为投资虚拟货币虽系个人自由，但不受我国法律肯定性评价，不受我国法律的保护，其造成的后果应当由行为人自行承担。

■ 案例　余某、陈某委托理财合同纠纷案

余某、陈某均系马来西亚 IPC 国际集团的投资参与者。2014 年 6 月至 9 月 16 日，陈某因投资 IPC 国际集团的"马币"与余某存在资金往来，并多次向余某的中国建设银行账户以及农村信用合作联社账户转账汇款，金额累计 196 800 元，其中，陈某于 2014 年 7 月 12 日分两笔向余某支付的 50 000 元、34 500 元的款项备注为"还款"。案涉马来西亚 IPC 国际集团网站已经关闭，无法显示投资者账户信息。

法院认为，根据本案反映的"马币"交易方式来看，案涉"马币"属于一种类似于比特币的网络虚拟货币，《关于防范代币发行融资风险的公告》提醒投资者须自行承担投资风险。因此，陈某参与投资 IPC 国际集团"马币"的行为虽系个人自由，但不受我国法律肯定性评价，不受我国法律的保护，其行为造成的后果应当由陈某自行承担。综上所述，陈某要求余某返还本金 219 700 元及支付资金占用期间利息的诉讼请求，缺乏事实和法律依据，依法不予支持。二审法院维持原判。[2]

本案中法院以《关于防范代币发行融资风险的公告》禁止融资交易平台从事法定货币与代币，不承认数字货币的货币属性为由认为此类数字货币投资行

---

〔1〕　参见齐爱民、张哲："政策与司法背景下虚拟货币法律属性的实证分析"，载《求是学刊》2022年第 2 期。

〔2〕　陈某、余某民间委托理财合同纠纷二审民事判决书，(2019) 闽 01 民终 8569 号。

为不受我国法律保护，虽然在方向和精神上顺应我国数字货币融资发行的相关政策，但是在说理部分略显苍白和勉强。有学者认为，此处的"投资风险"应当是一种经济风险，而不是法律风险。这一表述也不符合法律行为无效的一般表述方式，法院如果仅以此为由否定虚拟货币交易的法律效力，至少在论证充分性上是值得怀疑的。因此，从上述公告的具体内容和出台目的来看，亦不能得出数字货币融资行为不受法律保护的结论。[1]

■ 要点

1. 数字货币根据发行方式不同可以分为 ICO、IFO、IMO、STO、IEO 等。ICO 即首次代币发行，认购融资后上线流通；IFO 是对比特币的进一步挖掘，是变相的 ICO；IMO 即首次矿机发行，通过"挖矿"来产生新数字货币；STO 即证券通证发行，以通证为载体来进行证券的发行、记账、交易和流通；IEO 即首次交易发行，直接在交易所上线发行。

2. 各国对于数字货币发行融资的监管模式不同、强度各异。美国监管相对宽松且采取多头监管模式，欧盟则通过试点趋向于对数字货币进行全面长期监管，并逐渐统一欧盟内部各方的监管方式。

3. 我国对私人数字货币法律属性的定性，从 2013 年至今一直保持一致，明确其不具有与法币等同的法律地位，同时禁止融资交易平台从事法定货币与代币的交易。

■ 思考题

5.4 思考目前各种数字货币发行方式存在的金融风险与法律风险有哪些？
5.5 思考我国对于数字货币融资的监管模式有何不足？

第三节　数字货币的交易行为规制

数字货币交易过程中客体违法性探讨引发了相关法律行为的效力性探讨。如要对相关行为合法性进行分析，应当结合前述第四章数字货币的法律属性，在数字货币属网络虚拟财产定性的基础上对数字货币交易是否合法进行判断。对数字货币交易法律行为有效性的判断，关键在于是否违反了"公序良俗"，

---

〔1〕 参见齐爱民、张哲："政策与司法背景下虚拟货币法律属性的实证分析"，载《求是学刊》2022年第 2 期。

是否违背社会公益，而非是否违反法律、行政法规的强制性规范。

一、数字货币交易实践现状

数字货币交易作为一种新型交易类型，必然会引发一系列民事纠纷，以及基于投机、逐利性引发新型违法犯罪行为。本节仅对数字货币交易行为效力问题进行具体分析，并不涉及相关犯罪行为的讨论。根本原因在于数字货币的特殊性使得法院在对交易效力进行判断时应当将不同层面的问题分开探讨，将"非法集资"等犯罪行为层面非法性的判断与交易客体非法性的判断区分开来。[1]对于数字货币交易行为可能伴生和引发的集资诈骗、洗钱、传销等犯罪行为的刑法规制留待本书第七章进行详细论述。

目前的司法实践中，较常见的数字货币交易纠纷主要有三种类型：其一，数字货币买卖合同纠纷，即买方向卖方购买相应数量的比特币、以太坊等各种虚拟货币并已经支付了价金，但卖方却违约，不履行给付义务，从而引发纠纷；其二，数字货币委托理财合同纠纷，即委托人向受托人支付一定数量的人民币，或者委托人将已经取得的一定数量的虚拟货币交给受托人，由受托人代为投资，双方约定相应的收益率或者保底条款，最后因亏损而引发纠纷；其三，购买生产数字货币的挖矿机合同纠纷，即买方为了获取虚拟货币而向卖方购买搭载特制挖矿芯片的电脑即所谓的挖矿机（运行速率比普通电脑高几十、几百倍），或者双方共同出资购买挖矿机并约定在取得虚拟币后进行分成，后因卖方没有交货或者分成而引发纠纷。[2]

数字货币交易在实践中是大量存在的，其引发的诉讼纠纷不胜枚举。由于数字货币自身属性定位的不确定性，不同人对数字货币认知不同，审判实践中对数字货币引发的不同的观点，容易导致同案不同判现象的发生，在学理上也一直存在诸多学术争议。

二、司法实践中的数字货币交易行为有效性争议

（一）数字货币交易行为有效性实践

■ 案例　朱某与方某买卖合同纠纷案

自 2018 年 1 月，方某与朱某通过微信的方式约定：方某向朱某购买朱某持

---

〔1〕　参见于程远："论民法典中区块链虚拟代币交易的性质"，载《东方法学》2021 年第 4 期。

〔2〕　参见程啸："虚拟货币相关交易合同的效力"，载《法治日报》2022 年 5 月 18 日，第 9 版。

有的 113 019 900 个 Tripio 币，方某向朱某转款共计人民币 8 203 455 元，朱某已支付的 45 207 960 个 Tripio 币，价值 3 308 726.85 元，剩余若干 Tripio 币未支付。

法院认为，Tripio 币属于一种虚拟货币，根据我国现行法律及相关政策规定，虚拟货币不由货币当局发行，不具有法偿性与强制性等货币属性，不具有与货币等同的法律地位，不能也不应作为货币在市场上流通使用，我国相关政策规定"任何组织和个人不得非法从事代币发行融资活动"。但同时，虚拟货币可以作为一种商品，具有商品交易属性，而本案双方当事人之间买卖 Tripio 币的行为并非代币发行融资行为，故不违反我国法律法规和相关政策的效力性、强制性规定，也不违反公序良俗，认定该行为有效。[1]

（二）数字货币交易行为无效性实践

该种观点认为，涉及数字货币的交易，无论是基于境内网络平台还是境外网络平台均具有不法性。当事人之间关于虚拟货币的交易，即便不是直接参与首次代币发行也可能是间接参与者，成为非法金融活动链条中的一环。而且，当事人之间关于虚拟货币的交易直接涉及与法定货币的变价和换算交易问题，社会主体投资虚拟货币的目的并非是要长期持有虚拟货币，而是要实现在法定货币方面的盈利。不同的社会主体关于虚拟货币的"挖矿"和交易，构成了对我国现有金融秩序的损害。因此，有相当数量的司法裁判认定涉虚拟货币合同属于非法金融活动，损害公共秩序和公共利益，应当无效。[2]

■ 案例 唐某、李某买卖合同纠纷案

2018 年 4 月 11 日，唐某和李某约定，李某以 0.015 元每个的价格向唐某支付 750 000 元购买 50 000 000 个影视链 FTV 虚拟货币。同日，李某向唐某转账 750 000 元，唐某向李某的影视链 FTV 账户转入虚拟货币。2018 年 4 月 12 日，李某微信告知唐某要求退还虚拟货币，返还给付的购币款，唐某予以应允。同日，李某将 35 000 000 个影视链 FTV 虚拟货币转给了唐某，唐某通过银行分别转账 290 000 元、235 000 元共计 525 000 元给李某，唐某在微信中认可尚有 225 000 元购币款未退还给李某，现李某就将剩余的 15 000 000 个影视链 FTV 虚拟货币转给了唐某。

---

〔1〕 朱某与方某买卖合同纠纷案民事判决书，（2020）京民终 747 号。
〔2〕 齐晓丹："涉虚拟货币合同纠纷的司法裁判路径辨析——以政府监管政策导向与民事法律规范适用的衔接为视角"，载《法律适用》2022 年第 9 期。

法院根据 2017 年 9 月发布并实施的《关于防范代币发行融资风险的公告》，认为虚拟代币交易属于合同因违反法律、行政法规的强制性规定而无效的情形。本案中，李某与唐某双方买卖影视链 FTV 虚拟货币的行为本质上是属于一种未经批准的非法融资行为，违反法律、行政法规的强制性规定，扰乱了国家对金融监管秩序，该买卖合同应当确认为无效。[1]

■ 案例　刘某诉盛某委托合同纠纷案

刘某委托盛某在境外网站投资管理虚拟货币后产生损失，刘某诉请盛某赔偿虚拟货币损失。一审法院认为，《关于防范比特币风险的通知》《关于防范代币发行融资风险的公告》《关于防范比特币等所谓"虚拟货币"风险的提示》均不属于法律、行政法规的范畴，合同无效的理由不成立。但当事人通过违法介入国际互联网进行交易比特币的行为系违法行为，该行为不受法律保护，由此产生的相应损失亦无法受到法律的保护。

二审法院认为，刘某委托盛某利用海外服务器为其提供数字货币量化交易服务，实质上是为了规避国内的金融监管而进行比特币的交易、流通和炒作。上述规章虽然不属于行政法规，但其内容涉及金融安全等社会公共利益，违反上述规章的行为应依法确认为无效，由此产生的相应损失不受法律保护，不利后果应由其自行承担。二审法院从相关规范性文件的立法目的和内容上对数字货币交易行为效力进行判断，推翻一审法院就合同效力问题的认定，确认该类交易行为的不法性，委托方的投资损失由其自行承担。[2]

上述两个案例均认为案涉数字货币交易合同属无效法律行为，但是在论述上有所不同。案例一法官表述将合同无效和《关于防范代币发行融资风险的公告》直接挂钩，认为合同因违反法律、行政法规的强制性规定无效，但是目前包括该公告在内的一系列数字货币相关政策性文件在效力级别上均达不到行政法规的程度，以此为由判定合同无效显然不妥。案例二中法官从相关文件的内容出发，认为文件所述是为了维护国家金融秩序，保护公共利益，相关交易行为违反文件要求，故违背公共利益，不符合公序良俗，故归于无效，在逻辑上更具合理性。

2013 年中国人民银行等五部委《关于防范比特币风险的通知》虽然否定了

---

〔1〕 参见唐某、李某买卖合同纠纷案民事判决书，（2020）川 09 民终 1058 号。
〔2〕 参见刘某诉盛某委托合同纠纷案民事判决书，（2021）京 03 民终 14106 号。

数字货币的货币地位，但是没有对其财产属性进行明确规定，这也引申出一个理论问题：一项当事人之间相互认可的财产是否要经过法律的明确规定才能受到保护？换句话说，财产是否以合法性为前提？本书认为，这里的"合法"其实是正当的含义，而非形式上的法律，一项财产的正当性并不以法律明确规定为前提，否则将极大限制民事主体的自由。举例而言，在《民法总则》（已失效）颁布之前，网络游戏道具等虚拟财产的合法性已经得到了司法实践的认可，现行《民法典》对网络虚拟财产的保护是对司法实践的法律确认。而民事主体买卖毒品、枪支弹药等违禁品的行为不受法律保护的原因在于其违反了法律、行政法规的强制性规定或公序良俗，它们触及了民事财产保护的制度红线。在不触及这些制度红线时，只要一项财产具备确定性、独立性、稀缺性、可支配性、价值性等要件并得到交易双方的认可，那么就应当受法律保护。在更深层次上，这反映出民法与市民社会之间的关系。私法自治原则为民法的基本原则，其是指"个体基于自己的意思为自己形成法律关系的原则"。根据这一原则，在不违反法律、行政法规的强制性规定或公序良俗的前提下，民事主体享有根据其自身意志支配人身和财产利益的自由。因此，对于虚拟货币是否受法律保护这一问题，在法律、行政法规没有明确规定的情况下，应当从现有监管政策的解释出发，在没有明确规定其为非法财产的情况下，应当充分尊重民事主体的意思自治，肯定其财产属性，同时也为经济社会发展营造自由活跃的制度环境。

此外，值得注意的是，《关于防范比特币风险的通知》发布后，中国人民银行相关负责人就比特币相关事宜答记者问，其中就比特币交易问题指出，"比特币交易作为一种互联网上的商品买卖行为，普通民众在自担风险的前提下，拥有参与的自由"。由此可见，社会民众可以以商品方式买卖比特币，但是要考虑这类商品的风险。这就表明，比特币的存在具有正当性，民事主体之间的比特币交易并不违法，只是需要承担较高的经济风险。

之后，2021年中国人民银行等十部门联合发布的《关于进一步防范和处置虚拟货币交易炒作风险的通知》第一部分"明确虚拟货币和相关业务活动本质属性"中第2条明确要求各金融机构和支付机构不得开展与比特币相关的业务，如定价服务、买卖，或作为中央对手买卖、承保、兑换比特币以及其他相关业务。从文义解释的角度，在适用对象上，该通知第2条针对的是金融机构和支付机构，并非所有民事主体，仅以此规定并不能当然地推出所有比特币交易都是违法的结论。以上分析可知，该通知并未直接否定比特币本身的合法性，相反，比特币应当作为一种虚拟商品受到法律保护。最后，该通知明确参与虚拟货币投资交易活动存在法律风险，此部分的第 4 条规定，"任何法人、非法人组织和自然人投资虚拟货币及相关衍生品，违背公序良俗的，相关民事法律行为无效，由此引发的损失由其自行承担；涉嫌破坏金融秩序、危害金融安全的，由相关部门依法查处"。从文义解释的角度来看，这一规定并非像一些人所解释的那样，对虚拟货币交易行为一概否定，而是只有违背公序良俗的交易行为才是无效法律行为。因此，在法律适用上，法院应当对具体的交易行为进行分析，视其是否违背公序良俗，进而判定其法律效力，而不应当简单地否定所有交易行为的法律效力，损害公民的意思自治。这也表明，虚拟货币在一定条件下可以成为民事交易的对象。

结合我国当前的虚拟货币司法政策，从私法自治原则出发，虚拟货币既不是一些法院所认定的"不合法物"[1]，也不属于法律明确规定的违禁品，虚拟货币是一种类似于网络虚拟财产或数据的新型财产性利益，其应作为一种合法利益受到法律保护。作为大陆法系国家，我国并没有英美法系中财产的概念，有的只是具体的财产类型，比如物、知识财产、网络虚拟财产、数据等，因此，仅仅肯定虚拟货币的财产属性并不能解决司法实践中如何保护虚拟货币的现实难题。虚拟货币法律属性所要解决的问题是在我国《民法典》列明的各类具体民事财产中为其找到一个准确合理的位置，进而在司法实践中适用该类财产的保护规则，即"网络虚拟财产"定位。[2]

（三）数字货币交易行为法律效力应具体问题具体分析

对数字货币交易法律行为有效性的判断，关键在于其是否违反了"公序良俗"。此处涉及的主要是"公序"而非"良俗"。所谓公序，即社会一般利益，包括国家利益、社会经济秩序和社会公共利益。公序与现行的法律规范有关，但并不完全等同。如最高人民法院《九民纪要》指出，人民法院在认定规章是否涉及公序良俗时，要在考察规范对象基础上，对监管强度、交易安全保护以及社会影响等方面进行慎重考量，违反规章一般情况下不影响合同效力，但该规章的内容涉及金融安全、市场秩序、国家宏观政策等公序良俗的，应当认定合同无效。当前我国政策文件并未明文禁止数字货币交易，允许公众在风险自担的前提下投资买卖数字货币。数字货币交易行为一般不违背公序，但若交易

---

〔1〕　参见江苏省南京市中级人民法院（2020）苏 01 民终 8925 号民事判决书；湖南省郴州市中级人民法院（2020）湘 10 民终 1238 号民事判决书。

〔2〕　参见齐爱民、张哲："政策与司法背景下虚拟货币法律属性的实证分析"，载《求是学刊》2022 年第 2 期。

行为关联数字货币的金融属性，影响金融安全或者市场秩序，则存在因违背公序被认定无效的较大可能。但是当前司法实践对该原则的把控尺度不一，审判结果也不尽相同。同时部分法院对此把控的尺度过严，如以《关于进一步防范和处置虚拟货币交易炒作风险的通知》规定数字货币的相关业务活动属于非法金融活动为由，对相关民事诉讼裁定不予受理或认定交易行为无效，是不妥当的。

综上，包括比特币、以太坊在内的数字货币属于虚拟财产，受到法律的保护。《民法典》第 127 条规定："法律对数据、网络虚拟财产的保护有规定的，依照其规定。"既然民法典确立了依法保护网络虚拟财产的原则，我国目前也没有任何法律或行政法规明确规定虚拟货币属于禁止流通物而禁止交易。首先，中国人民银行等有关国家部委发布的上述三个文件（《关于防范比特币风险的通知》《关于防范代币发行融资风险的公告》《关于进一步防范和处置虚拟货币交易炒作风险的通知》）只是明确否定了虚拟货币的"货币性"，没有否定其"财产性"，没有将虚拟货币规定为禁止流通物。[1] 其次，国家有关部门并非一律禁止任何涉及虚拟货币的交易活动，只是禁止作为非法金融活动的虚拟货币相关业务活动。[2] 而不涉及非法金融或融资活动的数字货币买卖合同、委托合同等不适用上述文件的规定，不应将此类合同直接认定为无效合同，相关案件要严格具体问题具体分析，避免"一刀切"，应当平衡社会公益和个体私益之间的关系。

三、涉数字货币交易案件中财产返还和风险承担问题

我国司法实践中对于以虚拟货币为标的物的合同，不论是肯定其效力抑或是否定其效力，都不可避免会存在财产返还的问题，其中"否定说"的一种观

---

〔1〕 参见程啸："虚拟货币相关交易合同的效力"，载《法治日报》2022 年 5 月 18 日，第 9 版。

〔2〕 2013 年《关于防范比特币风险的通知》只是明确数字货币并非法币，不能流通。2021 年《关于进一步防范和处置虚拟货币交易炒作风险的通知》第 2 条第 2 款只是规定，虚拟货币相关业务活动属于非法金融活动。开展法定货币与虚拟货币兑换业务、虚拟货币之间的兑换业务、作为中央对手方买卖虚拟货币、为虚拟货币交易提供信息中介和定价服务、代币发行融资以及虚拟货币衍生品交易等虚拟货币相关业务活动涉嫌非法发售代币票券、擅自公开发行证券、非法经营期货业务、非法集资等非法金融活动，一律严格禁止，坚决依法取缔。2017 年《关于防范代币发行融资风险的公告》同样只是禁止非法从事代币发行融资活动，该公告的第 1 条也对代币发行融资的涵义作出了清晰的界定，即融资主体通过代币的违规发售、流通，向投资者筹集比特币、以太币等所谓"虚拟货币"，本质上是一种未经批准非法公开融资的行为，涉嫌非法发售代币票券、非法发行证券以及非法集资、金融诈骗、传销等违法犯罪活动。

点是，数字货币的泛滥容易形成系统性金融风险、危及金融秩序，有损社会公共利益，因此应当各自返还财产，并按各自过错承担责任〔1〕；另一种观点是将数字货币形成的债务认定为非法债务或者自由投资关系，不受法律保护〔2〕。在金融法维度下，根据我国相关政策文件，应当否认将数字货币与法定货币的可兑换性。那么对于数字货币交易案件中财产返还问题和风险承担问题，是否可以返还数字货币，是否可以返还等价值的法币，返还法币是否变相承认了数字货币和法币之间的兑换？此外，前文虽主张只能以违背公序良俗判定无效，而不能以违反法律、行政法规的强制性规定判定无效，但也承认有的交易可能违法。合同无效后的返还在性质上的表现之一是不当得利返还，不法给付是否可以请求不当得利返还呢？

（一）作为侵权损害利益返还

虽然《民法典》第 127 条将数据和网络虚拟财产作为一项民事权利予以保护，但目前虚拟货币的法律地位尚不清晰，也缺乏更高位阶的法律对其合法性进行肯定，贸然将其纳入权利保护范围有待商榷。而《民法典》"侵权责任编"中侵权责任一般条款所保护的对象为"权益"，即受法律保护的权利和利益，但在理论界，侵权责任法的保护对象究竟为绝对权还是将利益包含在内，传统理论和法律条文解释之间尚存在争议。同时，目前可以确定的是，不论能否将虚拟货币的持有或者交易称为一项权利，但其至少可以成为一项受法律保护的民事利益。在互联网商事典型案例——冯某与北京乐酷达网络公司合同纠纷案中，北京市海淀区人民法院明确认为虚拟货币分叉所产生的利益属于民事利益〔3〕。因此，对数字货币进行返还的一种思路是，在承认民事利益为侵权责任法保护对象的前提下，以数字货币代表的财产利益受到侵害为由请求侵权损害赔偿，请求对方承担侵权责任。〔4〕

（二）作为合同无效后的财产进行返还

在不当得利返还案件中，很多法院承认数字货币的财产属性。因此，在具有法律上的返还依据的情况下，法院为了维护当事人的正当权利，会支持当事人的返还请求。在北京薪付宝科技公司与陈某不当得利纠纷案中，法院认为

〔1〕　四川省东兴区人民法院（2017）川 1011 民初 2958 号民事判决书；湖南省长沙市中级人民法院（2019）湘 01 民终 6246 号民事判决书。
〔2〕　广州市天河区人民法院（2019）粤 0106 民初 19691 号民事判决书。
〔3〕　北京市第一中级人民法院（2018）京 01 民终 9579 号民事判决书。
〔4〕　参见谭佐财："虚拟货币流通的法律关系与私法保护"，载《中国流通经济》2021 年第 3 期。

"以太币可以作为一般法律意义上的财产受到法律的平等保护"。[1]而在李某与北京葡萄科技公司居间合同纠纷案中，法院认为，"北京葡萄科技公司设立比特币网络交易平台是否违反相关规定，并不影响李某承担因缺乏合法依据取得相应利益而应负的返还责任"。[2]在委托合同案件中，法院的判决有时也会侧重于保护加密货币持有人的财产权益。如在"陈某、彭某合同纠纷案"中，法院虽认为以比特币为投资标的的合同无效，但仍判决双方按照过错承担责任，而未判决非法债务不受法律保护。[3]

可见，从行为性质和目的出发判断，对于以投机为目的的合同效力应当从金融法的视角进行否定评价，但是法院不应简单地以非法债务不受法律保护为由，判决由数字货币产生的债务不予返还。但是存在违法事由导致合同无效的，即该民事法律行为确实违背了公序良俗，那么在此交易中的给付行为是违法的。不法原因给付并无债务存在，本应构成不当得利，根据《民法典》第 157 条规定："民事法律行为无效、被撤销或者确定不发生效力后，行为人因该行为取得的财产，应当予以返还；不能返还或者没有必要返还的，应当折价补偿。有过错的一方应当赔偿对方由此所受到的损失；各方都有过错的，应当各自承担相应的责任……"但在数字货币交易中，因给付人存在不法原因，而法律上有"不得主张自己之不法而有所请求"的原则，故有观点认为当事人从事不法行为，仍将自己置于法律秩序以外，给付人不得请求返还。故对数字货币交易合同无效后所得利益进行返还思路有二，一是不法债务不予返还，但若在涉案金额较大等情形下存在对当事人利益损害过大的可能；二是按照合同无效的一般原理，将数字货币作为网络虚拟财产，根据双方过错分担责任。[4]

（三）合同有效判决履行债务或无效但承认不当得利返还的情形

在涉数字货币的纠纷当中，由于数字货币本身的特殊性，若当事人之间无法达成一致，如何判决相应财产的返还又是一大难题。面对当事人按照数字货币与人民币的兑换比例返还人民币的诉请，是否应当支持？怎样判决才能兼顾当事人利益与遵循政策方向？同样的问题也会出现在执行程序当中。由于虚拟货币依附于区块链，而区块链具有去中心化的特征，司法机关无法对涉案的虚

---

［1］ （2018）沪 0109 民初 11568 号。

［2］ （2018）京 02 民终 7176 号。

［3］ （2020）赣 11 民终 902 号。

［4］ 参见许多奇、蔡奇翰："我国加密货币财产属性的司法认定——以金融法与民商法的二维区分为视角"，载《上海政法学院学报（法治论丛）》2021 年第 6 期。

拟货币直接进行划扣，因此在当事人拒绝履行判决的情况下，法院能否将虚拟货币直接折算为人民币，并执行其诸如银行账户中的财产？有学者认为，应当视当事人的交易性质而定，若当事人进行的是投资等将加密货币运用于风险较大的交易活动，判决加密货币与人民币的兑换会变相支持加密货币在市场上的流通，此时应当从金融法的角度切入，对加密货币与法定货币的兑换加以限制。[1]但如何进行限制没有明确结论，且无法涵盖事件中的全部难题。

另有学者提出了更为详尽的方案，坚持以法院不能直接判决主权货币的返还为原则，认为如果法院判决当事人赔偿与数字货币等值的主权货币，实质上是在行使定价权。由于司法机关并非法定定价机构，故法院若按照当事人诉请径行判决赔偿人民币等法定货币则直接与法院的职能定位相违背，同时有违国家政策方向。但是当事人之间对数字货币价值的协商属于意思自治范畴，不会影响法院作为国家机关对数字货币的态度。且由于数字货币价值波动较大，要求双方协商确定数字货币价值，债务人更乐于履行债务，也方便法院执行。

因此这一类问题解决的首要选择是依据当事人自行协商价值进行判决。由此产生的问题在于，若当事人未就虚拟货币的价值达成一致意见，而败诉方当事人又拒绝返还虚拟货币，胜诉方当事人的权益应当如何救济。学界主要有两种观点：一种观点认为，无论法院如何判决和计算，都属于变相行使定价权，应当参照侵害人格权的规定，在裁判文书中载明由法院或法院委托的第三方机构代为履行返还义务。[2]另一种观点认为，法院虽然不能直接认定虚拟货币与主权货币之间的换算比例，但可以参照国外虚拟货币交易机构的价格酌情确定受害人的损失。虚拟货币虽然不是主权货币，但其作为特殊的商品仍有特定的价值，而该价值主要体现在虚拟货币交易市场中买卖双方达成的合意。法院参照国外虚拟货币交易机构显示的价格计算当事人的损失，并非行使定价权而是对当事人损害的一种评估，与国家政策并不违背。[3]

（四）返还规则

鉴于对以上数字货币返还形式问题目前仍处于摸索和讨论阶段，尚无明确定论，本书仅基于"评估说"对实务中遇到的数字货币损失价值估量问题简单

---

[1] 参见许多奇、蔡奇翰："我国加密货币财产属性的司法认定——以金融法与民商法的二维区分为视角"，载《上海政法学院学报（法治论丛）》2021年第6期。

[2] 参见李迎昌、潘喆："涉虚拟货币纠纷的裁判路径——以委托投资ICO纠纷为切入"，载《法律适用》2021年第9期。

[3] 参见谭佐财："虚拟货币流通的法律关系与私法保护"，载《中国流通经济》2021年第3期。

展开。

在侵权行为或者违约行为等民事活动造成数字货币损失后，由于数字货币的价值无法如普通商品或其他财产般清晰地进行计算，数字货币损失的计算一直困扰着司法实务，当事人也缺乏对其行为后果的预期。学者认为，首先，数字货币的财产价值决定了因民事行为造成他人数字货币的损失，与数字货币持有者的现实经济损失直接关联，因此数字货币的损失需要按照一定的标准进行计算。其次，不同于一般财产价值的恒定性（围绕价值上下波动），在供需关系或相关政策的影响下，数字货币的经济价值经常发生剧烈波动，增加了数字货币财产价值量化的困难程度。但这不应成为法院对数字货币损失予以忽视的"挡箭牌"。最后，按照侵权责任法的规定，侵害他人财产的，财产损失应按照损失发生时的市场价格或者其他方式计算，但由于数字货币的市场价格没有合理且合法的参考依据，致使国内数字货币交易平台无法与法币兑换。但数字货币所具有的共识机制决定了数字货币在相应群体中具有价值共识，虽然国内外数字货币交易平台上的虚拟货币价值有一定的差别，但是一方提供的国外交易平台数据证据仍可以作为法院估算数字货币价值的参考。[1]

■ 要点

1. 数字货币的特殊性使得法院在对交易效力进行判断时应当将不同层面的问题分开探讨，将"非法集资"等犯罪行为层面非法性的判断与交易客体非法性的判断区分开来。

2. 数字货币交易行为在司法实践中有无效和有效两种裁判结果，不同法官对这一问题的说理逻辑存在不同。对于数字货币交易无效判决，大多围绕违反法律、行政法规强制性规定以及违背公序良俗得出，应当注意相关文件的效力层级，避免"一刀切"，深刻理解对社会公益造成损害的数字货币交易行为类型。

■ 思考题

5.6 有关数字货币交易的案件，在审判实践中存在哪些窘境？

5.7 思考涉数字货币交易案件中财产返还问题和风险承担问题，你更赞成哪种观点？

---

〔1〕 参见谭佐财："虚拟货币流通的法律关系与私法保护"，载《中国流通经济》2021年第3期。

■ 本章阅读文献

1. 程叶霞等："区块链安全分析及针对强制挖矿的安全防护建议"，载《信息通信技术与政策》2019 年第 2 期。

2. 郭艳、王立荣、张琴："STO：重新定义证券与泛金融工具的发轫"，载《经济研究参考》2020 年第 17 期。

3. 黄光晓：《数字货币》，清华大学出版社 2020 年版。

4. 李迎昌、潘喆："涉虚拟货币纠纷的裁判路径——以委托投资 ICO 纠纷为切入"，载《法律适用》2021 年第 9 期。

5. 李慧、田坤："涉比特币领域犯罪问题审视与司法应对——以海淀区人民检察院近五年涉比特币案件为样本"，载《中国检察官》2021 年第 10 期。

6. 齐爱民、张哲："政策与司法背景下虚拟货币法律属性的实证分析"，载《求是学刊》2022 年第 2 期。

7. 齐晓丹："涉虚拟货币合同纠纷的司法裁判路径辨析——以政府监管政策导向与民事法律规范适用的衔接为视角"，载《法律适用》2022 年第 9 期。

8. 苏宇："数字代币监管的模式、架构与机制"，载《东方法学》2021 年第 3 期。

9. 许多奇："从监管走向治理——数字货币规制的全球格局与实践共识"，载《法律科学（西北政法大学学报）》2021 年第 2 期。

10. 于程远："论民法典中区块链虚拟代币交易的性质"，载《东方法学》2021 年第 4 期。

第六章
数字货币交易平台的监管

【导读】

通过数字货币交易平台，投资者得以实现不同数字货币币种之间及数字货币与法币之间的交换。相较于传统的交易平台，数字货币交易平台除承担"中介"的角色外，还兼具做市商与"投资银行"等特征。综观我国与域外数字货币平台监管实践，其目标皆在于探寻数字金融发展与风险防范之间的最佳平衡点。因此，有必要从数字货币交易平台的监管主体、事前准入机制、"监管沙盒"之运用及运营过程信息披露与投资者权益保护等几个维度出发，梳理数字货币监管的思维理路与实践逻辑。

第一节　数字货币交易平台的发展史

由于新一代基于分布式账户的支付系统。在保密方面的独特优势，比特币与法币之间的交易扩大，数字货币的交易平台也就应运而生。[1]数字货币交易平台不仅提供法币与数字货币之间的交易服务，也为数字货币之间的流转和交易提供平台。按照运营模式的不同，数字货币交易平台可以分为两类，一类是中心化的交易平台，一类是去中心化的交易平台。通过对数字货币交易平台发展的探析，可从侧面了解数字货币发展的情况。

一、域外数字货币交易平台的发展

首家域外数字货币交易平台是 Bitcoinmarket. com。该平台为第一个数字资产交易所，于 2010 年 3 月 17 日正式上线，其支付手段为传统的 PayPal，[2]即

---

〔1〕　参见张运峰、曾艳、肖文昊：《数字加密货币交易平台监管研究》，光明日报出版社 2020 年版，第 24 页。

〔2〕　PayPal 为国际上类似于支付宝的法币支付平台。

可使用 PayPal 平台将法币转换为数字货币。由于在数字货币交易过程中出现了一系列的欺诈交易，PayPal 为此关闭了该平台的交易服务，导致其交易骤减而后关停。

Bitcoinmarket. com 平台的继任者为 2010 年推出的 Mt. GOX（国内称其为"门头沟交易所"）。2010 年，麦卡勒布开发比特币交易程序上线供用户使用，开启了比特币交易的通道；而后，法国人 Mark Karpelè 以日本 TIBANNE 公司名义买下该交易所，并将该网站转变成比特币交易平台。随着比特币这一数字货币的法币兑换价值不断上涨，平台的交易风险监管及合法性遭到质疑。各种不可预知的风险在平台发展过程中不断涌现，平台需及时应对风险以维持平台运转。

除了上述两个早期的数字货币交易平台，域外也有其他代表性的数字货币交易平台出现，从而加速了国际数字货币交易平台发展的繁荣。其一，为 2011 年成立的英国数字货币交易平台 Bitstamp。平台由 Nejc Kodri č 和 Damian Merlak 共同创立。2016 年 4 月，卢森堡政府授予 Bitstamp 许可证，允许其在欧盟范围内作为支付机构存在，并接受全面监管，允许它在所有 28 个欧盟成员方开展业务。该平台允许使用法币购买数字货币，也允许在欧盟境内及特定国家内使用信用卡购买数字货币，搭建了法币与数字货币之间交换的平台。其二，为成立于 2012 年的美国数字货币交易平台 Coinbase。Coinbase 创建的美国首家正规比特币交易所于 2015 年 1 月 26 日正式开张。2017 年 1 月 17 日，纽约州金融服务管理局（New York Department of Financial Services，NYDFS）通过了比特币交易平台 Coinbase 的牌照申请，Coinbase 在美国纽约州的经营获得官方认证。该平台的快速发展使其成为首个在纳斯达克成功上市的数字货币交易平台。

除上述中心化交易所的存在，随着数字货币的"去中心化"特征不断凸显，去中心化数字货币交易平台逐渐涌现。去中心化交易所是基于区块链技术的应用，"去托管"的交易所，从而较大程度上保障了用户数字货币的安全性。当前，运作良好的去中心交易的数字货币平台有"Uniswap""MDEX""JustSwap""SushiSwap"等。随着电子信息技术的进一步完善，一旦突破当前的技术壁垒，去中心化的数字货币平台可以更为有效地规避相应风险，更具有发展前景。

二、国内数字货币交易平台的发展变迁

我国本土的数字货币应用最早以"ICO"融资的模式出现，往往因其背后缺乏现实资产锚定而被称为"空气币"，进而带来的是非法融资问题。[1]由于

---

〔1〕　参见杨东、徐信予："数字货币的反洗钱问题研究"，载《人民检察》2021 年第 9 期。

我国对数字货币进行严格监管，去中心化交易所并未在我国得到发展，因此本部分将以代表性的中心化数字货币交易平台为核心进行介绍。

2011年6月9日，BTC China（比特币中国）成立，该平台为我国境内首家数字货币交易中心。该平台一度成为我国最大的数字货币交易平台，并一度超越Mt. GOX及Bitstamp，成为世界上最大的比特币交易平台。

2013年至2014年是我国数字货币交易平台的蓬勃发展期。[1]2013年CHBTC（中国比特币）成立，其面向世界对多种数字货币提供交易，比如比特币和以太币等。火币网也于同年成立，其不断刷新了比特币交易平台的纪录。该平台构建了安全的防护体系，以保障数字货币的交易安全。OKCOIN平台也在同年出现，其通过多种模式对平台进行管理。OKCOIN具有完备的工商注册及工信部备案，并通过Google身份验证及短信验证保证了交易主体的实名制，并接入了支付宝及财付通等充值渠道。[2]同期，还有"比特币交易网""貔貅北京交易所""聚币网"等一系列数字货币交易平台出现。

2014年至2016年，我国的数字货币交易平台进入了平稳发展期。这一时期，多种新兴数字货币不断涌现，例如，比特币中国上线了莱特币、狗狗币；聚币网上线了保罗币（POLOCOIN，简称PLC）和谷壳币（COOCOIN，简称GOOC）。同时，数字货币平台的业务范围也不断拓宽，比特币中国上线P2P借贷；OKCOIN上线"合约交易"。与此同时，数字货币交易平台不断拓展海外业务，也有数字货币交易平台与其他公司合作，推出了以数字货币为质押的借款模式，为用户提供借款。[3]

随着ICO传入我国，代币融资风险不断增加，ICO成为影响我国金融安全及稳定的活动之一。为防范代币风险，维护金融秩序与稳定，我国对ICO相关的金融活动进行了整治。2017年9月4日，中国人民银行等七部委联合发布《关于防范代币发行融资风险的公告》，对以比特币、以太币为代表的数字货币交易平台进行取缔，以规避其带来的法律风险。随着相关政策的出台，数字货币交易平台纷纷停止服务。2017年9月14日晚，比特币中国发布公告称，比特币中国数字资产交易平台即日起停止新用户注册，并将于9月30日停止所有交

---

〔1〕 参见张运峰、曾艳、肖文昊：《数字加密货币交易平台监管研究》，光明日报出版社2020年版，第36页。

〔2〕 参见张运峰、曾艳、肖文昊：《数字加密货币交易平台监管研究》，光明日报出版社2020年版，第36页。

〔3〕 参见张运峰、曾艳、肖文昊：《数字加密货币交易平台监管研究》，光明日报出版社2020年版，第76页。

易业务。继比特币中国宣布停止交易后，火币网、OKCOIN 币行、微比特等平台纷纷宣布将在近日停止交易。[1]从此之后，我国数字货币平台进入海外拓展期，我国的数字货币交易平台纷纷向域外转移。

■ 要点

1. 由于新一代基于分布式账户的支付系统在保密方面的独特优势，比特币与法币之间的交易扩大，交易平台应运而生。

2. 数字货币交易平台具有明显的中心化特征，即机构撮合交易；随着技术的发展，去中心化交易所出现，形成了"点对点"的交易模式。

■ 思考题

6.1 为何我国的数字货币交易平台在早期迅猛发展、中期平稳发展后呈现衰落的态势，直至所有数字货币交易平台被关闭？

6.2 数字货币平台交易与传统支付平台交易的区别与联系？

第二节　数字货币交易平台的运营模式

相较于传统的交易平台，数字货币交易平台除了承担"中介"的角色，也承担了相应的金融角色，即具有金融交易特征的融资、借贷等功能，以推动数字货币的流转。

一、数字货币的交易模式

数字货币的交易，即数字货币之间的交易及数字货币与法币之间的交易。其主要的交易模式包括现货交易、期货交易、杠杆交易及场外交易。

第一，现货交易模式，数字货币交易平台的现货交易可在线完成。由于比特币为全球资产，其与传统的大宗货物商品、股票、外汇的现货交易存在一定的差异。其主要表现为 24 小时的交易，无涨跌停板、现货可提现。中国各大比特币网站推出的比特币网络集中竞价交易平台，其业务内容表现为以市场决定

---

〔1〕 参见"比特币是什么？谈比特币的起源、发展以及中国市场"，载搜狐网，https://www.so-hu.com/a/192967312_ 487819，最后访问日期：2022 年 11 月 20 日。

的"兑换率"提供人民币与作为特定虚拟商品的比特币之间的交易。[1]换言之,适用现货交易作为交易模式。大部分平台进行现货交易共有四个步骤:(1)注册。目的在于通过个人账户完成充值、数字货币交易、提现的功能。部分平台为避免法律风险,要求用户实名制注册,但可匿名交易。(2)充值或充币。充值是通过数字货币的充值、充币渠道将个人的法币或数字货币交由平台进行"保管",并储存在平台上的钱包内,供用户进行交易。此时,其充值至平台的"钱款"由平台进行掌控,用户拥有的权利仅为向平台索要其资产,而非由其自行掌控其资产。(3)交易。用户可使用其钱包内的法币或数字货币进行交易,对其资产进行交割。由于平台对于用户的资产具有实际掌控权,直接交易的手续费较低或无须手续费。(4)提现。用户可以将其平台上的资产提取到其可自行控制的钱包内。个人投资者经过上述方式完成数字货币的交易。

第二,期货交易模式,数字货币平台以期货的方式进行交易。所谓期货交易,即在期货交易所进行的期货合同(Future Contract)及选择权合同(Option Contract)买卖。[2]在期货交易的模式下,非为数字货币的直接买卖,而是通过保证金杠杆的模式在合约期届满之前押注比特币的涨跌情况。最为有名的是美国芝加哥期权交易所以美元进行交割,其交易是通过对比特币的价值进行预估,向交易所缴纳一定的美元作为投入,收益或亏损均为美元而非为数字货币。由于比特币市场单日波动较大,因此交易所选择了不同的合约模式以使用户能够长线持有。在交易所挂牌的合约可分为"周合约""月合约""季合约"。通过不同时长的合约为用户提供数字货币期货交易。然而,与传统的大宗货物的期货交易不同,比特币市场波动的特殊性使其保证金率高于传统大宗货物的期货保证金要求。因此,交易所为保证交易的资金安全,还设置了"熔断"机制。

第三,杠杆交易模式。所谓杠杆交易,即用户可以通过买涨、买跌的模式进行交易,而平台为用户提供"做多"或"做空"的交易工具。简单而言,若用户仅有一万美金的本金,而平台的杠杆为五倍,则用户向平台借款四万美元购买比特币。其购买比特币时比例为一万美元购买一个比特币,则当比特币增值至两万美元时,则得到十万美元。扣除本金一万及借款的四万美元,其获利五万美元。若比特币跌至五千美元时,则投资者亏损五万美元。所亏损的五万

---

〔1〕 参见谢杰:"'去中心化'互联网金融时代的监管困局与制度安排——基于区块链底层技术的比特币的法律与经济分析",载《互联网金融法律评论》2017年第2期。

〔2〕 参见文海兴:"论期货交易定义",载《法律适用》1995年第8期。

美元包含着其本金及其向平台借款的四万美元。而杠杆交易相较于传统币币交易的模式，其获利或亏损会更大，数字货币的本质是一种风险资产，[1]杠杆交易下风险与收益并存。杠杆交易必然受到法律的规制，必须在法律允许范围内进行杠杆交易。

第四，场外交易模式。所谓场内交易即直接用信用卡、银行转账直接与交易所购买数字货币，而场外交易是指除交易所平台之外的交易，是与个人或者机构直接进行数字货币交易的形式，是一种点对点的交易。[2]在此类交易过程中，交易所作为中介为个人投资者提供交易机会，而非为投资者与中介机构进行交易。以当时数字货币的市场价格与用户进行交易，其风险仅受到数字货币币值波动的影响。在该模式下，数字货币的相互转换受到法律法规限制较少，场外交易既包含法币与数字货币的交易，也包含数字货币之间的转换。

二、交易平台的盈利模式及融资业务开展

数字货币交易所主要以收取交易手续费、项目上币费，以及数字货币做市商业务赚取差价等方式进行盈利。[3]部分数字货币交易平台还发行平台币，以便于作为融资手段进行融资。当然，数字货币交易平台在一定条件下具有投资银行的特性，为数字货币提供发行、承销的金融活动。就此，需要明晰其盈利模式，以进一步实现对数字货币交易平台的有效监管。

第一，收取交易手续费。大部分平台是以收取手续费作为获利的主要方式，即在平台上交易、提现均需要交纳一定比例的手续费。在数字货币平台运营过程中，有以降低手续费、免手续费的模式作为营销模式以吸引投资者，但在其达到相应的客户量后，为实现其盈利目的，平台有可能将手续费进行回调。

第二，收取上币费。上币费是发行方为在该平台上新发行数字货币所缴纳的费用。换言之，新发行的数字货币币种希望在交易所进行公开交易，需缴纳一笔费用给交易所，也有交易所要求其低价出售一定数量的数字货币给交易所；同时，代币方可能给予交易所一定的数字货币。代币方能够使其代币在公开平台上进行流转获得一定的利益；而平台基于此模式能够获得部分营利，也为做市商提供了相应的基础。

---

〔1〕 参见刘新华、郝杰："货币的债务内涵与国家属性——兼论私人数字货币的本质"，载《经济社会体制比较》2019 年第 3 期。

〔2〕 参见熊建英："大数据在数字货币犯罪侦查中的应用"，载《广西警察学院学报》2021 年第 3 期。

〔3〕 参见张运峰、曾艳、肖文昊：《数字加密货币交易平台监管研究》，光明日报出版社 2020 年版，第 56 页。

第三，通过做市商模式营利。所谓做市商，是在证券市场上，由具备一定实力和信誉的证券经营法人作为特许交易商，不断地向公众投资者报出某些特定证券或证券合约的买卖价格，双向报价并在该价位上接受公众投资者的买卖要求，以其自有资金或证券、证券合约与投资者进行证券交易。做市商通过买卖报价的适当差额来补偿所提供服务的成本费用，并实现一定的利润。[1]在数字货币交易平台中，其可通过赚取不同对手方的买卖价格差价作为营利方式。其用于赚取差价的数字货币可来源于上述代币方给予交易所的代币，也有平台自身保有的数字货币。

第四，提供一定的融资服务。用户可在平台中借款，以此借款进行数字货币投资。每个平台对于借款来源模式、借款期限及借款利率均有不同的规定。有的平台借款来源为该平台自设的资金池，若资金池内钱款已全部借空，则只能等待其他用户还款后方可进行借款。部分平台可以设置预约借款，自行设置还款利率较高的用户获得优先借款的权利。有的平台借款来源为用户向用户借款，即 P2P 模式，利率交由市场，呈现市场化模式，其作为中介提供借款机会。当然，也有平台与其他公司合作共同推出贷款服务，为用户提供充足的贷款支持。在平台提供融资服务的情况下，必然会产生相应的法律风险。对于上述的高利率者优先借款模式，用户承诺缴纳的利率在很大程度上超出了法律所保护的范围，对于平台而言，法律无法保护其过高利率收益，高利率放款也有可能产生刑事风险。虽然平台仅提供了相应的交易机会，但是对于利率如何进行把控，借款过程是否需要进行监管没有明确规定，使得双方用户的资金安全均存在一定风险。[2]

第五，平台币盈利模式。所谓平台币，即平台自己发行的代币，能够与比特币等数字货币进行交换，而后再换取法币进行营利。

平台通过上述模式获取营利，以此维持平台的发展。但是由于平台的营利模式与传统的平台营利模式存在一定差异，因此如何进行有效规制以保证平台的运行及营利均具有合法性，最大限度维护用户的资金安全仍是平台需要考量的问题。

■ 要点

1. 数字货币自身具有商品的属性为投资者提供了投资空间，随着数字货币

---

〔1〕 参见阎梓睿：“做市商民事法律制度分析”，载《北方法学》2012 年第 3 期。

〔2〕 参见张运峰、曾艳、肖文昊：《数字加密货币交易平台监管研究》，光明日报出版社 2020 年版，第 71-75 页。

交易平台的产生及运营，数字货币成了投资的新标的。

2. 作为投资的数字货币交易平台呈现了其功能的多样性。基于交易平台运营模式的杂糅性，兼具有做市商、投资银行及传统交易平台的特征。

■ 思考题

6.3 数字货币交易平台的金融服务功能对我国的金融秩序产生了哪些影响？

6.4 数字货币交易平台的融资营利模式会产生哪些风险，应当如何进行有效规避？

第三节　我国数字货币交易平台的监管实践

通过对我国数字货币交易平台的监管历史梳理可以发现，我国对数字货币交易平台的管控力度不断增强。

一、我国数字货币交易平台的监管历程

我国对数字货币交易平台的监管经历了"观察期—谨慎期—严格控制期"三个发展阶段。我国并未有明确的法律对数字货币交易平台进行规制，仅通过通知、公告的方式进行行政监管。

从数字货币交易平台的萌芽直至 2013 年，我国监管部门并未采取相关监管措施，数字货币交易平台在此期间发展壮大，对我国金融行业造成冲击。

2013 年 12 月 3 日，央行等五部委联合发布了《关于防范比特币风险的通知》，走出了对比特币等虚拟货币监管的第一步，对数字货币交易平台的监管进入谨慎期。该规定首先强调了比特币的风险，明确界分了金融机构及支付平台与数字货币交易平台，各金融机构和支付机构不得开展与比特币相关的业务。该通知成为隔离虚拟经济与传统经济的界分点，以减少数字货币交易对于实体经济的影响。其次，增强了我国对数字货币交易平台的监管。数字货币交易平台必须要向工信部进行备案，便于行政监管。最后，关注数字货币交易所带来的洗钱风险。数字货币交易的匿名性、跨境流动的便利性使其容易成为犯罪分子洗钱的工具，因此文件将数字货币交易平台纳入了反洗钱监测系统之中，要求交易平台对注册用户身份进行识别，若出现异常的数字货币交易，则需要及时向公安机关报告。在上述文件的影响下，支付宝停止了比特币交易。

2017 年，我国对数字货币交易进入严格控制期。由于数字货币交易平台大

量风险并发,尤其是 ICO 的盛行使得金融犯罪频发。而上述通知已无法有效规制新的洗钱风险,因此中国人民银行等七部委于 2017 年 9 月联合发布了《关于防范代币发行融资风险的公告》,对代币融资进行管控,造成了数字货币平台"大地震",几乎断绝了数字货币交易业务在我国存续发展的可能。[1]该公告主要强调任何个人和组织不得非法从事代币发行融资工作,对代币融资活动进行清理。该文件还再次强调割裂金融机构、支付平台与数字货币平台的关系,进一步增强对数字货币交易平台的监管。此外,该公告还重申了数字货币不具有货币属性,认为其不具有法偿性;同时明确个人或机构发行数字货币的代币行为必须立即停止。重要的是,文件强调了对数字货币的监管,禁止平台提供法币与代币、"虚拟货币"之间的交换服务,也不允许其提供中介服务,以保障用户的资金安全,规避代币风险。若开展上述活动,则会被认定为违法行为,最终将面临关闭其网站平台及移动 App,对移动 App 做下架处置,吊销其营业执照等行政性处罚。该公告所禁止的事项为数字货币交易平台的核心业务,至此,我国的数字货币交易平台逐步关停或将服务移出。

随着时间的推进,我国对数字货币的监管更为严格。2021 年 9 月,中国人民银行等十个部门共同发布了《关于进一步防范和处置虚拟货币交易炒作风险的通知》,再次明确了数字货币不具有法偿性,不能作为货币使用;同时明确了数字货币交易等业务活动为非法金融服务活动,若擅自提供代币发行等服务,则将其依法取缔,并着重强调境外数字货币交易平台为中国大陆用户提供服务也为非法活动。

二、我国数字货币交易平台的监管措施

我国在历经对数字货币交易平台的观察期后,明确了数字货币交易平台存在金融风险,为维护我国金融行业的稳定发展,采取了相应的监管措施。

(一) 增强行政监管

2013 年 12 月,支付宝、财付通等被央行约谈,明确第三方支付机构关闭比特币、莱特币等交易通道,并与已发生业务的机构解除商务合作等,存款量在春节前完成提现。[2]此后,各大平台逐步关停第三方支付充值渠道,停止充值业务。2014 年 5 月 6 日,火币网、OKCOIN、比特币中国、CHBTC 和 BtcTrade

---

[1] 杨东、马扬:"数字货币监管溢流的协同规制",载《证券法苑》2019 年第 2 期。

[2] 参见"央行要求第三方支付拒比特币,比特币或退出中国",载凤凰河北,http://hebei.ifeng.com/finance/detail_ 2013_ 12/18/1606501_ 0. shtml,最后访问日期:2022 年 11 月 20 日。

发布"比特币交易平台自律声明",从八个方面对比特币出现的问题和监管层的担忧作出了回应和承诺,[1]以保证交易平台的透明、有效运转,保障投资者权益。

2017年1月,中国人民银行对"火币网""币行"进行检查,随后对从事比特币交易的多个平台进行约谈,通报当时比特币交易平台存在的问题,明确交易的金融风险,划定红线。[2]2017年6月,中国人民银行约谈5家银行和支付宝等机构,禁止提供虚拟货币交易服务。[3]

2018年,针对虚拟货币相关的投机炒作盛行,ICO融资项目混乱,国家互联网金融风险专项整治工作领导小组采取了一系列针对性措施:一是加强监测124家服务器设在境外但实质面向境内居民提供交易服务的虚拟货币交易平台;二是从支付结算端入手持续加强清理整顿,有关支付渠道排查并关闭了约3000个从事虚拟货币交易的账户;三是密切监测ICO及各类变种形态;四是加强对境内ICO及虚拟货币交易平台相关网站、公众号自媒体等的处置。[4]

(二) 惩治刑事犯罪

数字货币交易平台易滋生各种刑事风险,详见第七章"数字货币犯罪及其规制",在此简单列举两种情形:

第一种情形为数字货币交易平台涉及的洗钱类案件。

■ 案例　崔某某、尹某等诈骗案

被告人崔某某等以搭建类似于英国HY网站的形式,以HY外汇众筹名义进行诈骗。并直接通过搭建网站、租赁服务器等模式进行前期准备,而后购买他人身份证、银行卡等个人信息,并购买支付宝账户、手机卡、微信、QQ号等匿名作案工具。通过虚构团队代理炒外汇帮助投资者理财的模式,以高回报为诱饵,吸引参与人投资。以后期投资使前期投资者获利,不断扩大投资参与人参与投资,通过虚构事实以获取被害人钱款。2016年5月24日,该团伙经合意后关闭该诈骗网站平台,并将网站平台数千万元集资款以资金或比特币方式进

---

〔1〕 参见张晓旭:"比特币交易平台反洗钱监管研究——以火币网为例",载《互联网金融与法律》2014年第5期。

〔2〕 参见李伟、叶威:"加密货币洗钱风险的法律规制",载《江西警察学院学报》2019年第6期。

〔3〕 参见孙梓翔、于彤:"虚拟货币洗钱犯罪治理难点与打击策略研究",载《江西警察学院学报》2022年第3期。

〔4〕 参见"常抓不懈 持续防范ICO和虚拟货币交易风险",载中国人民银行官网,http://shang-hai. pbc. gov. cn/fzhshanghai/113571/3629984/index. html,最后访问日期:2022年11月20日。

行分赃。该团伙通过在数字货币交易平台（SNY、BTCC、OKCOIN）注册多个比特币账户用于接收赃款和分赃。公安机关通过调取数字货币交易平台记录以明确其犯罪获利情况及资金流向。[1]

本案犯罪团伙的模式为利用数字货币交易平台洗钱的典型方式，即在完成犯罪行为后，以数字货币的方式在交易平台上分赃而后提现获取利益。数字货币交易平台并未履行反洗钱的义务。

第二种情形为犯罪分子通过搭建虚假数字货币交易平台进行诈骗。

■ 案例　封某等诈骗案

被告人封某受杨某委托购买 Ecoin 平台，该平台为数字货币交易平台，根据杨某的要求添加币种、设置币商账户等，后交付给杨某使用。被告人周某某又安排了被告人祝某某负责联系币商确定入金、出金账号及统计数据，被告人洪某、胡某担任平台客户并负责出金、入金以及对账等。同时又招募了团队控制该平台数字货币价格。利用平台内的账号大量买入或卖出来控制数字货币价格的上涨与下跌，制造数字货币走势图，以骗取被害人的信任，后与业务团队相互配合，通过大量抛出数字货币进行操盘，使数字货币的价格在短时间内大幅下跌，以骗取被害人钱款。并雇佣其他犯罪团伙成员通过线上聊天的模式诱导被害人投资 Ecion 平台内的数字货币，并通过操盘手操盘使数字货币大幅下跌，以此骗取被害人钱款。犯罪团伙购买 Ecion 数字货币交易平台后，以一对一聊天的模式吸引被害人进行投资，通过对平台数字货币的价格操控获利。[2]

上述类型的犯罪多发于平台，事实上人为虚构了数字货币下跌之行业形势，从中获利，最终实现其诈骗之目的。不仅有崔某某、尹某等诈骗案之模式，也有平台卷钱"跑路"的情况。数字货币交易平台自身也存在不同的法律风险。

我国行政部门通过约谈及要求整改的模式进一步强化对于数字货币交易平台的监管，司法部门也不断打击与数字货币交易平台相关的犯罪。我国各部门均发挥了不可替代的作用，构成了数字货币监管的重要组成部分。

（三）司法建议助力监管

当前，行政机关与司法机关联动，共同对虚拟货币交易平台进行清理。发

---

〔1〕　江苏省启东市人民法院（2017）苏 0681 刑初 350 号。
〔2〕　浙江省东阳市人民法院（2020）浙 0783 刑初 4 号。

挥了司法职能在社会治理领域的重要作用。

2022年3月,北京市朝阳区人民法院在审理一起"比特币"委托理财合同纠纷案时发现一"比特币"交易网站。为及时助力虚拟货币交易平台清理,法院第一时间向中国人民银行、北京市地方金融监督管理局反馈案件审理中发现的相关线索,并发送了清理虚拟货币交易平台的司法建议。中国人民银行在接到司法建议后多次与法院进行沟通,并协调中央与地方相关职能部门进行处置,及时责令管辖内的相关企业关停业务,持续跟踪企业的处理情况。北京市金融管理局也及时约谈网络运营商,要求下架比特币交易,同时对辖区内的相关违规企业进行摸排整改。

中央与地方同时发力对虚拟货币交易平台进行打击,及时维护投资者的资金安全。这也是我国司法职能向公共治理领域的延伸,推动了公众、行政机关与司法机关之间的良性互动。

■ 要点

1. 司法部门参与相关监管规范的制定,同时在司法实践中对数字货币交易平台进行监管。

2. 我国对于数字货币交易平台的监管主要由中国人民银行组织相关部门实施,而其所产生的刑事风险则主要由司法机关进行处理。我国不断增强对于数字货币交易平台管控力度,直至数字货币交易平台最终退出我国历史舞台。

■ 思考题

6.5 我国的监管措施是否能够有效防范数字货币交易平台的风险?

第四节 域外数字货币交易平台的监管实践

域外对数字货币交易平台的监管态度不一,但多数国家尝试将数字货币交易平台监管嵌入本国监管体系之内,以较小成本履行监督管理的必要职能。

一、美国的监管实践

在美国,联邦和州对数字货币的属性认识存在分歧,在联邦层面,数字货币的货币属性一直未得到认可,但却在德克萨斯等州地方法院的判例中得到承认。具体而言,美国联邦政府主要依靠金融监管机构在职责范围内开展监管;

而州政府层面则朝着构建虚拟货币统一监管框架、出台相关法案及设置行政许可的方向开展监管实践。

（一）联邦政府层面的监管

联邦政府层面，对数字货币交易平台的监管主要由各个金融监管机构司职，其监管的范围及内容随自身职权的差异而有所不同。

第一，美国金融犯罪执法局（Financial Crimes Enforcement Network，FinCEN）对数字货币交易平台的监管实践。FinCEN是隶属于美国财政部的金融犯罪执法机构，其主要职责在于保障《银行保密法》的实施、确保金融反洗钱机制（AML）的有效运行以及打击金融领域内的洗钱犯罪。根据《银行保密法》的规定，提供货币交易服务的银行及其他金融服务机构必须向美国财政部注册，建立风险评估和反洗钱控制体系，执行客户身份认证、交易过程记录以及定期报告等规定。2013年3月FinCEN发布《关于虚拟货币人员管理、交换和使用的监管指引》（FIN-2013-G001），将数字货币相关主体划分为使用者（User）、管理者（Administrator）和交易者（Exchanger）。其中，使用者并非监管对象，不必领取相关牌照。而管理者与交易者一旦接受、传输可兑换的数字加密货币或购买、出售可兑换的数字货币，即会被认定为"货币交易平台"（Money Transmitter）。"货币交易平台"必须向FinCEN注册以领取MSB（Money Services Business）牌照、遵守《银行保密法》相关反洗钱监管规定及配置相应的反洗钱机制。[1]

第二，美国证券交易委员会（SEC）对数字货币交易平台的监管实践。SEC是美国证券金融市场最重要的监管机构之一，在对数字货币平台的监管中，其职能核心在于依据个案情况判断数字货币交易平台的行为是否构成证券发行及交易行为，并将符合条件的交易平台纳入其监管框架之内。[2]换言之，如果数字货币发行通过"豪威测试"[3]而被认定为证券发行，那么发行数字货币的交易平台即需要满足法律规定的注册条件、履行向投资者的信息披露义务并接受证券化的监管模式。2013年在SEC v. Shavers一案中，Shavers通过设立比特

〔1〕 FIN-2013-G001（March18，2013）-Application of FinCEN's Regulations to PersonsAdministering, Exchanging, or Using Virtual Currencies, https://www.fincen.gov/sites/default/files/shared/FIN-2013-G001.pdf.

〔2〕 参见张运峰、曾艳、肖文昊：《数字加密货币交易平台监管研究》，光明日报出版社2020年版，第144-145页。

〔3〕 豪威测试（Howey test）是美国联邦最高法院在1946年一项判决中创立的判断特定交易是否属于证券发行的标准，其主要包含四个判断指标：（1）存在资本的投入；（2）投资于一个共同的事业；（3）期待获取利润；（4）收益来自发起人或第三方的努力。

币信托公司 BTCST，向投资者许诺每周 7% 的高回报率以实施证券欺诈发行，以"庞氏骗局"骗取比特币投资。SEC 指控称 Shavers 的行为已违反《美国证券法》反欺诈及强制注册的规定，并向法院提请冻结 Shavers 及 BTCST 资产、没收违法所得并予以经济处罚。2018 年 3 月，SEC 执法部和市场交易部联合发布《针对可能违法的数字资产交易平台之声明》，重申如果数字交易平台进行的数字资产交易符合"证券"（Securities）的定义，同时这些交易平台符合"交易所"（Exchanger）的定义，那么这些平台即需要在 SEC 申请注册登记并接受其监管。[1]

第三，美国商品期货交易委员会（Commodity Futures Trading Commission，CFTC）对数字货币交易平台的监管实践。CFTC 作为美国政府下设独立运营的金融监管机构，主要负责商品期货、期权、金融衍生品市场的监督与管理。2015 年，CFTC 对 Coinflip 公司及其首席执行官 Riordan 提出一项指控称，Coinflip 公司在运营其数字货币在线交易业务时违规为比特币期权买卖双方提供连接服务。在该项指控中，CFTC 首次将比特币和其他虚拟货币认定为商品（Commodity）。如此一来，数字货币期货期权交易必须符合大宗商品衍生品的市场规则，且需要接受 CFTC 的监管。[2]

第四，美国国家税务局（Internal Revenue Service，IRS）对数字货币交易平台的监管实践。IRS 是隶属于美国财政部的税务征收与监管机构，在数字货币交易平台监管中主要负责数字货币开采、交易、使用过程中的税收监管，预防税基侵蚀。早在 2014 年 3 月，IRS 就曾发布一份针对数字货币交易的税务征收指南（Notice 2014-21）。该份指南中，IRS 将与法币具有同等价值或可以替代法币使用的虚拟货币称为"可兑换的虚拟货币"（Convertible virtual currency），基于税收之目的，此类"可兑换的虚拟货币"具有财产属性，其交易和使用将带来相应的税收责任。2017 年 11 月，美国加州联邦法院在一项判决中要求 Coinbase 平台向 IRS 提供交易、转账金额超过 20 000 美元的账户信息，以降低监管缺失带来的客户利用数字货币交易平台偷逃税款的风险。

（二）州政府层面的监管

2015 年 6 月，在经过近两年的调研及争论后，纽约州金融服务管理局（New

---

〔1〕 参见张运峰、曾艳、肖文昊：《数字加密货币交易平台监管研究》，光明日报出版社 2020 年版，第 147 页。

〔2〕 参见许多奇："从监管走向治理——数字货币规制的全球格局与实践共识"，载《法律科学（西北政法大学学报）》2021 年第 2 期。

York Department of Financial Services, NYDFS) 出台《虚拟货币监管法案》。该法案要求纽约州所有从事虚拟货币兑换、交易等经营活动的平台必须向纽约州金融服务管理局申请营业执照。鉴于比特币在虚拟货币中的重要地位，该法案也被称为"比特币执照"（Bit License）。纽约州由此成为美国第一个推出数字货币交易平台监管规则的地区。[1]根据法案规定，纽约州任何商业机构或个人，如果从事：（1）接收或传输数字货币；（2）存储客户的数字货币；（3）以买卖数字货币作为经营业务；（4）提供数字货币交易服务；（5）控制或者发行新数字货币，均需在 2015 年 6 月前完成注册登记、领取执照并接受监管，否则其数字货币交易业务将遭到取缔。[2]除经营许可外，该法案还包含交易平台信息披露义务、建立消费者投诉机制、设立反欺诈与反洗钱机制、建立网络安全计划、保持账簿记录义务等内容，为美国其他州甚至域外数字货币交易平台监管提供了宝贵的经验。

2014 年 6 月，加利福尼亚州参众两院通过《数字货币合法化法案》（AB-129 法案），明确虚拟货币可以用于支付及转账，从而在立法层面确立了数字货币的货币地位，为数字货币的发行与流通提供了法律支撑。加州对数字货币交易平台的监管同样以平台注册为重点，将数字货币交易纳入原有的金融监管体系。2015 年 3 月加利福尼亚州通过 AB-1326 法案，在《加利福尼亚州金融法》下增设专章对数字货币交易平台予以规制。根据该法案，除特许机构外，接受虚拟货币传输、交易、存储、代管及零售兑换服务的平台须取得州政府颁发的执照。申请该执照的平台需要制定完备的合规内控、反欺诈、反洗钱、网络安全、信息披露等规章制度并通过审核。同时，加利福尼亚州还设置专员对被许可的交易平台进行随机合规检查，以保障数字货币交易在监督下合法有序进行。2017 年 2 月，加利福尼亚州议会提出 AB-1123 法案修正案，要求被许可数字货币交易平台维持固定规模的自由资本；每年向管理机构备案并在特殊事件发生后提供情况报告；管理委员会定期对数字货币交易平台合规情况开展检查。[3]

此外，美国其他州也积极对数字货币交易平台实施牌照化管理。2015 年 6 月，康涅狄格州颁布了经修订的《货币流通法》，其第 81 条要求所有康涅狄格

---

〔1〕 参见邓建鹏："网络虚拟货币的域外立法"，载《中国金融》2017 年第 4 期。

〔2〕 See Samantha J. Syska, Eight-Years-Young: How the New York BitLicense Stifles Bitcoin Innovation and Expansion with Its Premature Attempt to Regulate the Virtual Currency Industry, Journal of High Technology Law, Vol. 17 (2): 329 (2017).

〔3〕 参见张运峰、曾艳、肖文昊：《数字加密货币交易平台监管研究》，光明日报出版社 2020 年版，第 166 页。

州运营的数字货币业务申请相应的经营许可，且业务专员在考察申请时认为存在"可能对消费者造成经济损失"之风险时，可以拒绝发放许可证。华盛顿州于 2017 年 4 月通过第 5031 号法案，明确数字货币交易平台需申请许可牌照，该申请需要经过第三方机构审核，并要求平台购买一定数额的"风险保证债券"以应对数字货币交易可能存在的风险。[1]

二、日本的监管实践

作为数字货币的起源国，以比特币为代表的数字货币交易在日本经历过一段"野蛮扩张"的时期。在此背景下，日本最大的数字货币交易平台 Mt. Gox 的破产，引发社会高度关注。此事件促使日本政府增强数字货币交易平台的监管，为应对数字货币交易对金融安全及社会稳定带来的挑战，2016 年起日本国会着手修订《资金结算法》，增设"虚拟货币"一章以实现对数字货币交易活动的规制。日本金融厅在报告中指出，虚拟货币立法的目标在于强化对数字货币持有者及交易平台用户的保护以及加强国际协助，应对洗钱以及恐怖融资等犯罪风险。2017 年，日本政府相应修订了《资金结算法施行令》并颁布《虚拟货币兑换者内阁府令》，逐渐建立起以日本金融厅为监管主体，《资金结算法》为监管依据，以市场准入、经营过程规范、违法经营惩戒为内容，同时吸纳中央银行、保险机构及行业协会共同参与的监管体系。

根据日本《资金结算法（修正案）》第 63 条第 2 款之规定，任何主体未经注册登记，不得从事任何"虚拟货币交易服务"。所谓"虚拟货币交易服务"，系指有下列经营行为之一者：（1）买卖虚拟货币或与其他虚拟货币进行交换；（2）为前项行为进行中介、撮合或代理；（3）与前项行为相关的、管理用户的资金或虚拟货币的行为。[2]由此，法律在承认比特币交易合法性的同时，对交易平台准入设置了严格的门槛。交易平台在注册登记时，需要提供包含计划运营的数字货币名称、简介、交易业务范围、未来三年收支计划等在内的文件资料，在此基础上，监管主体还会对交易平台的资质及内控机制等进行听证和实地调研。《虚拟货币兑换者内阁府令》进一步明确数字货币交易机构在登记注册时注册资本应在 1000 万日元以上，且净资产不得为负值；申请者须以书面或者电子文件的形式提出注册申请；审核主体在申请者文件中有虚假记

---

〔1〕 参见张运峰、曾艳、肖文昊：《数字加密货币交易平台监管研究》，光明日报出版社 2020 年版，第 167-169 页。

〔2〕 参见张运峰、曾艳、肖文昊：《数字加密货币交易平台监管研究》，光明日报出版社 2020 年版，第 176 页。

载、提交资料必要内容欠缺、主体资格不适当或内控合规机制不完善时，有权拒绝交易平台的注册申请。[1] 2017 年 9 月，日本金融厅首次对 Bitflyer、Zaif、BTCBOX 等 11 家数字货币交易平台颁发运营许可。截至 2018 年，在日本共有16 家公司获得数字货币交易许可。

为保障平台用户的财产权利，《资金结算法（修正案）》对数字货币平台经营过程设置了诸多监管规则。首先该修正案要求数字货币交易平台将用户资产与平台自有资产进行区分管理，区分管理的情况应受注册会计师或监察法人的监督。2018 年 Coincheck 价值 580 亿日元的 NEM 币被盗后，日本金融厅及关东财务局介入展开调查并要求 Coincheck 启用公司储备金对受害用户进行赔偿。其次，该修正案明确数字货币交易平台负有向用户披露信息及提示交易风险的义务。具体而言，虚拟货币交易平台应通过书面或其他适当形式进行信息披露。根据《虚拟货币兑换者内阁府令》之规定，披露的内容应包括：平台所交易的数字货币并非本国或外国的法定通货；交易的数字货币不存在任何特定主体保证其价值，或存在保证主体时保证人的名称、商号及保证内容；平台交易所涉业务的基本情况等。最后，该修正案规定平台承担信息系统安全保障的义务，数字货币交易平台应妥善保管用户的个人信息，并采取必要的技术手段防止交易平台信息发生泄露、毁损、灭失等情形。[2]

对于违反《资金结算法》及相关法规，违法从事数字货币经营的平台机构，该修正案还明确其应承担相应的行政甚至刑事责任。首先，未经登记注册从事数字货币交易业务的平台，可对其主要责任人处 3 年以下有期徒刑，并处或单处 300 万日元以下罚金。其次，对于未履行用户资产与平台自有资产区分义务并造成后果的交易平台负责人，可科处 2 年以下有期徒刑，并处或单处 300 万日元以下罚金。最后，申请主体所登记的申请书及其所附材料，如财务信息、平台管理信息虚假记载导致严重后果的，可对平台负责人科处 6 个月以下有期徒刑，并处或单处 50 万日元以下罚金。2018 年 1 月 Coincheck 被盗事件发生后，日本金融厅连发 8 道"肃清令"，对包括未取得牌照在内的 32 家数字货币交易平台开展检查，并对 Coincheck 等 7 家数字货币交易平台进行行政处罚。[3]

---

〔1〕 参见邓建鹏："日本虚拟货币的立法与实践"，载《当代金融家》2017 年第 9 期。
〔2〕 参见杨东、陈哲立："虚拟货币立法：日本经验与对中国的启示"，载《证券市场导报》2018 年第 2 期。
〔3〕 参见张运峰、曾艳、肖文昊：《数字加密货币交易平台监管研究》，光明日报出版社 2020 年版，第 178-182 页。

三、欧盟及其他国家的监管实践

2016 年 10 月，欧洲央行（ECB）就数字货币属性发表官方意见，指出数字货币是"非官方发行，以数据表示价值并被普遍接受用于转移、存储及交易的价值凭证"，并进一步阐明其"不符合作为法定货币的资格，不属于合法确立的货币"。尽管欧盟就数字货币是否属于法定货币并纳入监管体系仍犹豫不决，但为回应各成员方越发强烈的对加强数字货币规制的呼声，欧盟必须在数字货币交易监管上有所作为。[1]2017 年 12 月，欧盟理事会与欧洲议会发布《第四项反洗钱指令修正案》（4th Anti-Money Laundering Directive）达成一致。该指令将虚拟货币供应商及数字货币交易平台作为"义务"主体，要求其制定相应的合规机制以发现、预防和及时报告数字货币交易过程中的洗钱与恐怖融资活动。[2]2018 年 6 月 19 日，欧洲议会和欧盟理事会发布《第五项反洗钱指令》（5th Anti-Money Laundering Directive），重申数字货币交易平台作为责任主体，有义务识别和验证客户身份、监控交易活动以及报告可疑的交易行为。此外，指令在原有欧盟洗钱金融犯罪监管框架下进一步扩大适用范围，要求欧盟成员方在 2020 年 1 月之前将条文的相关内容嵌入本国立法。[3]

为应对基于区块链技术的数字货币首次发行（ICO）、数字货币支付与交易、互联网融资与众筹等金融科技（Fintech）及衍生产品带来的风险，英国在 2015 年首创"监管沙盒"制度。所谓"监管沙盒"，主要是以试验的方式，为提出申请的金融科技企业提供一个安全可控的空间。申请者按照法定审批程序提交申请获得授权后，可在该空间范围内测试其创新产品或服务、商业模式、交易平台及支付机制，并对违反现行法律禁止或限制性规定的法律后果享有豁免权。[4]2015 年 11 月英国金融行为管理局（FCA）发布《监管沙盒报告》首次介绍"监管沙盒"制度及其可行性。2016 年 7 月，第一期 18 家企业 24 个项目通过审核开展试验，其中即包括区块链数字货币跨境交易平台 BitX 及基于分

〔1〕　See Blake Hamil, EU Crypto Currency Regulation: Creating a Haven for Businesses or for Criminals?, Georgia Journal of International and Comparative Law, Vol. 48: 834, p. 839 (2020).

〔2〕　See Jurgita Miseviciute, Blockchain and virtual currency regulation in the EU, Journal of Investment Compliance, Vol. 19: 33, p. 34 (2018).

〔3〕　See Travis Gidado, The 5th Anti-Money Laundering Directive and Virtual Currency Regulation in the European Union, The University of Chicago Law School (Dec. 9, 2021), https://chicagounbound.uchicago.edu/international_immersion_program_papers/106/.

〔4〕　参见黎四奇、李琴琴："金融科技下'沙盒监管'的命题辨析：一个批判的视角"，载《法治社会》2021 年第 5 期。

布式账本技术的电子货币交易平台 Billion。[1]2017 年 1 月，又有 24 家企业共计 31 个项目参与第二期"监管沙盒"试验，其中亦包含数字货币跨境区块链结算平台 OKlink 及数字货币跨境交易平台 ZipZap。[2]2018 年年初，英国金融行为管理局提出创建"全球沙盒"的建议，旨在建立各国互相联系的沙盒机制，搭建金融科技监管及创新企业的跨国交流平台。截至 2019 年 4 月，"监管沙盒"试验进程已进行到第五期，逾百家公司参与监管试验。其涉及的业务范围涵盖区块链支付服务、监管科技、保险、反洗钱、智能合约以及 KYC 认证等诸多方面。就申请条件而言，申请者需在市场范围、创新性、消费者利益保障、"监管沙盒"试验必要性、申请者准备程度五个维度达到一定的资格标准。此外，在二期试验后，申请条件又增加四项，包含：（1）申请者自行寻找合作伙伴并签订合约；（2）参与测试需在英国注册，在英国境内有一定数量的员工；（3）拥有位于英国的银行账户；（4）若申请限制性授权需要的额外材料。[3]

就监管力度而言，新加坡是亚洲对数字货币交易较为"友好"的国家。新加坡金融管理局（Monetary Authority of Singapore，MAS）一度只将证券类代币纳入监管范畴，而依据 2014 年颁布的《加密货币及交易法规》，该机构将 ICO 中的数字货币定义为非证券资产，不属于需要监管的资金来源。因此，数字货币交易平台长期处于"灰色地带"，不受新加坡政府的实质性监管。[4]在较为宽松的市场环境与监管政策下，新加坡区块链技术及数字货币迅速发展，同时带来了破坏金融安全、引发违法犯罪的隐忧。鉴于此，新加坡金融管理局开始出台新的监管政策，于 2016 年 6 月发布《金融科技监管沙盒指南》，正式开始对"监管沙盒"制度予以探索。该模式旨在为金融科技产业提供一个友好的制度环境，适当放松约束与监管机制，使得数字货币交易平台在"安全区域"内试验新的货币发行、交易、服务及运营模式。[5]于 2017 年 11 月发布的《虚拟货币发行指引》明确规定，新加坡的数字货币中介及数字货币交易平台如果提供被认定为《证券与期货法案》中规定的"资本市场产品"，在未另获豁免的

---

〔1〕 Regulatory sandbox – cohort 1, FCA（Dec. 10, 2021）, https://www.fca.org.uk/firms/regulatory-sandbox/cohort-1.

〔2〕 Regulatory sandbox – cohort 2, FCA（Dec. 10, 2021）, https://www.fca.org.uk/firms/regulatory-sandbox/cohort-2.

〔3〕 参见邓建鹏、李雪宁："监管沙盒的国际实践及其启示"，载《陕西师范大学学报（社会科学版）》2019 年第 5 期。

〔4〕 参见尹振涛："ICO 监管的国际经验"，载《中国金融》2017 年第 20 期。

〔5〕 参见钟鸣长："新加坡 FinTech 生态系统建设及其启示"，载《电子科技大学学报（社科版）》2016 年第 6 期。

情况下，必须向新加坡金融管理局申请注册并获取"认可市场操作者"（Recognised Market Operator，RMO）牌照，方可从事数字货币交易业务。自"监管沙盒"制度确立以来，已有超过30家创新公司参与测试。2019年11月，新加坡金融管理局宣布区块链交易平台 Bond Evalue 获准进入"快捷沙盒"计划。这是首个被批准进入"快捷沙盒"计划的区块链金融平台。2020年2月新加坡金融管理局宣布新加坡《支付服务法案》正式生效，法案将其他非证券数字货币交易平台纳入监管范围，要求数字货币交易平台必须申请运营执照。提出申请的数字货币交易平台需符合反洗钱标准，并满足该管理局对技术安全方面的基本要求，包括构建平台技术风险管理体系，强化用户认证、数据加密、防止服务器攻击等。此外，平台还应接受该管理局的定期抽查，避免违规操作，以免受到吊销牌照等处罚。[1]

四、比较与总结

对域外数字货币交易平台监管经验予以及时比较与总结，有利于为未来我国数字货币交易平台监管提供理论与实践层面的借鉴与参考。

首先，域外数字货币交易平台监管逻辑具有一定相似性，主要表现在以下方面：其一，通过积极立法强化对数字货币交易平台的监管。例如，美国在联邦层面对《银行保密法》《联邦证券法》《商品交易法》进行解释与修订，将数字货币交易活动纳入联邦金融监管机构的管辖范围。同时，在州层面出台了专门针对数字货币的监管法规，如纽约州于2015年率先出台《虚拟货币监管法案》，2017年统一州法委员会出台《虚拟货币商业统一监管法》，对数字货币交易平台的资质、披露事项、制度建设要求等予以规范；[2]日本通过修改《资金结算法》并颁布相关法令，对数字货币交易平台的市场准入、经营过程、违法经营惩戒等加以明确；新加坡颁布《支付服务法案》将数字货币交易平台纳入监管范围。其二，通过登记注册制及牌照制强化对数字货币交易平台的准入监管。例如，美国部分州根据《货币转移法》，将数字货币交易平台视为货币转移服务商，进而要求其到 FinCEN 注册登记。日本修改后的《资金结算法》规定，任何主体未经注册登记，不得从事任何"虚拟货币交易服务"。新加坡《支付服务法案》要求数字货币交易平台必须到 MAS 处申领运营牌照，同时接受后续的抽查监管。其三，注重消费者保护与实施反洗钱措施。例如，美国

---

〔1〕 参见章江："维护金融安全的域外之音"，载《检察风云》2020年第17期。
〔2〕 参见贺立："美国虚拟货币监管经验及对我国的启示"，载《武汉金融》2018年第7期。

《虚拟货币管理法案》明确数字货币交易平台承担信息披露义务以保障消费者权益，同时，要求平台建立相应的反欺诈与反洗钱机制。日本《资金结算法》规定，数字货币交易平台应当履行客户资产与自有资产分别管理、信息告知与说明等义务。同时，数字货币交易被纳入《犯罪收益转移防止法》的调整范围，并要求交易平台履行相应的反洗钱与反恐怖融资义务。[1]

其次，域外数字货币交易平台监管逻辑又存在一定的差异，具体而言：其一，针对数字货币交易平台的具体立法模式存在差异。例如，美国在联邦层面通过解释与对原有法令的修订，将数字货币交易行为纳入《银行保密法》等已有立法的适用范围，实现对交易活动的监管。而新加坡则通过颁布全新的《支付服务法案》，对数字货币交易平台监管予以专门规范。其二，各国数字货币交易平台的监管主体的设置及职能配置亦存在不同。具体而言，美国在联邦层面由多个金融监管机构实施"多头监管"，各监管机构对于数字货币交易的性质认定迥异，而在职能配置上又各司其职以达到互为补充的作用。而日本、新加坡则由统一的监管机构对数字货币交易平台实施监管，其对于数字货币交易性质的认识、交易平台的准入、交易活动的控制等方面的政策具有一致性与连贯性。其三，各国对于数字货币交易平台的监管力度存在差异。例如，美国在联邦层面尚未承认数字货币的货币属性，在交易平台的准入、合规要求、事后监督等方面较为严格。日本的监管政策一度较为宽松，但在 Coincheck 数字货币被盗等事件发生后，有从严监管的趋势。新加坡则是对数字货币交易管理较为"友好"的国家，其监管政策相对宽松，对于数字货币交易活动的限制较少。

■ 要点

1. 美国联邦和州政府对数字货币交易平台监管的态度与方式存在差异。联邦政府主要通过金融监管机构在职责范围内开展监管；州政府则朝着构建虚拟货币统一监管框架、出台相关法案及设置行政许可的方向开展监管实践。

2. 日本在数字货币交易平台监管上，逐渐建立起以金融厅为监管主体，《资金结算法》为监管依据，以市场准入、经营过程规范、违法经营惩戒为内容，同时吸纳中央银行、保险机构及行业协会共同参与的监管体系。

---

〔1〕 参见柯达："数字货币监管路径的反思与重构——从'货币的法律'到'作为法律的货币'"，载《商业研究》2019 年第 7 期。

■ **思考题**

6.6 域外针对数字货币交易平台的资格准入与事后监督对我国未来开展数字货币交易平台监管有何借鉴意义？

6.7 "监管沙盒"模式对于防范金融风险有何优势与不足？对我国有何借鉴意义？

第五节　数字货币交易平台的监管逻辑

本节以数字货币交易平台面临的风险作为监管的逻辑起点，剖析现阶段数字货币的监管框架，并着手分析实践中数字货币交易平台的监管逻辑。

一、数字货币交易平台的风险

数字货币交易平台追求利润的本质使其更加注重提供交易服务而一定程度上忽视事务管理。平台功能的偏废与监管机制的缺失使得数字货币交易平台屡次发生风险事件。其中最为突出的是，数字货币交易平台所面临的资金安全风险与法律风险。

（一）交易平台所涉资金安全风险

首先，黑客攻击成为交易平台资金安全最大的威胁因素之一。在传统中心化数字货币交易平台的经营活动中，客户的数字资产及个人信息多交由平台保存控制，监管的漏洞与内控机制的缺失使交易平台成为网络黑客非法入侵的"众矢之的"，数字货币失窃案件频发。

2018 年 1 月，日本数字货币交易平台 Coincheck 遭黑客入侵，时价约 580 亿日元（约合 5.3 亿美元）的新经币（NEW 币）失窃。当日下午，Coincheck 停止旗下所有数字货币的交易及提现业务。Coincheck 表示，黑客掌握了新经币的传输地址，由于系统原因，交易中的新经币被暂时保存在"热钱包"中，给了黑客可乘之机。[1]

其次，因交易平台创始人死亡等原因导致密钥"锁死"同样成为资金安全的不稳定因素。2018 年 12 月，加拿大最大的比特币交易平台 QuadrigaCX 的创始人拉尔德·科顿（Gerald Cotten）在印度旅行时突然去世。由于 QuadrigaCX

---

〔1〕 参见高荣伟："全球数字货币频频失窃"，载《检察风云》2018 年第 19 期。

在交易完成后会迅速将资金转入"冷钱包"中，而科顿是唯一掌握"冷钱包"加密私钥的人，其突然离世导致交易平台1.9亿数字货币被"锁死"，数千名无法提现的投资者陷入恐慌。2019年2月5日，加拿大新斯科舍省最高法院（Supreme Court of Nova Scotia）批准了该公司提出的为期30天的针对债权人的保护请求，并任命安永会计师事务所对QuadrigaCX财务状况进行评估清理。

最后，数字货币交易市场本身存在的不稳定性易对交易平台资金安全产生影响。2014年3月21日，名为"财通网"的微博账号发布"央行在3月18日发文，要求4月15日前停止一切比特币交易"的消息，该消息经新浪财经等账号转发迅速引发市场恐慌。投资者在短时间内迅速抛售所持数字货币，导致其价格急速下跌，同时引发国内多个数字货币交易平台用户强制平仓。由于火币平台在3月19日新上线莱特币（LTC），其虽参考比特币构建一定的风控体系，但由于市场深度不够等原因，在市场恐慌下系统无法正常平仓，直到价格跌至1元时才完成平仓，部分投资者损失巨大。

（二）交易平台所涉法律风险

可以将数字货币交易平台所涉法律风险分为"内部风险"与"外部风险"两种类型。

数字货币交易平台所涉"内部风险"系指因平台自身违反相关法律法规引发的民事侵权、行政违法甚至刑事法律风险。其中，虚假交易与内幕交易是两种较为常见的，由交易平台操纵市场引发的内部风险。首先，数字货币交易平台存在虚假交易（Wash Trading），通过虚增交易量制造虚假繁荣，使投资者高估数字货币价值而诱导客户进入，从而引发数字货币交易市场泡沫的风险。2018年，Gandal等人以2011年4月至2013年11月Mt. Gox大约1800万份交易记录中用户ID、交易金额、交易时间、用户国籍等信息为对象开展研究，发现其中存在可疑账户Markus与Willy。两个账号通过只买不卖、固定交易等操作大幅提升Mt. Gox的成交量。其中，账户Markus从未支付手续费且随机设定比特币支付价格，在7个月内总共制造了335 898枚比特币交易量。[1]2019年3月美国资产管理公司bitwise向美国证券交易委员会提交的一份报告中指出，数字货币交易市场"刷量"行为严重。在收集和分析了81家交易平台4天的交易数据后，该报告认为，全市场真实交易量仅占总交易量的4.5%，仅有10家交易平台的交易量是真实的。2021年，Lin William Cong等对29个数字货币交易

〔1〕See Neil Gandal etal, Price Manipulation in the Bitcoin Ecosystem, Journal of Monetary, Vol. 95: p. 86-96（2018）.

平台 2019 年 7 月至 11 月比特币、莱特币、XPR、ETH 四种数字货币在全球范围内 4 亿多笔交易记录进行大数据分析研究，发现在未登记注册，不受监管的交易平台中，第一层级交易平台[1]平均 53.4% 的交易量为虚假，第二层级平台平均 81.8% 的交易量为虚假；在经过登记注册，接受监管的交易平台中，第一层级交易平台平均 20% 的交易量为虚假，第二层级平台平均 75% 的交易量为虚假。[2]

其次，数字货币交易平台存在内幕交易（Informed Trading），操纵市场的风险。所谓内幕交易，系指知悉内幕信息者根据内幕消息做空或做多，以套取大量利润的行为。其多发生于证券交易领域，具体到数字货币交易则主要表现为内幕人员在获知数字货币利多消息时事先大量买入，在获知利空消息时提前大量卖出。由于数字货币价格受重大事件影响起伏较大，依托平台开展内幕交易变得更加有利可图，其严重违背公开、公平、公正等原则，极大损害了普通投资者的利益。2017 年 Wenjun Feng 等对 2011 年 9 月至 2017 年 7 月 42 个重大突发事件前 Bitstamp 平台比特币与法币（美元）交易记录进行分析，发现在重大积极事件发生前，买方发起的交易指令畸高；而在重大消极事件发生前，卖方发起的交易指令畸高。每次重大事件发生时内幕交易获益在 100 922 美元至 915 455 美元。[3]

数字货币交易平台所涉"外部风险"系指交易平台被不法分子利用，从事违法甚至犯罪活动所带来的风险，较为常见的有洗钱犯罪、恐怖融资与集资诈骗犯罪的风险。一方面，数字货币具有匿名性、不可追踪的特点，对于数字货币交易客观上存在监管的困境；另一方面，数字货币作为无疆域、点对点的数字支付工具，具有较强的流通性。因此，数字货币交易平台易"沦为"不法分子犯罪活动的聚集地。2019 年，数字货币经营商 Jacob Campos 因协助洗钱犯罪被美国地方法院判处 2 年监禁。根据认罪协议，被告人自 2015 年起在 Localbit-coins. com 网站上宣传业务，通过邮件联系客户并以高于正常汇率 5% 的佣金，运用数字货币开展全球范围内的资金周转业务。其间，Jacob Campos 未履行"了解客户"及"反洗钱"义务，对大量可疑交易视而不见，并在 3 年内获益

---

〔1〕　按照 Similar Web. com 投资指数排名，将位于前 700 位的数字货币交易平台列为"第一层及平台（Tier-1 exchanges）"，排名在 700 位之后的列为"第二层级平台（Tier-2 exchanges）"。

〔2〕　See Lin William Cong etal, Crypto Wash Trading（2021-08-24），https://arxiv. fenshishang. com/ftp/arxiv/papers/2108/2108. 10984. pdf.

〔3〕　See Wenjun Feng & Yiming Wang & Zhengjun Zhang, Informed trading in the Bitcoin market, Finance Research Letters, Vol. 26：pp. 63-70（2018）.

300 余万美元。[1]

(三) 风险因素的共性：平台监管的"高门槛"与行业自律的缺失

数字货币交易平台的风险类型与重点风险可能因情势的变化而呈现出不同的样态。因此，必须聚焦于数字货币交易平台风险产生的"共性问题"，在此基础上搭建数字货币交易平台的监管框架。[2]数字货币交易平台外部监管的"高门槛"与行业自我规制的缺失是其风险产生的"共性问题"。

一方面，针对数字货币交易平台的外部监管具有"高门槛"的特点。首先，数字货币交易平台难以嵌入传统"中心化"的金融监管框架内。以"去中心化"为导向的数字金融平台在业务操作、产品定价、合同文本、合格投资者认定等方面缺乏统一的标准，难以适用传统"中心化"的监管模式。[3]其次，科技创新加大了监管者与被监管者之间的信息不对称，其根源于监管者"缺乏充分的技术手段进行数据触达"。[4]这就导致既有的监管模式因缺乏技术支撑而无法针对数字货币交易平台发挥应有的作用。最后，面对金融科技平台的迅速发展，传统"审慎监管原则"存在失灵的风险。"审慎监管"旨在通过事先规定，约束金融机构的投机行为以防范系统性的金融风险。该监管原则与金融科技行业"技术驱动""高效率""低成本"等特征存在抵牾之处，难以支撑数字货币交易平台的监管需求。

另一方面，数字货币交易平台的行业自律在一定程度上存在缺失。首先，数字货币交易平台的"身份重叠"阻碍了业务规则的订立与完善。交易平台本身具有"企业"与"市场"的双重身份，而数字货币交易平台还可能成为数字货币的"发行商"。这种身份上的多重属性产生了"既当裁判者，又当运动员"的道德风险，也削弱了交易平台制定行业规则进行自我规制的积极性。其次，数字货币交易平台数量巨大且发展不平衡，平台间的竞争激烈且无序，在此背景下，平台间的利益难以简单平衡一致，任何业务规则的约束均可能打破既有的利益格局。因此，行业自律的形成也存在一定的"瓶颈"。

---

[1] Bitcoin Dealer Sentenced to Two Years in Prison and Ordered to Forfeit Ill-Gotten Gains，United States Department of Justice （2019-4-8），https://www.justice.gov/usao-sdca/pr/bitcoin-dealer-sentenced-two-years-prison-and-ordered-forfeit-ill-gotten-gains

[2] 参见张超："数字货币交易平台的风险及其监管规则建构"，载《财经论丛》2020 年第 3 期。

[3] 参见沈伟："金融科技的去中心化和中心化的金融监管——金融创新的规制逻辑及分析维度"，载《现代法学》2018 年第 3 期。

[4] 杨东："监管科技：金融科技的监管挑战与维度建构"，载《中国社会科学》2018 年第 5 期。

二、数字货币交易平台的监管框架

本部分总结域外及我国数字货币交易平台监管实践经验，从以下四方面对数字货币交易平台的监管逻辑框架进行梳理。

（一）确立数字货币交易平台的监管主体

在数字货币交易监管领域，法律规则的建立本身存在矛盾机制。一方面，规则试图为技术开发及数字金融创新留下充足的发展空间，过于严苛的规定可能扼杀金融科技创新；另一方面，规则本身又必须协调金融创新与现有金融环境、金融安全、社会秩序乃至国家利益间的关系，防止其游离于监管之外造成不可遏制的破坏。因此，面对实践中灵活性问题就留有行政裁量的可能与必要。[1]确立数字货币交易平台的监管主体对于强化监管、落实责任意义重大。然而，由于数字货币的法律属性尚存争议，数字货币交易平台的监管主体亦存在模糊——究竟由商品监管机构、货币监管机构还是证券监管机构行使监管职能，各国实践存在差异。总体而言，可以分为"分业监管"和"集中监管"两种模式。[2]

"分业监管"模式以美国为典型，系指不同监管主体根据数字货币交易平台的运营模式、交易类型等从不同方面开展监管。例如，SEC 负责美国证券监督和管理工作，是美国证券行业最高监管机构。在监管实践中，SEC 主要在证券法框架下，对于数字货币发行及销售符合证券发行与出售的平台予以监督管理，并对违规发行、出售证券行为予以打击；CFTC 是负责商品期货、期权交易的监管主体。监管实践中，其主要将数字货币视为大宗商品并对数字货币平台期货、期权交易予以监管，对违法行为进行惩处；IRS 司职美国国内税务征收与监管，主要负责数字货币开采、兑换和使用过程中的税收监管，防止税基侵蚀。当然，不同监管主体在职能上也会存在交叉，监管实践中同样存在不同机构间的广泛合作。

"集中监管"模式则是指主要由单个监管机构履行数字货币交易平台的监管职能，其他政府机构积极配合。例如，日本金融厅（FSA）是保障日本金融系统稳定，负责对日本银行业、证券业、保险业实施监管的机构，同时是数字货币监管主体。2017 年 8 月日本金融厅成立"虚拟货币监管小组"，对于数字

---

〔1〕 参见陈姿含："加密数字货币行政监管的制度逻辑"，载《北京理工大学学报（社会科学版）》2020 年第 5 期。

〔2〕 参见王谨："数字货币的商法性研究"，载《法学杂志》2020 年第 12 期。

货币交易平台的准入、信息披露、经营合规等负有监管主体责任。新加坡金融管理局负责数字货币交易活动及交易平台的监管。根据最新的监管规定，对于所有促进代币发行的主体（包括数字代币发行平台与二级交易平台）均应受到MAS 相关监管条例的约束。[1]

目前，出于规避风险的考虑，我国尚不允许金融机构从事私人数字货币交易业务。但从之前对数字货币交易的监管实践中可以看出，我国实行以人民银行为主、工业和信息化部、银保监会、证监会等专业部门协同配合的监管模式。[2]

（二）构建数字货币交易平台事前准入机制

通过设置数字货币交易行业准入门槛，实现对交易平台的事前监督不失为实现间接监督的可行之策。2018 年经济合作与发展组织（ODEC）金融行动特别工作组修正《反洗钱金融行动特别工作组建议》，明确规定"为管理和减轻数字货币带来的风险，各国应对数字货币服务提供商进行监管，实行许可注册制度，以监督和确保遵守《反洗钱金融行动特别工作组建议》所要求的有关措施"。欧盟 2018 年通过的《第五项反洗钱指令》第 47 条规定："成员方应确保虚拟货币与法币之间的交换服务提供商以及托管服务提供商已登记注册。"此外，美国、日本、瑞士等国已宣布实行数字货币交易平台准入制度，通过审核申请人的注册资金、财产状况、管理人员组成、风险内控机制、不良诉讼记录等，决定是否颁发牌照。交易平台还应在经营状况、人员组成等发生重大变更时及时报告。

2016 年 9 月，瑞士金融市场监管局（Swiss Financial Market Supervisory Authority，FINMA）下令取缔 3 家未获得授权、涉嫌数字货币诈骗的交易平台。同年 10 月，FINMA 首次向一家比特币交易所 Moving Media 颁发合规牌照。这意味着数字货币交易平台必须严格遵守监管局关于反洗钱、反恐怖融资的相关规定，并接受 FINMA 的监管。

当然，数字货币交易平台事前准入还可以分为"核准制"与"备案制"两种模式。但考虑到金融科技发展仍处于初级阶段，相关的监管机制、犯罪防控机制尚未健全，因此大部分国家主要采核准制，即由监管机构对交易平台的资质进行全面、严格把关。

---

〔1〕 参见皮六一、薛中文："加密资产交易监管安排及国际实践"，载《证券市场导报》2019 年第7 期。

〔2〕 参见王谨："数字货币的商法性研究"，载《法学杂志》2020 年第 12 期。

（三）利用"监管沙盒"对交易平台运行进行监管

基于金融科技风险的数字货币交易平台监管应当遵循"实验性"原则，其要求监管机构在出台一项监管措施或实施一项监管决定时，首先在一个可控的环境内对金融创新进行近距离的观察，评估创新带来的收益与风险。"监管沙盒"模式恰好契合了"实验性"原则的要求，其主要针对一些尚不符合现阶段监管政策的金融创新产品或服务，由监管机构预设一个仿真的市场交易环境，并允许该金融产品或服务在受控环境内不受监管政策约束。通过对运行过程中具体情况及相关数据的研究，发现其潜在的风险以及现有监管框架是否可以对这些风险进行有效规制。

除英国、新加坡外，我国香港地区金融管理局（HKMA）于2016年9月推出金融科技"监管沙盒"，针对特定数量的用户开展金融"沙盒"试验，其间无需遵守香港地区金融管理局的监管规定。2017年9月，香港地区证券及期货事务监察委员会推出了自己的"监管沙盒"。相较而言，香港"监管沙盒"辐射范围较小。对于数字货币交易，如果平台经营证券或期货类型的代币，可以申请进入"监管沙盒"试验，以实现合规监管。2021年11月，北京市证监局、北京市金融监督管理局公布首批纳入资本市场的金融科技创新项目名单，标志着内地"监管沙盒"模式即将落地，为未来数字货币交易平台监管奠定了基础。[1]2022年12月，上海市金融监管局官网发布消息，对首批资本市场金融科技创新试点项目予以公示。本次试点"沙盒管理"聚焦数字人民币、5G、人工智能及"云链一体"等前沿领域，有利于打造包容审慎的金融科技监管环境，促进资本市场金融科技健康发展的良好生态。

（四）加强平台运营过程信息披露及投资者权益保护

各国针对数字货币监管的态度不同，有多方位积极监管以加强规制，也有限制甚至禁止以规避风险。本部分从平台告知及说明义务、重大事项信息披露义务以及用户资产与平台自有财产分离义务三个方面予以展开论述。

首先，数字货币交易平台是否履行告知与说明义务，是运营过程监管与规制的重点。平台履行告知与说明义务，旨在提高客户对数字货币行业知识的了解，引导客户建立正确的投资理念，并缓解平台与客户之间信息的不对称。平台应该尽其所知，对数字货币业务相关的信息作出全面、真实的说明，避免客

〔1〕参见梁银妍："资本市场'监管沙盒'即将落地　首批金融科技创新试点项目名单发布"，载《上海证券报》2021年11月20日，第2版。

户因受误导而作出非理智的选择。[1]为保护用户财产利益，日本《资金结算法修正案》明确数字货币交易平台有义务向用户说明数字货币和法币的区别，避免用户发生误认。具体而言，修正案规定交易平台应通过书面或其他适当方法，向用户说明以下内容：（1）对该平台所涉及的虚拟货币业务介绍；（2）虚拟货币既不是法定货币，也不是外国货币；（3）该虚拟货币不存在特定主体保证其价值；（4）其他能够影响使用者判断的重要信息。

其次，数字货币交易平台应当履行信息披露义务。平台应及时、完整、真实地对包括数字货币平台经营信息、人员信息、财务状况、风险信息在内的营运信息对消费者及监管机构作出披露。在美国，纽约州《虚拟货币监管法案》要求数字货币交易平台及时向监管者及消费者报送重大业务变更及财务会计报告，披露一般交易信息与重大风险信息以保护投资者。日本《资金结算法（修正案）》要求数字货币交易平台及时、准确、完整地披露其运营过程中人员信息、经营信息、财务信息、风险信息等重大事项及其变化，并对市场重大风险向投资者进行提示与披露。

最后，为保障投资者财产安全，数字货币交易平台应履行用户资产与平台财产分别管理的义务。纽约州《虚拟货币监管法案》规定，交易商应按照监管者的要求持有一定的美元担保债券或信托账户，且信托账户须由符合资质的托管人保管。在发生如黑客入侵、数字货币被盗等突发风险事件时，平台应通过固有账户对投资者作出补偿。日本《资金结算法（修正案）》要求数字货币交易平台将其固有财产与用户财产分别管理，且所采用的管理方法能够"一目了然"地辨别。分别管理的情况应接受注册会计师及监察法人的监督，违反分别管理义务将受到行政甚至刑事处罚。

■ 要点

1. 在传统中心化数字货币交易平台经营实践中，客户的数字资产及个人信息多交由平台保存控制，监管的漏洞与内控机制的缺失使交易平台成为网络黑客非法入侵的"众矢之的"，数字货币失窃案件频发。

2. 数字货币交易平台存在虚假交易、内幕交易，涉嫌协助洗钱、恐怖融资、集资诈骗等法律风险。构建数字货币交易平台违法风险内控与合规机制是监管的重点。

3. 保护平台用户与投资者的利益始终是监管措施实施的重要目标之一，督

---

〔1〕 参见樊云慧："比特币监管的国际比较及我国的策略"，载《法学杂志》2016年第10期。

促数字货币交易平台构建投资事项说明、重大信息披露及客户财产与平台固有财产分离，是维护投资者利益，防范不良投资风险的重要监管举措。

■ 思考题

6.8 如何看待金融科技创新发展与其内在技术、法律风险之间的平衡关系？

6.9 实践中对数字货币交易平台的监管逻辑对我国构建数字货币交易平台监管体系有何借鉴意义？

■ 本章阅读文献

1. 邓建鹏、李雪宁："监管沙盒的国际实践及其启示"，载《陕西师范大学学报（社会科学版）》2019 年第 5 期。
2. 樊云慧："比特币监管的国际比较及我国的策略"，载《法学杂志》2016 年第 10 期。
3. 王谨："数字货币的商法性研究"，载《法学杂志》2020 年第 12 期。
4. 许多奇："从监管走向治理——数字货币规制的全球格局与实践共识"，载《法律科学》2021 年第 2 期。
5. 张超："数字货币交易平台的风险及其监管规则建构"，载《财经论丛》2020 年第 3 期。
6. 张运峰、曾艳、肖文昊："数字加密货币交易平台监管研究"，光明日报出版社 2020 年版。
7. Jurgita Miseviciute, *Blockchain and virtual currency regulation in the EU*, Journal of Investment Compliance, 2018（3）.
8. Rain Xie, *Why China had to "Ban" Cryptocurrency but the U. S. did not：A Comparative Analysis of Regulations on Crypto-Markets Between the U. S. and China*, Washington University Global Studies Law Review, 2019（2）.
9. Samantha J. Syska, *Eight-Years-Young：How the New York BitLicense Stifles Bitcoin Innovation and Expansion with Its Premature Attempt to Regulate the Virtual Currency Industry*, Journal of High Technology Law, 2017（2）.
10. Thomas Slattery, *Taking a Bit out of Crime：Bitcoin and Cross-Border Tax Evasion*, Brooklyn Journal of International Law, 2014（2）.

第七章
数字货币犯罪及其规制

【导读】

比特币等私人数字货币给社会运转秩序、金融运行模式带来冲击，其所引发的刑事风险亟待回应。数字货币刑事风险可分为三类：第一，以数字货币作为侵害对象的犯罪，如私人数字货币面临盗窃罪、诈骗罪、敲诈勒索等侵害财产类犯罪；第二，以数字货币作为犯罪工具的犯罪；第三，以数字货币之名义实施的犯罪。面对刑事风险所带来的制度挑战，扩充传统犯罪的网络化适用空间渐成趋势，应及时审视发现刑法漏洞，倒逼前置法作出相应规定，在必要时对刑法予以修改。

数字货币作为区块链、云计算等信息技术与传统金融交叉融合的结果，其流行已成为数字经济、金融科技领域的显著标志。按照发行主体，数字货币可以分为法定数字货币和私人数字货币两类。本章所讨论的数字货币犯罪，依然是指以比特币为代表的私人数字货币的相关犯罪行为。

第一节　数字货币领域的刑事风险及其规制理念

一、数字货币领域的刑事风险概览

（一）以数字货币作为侵害对象的犯罪

以比特币为代表的数字货币作为犯罪对象的案件时有发生，对于数字货币的财产属性认定以及财产损失者应被给予何种保护，学者和审判实务中法院的认识均存在分歧。在孟某林、刘某案中，在以太币是否属于刑法保护对象的这一问题上，法院认为以太币作为一种特定的虚拟商品，与金钱财物等有形财产、电力燃气等无形财产存在明显差别，以太币作为动态的数据组合，其法律属性是计算机信息系统数据，依法属于《刑法》"非法获取计算机信息系统数据罪"所保护的对象。但不予采纳"销赃金额 38 万余元不是 60 个以太币的对价"的相关上诉、辩护意见，即变相承认了以太币代表的财产性利益。[1]而在高某、李某林等敲诈勒索案中，法院认为普通民众在自担风险的前提下能够在互联网交易平台上将数字货币兑换成实际的货币，数字货币交易应被视为一种互联网上的商品买卖行为，故其应当属于《刑法》保护的财物范围。[2]对数字货币法律属性的认定差异，是审判实务就以数字货币作为侵害对象的犯罪行为认定不一致的重要原因。虽然当前我国未在法律层面明确数字货币的刑法定性，但有关部门也相继出台了一些保护性政策。2013 年 12 月，央行等五部委发布的《关于防范比特币风险的通知》将比特币定性为一种特定的虚拟商品，首次承认虚拟货币的"商品"属性。此后，中国互联网金融协会等于 2021 年 5 月联合发布的《关于防范虚拟货币交易炒作风险的公告》，以及中国人民银行等部门于 2021 年 9 月联合发布的《关于进一步防范和处置虚拟货币交易炒作风险的通知》，在否定虚拟货币的货币属性的同时，认可了其作为一种虚拟商品在市场流通或用于投资交易活动的价值。因此，即使法律限制数字货币的流通，《刑法》也并不因禁止性规定而否定其财产属性。

（二）以数字货币作为犯罪工具的犯罪

在人身犯罪和社会秩序领域犯罪，数字货币常被作为索财型绑架、赌博犯罪、毒品犯罪等犯罪行为的结算支付工具以逃避国内金融监管，转移赃款。在经济犯罪领域，数字货币除了作为支付工具，也作为不法资金中转方式活跃在税收类、外汇类、非法集资类和洗钱类犯罪领域。譬如，犯罪分子利用数字货币特有的独立支付系统避开传统的支付系统进行商品交易，对税务稽查审计提出了严峻的挑战，逃、避税等行为也随之大量出现；犯罪分子通过"人民币—数字货币—外币"的兑换路径，无视我国外汇管理制度，可以自由进行外汇买卖、资产跨境转移，实施逃汇、非法经营外汇业务等违法犯罪行为；犯罪分子无视法律禁止性规定，利用网上集中交易平台进行数字货币整合，实际上实现了资金整合，构成集资诈骗罪、非法吸收公众存款罪等非法集资类罪名；犯罪分子利用数字货币的双向可兑换性、匿名性实施洗钱行为，将资金注入数字货币平台，将数字货币进行洗白或混合，最终实现资金洗白。

---

〔1〕 浙江省温州市中级人民法院（2019）浙 03 刑终 1117 号刑事裁定书。
〔2〕 宝鸡市中级人民法院（2020）陕 03 刑终 96 号刑事判决书。

（三）以数字货币之名义实施的犯罪

鉴于我国目前不承认比特币等私人数字货币的法律地位和货币属性，故在办理此类案件时，需要判断行为人是假借数字货币之名行传统犯罪之实，还是确实从事了相关代币发行的融资活动；是针对特定对象，还是针对不特定社会公众；是否具有非法占有的目的，然后才能决定是否定罪量刑。[1]对于这类名义型犯罪应当重点关注以数字货币之名进行诈骗行传销的行为，注意此种新型犯罪形式法益侵害、社会影响上的扩大化，发现其与传统犯罪实质上的不同之处，这样才能切实解决司法实践中面临的定罪难和侦查难问题。

二、数字货币犯罪的刑法规制理念

正视数字货币作为刑事法律载体的风险和意识到刑事法律规则的整体不足，完善数字货币犯罪的刑法应对体系势在必行。在政策文件层面，从《关于防范比特币风险的通知》中对比特币货币属性的否定到《关于防范虚拟货币交易炒作风险的公告》中对其"虚拟货币"地位的肯定，可见比特币已不再局限于一般意义上的数据，而是兼具了"经济型""价值型"的财产属性，但是否应完全纳入虚拟财产的场域，司法实务存在较大的争议。这主要可归结于刑事立法的反应和现实罪情之间，存在一个明显的代际滞后，显然难以形成科学、系统和能够产生实效的刑法反应体系。[2]因此，针对数字货币犯罪建构科学的刑事规则体系是科技金融发展的必然选择。

在短期内，面对当前数字货币领域的犯罪问题，刑事立法不能一蹴而就，在立法作出调整前，当学术界及实务界已经就数字货币犯罪行为类型有了较为成熟的经验后，数字货币犯罪的治理需要依赖司法解释及时加以固定。对于通过刑法解释即可合理应对的犯罪行为，有必要借助新兴领域犯罪规制的科学刑事政策理念，以及刑法教义学对现行实定法规范的有效整理，选取和激活区块链犯罪场景下可供适用的罪名。[3]此外，最高司法机关通过发布指导性案例或典型案例的形式对数字货币犯罪审判实践提供指导，统一法律适用标准，也是现阶段避免"同案不同判"现象的有效做法。实际上，最高人民法院、各地法

---

[1] 参见胡春健、陈龙鑫："涉虚拟货币领域刑事犯罪研究"，载《上海法学研究》（第 20 卷）集刊，2022 年第 20 卷。

[2] 参见赵志华、毛典辉："区块链技术背景下金融刑法的风险与应对"，载《北外法学》2020 年第 2 期。

[3] 参见马永强："论区块链加密货币的刑法定性"，载《苏州大学学报（法学版）》2022 年第 2 期。

院或专门法院都曾发布过涉及虚拟财产的典型案例，不过该类案件中的虚拟财产多指 Q 币、游戏点等虚拟财产，对以比特币为代表的数字货币类案件而言参考意义较小。因此，最高人民法院有必要通过发布有关数字货币的刑事案件作为指导性案例，从而为数字货币刑事案件的司法裁判提供裁判依据与指导。

长期来看，新技术的发展、运用和行政监管手段有限性之间的矛盾频发，仅仅运用传统监管措施无法有效遏制特殊领域犯罪。从刑法角度规制日益增高的社会风险并维护社会安全秩序成为刑法的主要目标，消极预防性刑法观早已转向为积极预防性刑法观。[1]这促使立法者在发展行政法的同时，需要依赖刑法来治理国家与社会。基于法秩序统一性的要求，刑法对数字货币犯罪的认定（尤其是对其法律性质、价值认定等的判断）需要刑法与前置法的沟通协调。如当前我国所采取的"灰产监管框架"可能有待进一步调整，[2]在立法层面明确数字的法律性质后，倒逼前置法积极探索如何对去中心化的区块链组织进行监管介入。在刑法规范的供给出现明显不足时，法律适用者应该在罪行法定原则所允许的最大限度内尽可能地扩充刑法规范的供给，以尽量弥补成文法典自身可能具有的滞后性缺陷，回应现实社会的需要。[3]同时，刑事立法作为法律尊严最后的防线，也应注意介入的适度性，作为社会控制的工具，刑法应当确保价值与功能的均衡。

■ 要点

1. 数字货币刑事风险可分为三类：第一，以数字货币作为侵害对象的犯罪；第二，以数字货币作为犯罪工具的犯罪；第三，以数字货币之名义实施的犯罪。

2. 我国采取的是"违法—犯罪"二元化区分的惩罚体系，然而在数字经济时代，刑法应以相对积极的立场来应对风险。一方面扩充传统犯罪的网络化适用空间，另一方面及时审视发现刑法漏洞，倒逼前置法作出相应规定，以及在必要时对刑法予以修改。

■ 思考题

7.1 关于数字货币犯罪的刑事立法体现的应当是积极刑法观，还是消极刑

---

〔1〕　参见刘艳红："积极预防性刑法观的中国实践发展——以《刑法修正案（十一）》为视角的分析"，载《比较法研究》2021 年第 1 期。
〔2〕　参见苏宇："数字代币监管的模式、架构与机制"，载《东方法学》2021 年第 3 期。
〔3〕　参见付立庆："论积极主义刑法观"，载《政法论坛》2019 年第 1 期。

法观？为什么？如果是积极刑法观，刑事规制理念该如何具体展开从而保证此种"积极"是理性、中肯的？

第二节　数字货币犯罪之一：对象型犯罪及其规制

数字货币依托区块链技术实现了去中心化，而一些不法分子利用其特有的高度匿名性、交易速度快等特点实施违法犯罪活动，引发了盗窃罪、诈骗罪、敲诈勒索罪等侵财类犯罪。如在潘某敲诈勒索案中，被告人潘某以非法占有为目的，通过非法手段攻击被害单位网络交易平台，致使交易平台无法正常登录后，通过互联网发送电子邮件等方式向被害单位勒索比特币，造成被害单位因购买比特币所致的数额巨大的直接财产损失。[1]不过考虑到在数字货币情境下，敲诈勒索罪较传统线下犯罪的区别仅是勒索对象的不同，在司法认定层面，对该罪特殊性的讨论（价值认定和既遂判断）皆可在本章论及。而对盗窃罪、诈骗罪和故意毁坏财物罪的犯罪认定均有别于其在传统情境下的分析思路，因此，本节将重点围绕以上三类罪名展开论述。

一、对象型犯罪概述

（一）盗窃罪

司法实践中将盗窃比特币的行为定性为非法获取计算机信息系统罪还是盗窃罪存在不同的争议。在仲某某非法获取计算机信息系统数据案中，被告人仲某某采用技术手段非法获取计算机信息系统数据，在比特币钱包程序中插入代码转移了100个比特币至其在互联网站的个人"钱包"里。最终被告人仲某某犯非法获取计算机信息系统数据罪。[2]除部分案件中将比特币视为计算机信息系统数据外，不乏存在以盗窃罪审查认定的个案情况，如武某盗窃比特币案[3]，检法在罪名认定上达成共识。对此有学者指出，不应当仅因为计算机信息系统这一作案手段的出现和盗窃对象的表现形式不同，就将行为定性为非法获取计算机信息系统罪。数据本身是各种权益的载体，在民法中应当按照数据权益的类型进行区别保护，刑法亦当遵循这一逻辑。非法获取计算机信息系统数据罪是电子数据保护的普通罪名，与其他保护特定数据的特别罪名间存在

---

〔1〕　北京市海淀区人民法院（2017）京0108刑初第725号刑事判决书。

〔2〕　北京市海淀区人民法院（2019）京0108刑初第80号刑事判决书。

〔3〕　浙江省台州市中级人民法院（2016）浙10刑终1043号刑事判决书。

法条竞合关系，在有特别法规定的情况下，应当优先适用特别法。当电子数据具有财产属性时，应当认定为财产犯罪。还有学者认为，数字货币能够同时承载着计算机信息系统安全管理秩序和财产法益这两种法益，但非法盗取数字货币的行为未必总是会同时侵犯两种法益，还需要根据行为人盗窃比特币的情形具体分析。[1]可分为两种：一种是行为人通过盗窃私钥从而达到窃取比特币的目的，另一种是通过非法侵入他人计算机系统非法取得比特币数据。对于前者，窃取行为并未侵犯网络安全与秩序，不符合非法获取计算机信息系统数据罪，应当以盗窃罪论处；而对于第二种，既构成了非法获取计算机信息系统数据罪，也构成了盗窃罪，应当择一重处。本书认同前一种观点，数据作为各种权益的载体，应当以数据所体现的法益性质、犯罪手段作为定罪依据。在数据体现为财产法益的时候，若侵犯数据的手段符合盗窃罪的客观方面，应认定为盗窃罪。

（二）诈骗罪

一般意义上，与数字货币相关的诈骗罪案件可分为两类，一类是假借持有、买卖、经营数字货币或比特币矿机等方式骗取被害人钱财，虚构有关数字货币的高收益项目，骗取被害人投资款等；另一类则是通过欺骗方法来骗取被害人数字货币的案件。在第一类案件中，数字货币仅为诈骗的噱头并不属于严格意义上的对象型犯罪，因此，本节主要讨论被害人基于错误认识而处分数字货币的情形。

诈骗罪是指以非法占有为目的，使用虚构事实或隐瞒真相的方法，骗取数额较大的公私财物的行为，而"处分意识"是区分盗窃罪和诈骗罪的关键要素。有较多学者认为，在处分意识的程度要求上，应坚持严格的处分意识说，权利人须明确认识到其处分行为将转移自己对特定数量财产的占有或支配，但不必认识到被处分财产的价值。[2]在传统犯罪领域下，被骗者的意思方向是盗窃罪与诈骗罪界分的关键。然而在数字货币犯罪的情境中，被害人的处分意识应当如何认定需要重新审视。2021年1月，被害人杜某经人诱骗，为领取所谓的福利虚拟币，通过扫描二维码下载了一款所谓的新版 imToken App（该仿冒 App 后台能自动抓取用户在该 App 中输入的助记词），并依据系统提示输入用户名和助记词（相当于账号和密码）。在杜某输入助记词后，App 显示数据异常。杜某随即发现其存放于原正版 imToken App 内的 63 个以太币被他人转走，造成

---

〔1〕　参见李遐桢："论盗窃虚拟财产的定性"，载《河北法学》2012年第11期。

〔2〕　袁国何："诈骗罪中的处分意识：必要性及判别"，载《法学研究》2021年第3期；张明楷：《刑法学》（下），法律出版社2016年版，第1003页。

经济损失约 61 万元。[1]在本案，犯罪嫌疑人的行为定性存在较大分歧。一种观点认为，实行犯以领取福利虚拟币需要更新 imToken App 为由，诱骗被害人下载仿冒 App 后基于错误认识自愿向该 App 泄露具有财产价值的助记词，其行为符合诈骗罪的构成要件。而另一种观点则认为，被害人虽是经实行犯诱骗在仿冒 App 上输入了助记词，但主观上不存在处分虚拟货币的意识。实行犯通过技术手段非法获取助记词后将被害人的虚拟货币转走，其行为符合盗窃罪的构成要件。在这种数字货币案件定罪上，被害人在事实上并不具有处分数字货币的意思，如果坚持处分意识必要说，将得出行为人构成盗窃罪的结论。但从普通公众的角度来看，该情形却属于典型的诈骗行为。[2]诈骗罪要求被害人在处分财物时必须具有处分意识，这一点在司法实务界及理论界均已达成基本共识，因此对此类案件的处理，还是以盗窃罪定罪为宜。不过对此类案件的处理并不意味着在比特币等数字货币领域的犯罪中不存在诈骗罪的情形，如果被害人在处分财物时具有处分意识，以诈骗罪定罪是毋庸置疑的。如在裴某诈骗案中，2014 年 8 月，被告人裴某在互联网上购买了网站，并制作了一个以投资比特币为内容的论坛，谎称在该网站存比特币有丰厚的利息及奖励报酬，吸引别人将比特币转入该网站。后裴某联系到被害人朱某，朱某按照"铲锹"的指引，于2014 年 8 月 3 日联系了该网站的充值客服，于 2014 年 8 月 3 日至 10 日分多次将共计约 183.8 个比特币（价值 668 100.134 元）转入该客服提供的比特币网址，并转账 10 000 元给裴某，共被骗 678 100.134 元。对此，一审法院认定裴某犯诈骗罪，判处有期徒刑 10 年 4 个月，并处罚金 50 000 元。[3]

（三）故意毁坏财物罪

故意毁坏财物罪，是指故意实施毁灭或者损坏公私财物，数额较大或者有其他严重情节，从而构成的犯罪。行为人并不具有非法占有的目的，而是通过毁坏行为使得他人财物的效用发生丧失或减少。与传统的虚拟财产相比，数字货币具有匿名性，且具备不同程度的去中心化特征，被害人一旦因损坏行为丧失对数字货币的控制，其将无法通过挂失找回自己的数字货币。依毁坏行为对数字货币的作用对象可分为两种情形，第一种是行为人对硬件钱包的毁坏，对于行为人而言，行为人毁灭了硬件钱包，且钱包受害人无其他备份私钥，虽然比

---

〔1〕 参见蓝红霞、杜倩楠："制作虚拟钱包'钓鱼 App'的行为定性"，载《中国检察官》2022 年第 8 期。

〔2〕 参见王熠珏："'区块链+'时代比特币侵财犯罪研究"，载《东方法学》2019 年第 3 期。

〔3〕 广东省东莞市第一人民法院（2015）东一法刑初字第 2596 号。

特币本身并未被毁损，但因受害人无法支配比特币，使得比特币的效用性丧失，造成了财产的直接损失，若数额较大或有严重情节，构成故意毁坏财物罪。[1]第二种是行为人对私钥的毁灭，私钥作为持有者证明其所有权的唯一凭证，一旦灭失，中心化的数字货币交易平台、数字货币持有人或任意第三方主体均无法找回数字货币，其效果就是"物的灭失"。[2]然而难点在于如何证明行为人所毁坏的是被害人唯一的私钥文件。具体而言，如果行为人将他人唯一的私钥文件删除或将他人唯一的私钥储存设备毁坏，理应构成故意毁坏财物罪；若行为人虽然毁坏了他人的私钥文件，尽管被害人还拥有多个私钥备份，但由于其遗忘了备份的存储位置，在事实上也相当于被害人将永远无法支配比特币，造成了财产的损失。行为是否成立故意毁坏财物罪，因被害人持有的私钥备份数量及其记忆力而能得出不同结论，具有较强的不确定性。[3]

二、对象型犯罪的定罪疑难分析

（一）价值认定是涉数字货币侵财类案件的审查难点

审判实务中对数字货币的价值认定存在较大分歧，特别是在侵财类案件中标准不统一。在高某、李某林等敲诈勒索案中，一审、二审认为代币平台每天都会公布交易价格，故以行为人犯罪时涉案以太币、EOS币的交易价格来认定犯罪金额是可行的；而在潘某敲诈勒索案中，法院依据被害人购买数字货币的价格确定了犯罪金额。上述法院裁决表明，数字货币的犯罪数额认定标准的缺失将导致实务中同案不同判的问题，对数字货币而言价值的统一认定显得尤为重要。对此有学者提出，数字货币犯罪的数额认定方式可以参考普通财产犯罪，尽管虚拟货币的价格受一定的因素影响会有所波动，但其交易价格在短期内较为稳定和一致，以犯罪行为人在实施犯罪行为时虚拟货币的价格，认定相应的犯罪数额或造成的财产损失，符合我国刑法罪责刑相适应原则的要求。[4]还有学者认为，对数字货币的价值认定需要考量个案具体实际和侵权模式的不同，如被害人的购买价格、比特币交易平台显示的价格，专业机构出具的价格认定

---

〔1〕　参见张奥、钱小平："法定数字货币对涉财犯罪的影响"，载《大连理工大学学报（社会科学版）》2022年第2期。

〔2〕　参见王谨："数字货币的商法性研究"，载《法学杂志》2020年第12期。

〔3〕　参见王熠珏："'区块链+'时代比特币侵财犯罪研究"，载《东方法学》2019年第3期。

〔4〕　参见王玉玲："我国虚拟货币刑法规制的案例研究"，载《上海法学研究》2021年第5卷。

意见以及犯罪嫌疑人的销赃数额都可能作为法院认定犯罪数额的因素。[1]

对于涉及侵财类犯罪的价值认定方法，尚需要在数字货币的背景下进一步加以变通和扩充。财产化保护路径具有天然的合理性与优势，"数额"始终是财产犯罪定量因素的绝对核心。但是，价值认定方法是难以克服的技术"鸿沟"，使得财产化保护路径始终陷入众口难调的无奈境地。科学合理的价值认定方法论体系是司法持续的重要保障，[2]价值认定难题亟须有效的司法规则，可建构独立的定量因素及其体系，综合行为的次数、持续的时间、非法获取虚拟财产的种类与数量、销赃数额等情形进行认定，合理选择数额或情节作为量刑标准。[3]采用类型化的评估方式，以避免评价方式的单一而有违公平正义的实现，并为司法裁量提供标准。

（二）既遂判断是涉数字货币侵财类案件的审查难点

就取得型侵财类犯罪而言，排除他人对财物的支配而建立新的支配关系，是该类犯罪的典型特征。对于有体物乃至传统的虚拟财产，破坏占有而新建占有的时间顺序遵循着严格的先后性。对于传统纸币或者其他有形物体而言，只要实际控制财物即告既遂，并不难判断。但在数字货币情境中，对其占有或者控制的判断需要具体分析，侵财类犯罪的既遂和未遂的判定也不那么直观，应该根据财物的性质、形状、体积大小、被害人对财物的占有状态、行为人的窃取样态等进行判断。以比特币为例，其可类比为信用卡，私钥相当于银行卡的密码，而钱包只是存放和管理比特币私钥和地址的工具，钱包持有者能通过私钥实现对比特币近乎完全的控制能力。[4]如果认为行为人对财物具有排他性的支配时才建立新的占有关系，那么行为人拷贝比特币私钥文件的行为便不能成立盗窃罪，唯有行为人利用拷贝的私钥将比特币转移至其他账户时，才能视为对财物建立起了新的支配关系而成立盗窃罪，反之则可能会得出不同的结论。[5]若认为开始使用私钥转账之时才是"着手"，法定数字货币转账瞬间完成，从着手到结果实现没有时间间隔，行为人一旦着手即达既遂，根本无未遂与中止

〔1〕 参见李慧、田坤："涉比特币领域犯罪问题审视与司法应对——以海淀区人民检察院近五年涉比特币案件为样本"，载《中国检察官》2021年第10期。

〔2〕 参见孙道萃："网络财产性利益的刑法保护：司法动向与理论协同"，载《政治与法律》2016年第6期。

〔3〕 参见张明楷："非法获取虚拟财产的行为性质"，载《法学》2015年第3期。

〔4〕 参见周铭川："盗窃比特币行为的定性分析"，载《南通大学学报（社会科学版）》2020年第3期。

〔5〕 参见王熠珏："'区块链+'时代比特币侵财犯罪研究"，载《东方法学》2019年第3期。

的适用空间。这种情形下的就取得型侵财类犯罪变成了举动犯，不符合罪的常态类型，也不利于给予被告人迷途知返的机会及准确评价责任。相反，行为人在非法获取私钥后无须他人协助就能够一次性完成转账，受害人的财物从私钥被窃后便具有紧迫的危险。因此，无论行为人非法获取该私钥后是否完成转账，都已经排除了受害人的支配权，应当认定为既遂。[1]

三、对象型犯罪的刑事规制思路

对数字货币属性的认知差异是司法在对象型犯罪上存在分歧的重要原因之一。从规制依据看，《关于防范比特币风险的通知》在定义比特币等数字货币时使用了"虚拟商品"一词，但从我国现有侵犯财产罪规制体系来看，并不能找到对应的裁判依据，语意的模糊性一定程度上造成了司法认定困难；从立法层面看，该通知为部门规章，层级较低。而刑事审判的法律依据要求非常严格，应当遵循"法无明文规定不为罪"的基本原则。而在学理层面，学者们对于数字货币的属性仍存在较大的争议，这也一定程度上导致了司法者认定该类案件时持有审慎态度。

除在刑法理念层面明确以比特币为代表的数字货币属于财物外，还需要确定数字货币价值的认定标准以使侵犯财产罪的量刑具有可行性。最高人民法院大法官胡云腾曾表示，对于盗窃虚拟财产的刑法规制，应按照计算机犯罪定罪处罚而非以盗窃罪处理的一个理由是，目前缺乏能够被普遍接受的虚拟财产计算方式，这对盗窃数额的认定造成了极大的困难。[2]可见，对于侵财类案件设置合理的犯罪数额计算标准尤为重要。数字货币的价格有着剧烈的浮动空间，这为数字货币价值的统一认定带来极大难度，即便如此，仍存在根据具体情形讨论类型化认定标准的空间。为避免估价机制的缺乏掣肘数字货币的刑法保护，有必要在立法层面确立数字货币的计算标准以消解侵财类犯罪案件间的定罪差异。

■ 要点

1. 为解决数字货币对象型"同案不同判"的问题，有必要在立法层面进行刑事规制。除在刑法理念层面明确以比特币为代表的数字货币属于财物外，还

---

〔1〕 参见张奥、钱小平："法定数字货币对涉财犯罪的影响"，载《大连理工大学学报（社会科学版）》2022年第2期。

〔2〕 参见胡云腾、周加海、周海洋："《关于办理盗窃刑事案件适用法律若干问题的解释》的理解与适用"，载《人民司法》2014年第15期。

需要确定数字货币价值的认定标准以使侵财类犯罪的量刑具有可行性。

2. 价值认定和既遂判断是涉数字货币侵财类案件的审查难点，前者可采用类型化的评估方式为司法裁量提供标准，后者应根据被害人对数字货币的占有状态、行为人的获取样态等进行判断。

■ 思考题

7.2 在数字货币的情境下，诈骗罪是否要求有"处分认识"？

7.3 如何消解故意毁坏财物罪的认定因被害人持有的私钥备份数量及其记忆力而能得出不同结论的不确定性？

第三节 数字货币犯罪之二：工具型犯罪及其规制

鉴于数字货币自身法律属性仍不明确，导致了该类犯罪行为在司法认定上存在困难。应当进一步完善经济犯罪领域法律法规，应当通过立法或典型的司法裁判案例明确集资类犯罪的罪名构成，统一建构外汇类犯罪的司法定量规则，打击利用数字货币洗钱的非法交易所及其非法交易行为，尤其是犯罪协作行为。

一、工具型犯罪概述

（一）使用数字货币作为支付工具规避监管

1. 人身犯罪领域：索财型绑架的支付工具

数字货币逐渐被各类犯罪活动利用，包括网络犯罪以及非网络犯罪都越来越多地使用数字货币进行支付。私人数字货币作为一种支付工具，以此进行支付可以在一定程度上规避国家监管，达到高效销赃目的。在人身犯罪领域，索财型绑架行为的实施已经在有意识地使用数字货币。

■ 案例 覃某某、叶某某等绑架罪案

2019 年 1 月 23 日，被告人覃某某、叶某某、吴某某等绑架麦某某，将麦某某及其财物、车辆藏匿。其间，吴某某发短信让麦某某老婆在"火币网"上以麦某某身份开一个虚拟货币户口并用 2000 万元购买虚拟货币，拟将该款项转至他人账号占为己有。麦某某老婆接到勒索信息后就报案，公安机关于 2019 年 1 月 25 日分别将覃某某、叶某某、钟某某等人抓获。经鉴定，被害人麦某某所受

损伤为轻伤二级。[1]

从上述案例可知，以勒索财物为目的绑架他人的"财物"范围已经拓展至数字货币，且其作为财物的法律属性已经为法院所默认，数字货币作为违法所得的支付工具可以直接规避法律监察手段，并且给案件侦破、钱款追回进一步造成困难。

2. 社会秩序犯罪领域：赌博犯罪、毒品犯罪、卖淫类犯罪的支付工具

2020 年 10 月，国务院部际联席会议决定在全国范围内开展"断卡"行动以来，以往被用于转移网络犯罪资金的传统第三方支付方式如银行卡、微信、支付宝支付等受到严格规制，犯罪分子转移资金的渠道被大幅挤压。与此同时，加密数字货币领域的支付结算正在顺势成为转移资金的主要方式。[2]

■ 案例　郑某开设赌场案

某赌博网站网址为 xxx.com，IP 地址为南非，该网站开设多种可押分下注的网络赌博游戏，用网络游戏虚拟币作为交易介质，支持虚拟币与现实货币的兑换。2013 年，被告人郑某在某赌博网站注册成为网站代理，自己在其代理链接下注册小号充当下级会员，或者发展他人作为下级会员。被告人郑某代理账号下的会员账号只要在赌博网站输钱后，其本人就能获取相应比例的代理佣金。被告人郑某使用自己小号注册的下级会员在该赌博网站与其他赌博网站投注相等金额购买相反结果的方式进行赌博，对冲后其本金基本不变，但其代理的账号可获取下线会员在该赌博网站输钱数额 20% 至 25% 比例的代理佣金。郑某可将获得的代理佣金，继续在赌博网站投注或者提款至自己绑定的银行卡。已查明，郑某于 2021 年 10 月 7 日在该赌博网站通过 USDT（虚拟货币：泰达币）提取三笔佣金，金额分别为 9500 元、95 000 元、35 000 元，于 2021 年 11 月 9 日在该赌博网站通过 USDT 提取一笔佣金，金额为 100 000 元，共计 239 500 元。湖南省泸溪县人民法院判决郑某犯开设赌场罪。[3]

上述案例即运用数字货币进行赌博从中牟利的典型代表，案例中泰达币作为数字货币的一种，具有和法定货币双向兑换的典型特征，赌资名为网络游戏虚拟币，实则是真正的金钱输出，是一种新型的网络赌博形式。

---

[1] 广东省东莞市中级人民法院（2019）粤 19 刑终 1178 号刑事裁定书。

[2] 参见桑涛、夏立强："利用虚拟币非法支付结算的刑法处置"，载《人民检察》2022 年第 8 期。

[3] 湖南省泸溪县人民法院（2022）湘 3122 刑初 26 号刑事判决书。

■ 案例　谢某等贩卖毒品案

2020年5月，被告人谢某、叶某经预谋，在云南省租赁土地种植大麻。同年9月至10月，二人收获大麻后，由谢某通过telegram软件联系毒品订单，以比特币形式收取毒资，由叶某使用虚假姓名，通过快递将大麻邮寄给浙江等地的毒品买家。二人贩卖大麻约10次，非法获利4万余元。后公安人员将二人抓获，并从叶某处查获大麻3332.96克。法院认为，被告人谢某、叶某向他人贩卖大麻，其行为均已构成贩卖毒品罪。谢某、叶某多次贩卖毒品，情节严重，应依法惩处。

本案是一起犯罪分子使用"互联网+数字货币+物流寄递"手段贩卖毒品的典型案例。比特币是一种认可度较高的数字货币，具有匿名性等特点，在本案中被用于毒品交易支付。谢某、叶某利用网络联系毒品订单，以比特币形式收取毒资，使用虚假姓名寄递毒品，隐蔽性较强。

（二）利用数字货币进行中转达成犯罪目的

数字货币被广泛运用于经济犯罪活动，行为人多利用数字货币作为中转，将其与各国法定货币相互转换以达成自己的犯罪目的，其中最为典型的是税收类犯罪、外汇类犯罪、非法集资类犯罪以及洗钱和掩饰隐瞒犯罪所得罪。

1. 税收类犯罪

在以数字货币为基础的虚拟网络商务中，交易可在全球范围进行，监管者很难知晓消费者的真实身份和地理位置。传统的基于销售产品与提供劳务的增值税与营业税区分原则、基于"常设机构"作为来源地税收管辖的依据以及基于国界而设立的关税制度等都面临着巨大冲击。在这种情形下，数字货币所特有的独立支付系统又使其可以避开传统的支付系统进行商品交易，对税务稽查审计提出了严峻的挑战，逃税、避税等行为也会随之大量出现，严重危害税收征管秩序。[1]

2. 外汇类犯罪

由于现有私人数字货币多具有"去中心化"、高度匿名性、全球性、主要法定货币可兑换性、交易成本低廉性等特点，诸如比特币等数字货币或基于区块链技术支持的支付系统可能成为骗汇、逃汇等外汇犯罪的工具或者渠道。以

比特币为例，其与各国法定货币之间目前能够进行低成本兑换，并且能够借此实现人民币与外币的间接跨境兑换。[1]在上述过程中，比特币成为不同法币之间的兑换枢纽，通过"人民币—比特币—外币"的兑换路径，直接跨越我国外汇管理制度的监管，轻易实现外汇自由买卖、资产跨境转移，甚至构成骗购外汇、逃汇、非法经营外汇业务、非法持有境外资产等违法犯罪行为。[2]这就使得当前的外汇与资本管制效果明显弱化，比特币支付系统的"去中心化"甚至可能引发现行外汇管制以及保护外汇监管秩序的刑事法律不适用的风险，亟须引起金融监管与金融刑法实践的重视。[3]

3. 非法集资类犯罪

数字货币领域的部分业务已经具备了间接融资的特点，尽管我国明令禁止代币发行业务，但是对于在巨大利益驱动下依旧有可能产生的 ICO 行为，可能构成非法集资类犯罪。以比特币平台交易为例，交易平台开展的借贷业务，通过向不特定的比特币持有者支付"利息"，将零散的比特币资源整合，再以相对集中的规模向需要者放贷并获取"利息"。虽然比特币是一种特定的虚拟商品，不具备货币属性，但由于比特币具有可兑换性，能与法币自由兑换，交易平台将零散的比特币资源集中，意味着无论交易平台最终能否成功放贷，该部分相对集中的比特币资源都随时具有被兑换或提现的可能。因此，从表面上看交易平台实行的是一种非法集"币"行为，实则是一种以"币"为载体的非法集"资"行为。[4]

同时，在定罪量刑时应当注意利用数字货币实施非法吸收公众存款、非法传销以及集资诈骗的犯罪行为的区分难题。在数字货币犯罪中存在大量虚构事实、谎称"高额回报"以吸引社会投资，涉嫌非法吸收公众存款罪。而根据数字货币的自身的特殊属性如"挖矿"奖励、比例释放等，其中又出现为拉拢新投资者获得奖励的制度，涉嫌组织、领导传销活动罪。

审判数据显示：单纯拉拢新用户，形成下线而获得奖励的行为不会被认定

〔1〕参见谢杰："区块链技术背景下金融刑法的风险与应对——以比特币交易对外汇犯罪刑法规制的冲击为视角"，载《人民检察》2017 年第 8 期。

〔2〕参见王熠珏："我国虚拟货币规制的嬗变与反思"，载《重庆交通大学学报（社会科学版）》2019 年第 3 期。

〔3〕参见谢杰："区块链技术背景下金融刑法的风险与应对——以比特币交易对外汇犯罪刑法规制的冲击为视角"，载《人民检察》2017 年第 8 期。

〔4〕参见王熠珏："我国虚拟货币规制的嬗变与反思"，载《重庆交通大学学报（社会科学版）》2019 年第 3 期。

为非法传销，且非法传销需要在推广中形成明确的上下级领导关系，这种领导关系体现在现实中的控制、分工等事实行为上。而非法吸收公众存款与集资诈骗主要区别在于是否采取虚构事实、隐瞒真相的方式，以及主观是否具有占有的目的等，具体区分有以下几种：第一，行为人是否明知被害人资金不会进入交易市场。第二，行为人是否有后台操纵交易的情况。第三，行为人是否存在资金截留的情况，即被害人的资金是否完全进入交易市场。行为人如果出现以上三种情况，将按照集资诈骗罪定罪。[1]

但是，也有学者认为，数字货币不是刑法上的货币，以数字货币为募集对象或发行新的数字货币作为回报的 ICO 行为，不构成非法集资类犯罪。比特币等数字货币目前在我国只是虚拟商品或者是虚拟财产，不具有法定货币地位，不是刑法上的"金钱"，不能成为非法集资犯罪行为的对象。此外，ICO 行为一般不存在承诺还本付息或给付回报的特征，在这个过程中，一般来说，融资方和投资方都是通过数字货币完成众筹活动或者投融资活动，并且项目方支付对价的方式一般是代币，除此之外并不会额外地给付回报，不符合非法吸收公众存款罪的行为应当具有'承诺回报'的特征。因此，ICO 行为不构成非法集资类犯罪。ICO 行为可界定为以数字货币为对象的"准众筹"，不是证券行为，亦不能上升为证券类犯罪行为。[2]

4. 利用数字货币洗钱和掩饰隐瞒犯罪所得犯罪

比特币、以太币等私人数字货币极易成为掩饰、隐瞒犯罪所得、洗钱等犯罪工具。一般而言，一个完整的洗钱犯罪往往包括三个阶段，即放置（处置）、培植（离析）和融合（归并）。对应于利用比特币洗钱，则具体表现为：（1）放置阶段，洗钱者利用虚假的身份信息在比特币交易平台上注册账户并购买比特币，将非法资金注入所要"清洗"的渠道中。（2）培植阶段，洗钱者利用比特币的匿名性特点进行多层次、复杂化的交易，藉此掩饰犯罪所得的性质、来源；或是通过比特币的"混合"技术，将待"洗白"的比特币掺入比特币"混合池"，以此模糊比特币的原始来源。（3）融合阶段，洗钱者利用比特币的双向可兑换性、跨国性，将已"洗白"的比特币予以提现，此时披上"合法化"外衣的资产得以再次在经济领域中使用。[3]

---

[1] 参见黄云、杨子琛："关于数字货币（虚拟币）犯罪的大数据分析与界定"，载微信公众号"云辩护"，https://mp.weixin.qq.com/s/-Vz1zu8mdHJ6VABoNcG-5A，最后访问日期：2022 年 8 月 9 日。

[2] 参见王冠："基于区块链技术 ICO 行为之刑法规制"，载《东方法学》2019 年第 3 期。

[3] 参见时延安、王熠珏："比特币洗钱犯罪的刑事治理"，载《国家检察官学院学报》2019 年第 2 期。

■ **案例 陈某枝洗钱案**

2018 年年中，陈某波将非法集资款中的 300 万元转账至陈某枝个人银行账户。2018 年 8 月，为转移财产，掩饰、隐瞒犯罪所得，陈某枝、陈某波二人离婚。2018 年 10 月底至 11 月底，陈某枝明知陈某波因涉嫌集资诈骗罪被公安机关调查、立案侦查并逃往境外，仍将上述 300 万元转至陈某波个人银行账户，供陈某波在境外使用。另外，陈某枝按照陈某波指示，将陈某波用非法集资款购买的车辆以 90 余万元的低价出售，随后在陈某波组建的微信群中联系比特币"矿工"，将卖车钱款全部转账给"矿工"换取比特币密钥，并将密钥发送给陈某波，供其在境外兑换使用。陈某波目前仍未到案。[1]

■ **案例 张某龙、王某锋等诈骗罪，掩饰、隐瞒犯罪所得、犯罪所得收益罪，帮助信息网络犯罪活动罪、诈骗罪、非法持有毒品罪案**

2020 年 7 月，被告人葛某洲与被告人王某锋商量"洗钱"谋取利益，王某锋让葛某洲带 10 万元到广东找丁某（微信名"古城"真名钟某），葛某洲到广东后，通过"古城"认识"阿蒙""马某"（均身份不明）后，直接与"阿蒙""马某"商议收取 15% 的费用进行"洗钱"，并告知王某锋。王某锋联系被告人鹿某昌负责操作洗钱、寇某（未到案）提供银行卡，并介绍被告人黄某森去葛某洲处做"取手"。2020 年 8 月 12 日，王某锋、王某（未到案）、鹿某昌以及寇某的一个朋友在某酒店房间内准备进行"洗钱"，当张某龙骗取姚某的 50 万进入寇某提供的杨某银行账户后，通过王某锋、王某账户转给鹿某昌济源市农商行卡内，鹿某昌将所收钱款中的 40 万元通过 6x 数字货币交易平台买卖虚拟货币后，资金转入王某锋、王某账户，再由二人转给葛某洲提供的账户内，由"取手"被告人胡某锋、黄某森二人取出交给葛某洲。王某锋获利 12 000 元，鹿某昌获利 10 800 元。[2]

在该案例中，被告人利用数字货币交易平台作为转移犯罪资金的通道，将数字货币交易平台作为洗钱的工具。可见，基于数字货币交易平台的匿名性的特点，犯罪嫌疑人、被告人将其作为工具则有一定的反侦查效用。这也成为数字货币交易平台监管的难点。

利用数字货币跨境兑换，将犯罪所得及收益转换成境外法定货币或者财产，

---

〔1〕 上海市浦东新区人民法院（2019）沪 0115 刑初 4419 号刑事判决书。
〔2〕 黑龙江省双鸭山市中级人民法院（2021）黑 05 刑终 89 号刑事裁定书。

是洗钱犯罪新手段，洗钱数额以兑换数字货币实际支付的资金数额计算。虽然我国监管机关明确禁止代币发行融资和兑换活动，但由于各个国家和地区对比特币等虚拟货币采取的监管政策存在差异，通过境外数字货币服务商、交易所，可实现数字货币与法定货币的自由兑换。

根据利用数字货币洗钱犯罪的交易特点收集运用证据，查清法定货币与数字货币的转换过程。要按照数字货币交易流程，收集行为人将赃款转换为数字货币、将数字货币兑换成法定货币或者使用数字货币的交易记录等证据，包括比特币地址、密钥，行为人与比特币持有者的联络信息和资金流向数据等。上游犯罪查证属实，尚未依法裁判，或者依法不追究刑事责任的，不影响洗钱罪的认定和起诉。在追诉犯罪过程中，可能存在上游犯罪与洗钱犯罪的侦查、起诉以及审判活动不同步的情形，或者因上游犯罪嫌疑人潜逃、死亡、未达到刑事责任年龄等原因出现暂时无法追究刑事责任或者依法不追究刑事责任等情形。洗钱罪虽是下游犯罪，但是仍然是独立的犯罪，从惩治犯罪的必要性和及时性考虑，存在上述情形时，可以将上游犯罪作为洗钱犯罪的案内事实进行审查，根据相关证据能够认定上游犯罪的，上游犯罪未经刑事判决确认不影响对洗钱罪的认定。[1]

在此类犯罪中，行为人相关行为的定性一般取决于上游犯罪的类型：如果为毒品犯罪、黑社会性质的组织犯罪、恐怖活动犯罪、走私犯罪、贪污贿赂犯罪、破坏金融管理秩序犯罪、金融诈骗犯罪所得及其产生的收益实施掩饰隐瞒行为的，构成洗钱罪。此外，如果系公司、企业或其他单位，在境内购买数字货币后转移至境外再兑换成其他货币的，还可能构成逃汇罪。鉴于数字货币洗钱问题日益突出，FATF（反洗钱金融行动特别工作组）于 2019 年 6 月通过并发布了关于新技术的建议 15（INR. 15）的解释性说明以及更新后的《虚拟资产和虚拟资产服务提供商基于风险的方法指南》（Guidance for a Risk-Based Approach to Virtual Assets and Virtual Asset Service Providers），进一步建立了虚拟货币反洗钱国际标准，并在全球范围内推动执行。因此，充分研究数字货币如何用于洗钱，对控制风险、预防洗钱和打击犯罪具有重要意义。[2]

---

〔1〕 参见中国人民银行反洗钱局官网上登载的《最高人民检察院、中国人民银行联合发布惩治洗钱犯罪典型案例》。

〔2〕 参见吴云等："虚拟货币洗钱问题研究：固有风险、类型分析与监管应对"，载《金融监管研究》2021 年第 10 期。

二、工具型犯罪的定罪疑难分析

(一) 数字货币法律属性辨析

在以数字货币作为犯罪工具的犯罪行为认定中，数字货币的法律属性对定罪具有重要影响，属性定位的不同将导致罪名认定上的重大差异。FATF 对虚拟货币的定义是 "一种价值的数字表示，它可以进行数字化交易，具有交换媒介、记账单位和价值存储的功能，但不具有法定的货币地位"。[1] 从我国相关文件规定来看，以比特币、以太币等为代表的数字货币不具有与货币同等的法律地位，而是一种特定的虚拟商品，并明确禁止代币融资交易平台从事私人数字货币的兑换、买卖等服务。

通过追问比特币的法律属性，在一定程度上可消解因属性定位不同而带来的定罪差异，但受比特币自身的特性影响，该类犯罪行为性质的认定、相关证据的获取等方面依然存在定罪难题，有待纾解。[2]

(二) 现有法律规范难以有效规制数字货币非法结算支付行为

对于以数字货币作为支付工具仅从事非法结算支付的行为，在司法实践中的审查起诉、定罪量刑都具有一定困难。其一，上下游犯罪处刑不平衡。传统的共犯一般是 "一对一" 的关系，而通过网络实施犯罪的共犯通常是 "一对多" 的关系。以为赌博网站提供资金结算通道为例，犯罪组织投入大量人力物力研发、搭建网站等，资金进出通道往往对应业务上毫无关联的多个赌博网站。按照传统共犯理论只能作为赌博罪或者开设赌场罪的共犯处理，但事实上对涉案犯罪分子往往难以确定应当作为哪个赌博团伙的共犯，也难以查清其帮助的所有主犯，这便导致上下游犯罪处刑不平衡。可见在这一类网络犯罪中，共犯行为的危害后果很可能大于正犯，在处刑上应当加以特殊考量。其二，在利用数字货币进行支付的犯罪行为中证明主观故意的难度较大。其三，先定性再定案，根据取证难度随意控制办案方向的做法没有准确揭示犯罪本质。因为非法支付结算业务本身长链条、多环节，犯罪团伙相互隐蔽、单线联系，将上游犯罪事实查清几乎不可能。故认定该类犯罪可以不再纠结上游犯罪的性质。但事

---

〔1〕　FATF REPORT, Virtual Currencies—Key Definitions and Potential AML/CFT Risks, June 2014, p. 4.

〔2〕　参见王熠珏："'区块链+'时代比特币侵财犯罪研究"，载《东方法学》2019 年第 3 期。

实上，司法解释〔1〕之所以如此规定，是基于查证上游犯罪的现实困境而不得已作出的取舍，因此，应当对该条司法解释的适用作出严格限制。〔2〕

（三）现有法律规范难以有效规制私人数字货币融资行为

《中国人民银行法》第 20 条规定："任何单位和个人不得印制、发售代币票券，以代替人民币在市场上流通。"然而，如前所述，我国通过发行代币形式包括发行首次代币（ICO）进行融资的活动却依然大量涌现，严重扰乱了经济金融秩序。这里的"代币"，实际上指的就是私人数字货币。从现有刑法规范来看，现有金融类罪名有：《刑法》分则在第三章第四节（第 176 条、第 179 条）规定了非法吸收公众存款罪，擅自发行股票、公司、企业债券罪；第三章第五节规定了金融诈骗罪；第三章第八节（第 224 条之一）规定了组织、领导传销活动罪。但是，从这些罪名的构成要件看，在适用于上述私人数字货币融资行为时存在争议。有学者认为，首先，因为中国人民银行等部门并不承认私人数字货币的货币属性，其更不属于"存款"。因此，通过发行代币进行融资的行为并不符合我国《刑法》第 176 条规定的非法吸收公众存款罪。其次，私人数字货币并非发行主体股份的权利凭证，也不是发行主体的对外负债，既非股票也非公司、企业债券，因而不符合我国《刑法》第 179 条规定的擅自发行股票、公司、企业债券罪。再次，发行代币募集的不是资金，也并非向银行或者其他金融机构贷款，也不是汇票、本票、支票、银行结算凭证或信用证或信用卡或国库券、国家发行的有价证券，更不是骗保行为，因而不符合《刑法》第 192 条至第 198 条所规定的各种诈骗罪的构成。最后，单纯通过发行代币进行融资的行为，其媒介是私人数字货币，没有要求参加者以缴纳费用或者购买商品、服务等方式获得加入资格，也没有按照一定顺序组成层级，直接或者间接以发展人员的数量作为计酬或者返利依据，引诱、胁迫参加者继续发展他人参加、骗取财物的行为，所以也不符合我国《刑法》第 224 条之一规定的组织、领导传销活动罪的犯罪构成。〔3〕

---

〔1〕 2019 年最高人民法院、最高人民检察院《关于办理非法利用信息网络、帮助信息网络犯罪活动等刑事案件适用法律若干问题的解释》第 12 条第 2 款规定：实施该条第 1 款规定的行为，确因客观条件限制无法查证被帮助对象是否达到犯罪的程度，但相关数额总计达到第 1 款第 2 项至第 4 项规定标准 5 倍（以支付结算金额认定时为 100 万元）以上，或者造成特别严重后果的，应当以帮助信息网络犯罪活动罪追究行为人的刑事责任。

〔2〕 参见桑涛、夏立强："利用虚拟币非法支付结算的刑法处置"，载《人民检察》2022 年第 8 期。

〔3〕 参见梅传强、曾婕："私人数字货币犯罪刑法规制研究"，载《西南政法大学学报》2020 年第 6 期。

（四）现有法律规范难以有效规制利用数字货币进行外汇买卖的行为

我国面临利用比特币等去中心化数字资产进行外汇买卖的风险，但是现有刑事法律规范不能完全对这一风险及相应的行为后果进行有效规制，原因有以下三点。第一，逃汇罪是单位犯罪，犯罪主体是国有公司、企业或者其他国有单位，若个人利用比特币实施的逃汇行为难以构成逃汇罪。第二，骗购外汇罪的罪名设置采取了"列举＋兜底"的方式，行为方式包括法条明确列举的利用伪造和变造的海关、外汇管理部门的证明文件，以及重复使用海关、外汇管理部门的证明文件实施骗购外汇两类行为，此外还设置了"以其他方式骗购外汇"作为截堵性的兜底条款来防止立法疏漏。不过，兜底条款的适用不能无限扩张，"在认定骗购外汇罪时，只有与前两类行为类型具有一致性的行为才符合该罪的兜底条款"，[1]因此，应要求行为人实施骗购行为。所谓"骗"是指隐瞒真相或虚构事实，无论是利用虚假的证明文件还是重复使用证明文件的行为，均是一种具有欺骗性的行为，而利用比特币购买外汇的行为方式并不必然具有欺骗性，与前两类明确列举的行为不具有同质性，因此并不符合本罪的其他方式。第三，非法经营罪中的非法买卖外汇行为是一种经营行为，需要以营利为目的，若代币交易平台未经批准擅自经营外汇业务，严重扰乱市场秩序，可以非法经营罪定罪处罚；但对于个人非法买卖外汇的行为，若行为人主观上缺乏营利目的，则不能被认定为经营行为，当然也不符合非法经营罪的构成要件。[2]

（五）现有法律规范难以有效规制利用数字货币洗钱等行为

目前防止利用数字货币洗钱存在的问题主要表现为以下三方面，以比特币交易为例。

1. 平台责任方面

首先，交易平台的反洗钱内控机制存在缺失。实践中，交易平台往往以追求经济利益最大化为目标，没有真正做到客户尽职调查，且不同交易平台的管理水平参差不齐，其反洗钱内控机制的构建情况也不尽相同，此乃其一。其二，2013 年《关于防范比特币风险的通知》禁止各金融机构和支付机构开展与比特币相关的业务，但也影响了金融机构对比特币交易平台的交易行为和资金流向进行监测，并不利于其对比特币进行直接监管。其三，交易平台缺乏开展反洗

---

〔1〕　参见陈兴良："刑法的明确性问题：以《刑法》第 225 条第 4 项为例的分析"，载《中国法学》2011 年第 4 期。

〔2〕　参见王熠珏："我国虚拟货币规制的嬗变与反思"，载《重庆交通大学学报（社会科学版）》2019 年第 3 期。

钱工作的相关指导，上述通知对如何进行大额、可疑交易报告的标准、程序、方式、时间等内容并未作出具体阐明，而《金融机构大额交易和可疑交易报告管理办法》仅针对金融机构，无法直接适用于比特币交易平台。其次，交易平台的反洗钱法律义务并不明确。对于经济领域的风险防控向来是规制重于惩罚，而规制为惩罚确定了范围，后者不能超越前者，这是刑法作为保障法、后盾法的立场坚守。通过法条梳理便可知，我国现有的反洗钱法律体系主要侧重于金融机构，[1]比特币交易平台显然不属于金融机构的范围，只能将其视为非金融机构予以规制。然而，2007年《反洗钱法》第3条[2]仅对"特定非金融机构"的反洗钱法律义务做了原则性规定，具体的反洗钱义务和监管办法需要由国务院反洗钱行政主管部门会同相关部门制定。虽然《支付机构反洗钱和反恐怖融资管理办法》将非金融支付行业纳入反洗钱监管体系，但该规范性文件适用的对象是"依照《非金融机构支付服务管理办法》取得《支付业务许可证》的非金融机构。"[3]依照《关于防范比特币风险的通知》规定，比特币交易平台的设立仅需在电信管理机构备案，自然不具备相应的"支付业务许可证"，因此，无法被纳入《支付机构反洗钱和反恐怖融资管理办法》的监管范围。我国并没有明确规定交易平台在实际运营过程中应当遵守何种反洗钱监管规定、履行怎样的反洗钱义务。因此，对交易平台定罪，在判断是否违反义务方面十分困难。

2. 个人责任方面

根据我国《刑法》的规定，第191条洗钱罪无论是刑种设置还是自由刑幅度均高于第312条掩饰、隐瞒犯罪所得罪，但是在利用比特币洗钱案件中，涉案金额往往相对较大，在不符合洗钱罪上游犯罪要求时只能适用掩饰、隐瞒犯罪所得罪，可能存在罪刑不均衡的问题。与此同时，《刑法修正案（十一）》对《刑法》第191条进行了修改，删除了"明知"和"协助"要件，即排除了对主观故意的要求，并将自洗钱行为入罪，扩大了洗钱罪的适用范围。虽然洗

[1] 例如《反洗钱法》第34条规定：金融机构建立客户尽职调查制度、客户身份资料和交易记录保存制度的具体办法，建立健全反洗钱内部控制制度和反洗钱特别预防措施制度的具体办法，由国务院反洗钱行政主管部门会同国务院有关金融监督管理机构制定。金融机构大额交易和可疑交易报告的具体办法，由国务院反洗钱行政主管部门制定。

[2] 参见《反洗钱法》第3条规定：金融机构和按照规定应当履行反洗钱义务的特定非金融机构应当依法采取预防、监控措施，建立健全反洗钱内部控制制度，履行客户尽职调查、客户身份资料和交易记录保存、大额交易和可疑交易报告、反洗钱特别预防措施等反洗钱义务。

[3] 参见中国人民银行《支付机构反洗钱和反恐怖融资管理办法》附则第51条，2021年4月15日发布。

钱罪主体构成要件和主观构成要件在一定程度上发生变化，但是由于比特币等数字货币自身的特殊性使得犯罪主体之间犯意联络减弱，证据搜集更加困难，且现有法律规定在一定程度上仍并不能有效解决在洗钱产业链中各阶段犯罪人的罪名认定问题，需要根据实践情况在司法上进一步予以明确。[1]

3. 监管难度方面

数字货币具有去中心化特点，其交易不受国界限制，其基础设施和相关参与者可以分布于全球各地，跨司法管辖区的活动意味着反洗钱合规监管和执法的责任可能不明确。一是数字货币参与者可能有意将基础设施放置在不同的司法管辖区，故意模糊法律义务，从而在不同司法管辖区之间进行套利。二是参与者分布于不同司法管辖区，导致执法机构和监管机构难以有效追踪交易线索。三是受监管的数字货币服务商有可能利用监管水平的不平衡，转移到"监管洼地"进行注册或运营，进行跨司法管辖区的监管套利。匿名点对点交易的去中心化数字货币存在于完全超出任何特定国家范围的数字世界中，但目前各国管辖权原则上只能限于主权边界范围之内，对于超越这个边界的执法和监管行动只能通过国际合作程序开展。但是，各国法律体系的不同制约了国际合作的效率，使数字货币交易更容易游离于各国监管之外，在不同监管水平的司法管辖区之间套利，极大地增加了执法调查、反洗钱监测、监督管理的成本和难度。[2]

三、工具型犯罪的刑法规制思路

首先，数字货币仍具争议的法律属性需要立法予以逐步确认。尽管学术上对数字货币的法律定性仍然不能达成一致意见，但是中国人民银行等发布的通知和公告已经明确了国家对待这一新兴事物的态度，数字货币的"虚拟商品"性质使其可以被归入刑法规制范围。解决相关领域案件的绝大多数法律适用问题，需要进一步对各类罪名的适用进行细化明确。

其次，从打击利用数字货币非法支付结算行为的实践出发，应当重新思考该类犯罪的社会影响。《刑法》第225条第1款第3项将非法从事资金支付结算业务，情节严重的行为认定为非法经营罪之后，2019年《关于办理非法从事资金支付结算业务、非法买卖外汇刑事案件适用法律若干问题的解释》，其中第1

---

〔1〕 参见时延安、王熠珏："比特币洗钱犯罪的刑事治理"，载《国家检察官学院学报》2019年第2期。

〔2〕 参见吴云等："虚拟货币洗钱问题研究：固有风险、类型分析与监管应对"，载《金融监管研究》2021年第10期。

条列举了 4 项可认定为"非法从事资金支付结算业务"的行为，其共性是存在虚假交易。实践中，办理利用数字货币非法支付结算案件时，应当重点审查资金流转模式中是否存在虚假性内容。例如，某赌博网站规定只能用泰达币进行交易，赌客需要先按照要求扫码支付人民币购买泰达币，再到赌博网站进行赌博。审查该类案件时，应重点审查实际赌博过程中是否存在使用人民币购买泰达币的过程，犯罪分子所搭建的支付结算通道在功能上是否能够实现扫码支付人民币即可直接兑换泰达币，以此判断在支付结算过程中是否存在虚假交易。在传统犯罪领域，诈骗、赌博、开设赌场的犯罪数额通常不会危及国家金融管理秩序。但在网络时代，网络诈骗、网络赌博、网络开设赌场犯罪的社会危害显然已不可同日而语。因此，从社会危害性角度来看，网络诈骗、网络赌博、网络开设赌场犯罪已经不再单纯威胁社会秩序，而是已经威胁到了国家金融管理秩序，应当纳入洗钱罪的上游犯罪范围。[1]

此外，在数字货币这一新兴领域不可避免会碰到法律适用空白的难题，不论是前置法规制还是刑事惩罚都有不足。鉴于成文法典的滞后性和修改完善程序上的难度，且行政和刑事法律规范在法律效果上具有明显不同，倒逼前置法积极进行监管介入是当前更为紧要的手段，以尽快恢复被破坏的金融监管秩序，之后再逐步通过刑事法规的完善达到惩罚和预防目的。由于涉数字货币刑事案件多发于经济犯罪领域，因此有必要及时修改完善经济法相关法律法规，使其适应数字货币等互联网金融发展。如有学者提出，"适当参与国际监管规则的拟定，着手起草我国数字货币的监管法律和规则"。[2] 当前可先从反洗钱立法着手，逐步完善各金融监管领域立法，时机成熟时再专门制定数字货币相关法律法规。[3] 在刑法规范供给明显不足时，基于刑事违法性判断对行政违法性判断的强从属关系，在罪刑法定基础上尽快予以回应。

对于集资类犯罪，应当通过立法或典型的司法裁判案例明确其罪名构成。有学者认为虽然 ICO 行为不能构成非法集资类犯罪，也不能认定为证券类犯罪，但并非不能入刑。事实上，ICO 发起方为了达到募集数字货币从而换取金钱的目的，往往采用传销、诈骗等各种犯罪手法，对于 ICO 行为的法律规制，并不能一概而论，应结合其具体情况具体认定。（1）"拉人头"和"收取入门费"式 ICO 骗取财物行为可构成组织、领导传销罪。（2）在区分投资者错误认识类

---

〔1〕 参见桑涛、夏立强："利用虚拟币非法支付结算的刑法处置"，载《人民检察》2022 年第 8 期。

〔2〕 参见兰立宏："论虚拟货币的犯罪风险及其防控策略"，载《南方金融》2018 年第 10 期。

〔3〕 参见胡春健、陈龙鑫："涉虚拟货币领域刑事犯罪研究"，载《上海法学研究》集刊，2022 年第 20 卷。

型和程度基础上判断 ICO 行为是否构成诈骗罪。（3）应然层面上可以通过司法解释方式将 ICO 行为纳入非法经营罪兜底条款中予以规制。[1]也有学者持不同意见，鉴于我国目前全面禁止各类数字货币交易平台从事融资相关业务，因此，是否可认定平台行为构成非法经营罪还存在一定争议。非法经营罪本质是违反国家专营制度，只有存在合法经营，才能有非法经营的问题。按照中国人民银行《支付结算办法》，数字货币和人民币兑换不属于支付结算业务，中国人民银行两个非银支付办法《非金融机构支付服务管理办法》《非银行支付机构监督管理条例》也是资金以非银行第三方通道结算认定为支付结算，支付结算仍是通道业务，其通道两头是合法的资金及其他金融表现形式，比特币、以太币等属于国内禁止的数字货币，仍属非法产品，也不应该是支付结算行为，故应该认定为诈骗或洗钱犯罪等其他罪名；若今后数字货币被官方认可，可以认定为支付结算，相关行为才有可能构成非法经营罪。[2]

对于外汇类犯罪，立法和司法实践中应当对各种情况分别进行明确。如利用比特币进行中转兑换以骗购外汇，尽管 2017 年《关于防范代币发行融资风险的公告》印发后，国内的虚拟货币交易平台几乎全部被清退。但是境内仍有不法分子违法经营一些小型的虚拟币兑换网站如某币网、某乐网等，通过在境外收购外币并利用境外平台兑换成比特币后再将比特币私下交易售出，将所得收益人民币转入境外账户，以此规避国内对购买外汇的金额限制，构成骗购外汇罪。如果部分私人网站或技术人员在明知他人变相进行"在岸与离岸"人民币与外币兑换并提供技术帮助的，构成骗购外汇罪共犯的同时又符合帮助信息网络犯罪活动罪构成要件的，按照重罪论处。如利用比特币实施非法经营外汇、逃汇、隐瞒境外存款等犯罪的，按照相同的刑事司法判断规则予以认定。需要强调的是，上述与比特币有关的外汇市场违法行为最终构成外汇犯罪，必须在数额上达到相应的追诉标准。因此，与比特币关联的金融犯罪规范解释，还需要建构相应的司法定量规则。[3]最后，要充分结合涉数字货币领域犯罪特征及办案难点问题，及时修订完善相关刑事立法。如针对利用比特币进行外汇买卖的风险，建议取消逃汇罪主体身份限制，增设自然人犯罪主体；建议将骗购外汇罪改为非法买卖外汇罪，行为方式不再局限于虚构事实、隐瞒真相等欺

---

〔1〕　参见王冠："基于区块链技术 ICO 行为之刑法规制"，载《东方法学》2019 年第 3 期。

〔2〕　参见胡春健、陈龙鑫："涉虚拟货币领域刑事犯罪研究"，载《上海法学研究》集刊，2022 年第 20 卷。

〔3〕　参见谢杰："区块链技术背景下金融刑法的风险与应对——以比特币交易对外汇犯罪刑法规制的冲击为视角"，载《人民检察》2017 年第 8 期。

骗行为。[1]刑法有必要在立法、司法与执法层面进行全维度的制度优化，以应对基于区块链技术的比特币等"去中心化"互联网金融工具对外汇犯罪刑事法律体系的冲击，从而有效维护我国的货币与外汇市场安全。

对于洗钱类犯罪，打击非法交易所是切断国内非法资金通过数字货币洗钱的根本举措。目前，绝大多数经过洗钱犯罪周转的数字货币资产必须通过交易平台兑现为法定货币，才能最终全面实现犯罪行为所指向的经济利益。而对于交易平台被清退后依旧存在的诸多非法交易所仍面临监管困境，将这些交易所以及集中交易行为纳入证券法律制度体系进行监管意味着比特币现货、期货、衍生品交易各个环节的从业机构都必须按照金融机构反洗钱标准履行义务。所以，金融刑事执法机制应当针对数字货币点对点网络发行、管理、交易的特征，避免在"去中心化"电子支付系统不受法律监管的区域耗费执法资源，而是集中刑事执法力量监测该类平台的存在，重点关注疑似洗钱犯罪行为并强化各类证券交易平台洗钱线索报告义务的履行，同时加强与其他国家和地区的反洗钱犯罪刑事执法联动，探索"去中心化"电子支付工具反洗钱国际合作机制。[2]

有学者认为还应当注意集中交易平台的犯罪协作行为。所谓犯罪协作，是比共同犯罪更为宽泛的一种有组织化犯罪概念，指的是数人基于产业化合作方式，并对损害后果产生影响。[3]在利用虚拟币洗钱的过程中除实施洗钱罪要求的上游犯罪的行为人之外，下游一系列长长的产业链条涉及信息搜集、虚假账户建立、资金混合等环节，通常情况下犯罪行为人之间并没有犯意联系，只是程序化完成本阶段"任务"，对于自己的上下游并不予以关注。在这种情况下显然无法一揽子适用"一人行为，全部负责"的共同犯罪理论。思考这样一种情况，当行为人只是实施非法出售他人信息的行为，依据条件说假设上游行为人不出售他人信息，洗钱者便无法利用虚假身份信息在比特币交易平台上注册账户洗钱，若将该类行为人"打入"洗钱罪主体，则会使处罚圈被无限扩大。因此，需结合其主观进行综合判断，由于其并不知晓购买信息者最终将实施何种性质的行为，可能只需负侵犯公民个人信息罪的刑事责任。此外《刑法修正案（十一）》删掉了第191条的"明知"要件后显然对洗钱罪处罚范围进行了扩大，但是也应注意刑法的谦抑性，不能为了预防犯罪过于扩大处罚范围，因

---

〔1〕 参见王熠珏："我国虚拟货币规制的嬗变与反思"，载《重庆交通大学学报（社会科学版）》2019年第3期。

〔2〕 参见谢杰："区块链技术背景下金融刑法的风险与应对——以比特币交易对外汇犯罪刑法规制的冲击为视角"，载《人民检察》2017年第8期。

〔3〕 参见时延安："网络规制与犯罪治理"，载《中国刑事法杂志》2017年第6期。

此处罚圈的大小定位不能也很难一概而论，需要具体案件具体分析，通过人民法院的典型案例、指导性案例等逐渐明确和统一全国的涉数字货币犯罪案件。在这种情形下，应重点考虑交易平台不履行反洗钱义务致使洗钱结果发生的处理。交易平台与洗钱者事前共谋自然可按共同犯罪理论来认定。对于没有犯意联络的情形，需要分而述之：一是，如果交易平台明知他人可能利用比特币洗钱，仍故意不履行反洗钱义务，放任洗钱结果的发生，该情形相当于片面的不作为帮助犯，因此可构成不作为的洗钱类罪名。二是，若交易平台基于过失未认真进行客户身份识别，明知可能存在洗钱风险，却并未采取积极措施查封该账号或向监管部门报告致使洗钱结果的发生，因此交易平台应当成立间接故意的不作为洗钱类罪名；但倘若交易平台是因为技术原因确实无法监测出可疑交易，即客观上不具备作为的可能性，对该种过失未履行反洗钱义务的行为采用行政规制较为适宜。[1]

■ 要点

1. 数字货币工具型犯罪的特点是将数字货币作为支付结算的工具或赃款中转的工具以逃避国家监管，将不法收入合法化。在处理工具型犯罪案件时的定罪疑难来自两个方面，一是数字货币自身法律属性不明确带来的法律适用难题，二是数字货币自身特殊性导致与传统犯罪在社会影响、涉案金额等方面的全面升级带来的罪刑不适应问题。应当在明确数字货币法律属性的基础上完善立法，对工具型犯罪所涉及罪名、法条进行梳理、修改、增减，同时在司法实践中杜绝回避态度，以典型裁判案例引导该类案件定罪量刑。

2. 工具型犯罪中最常见的是利用数字货币洗钱犯罪。实践中集中交易平台的反洗钱内控机制和反洗钱义务不明确，上游犯罪限定罪名不符合数字货币犯罪特性，难以满足罪责刑相适应原则。应当集中刑事执法力量监测集中交易平台的疑似洗钱犯罪行为并强化平台洗钱线索报告义务的履行，同时加强与其他国家和地区的反洗钱犯罪刑事执法联动。还应当注意犯罪协作行为规制，区分平台的主观恶意程度，分别进行定罪量刑。

■ 思考题

7.4 在工具型犯罪所涉及各类罪名中各类"平台"的违法性和责任应如何评价?

---

〔1〕 参见时延安、王熠珏："比特币洗钱犯罪的刑事治理"，载《国家检察官学院学报》2019年第2期。

第四节　数字货币犯罪之三：名义型犯罪及其规制

除将数字货币作为犯罪对象和犯罪工具之外，越来越多的犯罪分子瞄准数字货币红利，在本身并不具有相关技术和设施的情况下利用虚假的数字货币实施犯罪行为，我们将其归纳为名义型犯罪，即以数字货币之名行传统犯罪之实，这类犯罪大体集中在诈骗、传销和非法集资当中。其中涉及的传销活动本质上是诈骗型传销，在司法实践中存在和诈骗罪、集资诈骗罪的竞合问题，从而引发罪责刑不均衡问题。此外，名义型犯罪具有受害人规模大、涉案资金多、涉案地域广等特点导致侦查困境。应当细化伪数字货币传销犯罪刑法规制，实施主动性侦察，积极防治损害结果扩大，并加大涉数字货币领域法治宣传教育。

一、名义型犯罪概述

该类犯罪行为可以分为两类，一类是并没有实际利用数字货币，即只是以"数字货币"为噱头，实际上依旧行传统犯罪之实，如诈骗、集资诈骗、非法吸收公众存款。另一类则是使用虚假的数字货币，其并非真正意义上的数字货币，主要表现为此类货币无法在市面上进行流通，只能在自家的平台上进行交易和提现，其数量、涨跌情况全部由犯罪分子操盘掌握，有人称其为"传销币"，主要涉及组织、领导传销活动罪。

（一）虚构"数字货币"实施非法集资类犯罪

■ 案例　商某某、刘某某等集资诈骗、非法吸收公众存款案

2019 年 4 月至 8 月，被告人商某某在淄博市张店区，虚假宣传投资 NBW 数字货币，以承诺还本付息为诱饵，向社会公开宣传，进行非法集资活动，共计向 165 名群众吸收资金 28 121 165.5 元，至案发尚有 18 107 131.2 元未能返还集资参与人。被告人刘某、于某某明知被告人商某某实施上述非法集资行为，仍共谋参与其中，并实施宣传、收支集资款等行为。商某某作为 NBW 数字货币项目的发起人、决策人，在实施非法集资共同犯罪中隐瞒身负巨额债务的实际状况，扩大宣传自身经济实力，在明知 NBW 数字货币项目虚假及经营模式本身不可能盈利的情况下，采取"以新还旧""以后还前"方式非法集资，且集资后未用于生产经营活动，致使集资款不能返还，足以认定其主观上具有非法占有的目的，依法构成集资诈骗罪。被告人刘某某、于某某非法吸收公众存款，

扰乱金融秩序，数额巨大，其行为构成非法吸收公众存款罪。[1]

2018年发布的《关于防范变相ICO活动的风险提示》《关于防范以"虚拟货币""区块链"名义进行非法集资的风险提示》对利用数字货币进行非法集资、非法发行证券、非法发售代币票券、传销、诈骗等违法犯罪活动进行风险提示。根据我国《刑法》及相关司法解释的规定，非法集资类犯罪要符合"非法性、公开性、利益性、广延性"的特征。[2]由于我国明令禁止私人数字货币的代币发行行为，即使是利用虚假的数字货币进行非法集资，也满足了非法性和公开性，只要犯罪行为具有利益性和广延性即符合非法集资犯罪的特征。[3]目前，由于多数国家对数字货币的融资发行缺少监管，发行程序简单，行为人可以如上述案例所为，通过设立虚假的数字货币融资项目，利用科技金融、数字金融等金融创新的外衣迷惑投资者，逃避政府监管，吸收大量公众投资。[4]

（二）利用"传销币"实施非法传销行为

■ 案例　"Plus Token平台"网络传销案

经查，2018年5月，犯罪嫌疑人陈某等人通过架设搭建"Plus Token平台"并开发相关应用程序从事互联网传销犯罪。该平台以区块链技术为噱头、以比特币等数字货币为交易媒介，打着提供数字货币增值服务的幌子，承诺高额返利，吸引广大群众参与。参与人员通过上线推荐并缴纳价值500美元以上的数字货币作为"门槛费"后即可获得会员资格，会员按缴纳的数字货币价值获得平台自创的"Plus"币，并按照加入顺序形成上下线和层级关系。据统计，该平台存续期间共发展会员200余万人，层级关系多达3000余层，累计收取会员比特币、以太币等数字货币数百万个，涉案金额达400余亿元（以案发时市场行情计算），其中大部分数字货币被用于发放会员"拉人头"奖励，还有部分被变现用于陈某等人日常开销和个人挥霍。

案涉平台冒用区块链技术之名，行金融传销之实，以数字货币增值为噱头，

---

[1]　山东省淄博市中级人民法院（2021）鲁03刑终87号刑事裁定书。

[2]　参见刘宪权："论互联网金融刑法规制的'两面性'"，载《法学家》2014年第5期。

[3]　参见张启飞："论数字货币犯罪的刑法规制"，载《法治研究》2021年第6期。

[4]　参见陈纯柱、李昭霖："数字货币犯罪风险的防范与应对"，载《重庆社会科学》2019年第10期。

吸引大量投资人参与其中。该平台分工细化，包括技术人员、推广人员、资金管理人员和客服人员，专业化的团队使得金融传销持续了近1年之久，直至2019年平台发生数字货币挤兑事件。事实上，该平台是典型的庞氏骗局，会员们赚取的利润并非该平台宣传的"智能狗"搬砖，而是出自数百万下线所缴的入门费。市面上比特币和以太币的升值和波动，并不能影响该平台自创"Plus"币的涨跌，平台早已经将大量真实数字货币转移至自己的口袋。[1]

数字货币传销诈骗犯罪行为本质上与其他传销诈骗犯罪相同，鉴于数字货币具有可兑换性，或可转换为实际货币，利用数字货币诈骗，更具有真假难辨的特征。有学者将这种传销行为称为"伪数字货币传销犯罪"，其本质上是新型网络传销，可以定义为以数字货币、区块链技术为噱头，以伪数字货币为标的物，以互联网和社交软件为操作平台，以高额返利为诱饵，通过成员使用现金购买一定量数字货币、矿机获得入门资格，并以上线成员直接或者间接发展下线成员的数量作为计算和给付报酬的依据的非法牟利行为。有别于之前的金融类传销，传销人员的交易都是最先通过合法数字货币进行的。比如，用户在"火币网"上购买比特币或以太币等合法数字货币。随后，用该数字货币来购买传销组织内部的"货币"，传销组织发行"货币"的种类繁多，但只能在该交易所内部进行交易。实际上，该货币是被传销组织完全地控制和操作的，他们通过高价购买平台内货币的方式来拉高币值，造成货币持续升值的利好形势。持续走高的币价驱使更多新进会员争相购买，新会员用高价来购买货币，从而为传销组织带来巨额收益。伪数字货币传销犯罪作为新型的金融类传销犯罪的一种，其传播范围已经不再局限于国内，涉案金额巨大，对这类传销的打击和防控任重道远。

二、名义型犯罪的定罪疑难分析

（一）伪数字货币传销犯罪"竞合"难题

司法实践中以数字货币之名进行的传销活动本质上是诈骗型传销，适用我国《刑法》第224条之一：组织、领导传销活动罪。但是目前实务界办理此类案件的困惑在于，犯罪同时也可能会触犯《刑法》第266条诈骗罪、第192条集资诈骗罪，关于采用想象竞合还是法条竞合的方式适用法律，目前分歧较大。不同的法律适用意味着具体的情节认定不同，会对侦查进程与证据提取、运用

---

〔1〕 参见赵聪："'互联网+'背景下金融类传销犯罪侦查研究"，中南财经政法大学2020年博士学位论文。

产生影响，因此明晰具体适用的罪名非常重要。[1]对此，2013年最高人民法院、最高人民检察院、公安部《关于办理组织领导传销活动刑事案件适用法律若干问题的意见》规定，"以非法占有为目的，组织、领导传销活动，同时构成组织、领导传销活动罪和集资诈骗罪的，依照处罚较重的规定定罪处罚"。有学者进一步认为，如果属于《刑法》第192条或者第266条规定的"数额特别巨大或者有其他严重情节的"情形，应以集资诈骗罪或者诈骗罪论处；反之，则认定为组织、领导传销活动罪。[2]但也有学者认为，组织、领导传销活动罪与诈骗罪之间显然存在特别法与普通法的竞合关系，只能按特别法条定罪处罚，尽管诈骗罪的法定最高刑高于组织、领导传销活动罪。[3]

对此有学者持不同意见。[4]因为《刑法》对于非法集资与传销不论在刑罚设定还是财产处置上都具有较大差异：就刑罚严厉程度而言，非法集资相关罪名最高刑期为无期徒刑；组织、领导传销活动罪情节严重时仅在5年以上有期徒刑范围内进行裁判。甚至相比较单纯侵犯个体财产法益的诈骗罪，诈骗型传销在法益侵害上更具多元性与严重性，但刑罚惩治力度相比较作为基础性罪名的诈骗罪轻很多，呈现法益侵害属性与刑罚制裁不成比例的局面。就参与人法律保护态度而言，当前《刑法》虽然没有完全承认集资参与人的被害人地位，但仍会对集资参与人的损失进行最大限度的追赃挽损，减轻集资参与人损失；相较而言，尽管存在被欺骗缴纳入门费情形，《刑法》对于传销参与人完全否定其被害人地位，对于传销组织吸纳的成员财产更为严苛，一律作为传销活动违法所得没收，不予返还参与人。因此，同样作为聚众型经济犯罪，非法集资与传销不同类型属性界定与罪名认定对于案件产生的社会效果具有极大影响。在出现行为样态认定模糊时，不能简单通过从一重罪处罚的竞合原理进行处理，不同罪名认定对于犯罪违法所得处置方式产生直接影响，关涉参与人尤其是被欺骗加入违法犯罪活动的民众受损财产能否得到法律保护问题，对社会稳定产生重大影响。同时，传销参与人被欺骗加入传销活动时普遍具有被害人属性，但当金字塔骗局最底层的传销参与人为获得收益积极发展下线时，其身份则由被害人转变为从事违法犯罪活动的实施者，具备了可罚的违法性。我国《刑法》虽然将传销活动独立成罪，但只是将传销活动组织者、领导者作为犯罪认

---

〔1〕　参见蔡媛君："后疫情时期山寨币网络传销犯罪的治理研究"，载《上海公安学院学报》2021年第4期。

〔2〕　转引自张明楷："传销犯罪的基本问题"，载《政治与法律》2009年第9期。

〔3〕　转引自陈兴良："组织、领导传销活动罪：性质与界限"，载《政法论坛》2016年第2期。

〔4〕　参见时方："互联网传销刑法规制研究"，载《国家检察官学院学报》2019年第6期。

定，对于其他参与人并不能以组织、领导传销活动罪认定。虽然《禁止传销条例》第 24 条对于参与传销组织的成员规定了行政处罚措施，但惩罚力度过于轻微，无法实现对传销组织中积极参与人的打击与惩治效果。[1]

（二）名义型数字货币犯罪侦查难题

名义型数字货币犯罪的犯罪手段呈现非接触性、虚拟性、隐蔽性的特点，因为犯罪受害人规模大、涉案资金多、涉案地域广，存在侦查困境，对社会稳定带来严重冲击。主要表现为犯罪隐蔽、线索难以获取、"资金流"难以查控以及涉案电子证据不易被提取。[2]与此同时，在该类案件的侦查工作中，侦查部门应对不足，常处于被动和滞后状态。通常情况下，该类案件的破获需要工商管理部门、金融监管部门、公安机关、网站运营商和电信部门相互配合。然而，当前各监管部门之间缺少有效的协调治理机制，在打击数字货币犯罪时其职责安排与分工、如何建立信息共享机制尚未形成定论，不利于公安机关及时对犯罪行为进行精准打击。

三、名义型犯罪的刑法规制思路

（一）细化伪数字货币传销犯罪刑法规制

根据 2001 年最高人民法院批复，传销组织中存在的骨干分子虽然不起组织、领导作用，但其行为属于扰乱市场秩序的非法经营行为，应当作为非法经营罪定罪量刑。因此，不能因为案件数量的繁重与办案中面临的困难对犯罪分子进行选择性打击，对于组织、领导者之外的其他有积极贡献的传销参与人同样应当进行刑法惩治。可以从刑法正向规制与被害人、参与人反向规制两方面进一步完善互联网传销犯罪刑法规制机制。一方面针对具有法益侵害多元性的新型伪数字货币传销，加大对组织、领导传销人员的刑事惩治力度。另一方面应当构建被害人防范机制和传销参与人刑事惩治机制。其一，应通过新闻媒体、互联网平台、手机短信、社区宣传等途径立体式通报互联网传销案件，及时公布互联网传销犯罪运作模式、欺骗手法、规律特点等；加强民众自身合格投资人的培养，在参与前根据金融常识进行甄别，如在投资过程中注重审查投资平台资质与合法性，参与活动的收益可行性及与回报是否成正比等。其二，传销参与人刑事惩治机制应当根据其参与实施传销活动的属性进行区分讨论：就原

---

〔1〕 参见时方："互联网传销刑法规制研究"，载《国家检察官学院学报》2019 年第 6 期。
〔2〕 参见李康震："伪数字货币传销案件侦查研究"，中国人民公安大学 2019 年硕士学位论文。

始型传销活动，参与人仍可以被认定为非法经营罪；在诈骗型传销活动，参与人可能构成集资诈骗罪等罪名。结合我国当前互联网传销案件呈现特点以及司法办案客观状况，对于传销组织中的其他参与人可以单独设立罪名，承担轻于组织、领导者的刑事责任，但需要根据参与程度以及对传销活动的作用力大小，区分为积极参与人与一般参与人，对于前者可以比照日本《无限连锁会防止法》规定的职业性劝诱罪进行刑事责任认定，而一般参与人尽管对于发展下线也起到一定作用，但情节并不严重，可以只作为行政处罚认定，既有效打击情节恶劣的传销活动犯罪分子，又做到区别对待，体现刑法谦抑原则，贯彻宽严相济刑事政策。[1]

（二）实施主动性侦察积极防治损害结果扩大

由于网络上的犯罪行为较为隐蔽，侦查机关一般是在传销组织"跑路"之后才开始介入，这也导致侦查机关陷入被动侦查的局面。主动性侦查是指在犯罪预备阶段和犯罪实行行为之时进行预防性侦查，从而避免犯罪结果的发生。不同于被动侦查模式，主动性侦查模式一直在学界备受争议且不成熟。但在大数据时代，这种侦查模式渐渐有了适用于侦查实践的可能性。一方面，随着传销犯罪的进一步异化，传统的被动侦查效率开始直线下降，被动侦查模式面临着严峻犯罪形势的挑战。另一方面，在数据驱动之下，主动性侦查模式拥有强大的技术平台作为背书，这给主动性侦查的落地实施提供了物质保障。主动性侦查并非适用于所有犯罪案件的侦查，多适用于新型网络犯罪，尤其是网络传销犯罪活动。此类犯罪较为隐蔽，犯罪主体的身份难以认定，侦查人员往往无法对其及时打击。通过收集犯罪嫌疑人在互联网上留下的犯罪痕迹与相关信息，将看似没有关联的信息转换为大量数据，运用大数据平台对其进行分析和研判，最终发现预警信息，并在犯罪预备阶段将犯罪嫌疑人予以控制。[2]

（三）加大涉数字货币领域法治宣传教育

从系统论角度，犯罪风险防范不仅要注重打击，更应当从社会层面培养防范意识。特别是对区块链、数字货币等互联网金融创新产品，大部分群众因缺乏了解，难以辨别法定数字货币、私人数字货币和虚假数字货币之间的区别。因此，加强宣传教育显得尤为必要。一是加大普惠金融的宣传力度，帮助消费者了解数字货币等互联网金融产品的性质、品种、潜在风险及相关法律法规，

---

〔1〕　参见时方："互联网传销刑法规制研究"，载《国家检察官学院学报》2019年第6期。

〔2〕　参见赵聪："'互联网+'背景下金融类传销犯罪侦查研究"，中南财经政法大学2020年博士学位论文。

养成良好的投资习惯，提高依法维权能力。二是以典型案例、白皮书等方式适时发布涉数字货币安全风险提示，揭示犯罪手法、提示犯罪风险，引导消费者保护好个人财产，提高鉴别能力，避免盲目跟风。三是积极引导群众举报，涉数字货币领域犯罪具有较强的隐蔽性，监管部门、刑事执法部门有时难以发现，需要汇集社会力量共同监督。相关部门应加强宣传引导，鼓励群众积极举报涉数字货币领域违法犯罪线索或提供相关证据，并在核实后予以适当奖励。[1]

■ 要点

1. 数字货币名义型犯罪的特点是利用虚假的数字货币如"传销币""山寨币"等或直接以数字货币为噱头而实际上并不存在任何形式的数字货币，处理时和传统犯罪并无区别。

2. 伪数字货币传销实质上兼具传销和诈骗特征，但在定罪量刑上存在疑难。诈骗型传销在法益侵害上更具多元性与严重性，但刑罚惩治力度相比较作为基础性罪名的诈骗罪轻很多，呈现法益侵害属性与刑罚制裁不成比例的局面。若是一致按照"从一重罪"进行处罚，同样作为聚众型经济犯罪，非法集资与传销不同类型属性界定与罪名认定可能对具有受害者身份的参与人员权利保障完全不同，对案件产生的社会效果具有极大影响。因此，应当重视对非组织、领导传销人员的定罪量刑，进一步细化相关法律规则。

■ 思考题

7.5 如何准确辨别名义型犯罪和工具型犯罪？

■ 本章阅读文献

1. 李慧、田坤："涉比特币领域犯罪问题审视与司法应对——以海淀区人民检察院近五年涉比特币案件为样本"，载《中国检察官》2021年第10期。
2. 马永强："论区块链加密货币的刑法定性"，载《苏州大学学报（法学版）》2022年第2期。
3. 桑涛、夏立强："利用虚拟币非法支付结算的刑法处置"，载《人民检察》2022年第8期。
4. 时延安、王熠珏："比特币洗钱犯罪的刑事治理"，载《国家检察官学院学报》2019年第2期。
5. 孙道萃："网络财产性利益的刑法保护：司法动向与理论协同"，载《政治与法律》2016

---

　　〔1〕 参见胡春健、陈龙鑫："涉虚拟货币领域刑事犯罪研究"，载《上海法学研究》集刊，2022年第20卷。

年第 6 期。

6. 王冠："基于区块链技术 ICO 行为之刑法规制"，载《东方法学》2019 年第 3 期。

7. 王熠珏："'区块链+'时代比特币侵财犯罪研究"，载《东方法学》2019 年第 3 期。

8. 谢杰："区块链技术背景下金融刑法的风险与应对——以比特币交易对外汇犯罪刑法规制的冲击为视角"，载《人民检察》2017 年第 8 期。

9. 徐凌波："虚拟财产犯罪的教义学展开"，载《法学家》2017 年第 4 期。

10. 张明楷："非法获取虚拟财产的行为性质"，载《法学》2015 年第 3 期。

第八章
央行数字货币及其法律问题

【导读】

为重塑跨境支付系统、推动国际货币多元化发展，以加拿大、日本等国家或经济体为首的央行聚焦于批发型数字货币的研究，而巴哈马、柬埔寨等经济体已正式发行零售型数字货币，用以提高金融服务效率。中国对于法定数字货币的研究业已进入了试点阶段，考虑到央行数字货币创新的全方位影响与挑战，既要适应数字经济创新发展需求，又要在制度层面作出反应。应立足金融稳定、防范金融风险和保障公民隐私、财产安全有序开展研究和试点，加快监管制度建设、法律法规调整，稳妥推动央行数字货币发行与应用。

第一节　央行数字货币概述

一、央行数字货币的定义

央行数字货币（Central Bank Digital Currency，CBDC）作为央行发行的数字货币，其在价值维度上是以国家信用为支撑的货币数字化表现形式。由于各国央行数字货币的技术选择路径不同，对数字货币赋予的含义也有所不同，全球尚未对央行数字货币的定义达成共识。根据央行于 2021 年发布的《中国数字人民币的研发进展白皮书》（以下简称白皮书），央行发行的数字货币是定位于现金类支付凭证（M0），[1] 采用由央行作为数字货币的发行人，由商业银行、电

---

〔1〕　M0. M（Money Supply）是一个经济学概念，是反映货币供应量的重要指标，货币供应量是指在一国经济中，一定时期内可用于各种交易的货币总存量。货币供应量可以按照货币流动性的强弱划分为不同的层次，即 M0、M1、M2、M3、M4 等。M0 指流通中的纸币+硬币。

信运营商和第三方支付网络平台公司等承担向公众兑换职能的双层运营模式。[1]在这种发行制度下，央行数字货币的法律地位和经济价值与现金相同，商业银行等机构不参与发行环节，而作为账户行对数字人民币钱包账户进行日常运营管理。[2]由 Digital Dollar Foundation 与埃森哲合作的项目《数字美元项目白皮书》（*Digital Dollar Project*）对数字美元的介绍，是由美联储发行的，享有美国政府全部信用或信誉的第三种货币形式，可与美联储票据（银行纸币或现金）和储备完全互换。国际清算组织在 2018 年基于发行人（中央银行或非中央银行）、可获取性（广泛或受限）、货币形式（实物或数字）、实现技术（基于账户或基于 Token 范式）四个维度划分了货币的各个形态，并以此构造出了"货币之花"，其中"花蕊"部分所对应的便是 CBDC。[3]在对数字货币的共性特征进行归纳后，本书认为央行数字货币是由一国央行或授权机构发行和管控，以加密字符串等数字形式呈现，以国家信用为背书，具备价值尺度、流通手段、支付手段等主权货币职能的法偿货币。

不过也有学者认为，当前大部分央行发行法定数字货币的目的主要包括维护货币发行主权，维护金融体系稳定等，而如果未来只将央行数字货币定位于M0，则有可能影响数字货币作为新技术载体的潜力的开发，其作为货币政策操作工具的有效性将有所减损。[4]可以预见的是，未来随着央行数字货币的发展，央行数字货币的内涵和外延也将会进一步扩充。

二、央行数字货币的性质

（一）央行数字货币与传统电子支付

从交易形式上看，法定数字货币与电子支付具有相似性，它们都通过手机等媒介促成交易行为的便捷达成。但从事实层面和规范层面上看，两者存在较大的差异。在事实层面上，数字人民币具有价值特征，可在不依赖银行账户的前提下进行价值转移，具有"即付即结算""可控匿名"的特性，有利于保护个人隐私及用户信息安全；而传统电子支付通常由私人支付机构为客户提供服务，个人信息的泄漏风险较高。

---

〔1〕 在双层运营体系中，第一层是央行，由其对制定商业银行批发数字人民币并进行全生命周期管理；第二层是商业银行等机构，其面向社会公众负责提供数字人民币兑换流通服务。

〔2〕 参见范一飞："中国法定数字货币的理论依据和架构选择"，载《中国金融》2016 年第 17 期。

〔3〕 参见巴曙松、姚舜达："央行数字货币体系构建对金融系统的影响"，载《金融论坛》2021 年第 4 期。

〔4〕 参见姚前、陈华：《数字货币经济分析》，中国金融出版社 2018 年版，第 335 页。

在规范层面上，数字货币的法律地位与现金一致，也遵循着"占有即所有"的规则。因此在交易过程中，数字货币的持有人在商业银行无须开设账户，即数字货币的持有人与银行之间并无法律关系。用法定数字货币进行支付时，实现的是货币所有权的转移；而传统电子支付的本质是将银行存款对应的债权通过支付进行转移，转移对象为基于付款人和支付银行之间的支付委托合同、收款人和托收机构之间的托收委托合同的债权。[1]

（二）央行数字货币与现金

尽管数字货币的法律定位与现金相同，但法定数字货币因其形态、流通方式的特殊性，至少在目前仍与现金在规范层面存在一些差别。在事实层面上，法定数字货币以特定加密字符形式存在，市场主体使用数字货币需要注册账户，通过账户之间或交易设备之间的流通划转完成交易。[2]而现金以纸币、硬币作为实物载体，持有现金不需要任何门槛，能够在一定地域范围内进行畅通流转。

在规范层面上，由于央行数字货币与现金在事实上的差异，央行数字货币难以实现无限法偿性。人民币的法偿性是指，我国境内的任何债务均应当以人民币进行支付，任何债权人在任何时候都不得以任何理由拒绝接受以人民币清偿债务，否则将受到法律制裁。然而法定数字货币的流通受制于电子账户和终端设备的存在和有效运行，无法像现金那样可独立进行支付，尤其是当债务人由于各种原因（如经济、技术、环境原因）无法有效使用手机等相应设备时，法定数字货币的独立支付就受到极大限制，从而导致在目前的技术阶段中，法定数字货币的法偿性在事实上受到限制而表现为一种有限法偿性。[3]

三、央行数字货币的特征

（一）安全性

传统货币在跨区域支付中往往需要借助第三方机构建立信任机制，而法定数字货币所采用的现代加密技术具有加密性，能够极大地提高跨境支付的安全性，从而减少信任成本。如大部分央行所采用的区块链技术，其作为一种不可

---

[1] Vgl. Tonner/Krügger, Bankrecht, Nomos, 2020, S. 160f.

[2] 参见刘少军："法定数字货币的法理与权义分配研究"，载《中国政法大学学报》2018 年第 3 期。

[3] 参见王德政："现状与变革：法定数字货币视域下的货币犯罪"，载《重庆大学学报（社会科学版）》，中国知网 2021 年 10 月 11 日网络首发。

篡改、可溯源、多方维护的分布式账本，能有效降低信任成本，实现"点对点"的价值流转。相较于传统电子支付模式，数字货币还能较少暴露用户信息。根据央行发布的白皮书，数字人民币遵循"小额匿名，大额依法可溯"的原则对数字钱包进行分类管理，对选择"低权限钱包"（单日交易及余额限额较低）的客户，也设置相应的较低实名程度要求。[1]而对于大额交易，其能将匿名程度保持在可控范围内，有效防止由于第三方完全匿名而引发金融诚信危机，以及洗钱、恐怖活动融资和逃税漏税等犯罪问题。[2]

（二）监督性

数字货币能够降低央行的监管成本。纸质货币在发行中因委托代理关系存在信息不对称，出现货币政策传导不畅、逆周期调控困难、货币"脱实向虚"等问题。[3]数字货币能够实现资金流与数据流的天然合一，实现支付即结算，对货币创造、发行、回笼等全生命周期数据进行采集，形成广泛覆盖经济社会活动的大数据资产。这些数据可以降低资金中转环节、抑制金融交易。同时运营机构通过数据进行分析，对宏观经济的运行状况作出准确检测和适度调节，有利于降低监管成本和信贷成本、促进产出，有效提升宏观经济调控的定向精准度。[4]负责兑换流通的指定运营机构和其他商业机构是履行反洗钱义务的主体，承担相应的反洗钱义务，包括客户尽职调查、客户身份资料和交易记录保存、大额及可疑交易报告等。[5]

（三）低成本

数字货币能够最大限度地消除各项成本，有效促进资金流转效率。与实物人民币管理方式一致，央行不向指定运营机构收取兑换流动服务费用，指定运营机构也不向客户收取数字人民币的兑出、兑回费用。然而，当前实物货币在发行、运营、回笼等环节成本极高，货币使用的便利性也不够。对此，数字货币能以数字化的形式铸造、流通和储存，其"无形"存在的属性和无限分割的特征延续了电子支付体系的优势，促进了交易便捷性，并降低交易成本，系统

---

〔1〕　参见 2021 年发布的《中国数字人民币的研发进展白皮书》，第 12 页。

〔2〕　参见黄双双、黄志刚、王姗："央行数字货币：影响及其挑战"，载《广东财经大学学报》2021 年第 5 期。

〔3〕　参见姚前："法定数字货币对现行货币体制的优化及其发行设计"，载《国际金融研究》2018 年第 4 期。

〔4〕　参见朱太辉、张皓星："中国央行数字货币的设计机制与潜在影响研究——基于央行数字货币专利申请的分析"，载《金融发展研究》2020 年第 5 期。

〔5〕　参见 2021 年发布的《中国数字人民币的研发进展白皮书》，第 13 页。

性地提升资金周转速度和交易效率。英格兰银行的一项报告提出发行占国民经济生产总值30%的法定数字货币，可通过降低货币交易成本等永久性地提高3%的国民生产总值。[1]

（四）政策反映及时性

数字货币流通于数字网络，能够打破时间、空间、设施甚至银行账户的约束，更广泛地连接各类生产、交易主体，对实体经济有更强的渗透性。根据此技术特点，数字人民币在发行环节可设置"前瞻条件触发"机制，预设时点、流向主体、信贷利率、经济状态等，避免货币空转，以达到货币政策实时传导、精准投放、经济逆周期调控等目的。[2]

■ 要点

1. 央行数字货币是由一国央行或授权机构发行和管控，以加密字符串等数字形式呈现，以国家信用为背书的法偿货币。

2. 央行数字货币与传统电子支付、现金在事实层面及规范层面都存在一定的差别。

■ 思考题

8.1 将央行数字货币投入使用将有哪些积极的意义？

8.2 央行数字货币与比特币等私人数字货币有何本质区别？

第二节　央行数字货币的实践

2019 年以来，各国对于央行数字货币的关注与探索已经进入了白热化的阶段，多国央行都成立了专门的研究所加快研究央行数字货币的步伐。2020 年第四季度，国际清算银行（BIS）向全球 65 家央行就拟发行 CBDC 的类型、工作进展、发行动机、发行预期等问题进行调查。结果显示，目前全球 86% 的央行正在进行法定数字货币的研究，60% 的央行正在推进概念验证等工作，其中

---

〔1〕 J. Barrdear, M. Kumhof, The Macroeconomics of Central-bank-issued Digital Currencies, Staff Working Paper, 2016（605）. 转引自戚聿东、刘欢欢、肖旭："数字货币与国际货币体系变革及人民币国际化新机遇"，载《武汉大学学报（哲学社会科学版）》2021 年第 5 期。

〔2〕 参见戚聿东、刘欢欢、肖旭："数字货币与国际货币体系变革及人民币国际化新机遇"，载《武汉大学学报（哲学社会科学版）》2021 年第 5 期。

14%的央行已进入推进开发或试点阶段。[1]其共同点是，各类数字货币项目均呈现"先支付工具，后政策工具"的趋势，[2]即通过重塑支付系统带动金融体系的深刻变革。而差异性在于央行数字货币在货币体系中发挥的功能是零售型还是批发型。零售型央行数字货币的本质是数字现金，批发型数字货币的本质是创新型支付清算模式，其主要面向金融机构进行投放。两种路径选择的背后体现的是各国发行/研究数字货币的动机：发展中国家由于自身金融建设不足，其重点关注零售型数字货币的发行，以提高国内金融系统效率、实现普惠金融为目的；而发达国家更聚焦于批发型数字货币的研究，重塑跨境支付系统、推动国际货币多元化发展是其主要驱动力。[3]故从国际视角下观察两类法定数字货币的实践发展，为我国数字人民币的发展提供参考具有重要意义。

一、数字货币的域外经验

（一）发达国家的央行数字货币发展实践

许多发达国家央行已经启动了内部项目，以更好地了解加密货币技术，以及更广泛地了解分布式账本技术（Distributed Ledger Technology，DLT）在政府发行的数字货币中的潜在应用。从 2015 年开始，加拿大、日本、欧盟等国家或经济体的央行进行了内部实验，重点研究有助于提高大额支付结算效率的批发型央行数字货币，改善金融骨干网之间的金融传输效率，提升金融机构之间金融传输的可监控性和效率，如加拿大 Jasper，欧洲央行 Stella 项目等。

1. 加拿大央行数字货币发展实践

加拿大推进的 Jasper 项目是全球首个由央行和私人部门合作并利用分布式账本技术来开展金融机构间结算支付的试验项目，主要用于评估以 DLT 为支撑的结算货币及其支付清算系统是否有效，是否符合国际金融基础设施准则，同时探讨央行能否与私人部门共同合作形成一种市场化的数字货币应用机制。截至目前，Jasper 项目一共进行了四个阶段的实验，全部是概念验证性质的实验，在技术上实现了跨境、跨币种支付。从实验结果来看，区块链技术要满足目前对于支付系统的要求较为困难，难点不在于效率等问题上，而在于区块链技术

---

〔1〕 数据来源：Codruta Boar and Andreas Wehrli："Ready, steady, go? –Results of the third BIS survey on central bank digitalcurrency"，BIS，Jan 27，2021，https://www.bis.org/publ/bppdf/bispap114.htm.

〔2〕 参见姚前："共识规则下的货币演化逻辑与法定数字货币的人工智能发行"，载《金融研究》2018 年第 9 期。

〔3〕 参见戚聿东、刘欢欢、肖旭："数字货币与国际货币体系变革及人民币国际化新机遇"，载《武汉大学学报（哲学社会科学版）》2021 年第 5 期。

导致的信息不透明上，这原本被认为是区块链技术的优势所在。同时，加拿大跨境、跨币种支付试验表明，利用区块链技术跨境支付和结算可变得更简单、更高效、更安全，但基于现实市场变化的跨境、跨币种支付的潜在风险仍未清晰认知。[1]

2. 欧洲央行数字货币发展实践

欧洲与日本合作的 Stella 项目，主要研究分布式账本技术在支付系统与证券结算系统等领域的适用性。项目自 2017 年 9 月起，至 2021 年 2 月已完成 4 阶段的研究，实验表明运用现有技术可以限制现金与交易的数量、设置不同级别的隐私，保证终端用户隐私安全。支持多种多样的终端（手机 App、网页、卡、交互支付点），满足各类用户需求。但在 NFC 和蓝牙等离线支付场景中，需要传送大量信息的情况下仍存在局限性。[2]基于以上研究结果，欧洲央行已于 2021 年 7 月启动了数字欧元项目，在为期两年的调查阶段结束后，欧洲央行与成员方央行将正式决定是否启用数字欧元。

3. 日本央行数字货币发展实践

除和欧洲央行合作开展的 Stella 项目外，日本央行于 2020 年开始进行数字日元的探索。日本央行于 2020 年 10 月发布报告《日本央行的数字货币之路》（The Bank of Japan's Approach to Central Bank Digital Currency），表示其将在必要时刻采取发行"通用央行数字货币"（面向个人和企业等广泛终端用户）的模式。该报告对导入央行数字货币预期的功能和作用、央行数字货币具备的基本特性、导入应考虑的因素以及今后的计划等内容进行了总结。在具体推进计划上，日本央行于 2021 年年初开展了第一阶段的概念验证（Proof of Concept）。[3]由于流通中的现金量占名义 GDP 的比例高达 20% 左右，相较于一些国家的央行数字货币目标聚焦于国内支付，日本央行将央行数字货币定位为纸币的补充。日本央行更希望其数字货币能确保用于跨境支付，这意味着日本央行正在为数字货币形势的变化做好充分准备，逐步推动制度安排研究、概念验证、项目试点、国际合作等工作。

4. 美国央行数字货币发展实践

截至 2019 年年底，作为在世界金融体系和秩序中拥有关键话语权的美国对央行数字货币一直保持着观望态度。然而在新冠疫情的冲击下，美国政府对待

---

[1] 参见郑联盛、曲涛、武传德："加拿大数字货币的发展实践与启示"，载《征信》2021 年第 2 期。

[2] European Central Bank, Digital euro experimentation scope and key learnings, 2021.

[3] Bank of Japan, The Bank of Japan's Approach to Central Bank Digital Currency, 2021.

数字美元的态度有所转变。究其原因，一方面新冠疫情后美国社会对数字货币的需求强烈，另一方面全球央行的数字货币竞争已进入白热化阶段，这必然会形成对美元国际地位的替代和挤出效应。由此美联储逐渐转变了对待数字美元的消极态度，2020 年 8 月，美联储宣布已开展分布式账簿技术和区块链测试，研究央行数字货币对支付体系、货币政策和金融稳定的影响。随后波士顿联储和麻省理工学院（MIT）合作开发独立于美联储的数字美元平台的技术原型。截至 2022 年 2 月，这项数字货币探索性研究项目已进入第一阶段的成果总结阶段。但美联储尚未决定是否发行数字货币，鲍威尔多次强调需要仔细研究并谨慎对待是否发行数字美元的问题，避免灾难性的错误。2022 年 3 月，美国总统拜登签署了关于确保数字资产负责任创新的行政命令，其中重点谈及了美国政府对于数字美元的政策和行动。拜登政府认为数字美元可能有潜力支持高效率且低成本的交易行为，特别是在跨境资金转移和支付方面。经过评估，若对数字美元的潜在设计和部署方案的研究以及开发工作被认为是符合国家利益的，美国将采取启动数字美元所需之行动。[1]

（二）发展中国家央行数字货币发展实践

除上述发达国家外，许多发展中国家央行积极推进零售型数字货币的研发。零售型数字货币可以提升消费者在零售消费时的体验，提升普惠金融下放到普惠大众后各层面的可监控可追溯性，提升定向货币政策的执行力，防止资金被挪用占用等。越是银行网点等金融基础设施不完善的国家，其引进数字货币的意义也越是巨大。数字货币的实践逐渐呈现新兴市场国家"抢跑"的形势，目前有以巴哈马、柬埔寨、立陶宛、厄瓜多尔为代表的不少国家已进入发行阶段。

1. 巴哈马数字货币的发展实践

2020 年 10 月，大西洋西岸岛国巴哈马推出了世界上首个获得国际认可的央行数字货币——沙元（Sand Dollar）。促使巴哈马央行推出这款数字货币的动因是，巴哈马群岛分布在多个岛屿上，不仅难以开设 ATM 自动取款机或者银行分支行，恶劣的天气也使得基础设施的维护成本较大。而这种新货币和巴哈马货币"一对一"挂钩，并使用区块链技术，通过巴哈马央行发行和管理，央行向巴哈马的商业银行、支付系统供应商和转账运营商分发沙元，资金可存入客

---

〔1〕 Ensuring Responsible Development of Digital Assets, https://www.whitehouse.gov/briefing‒room/presidential‒actions/2022/03/09/executive‒order‒on‒ensuring‒responsible‒development‒of‒digital‒assets/，最后访问日期：2022 年 3 月 28 日。

户的数字钱包。企业和个人都可以用沙币买卖商品和服务，并互相汇款。目前巴哈马居民在移动设备上安装央行批准的电子钱包后，即可在任何商户使用沙元。沙元可支持离线支付，且为松耦合设置，即用户并不需要绑定特定银行账户。[1]

2. 柬埔寨数字货币的发展实践

就在巴哈马发行沙元的同一月，柬埔寨央行也发行了名为"Bakong"的数字货币。这是一项基于区块链的支付系统，许可链连接起 Bakong 账户和传统账户，在分布式账本上记录交易，通过基于区块投票哈希的"Yet Another Consensus"算法达成共识，并在 5 秒或更短时间内处理交易。与数字人民币相似，Bakong 的支付架构也采用了双层体系，由商业银行作为支付服务供应商，直接为下载了 Bakong App 的用户提供服务。

3. 厄瓜多尔数字货币的发展实践

尽管数字货币能以其技术优势极大地改善新兴市场国家的支付体系，但数字货币的推行仍道阻且长。以厄瓜多尔为例，2014 年，厄瓜多尔央行启动了名为"Dinerolectrónico"（电子货币）的项目。2015 年，厄瓜多尔就推出了"电子货币系统"和基于这个系统的"厄瓜多尔币"。在该系统中，通过资格认证的市民可以通过移动 App 在超市、商场、银行等场所完成支付以及转账等操作。但 Dinerolectrónico 的推行流通量只占整个经济体货币量的万分之零点三不到，最终在 2018 年因为民众的接受度较低无疾而终。

二、数字货币的国内实践

早在 2014 年，中国人民银行就成立了研究发行法定数字货币的专项部门，开始对发行框架、关键技术和流通环境及国际相关经验进行研究，这标志着中国对法定数字货币的研究正式拉开帷幕。在 2019 年 6 月《Libra 白皮书》发布后，中国人民银行的落地推进工作更加紧锣密鼓，目前已经在国内多个主要城市，以及重点场景进行了封闭测试。

（一）场景试点

2019 年末以来，中国人民银行在深圳、苏州、雄安、成都及 2022 北京冬奥会场景开展数字人民币试点测试。2020 年 10 月开始，又增加了上海、海南、长沙、西安、青岛、大连 6 个新的试点地区，就此形成"10+1"的试点布局。

---

〔1〕 参见周有容："国际央行数字货币研发进展综述"，载《西南金融》2022 年第 2 期。

除场景应用不断拓展外，还注重数字人民币应用模式的创新，通过加载智能合约赋予数字人民币可编程特性，促进与应用场景的深度融合。截至2022年8月31日，15个省（市）的试点地区累计交易笔数3.6亿笔、金额1000.4亿元，支持数字人民币的商户门店数量超过560万个。[1]未来，中国人民银行将按照国家"十四五"规划部署，根据前期试点测试工作情况，结合试点测试地区发展规划、地方特点，不断探索与经济社会相适应的数字人民币应用新模式。[2]尽管零售型货币的试点正如火如荼地开展，但从实践动向来看，数字人民币的发展目标并不止于此。2021年1月成立的金融网关信息服务有限公司表明环球银行金融电信协会（SWIFT）有意与数字人民币"牵手"，共同探索未来数字货币的跨境支付和流动性解决方案；[3]中国人民银行数字货币研究所正与香港金融管理局研究使用数字人民币进行跨境支付技术测试，可以预见的是，数字人民币的跨境支付也将成为又一大应用场景。

（二）技术选择

目前数字人民币的技术选择不预先设定具体路线，区块链仅作为备选方案之一。在"技术中性"原则的前提下，中国人民银行指定了运营机构以市场需求为导向结合技术优势定期开展评估，持续进行优化改进，数字人民币的技术迭代将是一个长期演进、动态升级的过程。目前所设计的数字人民币系统采用分布式、平台化设计，通过增强系统韧性和可扩展性，其能够支持数字人民币支付交易量的快速增长；系统还综合应用了可信计算、软硬件一体化专用加密等技术，以确保系统可靠性和稳健性；同时开展了多层次的安全体系建设，设计出多点多活数据中心解决方案，以保障城市级容灾能力和业务连续性，为使用者提供7×24小时连续服务。[4]

（三）制度建设

2020年10月中国人民银行公布的《中国人民银行法（修订草案征求意见稿）》进一步明确了"人民币包括实物形式和数字形式"，同时为防范虚拟货币风险，也提出了一系列禁止行为。商务部于2020年8月发布经国务院同意的《全面深化服务贸易创新发展试点总体方案》要求中国人民银行对数字人民币

---

〔1〕 参见2022年发布的《扎实开展数字人民币研发试点工作》，第1页。
〔2〕 参见2021年发布的《中国数字人民币的研发进展白皮书》，第18页。
〔3〕 参见巴曙松、姚舜达："央行数字货币体系构建对金融系统的影响"，载《金融论坛》2021年第4期。
〔4〕 参见2021年发布的《中国数字人民币的研发进展白皮书》，第14页。

制定政策保障措施。除加快立法外，针对数字人民币的特征，还需制定专门的监管办法与要求。对数字人民币的监管应以确保法定货币属性、严守风险底线、支持创新发展为原则，目标是确立数字人民币业务管理制度，明确对指定运营机构监管要求，落实反洗钱、反恐怖融资等法律法规，强化用户个人信息保护，营造数字人民币安全、便利、规范的使用环境。[1]

从全球范围观察，虽然各方都在积极探索并加强数字货币基础设施建设，但并没有就制度建设或规则形成统一共识。对此中国人民银行正在积极参与金融稳定理事会（FSB）、国际清算银行（BIS）、国际货币基金组织（IMF）、世界银行（WB）等国际组织多边交流。[2]对于数字人民币的发展与展望，未来中国人民银行将积极响应二十国集团（G20）等国际组织关于改善跨境支付的倡议，研究数字货币在跨境领域的适用性。根据国内试点情况和国际社会需要，在充分尊重双方货币主权、依法合规的前提下探索跨境支付试点，与有关货币当局和央行建立法定数字货币汇兑安排及监管合作机制，坚持双层运营、风险为本的管理要求和模块化设计原则，以满足各国监管及合规要求。

■ 要点

1. 由于各国金融基础建设发展不均，对央行数字货币的路径选择可细分为两类：零售型数字货币和批发型数字货币。发展中国家由于自身金融建设不足，其重点关注零售型数字货币的发行，以提高国内金融系统效率、实现普惠金融为目的；而发达国家更聚焦于批发型数字货币的研究，以重塑跨境支付系统。

2. 我国对于数字人民币的技术选择不预先设定具体路线，数字人民币的技术迭代将是一个长期演进、动态升级的过程。

■ 思考题

8.3 影响一国是否发行法定数字货币的动因有哪些？这些已经发行数字货币的央行有可能遭遇何种风险？

8.4 各国央行对法定数字货币的实践各有何特点？

---

〔1〕 参见 2021 年发布的《中国数字人民币的研发进展白皮书》，第 15 页。

〔2〕 参见 2021 年发布的《中国数字人民币的研发进展白皮书》，第 19 页。

第三节　数字人民币的法律问题

一、数字人民币视域下的国家权力

国家在发行央行数字货币后，应审慎地在权力射程范围内行使公权力。货币发行权作为国家权力之一，需要受到宪法的约束，以保障公民的货币权利。[1] 国家权力应当依法履行货币调控职能，严守信用货币的底线，不能以"发展型通货膨胀"的名义，稀释公民的货币财产权。国家权力是公民权利实现的保障，央行数字货币下央行的权力应在《中国人民银行法》第 4 条[2]所规定的职责授权范围内实施，并依照《宪法》第 13 条最大限度地保障公民的私有财产权不被克减。

在数字货币的流通环节中，除公权力机关外，还有支付交易平台、企业等私主体，他们都是央行数字货币政策制定和执行过程的参与者。许多学者认为我国对数字货币的规制不应当采取单一的监管模式。央行、地方政府、商业银行和金融机构等可依据自身比较优势细化各自职责权限，从政府监管转变为共同治理，使得公权力机构与私权利主体通力进行社会治理。[3]

二、数字人民币相关的权利归属与保护

数字人民币在交易规则、假币等问题上具有区别于纸币的特殊性。因此，国家除承担起不侵犯公民权利的消极不作为义务外，还应在新货币到来时在制度层面作出反应，确立央行数字货币的归属与保护之特别规则，应承担保护公

---

〔1〕 参见安东："国家权力控制论"，武汉大学 2005 年博士学位论文。

〔2〕《中国人民银行法》第 4 条："中国人民银行履行下列职责：（一）发布与履行其职责有关的命令和规章；（二）依法制定和执行货币政策；（三）发行人民币，管理人民币流通；（四）监督管理银行间同业拆借市场和银行间债券市场；（五）实施外汇管理，监督管理银行间外汇市场；（六）监督管理黄金市场；（七）持有、管理、经营国家外汇储备、黄金储备；（八）经理国库；（九）维护支付、清算系统的正常运行；（十）指导、部署金融业反洗钱工作，负责反洗钱的资金监测；（十一）负责金融业的统计、调查、分析和预测；（十二）作为国家的中央银行，从事有关的国际金融活动；（十三）国务院规定的其他职责。中国人民银行为执行货币政策，可以依照本法第四章的有关规定从事金融业务活动。"

〔3〕 类似的观点在很多论文中都有所体现。参见陈若愚、李舞岩、张珩："央行数字货币的发行：模式、评估与比较研究"，载《西南金融》2022 年第 3 期；刘明瑞："货币宪法视阈下的央行数字货币权力与权利——兼论央行数字货币宪法规则"，载《海南金融》2021 年第 10 期；参见张莉莉、徐冰雪："法定数字货币应用的法律风险及制度完善"，载《行政与法》2021 年第 3 期。

民财产权、自由权不受他人侵犯的积极作为义务。

(一) 数字人民币下的公民财产权

1. 央行数字人民币对债之规则的突破

如果以现金为给付客体，当债权人终局性取得对金钱的支配，即当债务人完成交付并移转现金所有权时，才构成债务履行并移转风险。但就目前数字人民币所采的技术路径来看，在离线状况下同样可以进行数字人民币交易，但是受领数字人民币的一方取得的数字人民币必须经过商业银行系统和央行数字货币系统进行权属登记，才能真正使用。这意味着，如果严格适用货币之债规则，债务人将因为离线支付而陷入履行迟延。因此，有学者认为应当参考以支票等进行支付时风险的移转。在货币之债中，债务人负有及时和按规定给付的义务。"此种及时性与合规性不在于债务人必须将收款银行迟延记账的全部风险计算在内，而是仅在于根据通常状况，考虑到银行记账的时间，以及所选择的转账方式符合约定或所处的情势。"[1]

2. 央行数字人民币的假币问题

假币是指伪造、变造的货币。其中伪造和变造在规范层面对应两种不同的罪名，伪造的货币是指仿照真币图案、形状、色彩等，采用各种手段制作的假币；而变造的货币是指在真币的基础上，利用挖补、揭层、涂改、拼凑、移位、重印等多种方法制作，改变真币原形态的假币。根据外形和材料区分，前者的原材料彻底为假，而后者的原材料"有真有假"。但由于法定数字货币在技术上具备一种性质——不可篡改其加密数据的一丝一毫，否则其使用功能将彻底丧失。因此，法定数字货币即使被篡改部分加密数据，与被篡改所有的加密数据并无本质区别，篡改部分或全部加密数据都将造成使用功能尽失。该法定数字货币被篡改后已在整体上完全发生变化，形同完全制造了假币。[2]当法定数字货币进入发行阶段后，变造货币罪对法定数字货币恐无使用空间，而对于伪造货币罪的司法解释也应当根据法定数字货币的无实体性和在伪造上的特殊技术方法进行扩充。例如，将伪造重新解释为"通过攻击央行认证登记系统、破解算法、代投、低价互换、篡改或部分篡改加密数据等技术手段，制作假法定数

---

[1] 参见冯洁语："论私法中数字货币的规范体系"，载《社会科学文摘》2021年第9期。

[2] 参见王德政："现状与变革：法定数字货币视域下的货币犯罪"，载《重庆大学学报（社会科学版）》，中国知网2021年10月11日网络首发。

字货币，冒充真法定数字货币的行为"。[1]除进行刑法规则的修订外，中国人民银行和指定运营机构也应完善相应的争议处理机制，指定专门机构负责对数字人民币的真伪进行鉴别。通过数字人民币的证书机制和数字冠字号验真，妥善解决各种可能的争议及用户损失，对数字人民币兑换、流通中的消费者权益进行保护。

3. 央行数字人民币的反洗钱机制

一方面，数字人民币的发行使得监管者能够通过对数字货币的全程进行跟踪，掌握全部相关信息，从而加强对洗钱犯罪行为的监督。另一方面，法定数字货币也为反洗钱工作带来了新的挑战。首先，在数字人民币个人钱包体系下，针对小额交易所设计的"匿名钱包"[2]使得反洗钱机构在对异常账户的交易流水、交易对手信息开展分析调查时，无法掌握客户的年龄、地址和职业等重要信息，对出租、出借的钱包更是无法得知其实际使用人。对此往往需要引入最先进的科技手段进行技术监管、调查取证以及采取相应的强制措施，这对基层公安机关而言无疑是困难的。而对于大额交易，尽管相关交易记录会存于后台大数据中心，但由于目前的反洗钱框架制度对监测主体、报送主体并未明确，在制度规定不详细、具体的情况下，容易导致银行机构对该类交易不监测不报送，或者只监测不报送。[3]其次，由于数字人民币的离线流通机制，在"可控匿名"的设计下，客户的交易信息对商业银行是匿名的。而反洗钱工作中的"了解你的客户"原则要求机构了解自己的客户及相关受益人，并留下可供使用的记录，这与"可控匿名"设计在一定程度上相互背离。

以上问题表明，我国《刑法》《反洗钱法》《人民币管理条例》等现行反洗钱法律规范无法为央行数字人民币所直接套用。应根据实践情况结合央行数字货币的评估风险点，建立现有的金融反洗钱法规与央行数字货币有效对接机制，减少因为法律法规不完善形成的监管不到位。[4]在原有的反洗钱监管体制下，在央行建立货币发行、支付结算、科技和反洗钱联合工作机制，不断完善相关监管制度，以确保技术监管到位，从而保证经济和金融系统的透明度。

---

〔1〕　参见王德政："现状与变革：法定数字货币视域下的货币犯罪"，载《重庆大学学报（社会科学版）》，中国知网 2021 年 10 月 11 日网络首发。

〔2〕　匿名钱包是指数字人民币体系中的第 4 类、第 5 类钱包，用户开立账户无须实名，只需手机号验证。

〔3〕　参见武颖、刘振："数字人民币与反洗钱：机遇、挑战和应对"，载《海南金融》2021 年第 6 期。

〔4〕　参见夏玮屿："关于构建数字人民币发行法律基础的相关问题研究"，载《现代金融》2021 年第 11 期。

(二) 央行数字货币下的自由权

一方面，央行数字货币的发行能够极大地减少公民对移动支付平台的依赖，提高公民个人隐私的安全性。另一方面，数字货币是以数据为载体的现金，每一货币都记载了交易信息。虽然法定数字货币具有"可控匿名"性的特征，但仍存在数字货币泄漏的风险，且央行数字货币比传统货币具有更强的身份属性，极易侵犯用户的个人信息及交易记录。

数字人民币的运行离不开全国甚至全球范围内大规模的个人信用信息的收集、处理和利用等活动。政府作为最大的个人信息收集、利用者，不能无节制地肆意收集和利用个人信息。[1] 首先，国家应通过立法对政府自身和信息业者的个人信息收集、处理和利用能力进行限制，在数据保护与流转之间寻求平衡，确保本国个人权利保护水准；同时采取一切必要的手段，包括法治、技术和物理措施保障个人信息的安全。除中国人民银行可对使用法定数字货币的用户身份信息进行长期、实时监控外，其他主体如申请临时读取法定数字货币的信息，需满足相关性、必要性、不可转移等条件，以保障用户个人信息不被滥用。[2]

在数字货币交易活动中，用户同意的知情前提常因各种原因被削弱。而意思表示作为合同法律关系的核心，国家应尊重使用央行数字货币的个人信息使用同意权，如在设计之初就将数据安全的需求嵌于其中，成为技术运作的缺省规则。在各关键节点优化知情同意，根据使用主体、钱包额度等因素调整个人信息采集范围，使知情同意框架处于动态变化之中，数据主体做到与时俱进的"知晓"，保障用户知情权和对其个人信息的处分权。[3] 除明确信息保护规则外，还应科学合理地设置法律责任。在责任种类与形式选择上，区分故意和过失，依照法定程序及时公正地追究相关违法人员的责任。区分个人行为和公务行为，设定对数据主体的赔偿责任，如果是个人行为侵犯个人信息，应根据《民法典》《数据安全法》《个人信息保护法》的相关规定进行赔偿；如果是公务行为，应由相关机关承担国家赔偿责任。[4]

法定数字人民币与现有法定货币相比，不论是在形态上还是在运行模式上都有一定的差别，现行法律规则不能完全涵射法定数字货币运行流通中可能出

〔1〕参见张新宝："从隐私到个人信息：利益再衡量的理论与制度安排"，载《中国法学》2015年第3期。

〔2〕参见柯达："论我国法定数字货币的法律属性"，载《科技与法律》2019年第4期。

〔3〕参见唐林垚："数据合规科技的风险规制及法理构建"，载《东方法学》2022年第1期。

〔4〕参见刘权："政府数据开放的立法路径"，载《暨南学报（哲学社会科学版）》2021年第1期。

现的实践问题。法定数字货币的设计、发展与运行应当以尊重并保护公民的权利为前提，因此公民的货币财产权、自由权都需要相应的法治保障，来平衡国家公权力与公民权利之间的关系。然而现阶段各国关于央行数字货币的实验、试点都具有偏向性，如加拿大央行的 Jasper 项目、新加坡金融管理局的 Ubin 项目以及欧洲央行和日本央行的 Stella 项目主要应用试验领域集中在银行间支付清算、票据交易等市场，可作为广泛用于各个领域支付手段的法定数字货币仍未出现。[1]法律的生命力不在于逻辑，而在于经验，即使看似具有前瞻性的法律规则仍然面临着规则滞后于实践需求的困境，数字人民币的相关规则构建、漏洞填补还需要对照实践的发展不断反省调整。

■ 要点

1. 数字人民币的流通将在一定程度上，对民法、刑法等部门法产生冲击。

2. 数字货币的特殊性决定了国家应当在《个人信息保护法》的基础上进一步优化技术运行规则，以保护公民使用央行数字货币时个人信息权不受侵犯。

■ 思考题

8.5 在数字人民币运行中，还有哪些情况会出现国家权力与公民权利间的冲突？

8.6 除了设置"动态知情同意框架"，还能采取哪些技术措施加强央行数字货币领域的个人信息保护？

■ 本章阅读文献

1. 柯达："论我国法定数字货币的法律属性"，载《科技与法律》2019 年第 4 期。
2. 刘少军："法定数字货币的法理与权义分配研究"，载《中国政法大学学报》2018 年第 3 期。
3. 戚聿东、刘欢欢、肖旭："数字货币与国际货币体系变革及人民币国际化新机遇"，载《武汉大学学报（哲学社会科学版）》2021 年第 5 期。
4. 王德政："现状与变革：法定数字货币视域下的货币犯罪"，载《重庆大学学报（社会科学版）》，中国知网 2021 年 10 月 11 日网络首发。
5. 吴心弘、裴平："法定数字货币：理论基础、运行机制与政策效应"，载《苏州大学学报（哲学社会科学版）》2022 年第 2 期。

---

〔1〕 参见柯达："区块链证券结算的法律规制——基于信息系统的视角"，载《大连理工大学学报（社会科学版）》2020 年第 5 期。

6. 姚前："法定数字货币对现行货币体制的优化及其发行设计"，载《国际金融研究》2018年第 4 期。

7. 姚前："共识规则下的货币演化逻辑与法定数字货币的人工智能发行"，载《金融研究》2018 年第 9 期。

8. 姚前、汤莹玮："关于央行法定数字货币的若干思考"，载《金融研究》2017 年第 7 期。

9. 周有容："国际央行数字货币研发进展综述"，载《西南金融》2022 年第 2 期。

10. 朱太辉、张皓星："中国央行数字货币的设计机制及潜在影响研究——基于央行数字货币专利申请的分析"，载《金融发展研究》2020 年第 5 期。

第三编

智能合约及其法律问题

本编将从两个维度进行探讨，一是智能合约的基础理论，涉及智能合约的概念、特征、架构以及智能合约在跨境物流、电商行业、金融业中的应用和智能合约演进中存在的问题，包括技术风险、刚性过强导致适用范围狭窄、链上链下交互困难、监管困境。

二是着重探讨智能合约对合同法的冲击，聚焦于以下问题：智能合约私法属性的理论争议，涉及计算机程序说、自助行为说、合同说、担保工具说和负担行为说之间的观点交锋；智能合约本质上未颠覆合同法之逻辑，但却具有一定的辅助担保功能；智能合约对传统合同制度存在一定冲击，体现在对传统合同信任机制、意思表示规则、合同效力瑕疵和合同履行方式的冲击，以及未能完全排除违约风险和司法救济困难。

第九章
智能合约概述

【导读】

　　智能合约兼具技术性与法律性，可以理解为一套被区块链所验证的计算机代码，其中蕴含着当事人的意思表示，并预设了合约自动执行的条件，一旦条件被满足便完成履行。智能合约的独特价值在于去意志的自动执行，同时吸收了区块链去中心化、匿名化等特征。区块链技术重塑了智能合约，而智能合约又拓展了区块链技术的应用空间。智能合约并不仅是"智能化的合同"，其与传统意义中的合同有所区别。智能合约是法律与技术的结合体，具备许多传统合约所不具备的特征和功能，也对传统的合同法制度甚至私法领域产生了冲击。

第一节　智能合约的概念、特征与架构

一、智能合约的概念

（一）智能合约的初始概念

　　智能合约实际并非近年来才出现的新名词，早在1994年，密码学家尼克·萨博便提出了最初的智能合约概念："一套以数学形式定义的承诺，包括合约参与方可以在上面执行这些承诺的协议"。尼克·萨博对于智能合约最初的设想十分简单，即"if-then"算法。尼克·萨博提出智能合约的概念是以自动贩售机为模型："if购买者向自动售卖机中投入货币"——"then自动售卖机吐出其所选择的货物"。在彼时智能合约的框架下，"智能"只是去纸化的电子合同形式，再附加"合同必然会被履行、违约风险低、交易效率高"的特征。[1] 囿于当时的技术水平，这一设想难以实现。但随着区块链技术的兴起，其显著的去

────────────

〔1〕　参见吴烨："论智能合约的私法构造"，载《法学家》2020年第2期。

中心化、不可篡改、可共识验证的特征为智能合约的实现提供了技术基础与应用场景，从而使得智能合约呈现不同于电子合同的面貌。

（二）我国对于智能合约概念的界定

目前我国学界对于智能合约概念的理解分为两大阵营，一方将智能合约理解为纯粹的计算机代码，与法律意义上的合同概念无关，原因在于智能合约只是对预先编写的计算机代码语言的执行，同时这一执行行为是缔约方无法控制的去意志的自动执行，完全排除了法律适用。如有学者认为智能合约是一个能在代码的定义编写之下，经由预先编写的条件触发后，自动执行相应合约内容的计算机化交易协议。[1]还有学者认为"智能合约是一种运用计算机语言取代法律语言记录各项条款的合约"。[2]

另一方仍将智能合约归为一类合同，认为"智能合约是利用代码来表现、确认和促进合同条款的自动执行"。[3]"通过电子方法控制资产所有权，以限制违约现象的产生，或言智能合约是可自动履行的协议。"[4]还有学者认为智能合约不是合同的新类型，只是特殊的、新型的合同形式。[5]这一观点着眼于法律效果，智能合约的缔约双方通过智能合约的缔结和履行确实改变了双方的权利义务关系。两者之间的核心分歧在于前者更加注重智能合约的运行机制以及对法律适用的排除；后者则更加注重智能合约的法律效果方面。

我国官方文件对于智能合约的概念进行尝试性概括。我国工信部发布的《2018年中国区块链产业白皮书》将智能合约定义为"智能合约是由事件驱动的、具有状态的、获得多方承认的、运行在区块链之上的且能够根据预设条件自动处理资产的程序。"2020年中国人民银行发布的《金融分布式账本技术安全规范》界定"智能合约是一种旨在以信息化方式传播、验证或执行合同的计算机协议，其在分布式账本上体现为可自动执行的计算机程序"。两份官方文件中对智能合约的定义落脚点均为"计算机程序"，是从技术层面对于智能合约

---

〔1〕 参见朱凌珂："区块链智能合约应用于著作权集体管理制度的设想与路径"，载《大连理工大学学报（社会科学版）》2021年第4期。

〔2〕 周润、卢迎："智能合约对我国合同制度的影响与对策"，载《南方金融》2018年第5期。

〔3〕 Swanson T. Great chain of numbers: A guide to smart contracts, smart property, and trustless asset management, Kindle, 2014: 11-16; 转引自倪蕴帷："区块链技术下智能合约的民法分析、应用与启示"，载《重庆大学学报（社会科学版）》2019年第3期。

〔4〕 郭少飞："区块链智能合约的合同法分析"，载《东方法学》2019年第3期。

〔5〕 参见郎芳："区块链技术下智能合约之于合同的新诠释"，载《重庆大学学报（社会科学版）》2021年第5期。

的界定。并且二者都点明了区块链在智能合约中底层技术支持的地位，也直截了当地指出智能合约"自动执行"这一本质特征。然而，此种"技术层面定义"的智能合约概念对于"法律层面定义"的智能合约概念的明确而言，作用有限，究其原因在于：周延的法律概念必须可以作为法律规范的基础，[1]或者法律概念本身便是相关法律规范的指代。[2]智能合约的诞生本来并非法律概念，而是密码学概念。只是智能合约意图实现的功能与法律概念上的合同有相当的契合性，能够借助智能合约的方案保证传统合同的正常履行，从而改变双方当事人意图改变的权利义务关系。智能合约初始的自动贩售机模型便是"if-then"算法。用法律的语言则可以理解为，智能合约是当事人通过或借助区块链订立的，并且依靠区块链能够自动执行的合同。

综合技术层面与法律层面，我们便可以对智能合约作出较为周延的定义：智能合约是一套被区块链验证的计算机代码，其中蕴含着当事人的意思表示，并预设了合约自动执行的条件，一旦条件被满足便完成履行，引起当事人民事法律关系的变动。从其概念来看，法律意义层面的智能合约包含以下几个构成要件：首先智能合约的表现形式仍然是经过区块链验证的计算机代码；其次其执行方式为去意志的自动执行；最后其内容包含着当事人的意思表示，法律效果即可以引起当事人民事法律关系的变动，也即在法律性质上，智能合约仍为合同。

二、智能合约的特征

（一）智能合约具有自动执行性

智能合约的自动执行性体现在两个方面。一方面，智能合约本身便蕴含着具体的执行条款，其中最重要的是执行的触发条件；同时，智能合约本身便具备履行能力，合同生效与履行之间未被割裂，均为代码的描述与运行。而不需要如传统合同般，在合同成立生效之外，往往还需要实际的履行行为。智能合约在缔结完成之后便开始自动化运行，不需要合同双方的介入。一旦智能合约将双方的要约承诺转化为可执行的语言，通过计算机程序代码，智能合约本身便具有信息的接收和反馈机制，可以完成合同的履行。这种代码化并不是静态意义上的合同语义转化，不是将文字转化为计算机代码便束之高阁，而是包含

---

〔1〕　参见雷磊："法律概念是重要的吗"，载《法学研究》2017年第4期。

〔2〕　See O. A. Borum and K. Illum (eds.), Festskrift til Henry Ussing, Kbenhavn: Juristforbundet, 1951; 转引自雷磊："法律概念是重要的吗"，载《法学研究》2017年第4期。

着合同运转执行的动态化的过程。[1]另一方面，也是更为核心的即在合同生效后，排除了相对人对于履行行为的控制，具有去意志性、自动性。一旦区块链中识别到对方已完成履行，预设的履行条件已被触发，便会自动完成执行。智能合约的执行性自尼克·萨博最初提出这一概念的时候便已有所体现，区块链技术更使之成为可能。智能合约具有在自动性基础上的执行性。把合同相对方从合同中解放出来，合同双方的注意义务有所降低，不需要时刻关注合同的情况，由可信的区块链技术自动执行合同，这样就将合同双方当事人的权利下放到区块链。在智能合约中，缔约方能够使用性能标准、具有一般定义的合同条款，创建可以自动执行的协议。智能合约依托区块链技术在区块链上分散的协议，在网络上直接执行。

（二）智能合约具有去意志性

智能合约的去意志性源自区块链的特性。去意志性一方面体现在履行方面，履行条件一旦被触发则必将执行，前已详述；另一方面则是智能合约在上链后难以解除、变更。一旦上链，并且经过了"矿工"挖矿完成共识程序，记录在所有节点之上，交易双方便再也不可能掌控代码的运行，无法对已经运行的代码进行变更。即便双方后续达成了另外的协议，也无法变更与撤销已上链合约，只能在已完成合约的基础之上再进行相反行为，以治愈、弥补、调整先前合约的法律后果。由此可见，智能合约相较于传统合约最为核心的区别即"去意志的自动执行"。一旦代码语言固定下来，合同的执行便拥有了确定的触发条件。智能合约将会自动化地运转，当合同中预设的触发条件被满足后，便直接开始执行，当事人双方不需要也无法干预执行。换言之，智能合约的"if-then"语句将合约主体的履行行为相连接，不存在一方履约、另一方违约的情形。

（三）智能合约具有去中心性

智能合约的交易场景中，在交易主体之外并不需要借助第三方平台进行交易成立的撮合或交易实现的辅助。在交易成立的撮合方面，以打车平台为例，乘客与司机都需注册统一平台，乘客将用车需求上传至滴滴平台，再经由平台广播至周边司机，从而撮合乘客与司机的交易。而在智能合约下，乘客将需求上传至区块链，司机在区块链中也可以直接对接乘客需求，缔结交易。

在交易实现的辅助方面，传统证券交易需要借助中证登、中债登等中央统一登记结算机构，对证券持有情况进行确权登记与统一交收结算。而智能合约

---

〔1〕参见柴振国："区块链下智能合约的合同法思考"，载《广东社会科学》2019 年第 4 期。

对证券交易的赋能即可绕过中心化登记结算机构，发生在区块链上的交易一经验证完成上链，其权属便得以确定，款项也自动进行交收。此外，还存在如款项的支付需经由银行转账、货物需经保险公司承保、产生纠纷后需诉诸法院或仲裁机构来认定合约的法律效力并要求强制执行等。原因是交易方的意志里包含着追求法律效力和法律的强制执行。而智能合约的运行模式摆脱了传统合约对于中心权威的依赖，不论是双方达成协议、对合同履行结果的判断，还是最终的执行，都不需要中心的参与，甚至任何人都无法干预。仅通过双方当事人所编写代码的执行即可实现。通过区块链技术的支持，对于中心权威的信赖转换为对于技术或者数学的信赖，改变了传统合同的架构。[1]

（四）智能合约具有匿名性

由于区块链上每个节点间的交换遵循固定的算法，数据交互由区块链程序自动判断，无须交易双方公开身份。区块链创造出一种"技术信任"，在区块链技术上的数据可以被有效地确权，通过构建不可伪造、不可篡改和可追溯的块链式数据结构，从而提高安全性能。协议赋予其本身的价值——代码价值，在可信化的环境中执行这些协议。在区块链的公有链中，缔约方是区块链的参与者，无须显现真实的信息，而是在区块链中操作，协议赋予智能合约的自动执行性，使得商业背景在商业交易中的影响因素降低，构建一种可视化的平等，实现合同缔约双方的实质平等，从而节省交易成本。目前商业伙伴的选择主要基于对其经济实力、商业信用的知悉，从而推断其履约能力。而在匿名智能合约中，合约内容将会自动执行，节约了对商业伙伴履约能力的调查、推断成本。当然这是一种内置型的操作。智能合约及其底层的区块链均允许"匿名化"交易，如法律不会对拥有私密钥匙或比特币的主体加以限制，私密钥匙被视为合格主体。[2]可见，智能合约的去中心性与匿名性，是区块链的特征在智能合约应用之中的投射，也是智能合约最底层的特征。

（五）智能合约具有技术与法律的双重属性

智能合约的技术属性体现在实现过程当中，法律属性则体现在结果之中。具体来看，智能合约作为区块链技术的一部分，就是一种在区块链底层技术基础上构建的基本功能。智能合约拥有信息的接收和反馈的机制，是价值的储存者和传输者，在这个意义之上，智能合约是一套技术装置，也可以称之为"区

---

〔1〕　参见王延川："智能合约的构造与风险防治"，载《法学杂志》2019 年第 2 期。
〔2〕　参见柴振国："区块链下智能合约的合同法思考"，载《广东社会科学》2019 年第 4 期。

块链智能合约技术"。据此，能够总结概括合约当事人关系，将其简化为具有法律意义的当事人之间的一个或多个承诺，即"区块链智能法律合约"。智能合约技术采用的代码程序只是技术构造，是以计算机语言来编制。代码程序是智能合约的表现形式，智能合约的缔结为代码形式，履行也是对代码的执行。其技术与法律属性是同一对象的一体两面之物，[1]智能合约经由技术形式表现出来，又具法律属性，实际会对当事人的权利义务产生影响。

三、智能合约的架构

与其说智能合约是一份新形式的合同，不如说智能合约是一套包含合同缔结与合同履行的动态流程。与传统的合同文本不同，智能合约包含着合同磋商、订立、生效、履行全过程，不再是孤立的一份文本。故而在研究智能合约之前，必须对其进行结构拆分环节，方能清晰窥探其本质。智能合约的运行机制包括三大步骤：合约生成、合约发布以及合约执行。[2]合约生成即当事人磋商，达成意思表示一致的过程；合约发布即当事人将其意思表示通过数据代码表示，经过验证上传至区块链；合约执行即"if-then"语句，预先设定的某行为发生后，自动触发另一行为的执行。

合约生成与合约发布涉及现实世界与区块链世界的互通，在此再做解释以便理解。合约生成有两种形式：一种是当事人线下进行口头磋商，达成意思表示的一致；另一种是当事人线下并无接触，仅通过区块链进行磋商。相应的合约发布也有两种形式，若当事人线下达成意思表示的一致，则在合约发布前需要将线下形成的意思表示翻译为代码，后将代码上传至区块链。此时双方所有的磋商皆由线下进行，应当视为双方在线下订立合同，只是借助于智能合约实现合同的履行。此时合同订立的时间应为线下合同的成立时间，代码翻译这一过程为合同履行的准备环节。若双方通过区块链进行磋商，则达成意思表示一致后则省去了翻译为代码的过程，直接上传至区块链。此时的智能合约则与电子合同没有本质区别，只是形式上由互联网变为区块链。当事人的意思表示为非对话方式作出，且应视为指定了区块链作为数据电文的接收系统。

当事人的意思表示与生成的合约代码并不时刻一致，可能存在三种形式。

第一，二者可能完全——对应，代码只是对于当事人的意思表示的完全翻译与代码表达。如 A 与 B 在现实之中签订了一份货物买卖合同，之后双方将该

---

〔1〕 参见郭少飞："区块链智能合约的合同法分析"，载《东方法学》2019 年第 3 期。

〔2〕 参见蔡一博："智能合约与私法体系契合问题研究"，载《东方法学》2019 年第 2 期。

合同转化为合约代码上链，以期到期后可以自动执行价款的划拨，避免纠纷。此种模式可以概括为三步：第一步，参与缔约的双方或多方用户商定后将共同合意制定成一份智能合约；第二步，该智能合约通过区块链网络向全球各个区块链的节点广播并由各个节点存储；第三步，构建成功的智能合约等待条件达成后自动执行合约内容。[1]

　　第二，二者可能存在互补，即二者同时存在，但内容并不同一，共同组成完整的合同。多表现为代码层中增加了新的表述对文本层进行补充。这一形式与第一种情况并无本质区别。只是合约当事人在线下达成合约的框架，在代码翻译过程中直接加入对合约的细化安排。代码翻译中对原本合意的细化或变更，既有对原先意思表示的解释，从而更适应代码语言，利于执行；也有对原先意思表示的变更或补充。

　　第三，代码独立存在，即缔约方完全通过区块链进行缔约，几方主体之间并不存在线下磋商，也无以自然语言订立的合同。如汽车出租，一个比特币一天，当交易相对方在区块链上看到此条消息后，通过行为的方式，即将一个比特币放入账户之中，作出承诺。此时的承诺为意思实现，即承诺由行为的方式作出。此时智能合约成立，当计算机检测到一个比特币划入账户之后，便将汽车的启动密码告知交易相对方，相对方再使用私钥获取密码。在这样的运行模式中，交易相对方完全匿名化，彼此只能通过区块链的方式进行要约与承诺。

　　对三种情形再做类型化，可以分为两大类别的应用场景：对应与互补的形式即双方存在链上与链下的共同磋商，使用智能合约只是为了辅助传统合同之履行；而代码独立存在的形式则是缔约方仅凭区块链完成要约、承诺与履行，多方主体之间完全匿名。这样的类型化并非无意义，在后续分析智能合约的私法属性与对传统合同法的冲击时，将更加清晰。有学者更加直接地将智能合约的运作模式概括为"要约+担保机制"（交易双方仅通过区块链订立合同，只存在合约代码的情形）与"合同+担保机制"（交易双方链下磋商订立合约文本，后翻译为智能合约代码，以便执行，此时智能合约只是双方合同的另外一种载体）。[2]

■ 要点

1. 智能合约与区块链技术相辅相成，区块链技术使得智能合约在技术上具

〔1〕　参见夏沅："区块链智能合约技术应用"，载《中国金融》2018 年第 6 期。

〔2〕　参见倪蕴帷："区块链技术下智能合约的民法分析、应用与启示"，载《重庆大学学报（社会科学版）》2019 年第 3 期。

有实现可能性，而智能合约又给予区块链更多的自主空间，扩充了区块链的应用空间。

2. 智能合约的本质是一套计算机程序，而非文本合同，其最为核心的特征即在于"去意志的自动执行"，一旦预设的条件被满足，则自动开始执行，任何人无法干预执行。

3. 智能合约的运行机制包括合约生成、合约发布以及合约执行三大部分。

4. 智能合约的合约层与代码层存在三种对应关系，分别是：二者一一对应、完全相同；二者存在细微差别，多是代码层对合约层进行了一定修改；仅存在代码层而无合约层，即当事人完全通过区块链缔结合约。

■ **思考题**

9.1 智能合约的上述特征在其应用于具体交易领域时，有何优劣？

9.2 智能合约相较于传统合同，二者的意思表示规则是否有不同？

第二节　智能合约的相关应用

智能合约不可篡改、可共识验证、绝对真实、匿名性等特征让人们臆想出了无数可能的应用场景。一方面，智能合约并非新型合同，只是新的合同形式，对于合同的内容、法律关系并不会产生变动。[1]另一方面，过刚则易折，智能合约完全自动、强制且不可更改，虽能适用于很多种交易结构中，但不够灵活，没有给交易安排提供更多的变通空间，故其应用空间可能并不如预想般广阔。

智能合约可以解决冗长繁琐的交易链条中难以追踪、互信、留痕的问题，可以被运用到同质化高、频次高的类型化交易中。而与此相对应的，便是跨境物流、电商行业与金融行业。本节也抓取典型行业对目前智能合约的应用进行介绍。

一、智能合约在跨境物流和电商行业中的应用

物流行业与电商行业具有相当的类似性，都需要货物在不同主体之间长距离、长时间的流转。而经手主体、运输距离、运输时长的增加，都意味着信息孤岛的增多，导致在全流程当中信任成本过高。智能合约能够在履约与支付环节极大地降低跨境电商物流所面临的信任风险，提高效率。

---

〔1〕 参见郎芳："区块链技术下智能合约之于合同的新诠释"，载《重庆大学学报（社会科学版）》2021年第5期。

　　跨境电商与物流行业面临着诸多困境。首先面临着跨境物流问题,物流成本高、运输时间长、货物损毁和逆向物流难度大。运输的过程中基本没有实时监控,货物的实时状态无法获知。其次面临着跨境支付问题,跨境交易多采用银行汇付、信用证支付、专业汇款公司支付。不论是何种支付方式,每笔款项信息都将由开户银行通过央行的人民币跨境支付系统(CIPS)传输到层级代理银行,层级代理银行通过环球银行金融电信协会(SWIFT)系统逐级清算,最后由收款方银行结算。[1]全流程没有统一的清算中心,需要层层委托,交易效率低下;同时一般跨境支付费用是汇款金额的 7.68%,成本高昂;多层交易主体都会留存相关交易信息,也存在安全性风险。[2]

　　全流程参与主体复杂、流程繁琐,从而产生了严重的货主信息泄露风险、事故责任追溯困难风险,以及跨境物流服务体系数字化与智能化程度低导致了高昂的信任成本与沟通成本等问题。这与区块链技术能够去中心化地构建信用体系,能够将货物信息、物流信息、单证信息等不可篡改地加以记录的特征具有较高的耦合性。一方面,区块链下的跨境物流得以跨越某个物流业务节点,更新了物流服务系统的逻辑框架;另一方面,区块链也解决了许多具象问题,包括私钥技术解决信息泄露、公钥技术提升透明度、降低交易成本等。[3]

　　对于智能合约而言,在跨境电商与物流行业能够发挥作用的环节为履约与支付。跨境物流之中最重要的物流设备即集装箱。可应用区块链智能合约技术,开发智能集装箱,以提升跨境贸易订单履行效率。基于区块链智能合约技术的集装箱可实现多项重要功能:一是通过智能集装箱的实物链可视化过程跟踪,确认智能合约执行的真实性、有效性;二是通过智能集装箱的实物链可视化结果跟踪,自动确认智能合约的履行完成,激发合约的自动关闭;三是通过智能集装箱的货物单据核碰,完成智能合约的自动结算。[4]与此相辅,履行与结算为相互勾稽的两个问题,一旦通过智能合约能够对商品交付履约情况进行判断,则可以借助智能合约中不可逆的自动执行功能,完成数字财产的划拨。

　　更进一步,智能合约可以引入跨境电商纠纷解决领域之中的网络私力救济研究。其研究的逻辑:跨境电商往往数量多、标的小、成本低,传统的司法救

〔1〕　参见谷勤:“区块链技术在金融业的应用探析”,载《金融科技时代》2016 年第 11 期。

〔2〕　参见李海波:“区块链视角下我国跨境电商问题解决对策”,载《中国流通经济》2018 年第 11 期。

〔3〕　参见王明严:“基于区块链技术的跨境物流痛点解决方案及其机理解析”,载《对外经贸实务》2020 年第 12 期。

〔4〕　参见李旭东、王耀球、王芳:“区块链技术在跨境物流领域的应用模式与实施路径研究”,载《当代经济管理》2020 年第 7 期。

济的高成本、低效率在这一方面并不具有优势，网络私力救济便应运而生，但网络私力救济存在权威性与稳定性不足，随意性、被篡改性与失衡性过高等问题。而智能合约的特征可以很好地改造网络私力救济，使其发挥应有的价值。具体而言，智能合约技术的介入突破了审理与执行的割裂局面，避免了即便裁决也难以执行的问题，建立了去中心化的执行机制，在具体的执行机制上避免了主体介入，无需繁琐程序即可自动执行。同时，智能合约为形成对跨境电商网络私力执行全过程的监督机制提供专业性支持。[1]

二、智能合约在金融业中的应用

在具体的应用领域中，由于智能合约建基于区块链技术，学界对于智能合约应用的研究与对区块链应用的研究表示出了较高的趋同性，都是集中于金融领域之中。[2]在证券交易领域，智能合约可以提升证券交易的准确性，其可编程性可以契合经济市场的不断变化，并且所有事项都由机器自动判断触发条件并自动执行，准确性更高。[3]目前的证券交易依赖于证券登记托管结算机构的运行，智能合约可以对这一体系加以完善。证券登记结算机构可以通过建立联盟链的方式，为各金融基础设施、证券公司开放节点，使用智能合约改进交易规则，将证券交易市场构架于区块链之上，通过智能合约实现即时结算、实时履行得以降低货银对付的风险[4]，实现"交易即结算"。目前中央国债登记结算有限责任公司已建立区块链债权实验室，研究试点区块链对债券市场的统一登记结算。

智能合约还可以赋能资产证券化。智能合约的自动执行、交易记录可追溯的特征便于穿透监管资产证券化的底层资产池，在证券存续期，智能合约将自动执行基础资产现金流的回收、证券现金流的分配等操作，提高服务机构与受托机构的工作效率，可实现后续管理和监管智能化。[5]对底层资产监控的增强以及实时履约情况的良好把握有利于资产证券化产品更好地定价、信用评级从

---

〔1〕 参见浦东平、樊重俊、梁贺君："基于区块链视角的电商平台体系构建及应用"，载《中国流通经济》2018 年第 3 期。

〔2〕 目前针对区块链的应用问题的诸多研究之中，金融业方面的研究占据了半壁江山。

〔3〕 参见李博等："区块链技术在金融方向应用的发展及展望"，载《应用科学学报》2019 年第 2 期。

〔4〕 参见刘洋、唐任伍："金融供给侧结构性改革视域下的区块链金融模式综述与合规创新探析"，载《金融发展研究》2019 年第 7 期；参见卜学民："论区块链对中央对手方结算的挑战及其应对"，载《北方法学》2019 年第 6 期。

〔5〕 参见徐光、叶欣怡："区块链与资产证券化"，载《中国金融》2018 年第 3 期；参见万国华、孙婷："证券区块链金融：市场变革、法律挑战与监管回应"，载《法律适用》2018 年第 23 期。

而推动二级市场的繁荣。

在票据领域，区块链技术得以与票据相结合，形成创新型的金融工具——区块链票据。[1]中国人民银行初步建立了一套依托区块链技术、以智能合约为载体的数字票据技术基础设施。每张数字票据，都是一段包含票据业务逻辑的程序代码及对应的票据数据信息，这些运行在区块链上的数字票据拥有独立的生命周期和自维护的业务处理能力，可支持票据承兑、背书转让、贴现、转贴现、兑付等一系列核心业务类型，各种业务规则可通过智能合约编程的方式来实现。[2]无论是将区块链票据理解为全新的金融工具，还是电子化票据在区块链技术上的新运用，区块链票据的功能都是通过智能合约得以实现的。具体而言，智能合约与区块链技术融合，把票据交易和流通环节中的合同内容通过编码镶嵌在区块链上，使其具有了区块链分布式记录、存储和验证、不可篡改或伪造等特征。且通过智能合约可实现自动、无条件履约，保证各类交易按照约定的规则完成。在实现高效运作的同时，杜绝了执行主体和交易的道德风险。[3]

在智能合约对银行业作用的路径分析上，区块链下的智能合约形成了新的信任机制，摒弃了对中心本身的信任，而构筑了一套对技术的信任，形成了新的场景价值链，将金融服务融入社交、网购、旅游等生活场景，形成了新的支付结算方式，在支付、清算、结算方面都避免了潜在的道德风险，取而代之的是点对点不可篡改的支付结算方式。基于上述，也形成了新的运行逻辑，推动金融基础设施的标准化和自动化。[4]在具体的应用场景上，可能有如下方面：第一，跨境贸易金融领域；第二，供应链金融领域；第三，数字积分的管理；第四，资产证券化；第五，委外催收领域；第六，可信凭证领域；第七，数据治理领域；第八，风险管理领域。[5]同时，智能合约结合数字货币，能够破解银行业的结算困境，创造金融互信，基于区块链的数字票据可以预防票据市场之中的一票多卖、假票、克隆票的现象。[6]

■ 要点

1. 智能合约虽然具有去意志的自动执行性，但其完全排除人为干预，也限制

---

〔1〕　参见李爱君：“区块链票据的本质、法律性质与特征”，载《东方法学》2019年第3期。

〔2〕　参见狄刚：“区块链技术在数字票据场景的创新应用”，载《中国金融家》2018年第5期。

〔3〕　参见李爱君：“区块链票据的本质、法律性质与特征”，载《东方法学》2019年第3期。

〔4〕　参见郭晓蓓、蒋亮：“区块链技术在商业银行的应用研究”，载《西南金融》2020年第6期。

〔5〕　参见郭晓蓓、蒋亮：“区块链技术在商业银行的应用研究”，载《西南金融》2020年第6期。

〔6〕　参见何人可：“基于区块链的智能合约在金融领域应用及风险防控”，载《理论探讨》2020年第5期。

了其应用范围，目前应用范围多局限在简单的、重复的、格式化的业务领域之中。

2. 智能合约的优势与特征与金融行业的行业性质有极高的耦合性，在金融的诸个细分领域中都有很多的运用空间。

■ 思考题

9.3 智能合约未来还能在哪些领域得到运用？

第三节　智能合约发展的桎梏

一、技术问题

（一）代码漏洞与代码错误

"由于智能合约通过数字化合同标的并控制其移转，代码漏洞会导致标的灭失以致履行不能，所谓智能合约能够规避违约风险的论点也就无法成立。"[1]在漏洞之外，代码同样可能存在各种各样的错误。代码可能无法应对现实交易中的复杂性，或即便可以应对但成本过高。复杂的交易若要采用智能合约的方式，则存在很多错误风险。并且智能合约可以自动执行，及时止损会陷入困难。[2]

（二）法律语言代码化的风险

法律语言代码化的风险也属于代码错误风险的一种。当自然语言的合同文本被转化成代码时，很可能由于机器语言的转化和代码表述的局限，使得最终成立的合同扭曲或者完全丧失了合同的原本真意。特别是许多模糊但重要的法律用语，如"尽最大努力""诚实信用"等，代码完全无法反映，没有办法设计出清晰的"if-then"语句。同时存在代码无法判断的法律问题，如计算机语句难以对"是否属于不可抗力"进行判断，即便出现不可抗力的情形，合同仍旧会按照预先设定继续履行。[3]

---

〔1〕 倪蕴帷："区块链技术下智能合约的民法分析、应用与启示"，载《重庆大学学报（社会科学版）》2019 年第 3 期。

〔2〕 参见倪蕴帷："区块链技术下智能合约的民法分析、应用与启示"，载《重庆大学学报（社会科学版）》2019 年第 3 期；王延川："智能合约的构造与风险防治"，载《法学杂志》2019 年第 2 期。

〔3〕 参见"'区块链'重点专项 2022 年度项目申报指南建议（征求意见稿）"，载国家科技管理信息系统公共服务平台，https://service.most.gov.cn/kjjh_ tztg_ all/20220424/4890.html，最后访问日期：2022 年 5 月 10 日。

（三）安全性风险

区块链技术存在安全性风险，如去中心自治组织（Decentralized Autonomous Organization，DAO）被黑客利用代码漏洞窃取了价值五千万美元的虚拟货币。DAO 的管理者为了避免损失的扩大，使用硬分叉技术分割了区块链，人为终止了智能合约的自动履行。这一事件导致部署于区块链上的数据资产被大范围窃取、链上正在运行的所有合约被迫终止。由此造成的损失，目前仍没有具体的解决方案，关于被攻击的组织是否适用平台责任承担相应责任，也无定论。

（四）其他技术风险

智能合约以区块链为基础，意味着完全的公开化。合同可以反映一个公司的经营情况、经营策略、经营方针，而智能合约一旦订立便被发布，任何人都可以接触，其经营计划等商业秘密极易被交易竞争者探知。

此外智能合约交易存在集中化的风险：将智能合约应用于数字技术，需要特定的硬件和计算算法速度，因此，应解决可伸缩性问题。可伸缩性是合约执行的速度问题，这取决于网络速度的提高，仅有一些大型实体才可访问。这种少数实体访问的特权也会带来集中化的风险，有可能产生共谋的恶意交易。[1]

二、刚性过强导致适用范围狭窄

刚性过强既是智能合约的价值，同时大大桎梏了智能合约的应用范围。一方面，智能合约刚性过强，一经确立则只能运行，不可变更，必须对该合同的整个生命周期可能发生的所有事项进行预测。由代码所创建的被精确定义的合同缺乏应对不确定情况的灵活性，无法适应不断变化的环境和修改合同的偏好。[2]另一方面，智能合约为计算机程序，内容较为确定。而适用于复杂交易的合同往往需要一些模糊的、笼统的术语，如"不可抗力""情势变更"等，智能合约无法处理此类信息。智能合约适用于一些重复率高、在各项环节拥有准确的数据、操作相当简单的交易。

三、链上链下交互困难

智能合约在技术上区分链上（On-chain）与链下（Off-chain）两种信息源，时间序列、区块信息、代币移转等属于链上事件，其余全部物理实体和活

---

〔1〕 参见柴振国："区块链下智能合约的合同法思考"，载《广东社会科学》2019 年第 4 期。

〔2〕 参见郎芳："区块链技术下智能合约之于合同的新诠释"，载《重庆大学学报（社会科学版）》2021 年第 5 期。

动都属于无法被区块链原始识别的链下事件。[1]在现阶段合同的执行过程中，大部分事件都是链下发生的物理活动，如线下货物是否交付、交付标的是否存在瑕疵等，代码程序无法感知，必须通过预言机制度或者物联网制度来沟通链上链下信息。物联网系统在现阶段的发展水平下，也很难直接应用于智能合约之中。

这便导致智能合约的应用也被限制在多方当事人的履行行为均发生在线上的交易情形中。一旦涉及链上链下信息交互，便易涉及由于对相对人履行行为判断不准确而无法触发履行条件，或错误触发履行条件等风险。

四、监管风险

学界对于区块链监管的研究较多，但对于智能合约的监管问题研究却寥寥无几。[2]

（一）智能合约在时效性与及时性方面对监管提出了更高的要求

智能合约作为一种规则一旦被部署，即生效。因此，必须对智能合约进行合规化验证，防止非法交易的出现。这需要很高的技术要求，需要对密码学的代码与法律语言进行严谨的对应。同时，还应该防范智能合约代码软件的安全漏洞，进行合规化验证。[3]

但目前智能合约缺乏统一的应用标准。关于智能合约的标准有多个版本，主要由分散的智能合约应用联盟创建，制约了智能合约及其应用的扩展性和兼容性。应当通过制定相关标准来识别不公平或容易受黑客攻击的条款代码。跟踪智能合约参与者的交易行为，分析其智能合约条款的种类、理念、操作手法，评价市场在正常和极端情况下，智能合约所提供服务的合规性及其对市场的影响。根据大数据对参与者进行分类，分配识别代码，在智能合约中迅速判定和分析其交易行为，识别利用区块链技术进行洗钱、恐怖、非法融资等违法交易，并采取相应监管措施。[4]

（二）去中心化与中心化监管之间的矛盾

基于去中心化，智能合约构架了点对点的数据信任、技术信任，彰显了相

---

〔1〕 参见倪蕴帷："区块链技术下智能合约的民法分析、应用与启示"，载《重庆大学学报（社会科学版）》2019年第3期。

〔2〕 参见黄锐："金融区块链技术的监管研究"，载《学术论坛》2016年第10期。

〔3〕 参见柴振国："区块链下智能合约的合同法思考"，载《广东社会科学》2019年第4期。

〔4〕 参见黄锐："金融区块链技术的监管研究"，载《学术论坛》2016年第10期。

当的个体自由主义。代码语言在运行过程中一定程度上排斥了司法、政府的介入，过度的个体主义与去中心化必然加剧智能合约本身便存在的自治风险，同时会导致社会整体的系统性风险，特别是在强监管的行业之中更加凸显。

（三）智能合约与司法救济的互斥

智能合约的自治性、去意志性、完全性，使得法律作为一种权利义务关系的调整手段，在分配纠纷当事人之间的利益时存在一定障碍。其一，智能合约的匿名性造成主体识别障碍。智能合约的匿名性隐藏了主体的姓名、年龄及住址等信息，主体是否具有完全民事行为能力无法判断，合约纠纷发生后纠纷管辖地也难以确定。其二，智能合约的自动化导致规则介入困难。智能合约一旦运行，原则上无法中断，易造成法律上的三重困境：一是智能合约启动之后履行完毕之前发生的合约纠纷，当事人的诉讼及仲裁权利被剥夺；二是由于客观环境变化导致情势变更时，当事人的合同变更或解除权无法行使；三是智能合约运行过程中，当事人的协商与调解权被架空。[1]

（四）智能合约极易异化为违法犯罪的手段

智能合约可能成为犯罪行为的完美载体，也可能刺激新的犯罪形式。传统的信息互联网的定罪量刑的规则体系在智能合约犯罪中适用会遇到障碍。故而必须确认新生事物的法律属性，建立智能合约犯罪的罪名体系，以延长刑法打击的半径，防范新型价值网络犯罪生态系统的风险。[2]

■ 要点

1. 去意志的自动执行与不可修改是智能合约的价值所在，但也导致其应用空间受限。由于技术性极强，存在较多的技术风险、监管风险等。

2. 智能合约发展的最大限制为链上链下信息的交互，在需要现实履行的合约之中，链上程序很难对现实中是否已经完成履约进行判断。

■ 思考题

9.4 智能合约是否为司法救济的介入留下了空间？

---

〔1〕　参见宋云婷、沈超："法的介入：智能合约纠纷的司法救济"，载《北京航空航天大学学报（社会科学版）》2023年第6期。

〔2〕　参见赵志华："区块链技术驱动下智能合约犯罪研究"，载《中国刑事法杂志》2019年第4期。

■ 本章阅读文献

1. 柴振国："区块链下智能合约的合同法思考"，载《广东社会科学》2019 年第 4 期。

2. 陈吉栋："智能合约的法律构造"，载《东方法学》2019 年第 3 期。

3. 狄行思："论智能合约的风险负担及责任分担"，载《科技与法律》2020 年第 6 期。

4. 何人可："基于区块链的智能合约在金融领域应用及风险防控"，载《理论探讨》2020 年第 5 期。

5. 何士青："基于法治主义维度的区块链智能合约发展研究"，载《政法论丛》2022 年第 2 期。

6. 李西臣："区块链智能合约的法律效力——基于中美比较法视野"，载《重庆社会科学》2020 年第 7 期。

7. 刘琴等："法律合约与智能合约一致性综述"，载《计算机应用研究》2021 年第 1 期。

8. 倪蕴帷："区块链技术下智能合约的民法分析、应用与启示"，载《重庆大学学报（社会科学版）》2019 年第 3 期。

9. 欧阳丽炜等："智能合约：架构及进展"，载《自动化学报》2019 年第 3 期。

10. 吴烨："论智能合约的私法构造"，载《法学家》2020 年第 2 期。

第十章
智能合约对合同法的冲击

【导读】

学界对于智能合约私法属性的理解众说纷纭。目前合同说为学界主流。当然，智能合约是法律与技术的结合体，具备许多传统合约所不具备的特征和功能，甚至在一定程度上对当事人的意思自治进行了限制，使当事人在合同开始后变更、解除合同的权利受限。但智能合约自动执行的安排并不是对意思自治的排除，是否选择采用智能合约的方式、如何设计程序同样彰显了当事人的意思自治，对其变更与解除权利的限制是出于利益平衡与提高交易效率的考虑。智能合约并未改变合同的根本属性，应当理解为合同的新形式。当然智能合约也对传统的合同制度产生了冲击，包括合同的信任机制、意思表示规则、合同效力、合同履行方式等方面。

第一节　智能合约私法属性的理论争议

法律层面需要解决的第一个问题乃是智能合约的私法属性。若认为智能合约具有私法属性，则需再行判断其具有何种私法属性，并最终对既有的制度进行调整，更好地规范智能合约在实践中可能产生的问题。目前学界对智能合约私法属性的认识主要包括计算机程序说、自助行为说、合同说、担保工具说、负担行为说。

一、计算机程序说

计算机程序说对智能合约进行概念界定时侧重技术层面的观点即将智能合约理解为计算机程序，完全排除其私法属性。其认为智能合约的本质是一串代码，不包括当事人之间的权利义务关系，[1]强调智能合约只有工具的辅助价值。[2]智能合约在运行过程之中所执行遵守的技术方案，并不具备法律的可规制性。[3]这一观点着眼于智能合约的本质，但并不能否认智能合约具备引发当事人权利义务变动的能力。智能合约的应用必然会产生相应的法律问题，法律属性是智能合约应用中必然的外部效应。[4]如智能合约的代码表达不符合双方合意时该如何解释、履行条件被错误触发时该如何救济、意图变更或解除合同时该如何处理等。

二、自助行为说

自助行为说认为"智能合约只是一种新的先发制人式自助行为，利用技术在司法系统之外实施自助式救济"。[5]智能合约只是合同履行的辅助手段，旨在消除当事人事后请求法律强制执行的需要，其核心特征是在执行过程中没有必要甚至不可能实施法律。持这一观点的学者认为，这些协议看起来仅旨在执行，并未打算诉诸法庭。[6]自助行为说着眼于智能合约强制履行、自动履行的特征，更关注于智能合约的救济功能。但这一观点并不能解释智能合约改变当事人权利义务关系的本质属性。智能合约包含着当事人对各自权利义务的安排以及对权利义务变动的实现，并非只有履行的价值。其中仍有很多承载着当事人的自由意志且与履行无关的合同条款，此类条款无法归入自助行为说的解释范畴。

三、合同说

合同说是智能合约法律属性的主流学说，无论是从名称，还是从成立生效规则来看，智能合约都与合同有较高的相似性。在应用层面也多是对传统合同

---

〔1〕 See Alexander Savelyev, Contract Law 2.0: Smart Contracts as the Beginning of the End of Classic Contract Law, In-formation & Communications Technology Law, Vol. 26, 2017, p. 116. 转引自程乐："双层结构下智能合约条款的建构路径"，载《法学评论》2022 年第 2 期。

〔2〕 参见夏庆锋："从传统合同到智能合同：由事后法院裁判到事前自动履行的转变"，载《法学家》2020 年第 2 期。

〔3〕 参见袁康："可信算法的法律规制"，载《东方法学》2021 年第 3 期。

〔4〕 参见程乐："双层结构下智能合约条款的建构路径"，载《法学评论》2022 年第 2 期。

〔5〕 Raskin M. The law and legality of smart contracts, GEO. L. TECH. REV, 2017, p. 305-341. 转引自郎芳："区块链技术下智能合约之于合同的新诠释"，载《重庆大学学报（社会科学版）》2021 年第 5 期。

〔6〕 See Kevin Werbach, Nicolas Cornell, Contracts Ex Machina. 67 DUKE LAW JOURNAL（2017），p. 346. 转引自陈吉栋："智能合约的法律构造"，载《东方法学》2019 年第 3 期。

进行代码化、数字化的翻译与改造，并不影响合同关系的本质。合同说便于理解，但这一观点需要对智能合约与传统合同的相异之处进行恰当的解释。其中最大的难点在于智能合约对于意思自治一定程度的排除，表现在智能合约对当事人撤销、变更、解除合同权利的限制。[1]当事人的自由意志被智能合约排除，无法决定民事法律关系的变更与终止。用合同作为理论基础进行分析，有几种不同的观点。

一类是电子合同说。电子合同说认为，智能合约首先是一种书面法律行为。当事人发布智能合约具有改变当事人权利的意思，合约的发布方和接收方都基于自己的意思形成法律关系，应当认定为一种法律行为。且智能合约是电子合同的升级，因为合约内容体现在计算机代码组合成的程序中，而不单单是典型电子合同中使用的计算机代码。电子合同是通过计算机网络缔结和表现的合同。智能合约是用计算机代码起草的可自动执行的电子指令，这使计算机能够"读取"合同，在许多情况下，可以自动实现预设指令。[2]自动执行也是智能合约与其他电子合同之间的关键区别，也是升级所在。[3]

一类是将智能合约理解为整个合同过程。即智能合约既包括合同的订立，同时涵括了合同的履行。这一观点是从智能合约运作方式整体着眼，将其自动执行的特征与合同的框架相结合。如前章所述，实践中存在双方先经线下磋商后再借助智能合约进行履行或固定权利义务的情况，双方对权利义务的安排并非完全依靠智能合约，故并非所有的智能合约都包含合同订立与履行的全流程。智能合约的本质是将传统合约变成一段可以自动执行的程序，[4]可见其主要价值在于履行方面，而非合同磋商、缔结、履行的全流程。

四、担保工具说

担保工具说同样认为智能合约具备法律合同的性质，但从作用和特征上来看，智能合约与信用证极为类似，应当被认定为一种担保工具。

具体而言，这一学说认为智能合约对于传统的合同架构并没有根本性的改变，只是在传统的合同之外，又附加了一定的担保机制，即将智能合约认定为

---

〔1〕　参见程乐："双层结构下智能合约条款的建构路径"，载《法学评论》2022年第2期。

〔2〕　See Reggie O'shields, Smart Contracts: Legal Agreements for the Blockchain. 21 N. C. Banking Inst (2017). p. 179. 转引自陈吉栋："智能合约的法律构造"，载《东方法学》2019年第3期。

〔3〕　参见郭少飞："区块链智能合约的合同法分析"，载《东方法学》2019年第3期。

〔4〕　参见郭上铜、王瑞锦、张凤荔："区块链技术原理与应用综述"，载《计算机科学》2021年第2期。

一种类似于信用证的独立担保工具。智能合约并不建立在对任何人或机构的信任之上，因为其本身就是建立信任的一种手段。通过对于区块链资产的控制，以实现一定条件满足时的自动履行，并且这样的履行仅考虑代码意义上的条件满足，而不会对于现实中的实际履行加以考虑和反映。简而言之，智能合约则是一种基于技术的信用担保，它以区块链公开透明、不可篡改的技术特性，保障了合同条款在约定条件下被安全可信地自动执行。[1]

此时智能合约只是发挥了类似担保的作用，但其作用路径并非传统担保合同中增加扩大可供债权人追及的财产或主体，或提升债权人受偿优先性，而只是通过"if-then"语句使得合同效果指向的财产能够得到确定的转移，甚至是在合约达成之时就已经将相应的财产部署于区块链上。故而不能将智能合约简单理解为担保合同，故称为担保工具。同时，智能合约虽然在一定程度上为债务清偿提供了保障，但只是起到技术上的辅助作用，不能用法学意义上的"担保"来定义。[2]

五、负担行为说

负担行为说则是从更微观的视角着眼，考察了智能合约的具体条款，将其分为了自动履行条款与非自动履行条款。前者是指"if- then"语句，即智能合约最为核心的条款内容，约定结果触发条款；而后者则是除自动履行条款外的其他条款，包括当事人身份、标的、履行期限等。

其中自动履行条款应当是一种负担行为，只是对双方所负担义务的确定，赋予了针对对方当事人的请求权。而自动强制的履行只是人力或技术解决的问题，不再是法律所关注的重点。非自动履行条款并非智能合约的关键条款，只能表示合约当事人认可这一模式。

相较于合同说，负担行为说的切入点并非智能合约整体，而是聚焦于当事人权利义务变动安排部分的条款，无视了具有辅助功能的其他条款。

此外，负担行为说仅仅集中于对智能合约中"if-then"语句的解释，而并没有将视角置于智能合约整体，从智能合约的全流程对其进行法律界定。将法律视角停留于双方的权利义务得以确定，未涉及最为核心的自动强制执行。而实践中争议频发的正是"A情形"必将导致"B义务"的自动强制履行环节。

---

〔1〕 参见倪蕴帷："区块链技术下智能合约的民法分析、应用与启示"，载《重庆大学学报（社会科学版）》2019年第3期。

〔2〕 参见程乐："双层结构下智能合约条款的建构路径"，载《法学评论》2022年第2期。

负担行为说对于后续自动强制履行环节的态度为质疑其合法性并采取技术措施对其加以软化，允许一定程度上对自动履行进行限制。负担行为说对自动履行发展路径的预想，也正为合同说扫清了智能合约对意思自治排除的障碍。

■ 要点

智能合约私法属性的计算机程序说、自助行为说、合同说、担保工具说、负担行为说等各学说的立足点及其不足。

■ 思考题

10.1 除上述学说之外，还有哪些智能合约私法属性的认定路径？

第二节　智能合约兼具合同本质与新表现形式

一、智能合约并未改变合同法律关系的本质

从本质来看，智能合约丝毫没有改变合同法律关系的性质。[1]以合同双方是否承担对价义务作为划分标准，合同可以分为双务合同与单务合同。[2]目前，智能合约多运用于双务合同。而双务合同的本质为合同当事人互负义务是否存在对价关系。[3]智能合约并未改变双方在交易之中对自己所负义务的约定合意。以买卖合同为例，智能合约并不会改变买受人需支付标的对价的义务、要求出让方交付标的物的权利。当事人权利义务的内容并不会受到影响，只是其实现方式发生了变化。智能合约只是改变了合同的缔约方式、储存载体、履行方式。这些新元素绝不足以否认其法律属性。

此外，智能合约并未排除意思自治。当事人对智能合约变更权利的受限并不能否认当事人的意思自治。在智能合约订立的过程中双方已经经历磋商，完成了对彼此权利义务的安排，并且预先设置了相应的履行安排。上述皆是意思自治的体现。更为重要的是，如果任意一方当事人不想继续，合同也无法中断，只能在合同履行后，再采取救济措施，变相增加违约成本，保证交易安全。可

---

〔1〕　参见郎芳："区块链技术下智能合约之于合同的新诠释"，载《重庆大学学报（社会科学版）》2021年第5期。

〔2〕　参见史尚宽：《债法总论》，台湾荣泰印书馆股份有限公司1978年版，第8页。

〔3〕　参见傅鼎生："义务的对价：双务合同之本质"，载《法学》2003年第12期。

见自动履行的设置更是在交易安全与交易成本之间的价值取舍。当事人对智能合约的选择，便也是其意思自治的结果，表示自己愿意接受智能合约的一系列交易制度，愿意接受自动履行所可能带来的后果，包括节约履行成本、时间的益处，也包括无法变更合同、只能后续再采取补救措施导致成本上升的风险。

并且智能合约具有合同成立的必备内容——当事人意思表示的一致，即当事人的合意。虽然此时的智能合约缔约双方并不存在协商的过程，只要双方各自的代码条件相符时，便可以自动成立。看似不存在要约承诺的一般形式，但是可以看作是不同当事人分别发出了内容契合的要约，被认定为"交叉要约"，可以满足意思表示一致的实质要求。[1]

意思自治是私法领域的基本原则，但对意思自治进行一定程度的限制并不绝对导致私法属性或合同属性的丧失。从合同的概念来看，设立、变更或终止民事法律关系的协议都为合同，智能合约当然符合这一概念。同时对其意思自治的部分排除本身就是其意思自治的体现，在其选择智能合约这一交易模式时，已认可了对其意思自治的限制。

二、智能合约是一种新型的合同形式

智能合约与电子合同之间具有相当的共性，二者都能够表达合同的内容，将当事人对权利义务的安排表露于外部，能够作为合同订立的表现形式。智能合约与电子合同的本质区别，也即前文所述的"去意志的自动执行性"。这一功能是智能合约最为本质的特征，但恰恰是电子合同无法涵盖的。故而在界定其私法属性时，应当将目光集中于这一特征。

三、智能合约是一种有辅助担保工具的新合同形式

"去意志的自动执行性"这一特征使得智能合约具有担保工具的底色。在这一底色上，再区分智能合约不同的应用场景，分别分析其私法属性。其担保功能的实现是区块链作用的结果，在智能合约的运作过程中，当双方达成意思自治代码上链后，支付对价的一方需要提前将财产转化为数字货币并上链，以便双方约定的交割条件达成后，区块链自动进行划拨。双方需要交付的财产自合同成立便完成上链以备交割，实际上便起到了担保作用，使得债权人的债权具有了事实上的优先性。

具体而言，当合同主体仅通过区块链订立智能合约时，主体之间完全匿名，

---

〔1〕 参见夏庆峰："智能合约的法律性质分析"，载《东方法学》2022 年第 6 期。

并无线下磋商交流。此时，智能合约承载着两种功能：其一是新形式的电子合同，是对双方权利义务进行安排的凭证与表达，通过数据的方式使双方互负权利与义务；其二则是在匿名主体之间构筑了基于技术的信用体系，双方的承诺一经验证即被写入区块链，篡改可能性几乎为零。同时"if-then"语句得以担保合同履行，需要交付的数据财产（如比特币）在合同缔结之时便被部署于区块链，只要对方的履行行为被识别，即完成数据财产的交付。而当合同主体在线下磋商达成协议后再将合同上链，从而确保履行时，可以将智能合约理解为双方关于履行方式的补充协议，其中包含着与上述第二项功能一致的担保工具。

学界通过对《民法典》合同编的解读也为智能合约位列合同序列提供了空间与可能性。《民法典》第 469 条第 1 款规定："当事人订立合同，可以采用书面形式、口头形式或者其他形式。"学者对该条之中的"其他形式"进行解释，得出了基于区块链的智能合约能够被纳入"其他形式"的涵摄范围，从而被纳入合同种类之中。[1]《民法典》第 490 条规定了事实合同、第 496 条规定了格式合同。事实合同将合同从固定的形式中解脱出来，格式合同也允许合同中对意思表示进行一定的限制，二者皆属于合同的范畴。而智能合约中广泛存在事实合同与格式合同，区块链参与者以自己的行为形成了众多事实合同，并且很多合同条件不得撤回和修改，只能按程序设计的流程推进。不能篡改最大的特点就是不可逆，区块链的参与者只能被动接受类似"格式条款"的规则，这也是"可信度高"的代价。[2]

■ 要点

1. 智能合约包括合同缔结以及合同履行两大环节，即智能合约既是一类新型的合同，也是一种合同的履行方式。

2. 将智能合约纳入《民法典》的涵摄范围具有可行性。

■ 思考题

10.2 智能合约是否应当属于法律意义上的合同？原因何在？

---

〔1〕　参见李旭东、马淞元："《民法典》合同编视域下的区块链智能合约研究"，载《上海师范大学学报（哲学社会科学版）》2020 年第 5 期。

〔2〕　参见李伟民："《民法典》视域中区块链的法律性质与规制"，载《上海师范大学学报（哲学社会科学版）》2020 年第 5 期。

第三节　智能合约对合同制度的冲击

一、对于传统合同信任机制的冲击

在传统合同之中，交易双方之所以订立合同，主要的信任依据有两方面：一是对交易对手方主体的信任；二是对提供抵押担保的信任。而智能合约所信任的并非双方当事人及其财产状况，而是智能合约技术及其自治秩序。[1]可以理解为是在合同之上附加了担保功能，并且这一担保功能既不是通过私法工具实现，也不是通过中心化担保实现，而是完全使用技术手段得以实现。传统担保法理论中，担保的实现方式包括提高优先性或者增加责任财产。而智能合约中，区块链可以使合同效果指向的财产能够得到确定的转移，甚至是在合约达成之时就已经将相应的财产部署于区块链上，且这样的担保贯穿合同的整个生命周期并且不可篡改。这也就使得智能合约之中交易方并不需要在意对手的主体资格、财产状况、行为能力等相关信息。通过技术手段在完全陌生的主体之间构筑信任，大大拓宽交易机会，提高交易安全。

二、智能合约对于意思表示规则的冲击

（一）意思表示一致的概括认定

在仅存在合约代码时，判断双方是否达成了意思表示的一致需要进行推定。合约代码层为晦涩的计算机语言，难以探求其真意。而智能合约的制定并非简单的签名盖章即可，而是需要复杂的流程。应当说，通过输入数据、关联智能财产或账户，提交私匙，把财产资源控制权给予智能合约，使智能合约得以持续运行，足以表明当事人受约束的意思。[2]虽然没有传统的对要约承诺一致的认定，但双方的表示行为已经表达出了合意的真实意愿。

（二）意思表示解释规则的限制

对于区块链订立的智能合约，要约人向全网发送要约，属于无相对人的意思表示，此时，对于意思表示的解释更应到追求表意人的真实意思；而对于被要约人的承诺，则应理解为有相对人的意思表示。在对双方意思表示的合意进

---

〔1〕 参见吴烨："论智能合约的私法构造"，载《法学家》2020年第2期。
〔2〕 参见郭少飞："区块链智能合约的合同法分析"，载《东方法学》2019年第3期。

行解释时，应当综合考虑要约人的真实意思，以及根据双方所使用的语句、程序对被要约人的承诺以及二人的合意进行综合判断。这一解释规则仍在传统意思表示解释的规则之内。

智能合约对意思表示解释的冲击主要在于两方面。一方面，代码层的存在导致对意思表示进行解释在客观上存在困难。对其解释需要在晦涩的代码语言中探求当事人的真实意思，相较于从传统的自然语句中进行判断难度骤增。另一方面，由于智能合约自动执行，对于其意思表示的解释则有了更多的限制：即便有错误，在合约开始后也很难再对其进行修改。

对于前者，由于当事人真实的意思表示在完成代码转换的过程之中不可避免地会出现翻译误差，故而应当对当事人的意思表示是否达到一致进行扩大认定，如果代码所表达的意思与当事人的意思没有实质差别，则应当认定为意思表示一致，适当地忽视可能的翻译误差。[1]

而对于解释后难以修正的问题，目前并无完美的解决方案，目前学界所建议的解决方案有以下几种：第一种方案是原智能合约执行完毕后，再通过新的智能合约对原先合约产生的法律效果进行修正；第二种方案从应用角度进行限制，考虑到智能合约的刚性，仅将其适用限制在更加确定、法律关系较强、重复性的交易中；第三种方案适当柔化智能合约的刚性，引入第三方节点允许其对智能合约代码进行执行中的修改。但这些举措各有缺点。第一种方案的救济成本过高，第二种方案对智能合约的应用领域进行了极大限制，第三种则是本质上否认了智能合约自动执行的最大优势。

（三）对"要约—承诺"结构的冲击

在兼具线下磋商与区块链智能合约的交易场景中，有观点认为应当将线上线下活动作为整体看待。线下为交易磋商，一方将具体的交易条件写入区块链时为要约发布，双方共同约定触发条件的时刻为承诺，在此时合同成立；有观点认为线上线下分别为两个独立的法律行为，订立合约文本为另一个法律行为，制作智能合约为另一个法律行为；也有观点认为在线下达成具体的协议后，再将协议转为智能合约只是简单的翻译，并非法律行为，也就无关要约承诺。

在这类兼具线下线上的交易活动中，对何为要约、何为承诺的判断应当具体情形具体判断。首先应当尊重双方的意思自治，若明确约定"本合同自区块链验证后生效"或"本合同自双方签章后生效"，则以其约定为准。其次若无

---

〔1〕 参见李旭东、马淞元："《民法典》合同编视域下的区块链智能合约研究"，载《上海师范大学学报（哲学社会科学版）》2020 年第 5 期。

意思自治，则应当以线下订立合同文本作为独立法律行为，上链制定智能合约为合同的履行部分。理由在双方的权利义务关系自线下订立合同时便已确定，翻译为智能合约并上链并不会导致双方权利义务关系再度发生变化。同时此举更利于保护合同相对人，若一方怠于上链，另一方仍可基于已生效的合同进行救济；而若将上链作为承诺，则在上链验证前合同并未生效，双方并不具备请求对方配合上链的请求权基础。[1]

而在仅仅通过区块链订立智能合约的交易情境中，对于要约承诺规则的冲击就变得更加明显了。

在要约方面，上述几种运行方式中，合约文本层与代码层同时存在的情况下，发布至区块链的合约代码只是传统合同的代码表达，不应被认定为要约。而在仅存在合约代码层，即当事人完全通过区块链订立智能合约时，先发布的一方才有可能被认定为要约。此时与传统的要约一致，都需要所发布的要约足够具体、明确、表达出愿意受到约束的意思。

在承诺上，智能合约则与传统合同法有较大区别。有学者认为，智能合约中承诺应当为意思实现。[2]所谓意思实现，在本质上属于无须受领的意思表示，是承诺须经受领的例外，所以在承诺的行为作出时生效。即意思实现纯粹是一种实施行为，而不是表示行为。意思实现之中当事人的表示并不重要，并不需要承诺人将承诺这一意思表示告知对方，而是直接通过履行行为进行承诺。《德国民法典》中对意思实现的规定为"根据交易习惯，承诺无需向要约人表示，或者要约人预先声明无需表示的，即使没有向要约人表示承诺，承诺一经作出，合同即告成立"。故而，智能合约的承诺无须另行作出承诺的通知。[3]意思实现的特征包括承诺无须通知，但其适用受到严格限制，必须存在交易习惯或要约人事先同意，且合同自行为时成立。[4]

仅通过区块链订立的智能合约正符合上述特征："一个人发起一份智能合约，可以将代码作为要约发布到区块链，一旦一个行为启动接受，例如通过将对一定数量的资金的控制权交给代码，就形成合同……当承诺人执行代码满足智能合约中的预设条件时，即为承诺行为。一经承诺人承诺，即符合智能合约

---

[1] 参见谭佐财："智能合约的法律属性与民事法律关系论"，载《科技与法律》2020年第6期。

[2] 参见陈吉栋："智能合约的法律构造"，载《东方法学》2019年第3期。

[3] 参见韩世远："默示的承诺与意思实现——我国《合同法》第22条与第26条的解释论"，载《法律科学（西北政法学院学报）》2003年第1期。

[4] 参见韩世远："默示的承诺与意思实现——我国《合同法》第22条与第26条的解释论"，载《法律科学（西北政法学院学报）》2003年第1期。

的条件，智能合约即告成立。"〔1〕但再次强调，只有仅通过区块链订立的智能合约的承诺符合意思实现。若现在缔结合约后再上链，则不适用意思实现，该合同自线下双方意思表示达成一致时即告成立。

要约的撤销和撤回、承诺的撤回是意思自治的体现，只要撤回的通知在到达相对人之前或与意思表示同时到达、要约撤销的通知在承诺前被受要约人知晓或到达受要约人即可。但问题在于基于区块链这样的特殊技术，其撤销与撤回能否实现？对要约而言，只可以通过发布新的代码对原先代码进行覆盖，但这样的覆盖是否可以使原先代码归于失效？这样的分叉在技术上是否可行？若失效的方式如此简单，其自动执行与不可篡改也就陷入了实现不能。而承诺更难以撤回，因其一经区块链验证记录，承诺即生效，合同即成立，因而导致事实上不存在撤回的空间。这一点如何突破，学界尚无定论。

在生效的时间上，对传统合同法也存在冲击。对于要约而言，1999 年《合同法》第 16 条规定了比较严格的到达主义，《民法典》总则编对其加以补正，但在指定了特定系统时仍然是数据电文进入该系统时生效。智能合约中应当认为双方是指定了特定系统，即区块链。只是由于区块链的特殊性质，要约的生效时间应当是发布后经过区块链全网节点的共识验证，即时间戳所认定的时间。而承诺是一种意思实现，无须受领，无须另行作出承诺的通知，行为一经作出并被验证即生效。

三、对合同效力的冲击

（一）对主体民事行为能力认定的冲击

智能合约使用技术手段在当事人之间构筑了完善的技术信任体系，特别是其自动执行的特征，换言之智能合约一经设立上链，很难出现违约现象。〔2〕且当事人经由区块链智能合约机制或机器完成缔约和履行，合约代码代表当事人，呈一种客观化趋势，所以效力判断应以此客观情势为基础，平衡交易安全与效率，尽量维持合同有效。〔3〕这就使得交易方并不需要注重交易对象，也不需要与交易方建立信赖，所以主体的行为能力所发挥的作用是有限的。在这样的基础上，穿透至智能合约主体进行事实上行为能力判断并不现实、民事行为能力对于交易顺利进行的影响较小以及智能合约复杂的交易规则和方式，都佐证了

---

〔1〕 陈吉栋："智能合约的法律构造"，载《东方法学》2019 年第 3 期。
〔2〕 参见欧阳丽炜等："智能合约：架构及进展"，载《自动化学报》2019 年第 3 期。
〔3〕 参见郭少飞："区块链智能合约的合同法分析"，载《东方法学》2019 年第 3 期。

在民事行为能力判断方面可以借鉴电子商务法中的推定制度，推定智能合约当事人具有相应民事行为能力，有相反证据足以推翻的除外。[1]

（二）对于欺诈、胁迫、单方错误等问题的冲击

智能合约中对于欺诈、胁迫、重大误解等意思表示瑕疵的处理有些无可奈何。一方面在判断标准和价值取舍上，智能合约与传统合同并无二致，对于被欺诈、被胁迫的缔约主体以及存在重大误解等情形的交易进行救济也是价值上的必然。另一方面智能合约的刚性极大地桎梏了对此类情形的救济。即便被认定为欺诈、胁迫或交易存在重大误解，对于该智能合约本身的继续执行而言没有影响，仍会按照既定程序执行，一经认定 if 语句已被触发，则 then 语句必然执行。

正如前述，目前可行的救济路径包括：在存在效力瑕疵的合约履行完毕后，再订立并履行相反的合约，以弥补、治愈先前存在效力瑕疵的智能合约，还可应用角度进行限制，考虑到智能合约的刚性，仅将其适用限制在更加确定、法律关系较强、重复性的交易中，从场景上尽可能地避免意思表示出现瑕疵，或适当柔化智能合约的刚性，添加节点供第三方机构对智能合约本身进行修改。

（三）格式合同问题的冲击

智能合约的条款十分类似于格式条款。以购买证券为例，出让方或发行人将证券购买的诸多要素完成上链，该过程并不需要，也做不到与潜在交易对象的磋商，之后向全链广播，发出面向所有潜在交易对象的要约。对于每一个潜在交易对手而言，其接收到的要约都是相同的，并且鲜有机会与要约人进行磋商。同时，普通的交易主体面对晦涩的计算机程序代码，处于相对比较劣势的局面，不利于保护自己的合法权益。在仅有合约代码层的情况下，双方完全通过区块链缔约，并且双方匿名，难以磋商、沟通，传统的格式条款提供方的解释、说明义务实际中也难以实现。此时，也应当在智能合约中适用格式合同设计者的提示和说明义务。

四、对合同履行方式的冲击

在智能合约中，特别是在仅存在合约代码层的情况下，双方当事人仅能通过区块链进行彼此交流。若双方的履行行为都为链上履行，如双方约定一方向另一方发送密码后对方支付一个比特币，则此时尚无大碍，即便彼此匿名，但

---

〔1〕 参见蔡一博："智能合约与私法体系契合问题研究"，载《东方法学》2019 年第 2 期。

对方是否履行、履行是否合格都能够穿透。

而若履行行为涉及链下履行，则问题便较为棘手，如双方约定一方向另一方在指定地点交付十吨大豆后对方向其支付一个比特币。此时问题的核心便是"链上—链下"的信息交互问题。在彼此匿名的情况下，无法对对方的履行行为进行监控，甚至都无法知晓。对方的线下履约行为是否完毕、是否合格适当都无法判断，甚至线下合格的履约行为如何被区块链识别从而触发自动交割都尚存疑虑。仅凭智能合约中的计算机程序不能对双方当事人提交的资产或者产品等标的物进行及时检验，不能完全确保双方当事人履行合同确实是符合合同订立目的。[1]

五、违约风险依旧存在与司法救济困难的冲突

必须明确，智能合约虽然是去意志的自动执行，但也并不能完全排除违约情况的发生。区块链智能合约无力把合同缔结、变更、履行、解除、撤销、终止等一系列活动完全编码置入合约机制；出自人类之手的智能合约难免疏漏，机器易生错误和偏见。[2]同时智能合约面临着外部化违约的风险，智能合约作为嵌入区块链的代码，在设计之初也就有人的主观因素。当代码漏洞和系统性的风险导致结果出现问题，履行代码没有被触发，从法律角度的评价就是违约，即便当事人主观上想要履约现实上也难以实现，[3]此外还有上述链上链下信息交互不顺畅、代码错误等其他风险。

若智能合约当中完全排除了合同执行过程之中法律的参与，即便出现纠纷，也没有为法律救济提供介入的空间，这一点也是否认智能合约合同性质的观点所秉持的。面对智能合约的违约纠纷，司法层面需要突破当事人身份无法确认、管辖法院可能存有争议、庭审中代码的转换问题、法官技术水平有限等困境。

■ 要点

1. 智能合约对传统合同的信赖基础产生了巨大冲击，从信赖双方主体演变为对技术的信赖。

2. 智能合约对传统合同的意思表示规则、成立要件、合同效力、履行方式、违约救济等方面产生冲击。

---

〔1〕　参见周润、卢迎："智能合约对我国合同制度的影响与对策"，载《南方金融》2018年第5期。

〔2〕　参见郭少飞："区块链智能合约的合同法分析"，载《东方法学》2019年第3期。

〔3〕　参见柴振国："区块链下智能合约的合同法思考"，载《广东社会科学》2019年第4期。

■ 思考题

10.3 智能合约对传统的合同制度还有哪些方面的冲击?

■ 本章阅读文献

1. 蔡一博:"智能合约与私法体系契合问题研究",载《东方法学》2019 年第 2 期。
2. 陈吉栋:"人工智能时代的法治图景——兼论《民法典》的智能维度",载《探索与争鸣》2021 年第 2 期。
3. 程乐:"双层结构下智能合约条款的建构路径",载《法学评论》2022 年第 2 期。
4. 郭少飞:"区块链智能合约的合同法分析",载《东方法学》2020 年第 3 期。
5. 郎芳:"区块链技术下智能合约之于合同的新诠释",载《重庆大学学报(社会科学版)》2021 年第 5 期。
6. 夏庆峰:"智能合约的法律性质分析",载《东方法学》2022 年第 6 期。
7. 李旭东、马淞元:"《民法典》合同编视域下的区块链智能合约研究",载《上海师范大学学报(哲学社会科学版)》2020 年第 5 期。
8. 谭佐财:"智能合约的法律属性与民事法律关系论",载《科技与法律》2020 年第 6 期。
9. 王潺、杨辉旭:"智能合约的私法挑战与应对思考",载《云南社会科学》2019 年第 4 期。
10. 何士青:"基于法治主义维度的区块链智能合约发展研究",载《政法论丛》2022 年第 2 期。

第四编

元宇宙及其法律问题

　　本编将从元宇宙的由来切入以下问题，如促进元宇宙发展的外部动因与内生原因；元宇宙的概念，从抽象和具象维度展开；元宇宙的特征，等等。继而，对元宇宙所涉的法律问题从实体法与程序法层面予以系统性阐述。

　　在上述基础上，再探讨元规范体系及其法律衔接，即元规范的概念与特征；元规范中的基本原则，即多元共治原则、双轮共驱原则和公序良俗原则；元规范构建原理及其架构以及元部门规范内容；元规范架构的实体法衔接和程序法衔接。

第十一章
元宇宙概述

【导读】

元宇宙概念最早用来指代一个虚实交互的数字网络空间。随着新一代数字技术突飞猛进，和新冠疫情下线上教育、线上娱乐和线上办公需求的增长，2021年正式成为元宇宙元年。元宇宙并非某一数字技术的概念，而是前沿数字科技集成的数字新空间，其具有自身独特的经济社会系统，允许人们在该空间中进行数字化经济生产、社交娱乐、教育办公等活动。不同于现实物理空间，元宇宙数字空间具有深度沉浸、虚实融生等元特征。

第一节　元宇宙的由来

一、元宇宙的渊源与萌芽

（一）元宇宙的渊源：经典文学概念

目前，通说观点认为元宇宙一词最早来源于1992年Neal Stephenson撰写的科幻小说《Snow Crash》又译为《雪崩》。这本小说首次使用了"Metaverse"一词，后来译版中将其翻译为元宇宙或超元域，同时该书还描述了"Avatar"一词，该词对应着"Metaverse"中数字身份的概念，中文译为"化身"。[1]

目前，元宇宙的渊源多来源于文学作品，包括科幻小说如《雪崩》、电影如《头号玩家》、动画如《刀剑神域》、游戏如《魔兽世界》等。

（二）元宇宙的萌芽：经典概念重生

2021年10月28日，Facebook联合创始人、首席执行官马克·扎克伯格

---

〔1〕　参见［美］尼尔·斯蒂芬森：《雪崩》，郭泽译，四川科学技术出版社2009年版，第19页。

（Mark Elliot Zuckerberg）正式宣布，公司名称将由 Facebook Inc. 更名为 Meta。Facebook 更名消息一出迅速博得全网关注，将"元宇宙"一词点燃。元宇宙正逐步从概念走向现实，从虚幻走向实业，2021 年被誉为元宇宙元年，这也标志着元宇宙这一概念正式从概念的果核中破壳而出，进入萌芽状态。

元宇宙的萌芽是在线多人游戏。[1] Roblox 是全球首家将元宇宙概念写进上市招股书的公司，被称为"元宇宙第一股"。Roblox 用游戏的方式将一个蕴含元宇宙基本元素的数字世界展现了出来，Roblox 可以视为元宇宙的萌芽及应用。除 Roblox 外，同样受益于元宇宙的还有《堡垒之夜》。其除传统大逃杀游戏的基本内核以外，还具有派对岛功能，玩家可以利用数字化身在该数字岛屿上进行大规模沉浸式社会活动。尽管元宇宙并非游戏本身，但正如约翰·赫伊津哈（Johann Huizinga）所言，"文明总是在游戏之中成长的，在游戏之中展开的"。[2]

二、元宇宙是一个元叙事

元宇宙被认为是下一代网络 Web3.0 的最大应用，是信息网络与价值网络的交点，是新一代数字技术的集合。作为经典概念重生的元宇宙本身就是一个叙事集合体，元宇宙本身是诸多数字技术、经济理论、法律规制集合抽象而成的上层概念，元宇宙的概念本身具有宏大的抽象性。此外，元宇宙正在全球范围内形成共识基础，其作为新一代互联网概念正为各国竞相研究，如美国 Facebook 公司率先更名为 Meta 布局元宇宙赛道，并推动美国政府对元宇宙的认知。2021 年 7 月，日本经济产业省发布了《关于虚拟空间行业未来可能性与课题的调查报告》并寻求建立国家优势。2021 年 11 月，首尔市长吴世勋提出首尔愿景 2030（The Seoul Vision 2030），计划并按"三步走"战略建立首尔元宇宙生态。此外，元宇宙所代表的数字原生、数字孪生、资产数字化等经济理念也正在产生合法化效果，为数字经济产业政策所追捧。因此，元宇宙正在成为甚至已经成为一个新的元叙事。

目前，元宇宙已经对元宇宙相关数字技术发展、元宇宙产业和元宇宙政策法规产生了较大影响。首先，在数字技术领域，元宇宙的出现极大地增加了人工智能和 XR 技术的发展热度，如 2022 年 1 月 4 日，中国人民银行印发《金融科技发展规划（2022—2025 年）》，要求搭建多元融通的服务渠道。以线下为基础，依托 5G 高带宽、低延时特性将增强现实（AR）、混合现实（MR）等视

---

〔1〕 参见赵国栋、易欢欢、徐远重：《元宇宙》，中国出版集团中译出版社 2021 年版，第 53 页。
〔2〕 ［荷］约翰·赫伊津哈：《游戏的人》，多人译，中国美术学院出版社 1996 年版，第 1 页。

觉技术与银行场景深度融合，推动实体网点向多模态、沉浸式、交互型智慧网点升级。2022 年 1 月，国务院发布《"十四五"数字经济发展规划》要求创新发展"云生活"服务，深化人工智能、虚拟现实技术发展和应用。其次，元宇宙产业也逐渐得到地方政府大力支持，2021 年 12 月，上海市率先制定《上海市电子信息产业发展"十四五"规划》，鼓励元宇宙产业发展应用。2022 年 1 月，合肥市人民政府制定的《合肥市政府工作报告》提到，未来五年，合肥将前瞻布局未来产业，瞄准元宇宙产业。2022 年 3 月，北京市通州区人民政府印发了《关于加快北京城市副中心元宇宙创新引领发展的若干措施》，布局元宇宙产业。截至 2022 年 8 月，已有 7 省（直辖市）地方政府相继发布了元宇宙相关规划，分别是上海、浙江、山东、安徽、河南、江西以及黑龙江，并且已有 17 个城市出台了元宇宙产业扶持政策。最后，在元宇宙政策法规领域，世界各主要国家已经纷纷开始思索如何为元宇宙制定配适法律规范，例如，2021 年 10 月，Facebook 改名为 Meta 正式宣布进军元宇宙的同时，美国参议院提出《政府对人工智能数据的所有权和监督法案》，要求联邦政府加强对人工智能系统收集个人信息的监管，旨在加强对元宇宙产业的监管。同时，针对元宇宙新兴经济组织 DAO，美国怀俄明州正式研究制定了 DAO 法案（Wyoming Decentralized Autonomous Organization Supplement，简称 DAO 法案），DAO 获准登记为有限责任公司。又如，日本经济产业省制定了《关于虚拟空间行业未来可能性与课题的调查报告》并指出政府应着重防范和解决"虚拟空间"内法律问题。我国针对元宇宙也出台了相关监管措施，2022 年 2 月，中国银保监会发布《关于防范以"元宇宙"名义进行非法集资的风险提示》，打击元宇宙非法集资热。

■ 要点

1. "元宇宙"这一概念最早来源于科幻小说《雪崩》，目前元宇宙处于技术发展的早期阶段。

2. 元宇宙是一个元叙事，并将在数字技术、数字产业、数字法律法规等方面产生影响。

■ 思考题

11.1. 试论作为元叙事的元宇宙将给现实世界带来哪些影响。

第二节　元宇宙的概念与特征

一、元宇宙的概念

（一）抽象概念

随着时代的发展，元宇宙的内涵也在不断被丰富，但是关于元宇宙的定义却一直存有争论。一种观点认为元宇宙只是一种 3D 互联网，例如，扎克伯格认为元宇宙是"一个实体互联网"。[1]又如元宇宙游戏先驱菲利普·罗斯代尔（Philip Rosedale）认同扎克伯格的说法并称"元宇宙是三维互联网"。[2]另一种观点认为元宇宙不仅仅是一个高维虚拟互联网，其还可以通过虚拟原生、数字孪生技术，借助价值互联网实现虚实衔接。

理解元宇宙为何物？有必要先理解其词义。从构词法上来看，"Metaverse"一词是由"Meta"和"Universe"组成。英语中"Meta"一词来源于古希腊语"μετά"，该词在希腊语中是介词，从词义上来说，该词通常表示三种状态，一是表示"迟于……，在……之后"，例如，"μετά μεσημβρίας"译为"午后"。二是表示"变化"，这一用法来源于亚里士多德在《形而上学》著作中对运动和变化的讨论。三是表示"超越……"，这一表示来源于亚里士多德《形而上学》一书，本用来描述研究超然物理学之上的科学——"形而上学"。"形而上学"这一名词来源于日本明治时期，一位名叫井上哲次郎的日本学者借用《易经》中"形而上者谓之道，形而下者谓之器"一语来翻译和引入"Metaphysics"。"道"一词似乎更便于理解这里"超越"的状态。"Metaverse"一词中的 Meta 显然用的是第三种意思，表示一种"超然于物""形而上"的状态。"Universe"则来源于拉丁语"universum"，该词又由表示"一"的"unus"和表示"沿着某一特定的方向"的"versus"构成，所以其表示从原点向一个特定方向延伸的所有集，因此其本身还有所有、包罗万象的意思。综上所述，"Meta"和"Universe"组成的 Metaverse 表示一个超然于现实包罗万象的世界。

从元宇宙技术渊源来看，"元宇宙"这一概念正式作为一个科技理念被提

---

〔1〕 Laurent Gillieron/AP, Facebook wants to lean into the metaverse. Here's what it is and how it will work, Oct 28, 2021. Available at: https://www.npr.org/2021/10/28/1050280500/what-metav-erse-is-and-how-it-will-work.

〔2〕 Market-repor: Thanks again for the engagement! Maximize Market Research, Jan. 4, 2022.

出是在 2021 年。2020 年人类社会虚拟化达到临界点，席卷全球的新冠疫情使得世界上大多数国家不得不采取大规模隔离和封锁政策，世界经济开始全面脱实向虚，人们的生产生活也大规模地从线下搬到了线上。此外，近年来超级计算机、人工智能、5G 网络、区块链、VR、物联网、数字货币、脑机接口等技术的突破性进展也在物质基础层面为人类社会大规模虚拟化提供了可能。2021 年清华大学从学术上为元宇宙提供了一个详细的概念"元宇宙是整合多种新技术而产生的新型虚实相融的互联网应用和社会形态，它基于扩展现实技术提供沉浸式体验，基于数字孪生技术生成现实世界的镜像，基于区块链技术搭建经济体系，将虚拟世界与现实世界在经济系统、社交系统、身份系统上密切融合，并且允许每个用户进行内容生产和世界编辑"。[1]

随着技术日新月异，元宇宙的概念内涵也不断被丰富发展，例如，当前元宇宙正面临信息网络与价值网络之争，因此，从正面很难为元宇宙给出一个稳定准确的定义。但是元宇宙不是什么，是比较明确的。第一，元宇宙不是网络游戏，尽管堡垒之夜、Roblox 等网络游戏因为富含元宇宙元素而爆火，Roblox 更因其去中心化、持续、共享的 3D 网络空间和游戏内容的开放性而迅速吸引了大批玩家。Roblox 是建立元宇宙具象认识的最佳起点，但是 Roblox 并非真正的元宇宙，元宇宙具备开放式网络游戏的基础，还具有数字身份系统、数字经济系统、与现实世界衔接的数字转化系统等。如此复杂的构造并非一个网络游戏可以实现的，因此，元宇宙不能简单地等同于网络游戏。第二，元宇宙不只是虚拟世界。目前比较共识的元宇宙表达式是"元宇宙 = 现实世界×虚拟世界"而非"元宇宙 = 虚拟世界"或"元宇宙 = 现实世界+虚拟世界"，这说明元宇宙是现实世界与虚拟世界高度交融的集合体，二者高度连接、相互嵌入、相互影响的"两栖"模式。[2]这也回答了为何网络游戏不是元宇宙，因为网络游戏与现实世界的嵌入性不强，二者环境相对独立，难以发生作用影响。

（二）具象概念

元宇宙并非一个毫无征兆、突然跃出的概念，其是在各数字技术交融发展之上进一步抽象而来的概念。早在元宇宙概念爆火前，其底层技术已经取得重大突破并广泛应用于人们生活之中。元宇宙的技术基础主要包括 5G/6G 网络、人工智能、大数据、云计算、超级计算机、区块链、数字孪生、XR、脑机接口

---

〔1〕 王儒西、向安玲：《2020—2021 年元宇宙发展研究报告》，清华大学新媒体研究中心，2021 年 9 月 16 日，第 14 页。

〔2〕 参见肖珺："元宇宙：虚实融合的传播生态探索"，载《人民论坛》2022 年第 7 期。

等。其中 5G/6G 网络、区块链网络、物联网等为元宇宙提供安全、可信、高速的网络运行环境；超级计算机、云计算、大数据和人工智能等技术为元宇宙提供高速的算力和多样算法支持；数字孪生、人工智能等技术为元宇宙提供场景构建；XR、脑机接口则为元宇宙提供虚拟与现实之间的接入通道。[1]，如图11.1 所示。

元宇宙接入层		VR、AR、MR、脑机接口
		为进入数字世界提供数字接口
元宇宙场景层		人工智能、数字孪生、区块链
		生成数字世界地图、虚拟资产和数字虚拟人等
元宇宙计算层		超级计算机、云计算、大数据、人工智能
		为元宇宙的海量数据运算提供算力和算法支持
元宇宙网络层		5G/6G网络、物联网、区块链网络
		为元宇宙运行提供安全运行环境

图 11.1 元宇宙基础技术概念

元宇宙的技术基础目前尚不成熟，各底层技术之间还没有形成良好的嵌入关系，但是目前涉及元宇宙概念的底层技术都得到了资本市场和科技巨头的重视，各大科技企业纷纷入局其中，元宇宙各底层技术的研发升级有望取得突破性进展。

场景内容	游戏、社交、教育、娱乐、办公、会展、购物、数字生产				场景与经济系统
	加密钱包	支付系统		交易平台	
虚实衔接	VR AR MR	智能穿戴		触觉	视觉	感知系统
	脑机接口			听觉	嗅觉	
软件技术	应用商店	智能合约		设计工具		操作系统
	物理引擎	3D 渲染		人机交互		
后端基建	NFT	虚拟币	DLANN	数字孪生	超算	关键基础设施
	区块链	人工智能		数字化身	6G 网络	

图 11.2 元宇宙架构

---

[1] 参见王儒西、向安玲：《2020—2021 年元宇宙发展研究报告》，清华大学新媒体研究中心，2021年9月16日，第14页。

一个元宇宙应当包括至少三个系统，一是场景与经济系统，在该系统中数字人能够在各类场景中实现包括但不限于社交、教育、办公、娱乐等在内的行为活动，此外所有行为活动又与经济系统紧密联系，数字人可以在经济系统的支持下从事数字生产，赚取数字货币并进行消费，生产端则可以基于消费扩大再生产，金融端则可以为消费者和企业提供数字金融支持，形成完整的经济循环。二是感知系统，不同于当下的虚拟网络，元宇宙是高度还原的虚拟真实世界，在这个世界中数字人通过 XR、脑机接口等接入设备进入其中，并且同样具备现实中所具备的一切感官，甚至拥有超乎于人类已有感官本身的感官，这也是虚拟现实所必要的现实要素。同时，数字人之间和数字人与元宇宙设备本身还需要对相互动作作出感知反应，因此，元宇宙中需要一套感知系统。三是操作系统，任何计算设备都离不开一套操作系统来将人类可以理解的自然语言（包括语言、手势等）转换为机器可以执行的系统调用，并且一套操作系统还应该具有良好的兼容属性，可以预见，元宇宙中必然会有多元的接入方，接入平台和操作平台还有系统应用，因此一套完善的操作系统是必不可少的。除系统外，元宇宙还离不开后端关键基础设施的技术保障。[1]如图 11.2 所示。

二、元宇宙的元特征

元宇宙主要具有深度沉浸、虚实融生两大方面，时间持续性、空间拓展性、行动具身性、数字孪生性、数字原生性、虚实交互性六个具体特征。

（一）深度沉浸

深度沉浸是元宇宙区别于传统互联网的关键所在。在元宇宙空间中，用户通过虚拟现实、增强现实、混合现实等技术，可以实现身临其境般的虚拟体验，针对深度沉浸，目前有学者将其进一步分解为时间持续性、空间拓展性和行动具身性三大要素。[2]

1. 时间持续性

传统网络空间的中心化决定了其只具有线性时间性，既不允许用户持续访问，人们也不会持续性地、沉浸式地在某一网络空间中娱乐、生活。例如，2023 年 1 月 24 日，暴雪与网易合约到期，标志着存续 14 年的大型在线网络游戏魔兽世界正式终止服务，玩家无法再登录游戏服务器进行游戏娱乐活动。得

---

〔1〕　参见于佳宁："底层技术和基础设施是元宇宙发展的关键"，载中新经纬，https://www.sohu.com/a/561910882_561670，最后访问日期：2022 年 6 月 28 日。

〔2〕　参见崔中良："元宇宙中深度沉浸感的生成本质与基础"，载《自然辩证法通讯》2023 年第 2 期。

益于分布式区块链网络,理论上只要节点还在运行,区块链网络就不会陷入瘫痪,因此元宇宙具有时间的持续性。元宇宙是一个能够完整运行的、跨越现实和虚拟世界、始终实时在线的世界,无穷无尽的人们可以同时参与其中,并且能够连接互通,[1]而不仅仅是一个短时间的文本环节。[2]

2. 空间拓展性

有学者认为,"元宇宙能够建造无穷大的虚拟空间"。[3]元宇宙之于传统网络的革命性变革在于为人类空间拓展提供了延伸可能。尽管就元宇宙是否带来了空间扩展这一问题上存在杂音,但无可厚非的是只有元宇宙数字空间才满足空间性的要求,而传统网络构建的虚拟空间只具有空间的形式外观。胡塞尔经验主义认为哲学范畴上的空间经验感知需要由视觉、触觉和运动感觉等多种知觉结合而成。[4]传统网络空间只能提供视觉上的空间经验感知,且这种视觉体验也通常不具备沉浸感,显然不具备空间性。而元宇宙则拥有空间入口、空间构造且允许用户通过交互设备实现多种知觉的空间经验。[5]此外,作为人为构建的数字空间,原则上只要存储设备、算力和终端设备允许,元宇宙空间可以进行近乎无限的搭建与扩展。

3. 行动具身性

有学者认为,真实虚幻感的产生在于化身的虚拟身体感觉与本身的真实身体感知保持高度一致。[6]这种本我与镜像之我高度一致的、高度协同的感知体验就是行动的具身性。[7]元宇宙带来的深度沉浸感不仅仅来源于多种感知的结合,还在于感知与行动之间的一致,例如,VR 射击游戏中,玩家可以在虚拟视觉感知下作出真实的体感动作,同时真实的体感动作又会反馈到化身在虚拟空间中的运动上,这是传统网络游戏所不具备的沉浸感。

(二)虚实融生

虚实融生是元宇宙的另一主要特征。从社会分化论角度出发,元宇宙促成

---

〔1〕 参见白龙、骆正林:"沉浸式网络、数字分身与映射空间:元宇宙的媒介哲学解读",载《阅江学刊》2022 年第 2 期。

〔2〕 David J. Chalmers Reality+: Virtual Worlds and The Problems of Philosophy, New York: W. W. Norton & Company, 2022. p. 351.

〔3〕 赵汀阳:"假如元宇宙成为一个存在论事件",载《江海学刊》2022 年第 1 期。

〔4〕 参见 [爱尔兰] 德尔默·莫兰、约瑟夫·科恩:《胡塞尔词典》,李幼蒸译,中国人民大学出版社 2015 年版,第 244 页。

〔5〕 参见杨庆峰:"元宇宙的空间性",载《华东师范大学学报(哲学社会科学版)》2022 年第 2 期。

〔6〕 参见崔中良:"元宇宙中深度沉浸感的生成本质与基础",载《自然辩证法通讯》2023 年第 2 期。

〔7〕 参见崔中良:"元宇宙中深度沉浸感的生成本质与基础",载《自然辩证法通讯》2023 年第 2 期。

了社会系统分化中虚实分化的关键一步，实现了虚拟社会系统之于现实社会系统的独立分化，形成了相对独立又相互联系的两个社会系统，实现了社会功能虚实分化的新跃进。[1]从元宇宙的虚实分化进程和作用结果来看，虚实分化包数字孪生性、数字原生性和虚实交互性三个方面。

1. 数字孪生性

元宇宙需要运用数字孪生技术构建现实世界的虚拟映射，因此，从概念上说元宇宙是现实世界在网络空间的数字化孪生，理论上其应具备现实世界的所有基本要素，并且自成一个完整的经济社会系统。从当前的元宇宙产业应用场景来看，元宇宙涵盖了虚拟人、NFT虚拟资产、数字货币、虚拟生活、生产场景等社会经济系统基本要素，实现了从主体、客体到场景的数字化孪生构建。此外，数字孪生本身也是元宇宙的独特技术特征，利用数字孪生技术，可以搭建数字孪生工厂、数字孪生城市，实现现实社会经济系统和生活系统在虚拟空间中的镜像复刻。

2. 数字原生性

数字原生被认为是元宇宙与数字经济的归路，有专家曾断言"数字化转型的终点是数字原生"。[2]元宇宙的数字原生性主要体现在元宇宙经济系统的原生性上。宏观上，Web3.0实现了信息网络向价值网络的跃迁，为互联网经济从数字化向原生化转变提供了机遇。Web3.0在Web2.0的"可读、可写性"基础上又增加了"可拥有性"，这使得数据得以确权流转，元宇宙经济系统和信用系统得以构建。微观上，数字孪生为元宇宙经济系统提供了完备要素，如数字化身、虚拟资产、数字货币等，填补了元宇宙经济系统要素空白。[3]因此，元宇宙在数字孪生性的基础上还具有一定的数字原生性。

3. 虚实交互性

虚实交互是元宇宙的重要特性之一。清华大学在《2020—2021年元宇宙发展研究报告》中提出"元宇宙=虚拟世界×现实世界"，而非简单相加。政策层面，从我国各省市元宇宙发展规划来看，我国没有选择走元宇宙虚拟平台化的"罗布乐思路径"，而是选择了产业虚实交互发展路径。例如，上海倡导"虚实交互、以虚强实"的元宇宙产业发展思路，并率先发布了《上海市培育"元宇

---

〔1〕 参见郑飞、夏晨斌："系统论法学视野下的元宇宙法律治理研究"，载《河北学刊》2023年第2期。

〔2〕 参见何宝宏："数字化转型的终点是数字原生"，载人民网，https://baijiahao.baidu.com/s? id=1754004855378306472&wfr=spider&for=pc，最后访问日期：2023年1月24日。

〔3〕 参见韩永辉、刘洋："元宇宙经济的层次架构、运转规律与治理方向"，载《国际经济评论》，http://kns.cnki.net/kcms/detail/11.3799.f.20230113.1113.002.html，最后访问日期：2023年1月25日。

宙"新赛道行动方案（2022—2025 年）》，强调政、产、学、研多方联合，构建教育、文旅、娱乐、工业等多元合一的元宇宙产业，实现实体产业数字化、数字经济实效化的双向交互作用。技术层面，元宇宙能够基于数字孪生技术将现实世界进行虚拟复刻映射，同时也可以基于区块链、NFT 等数字技术产生虚拟经济实在化效果，实现"由实入虚"和"由虚入实"双向联动。[1]

■ 要点

1. 元宇宙并非某一单一新兴数字技术，而是 5G、人工智能、区块链、XR、云计算、物联网、数字孪生、数字货币等多种新兴数字技术应用的集成体。

2. 元宇宙并非割裂的、单一的数字空间，其拥有自身的数字经济系统又与现实世界深度交融。元宇宙具有时间持续性、空间拓展性、行动具身性、数字孪生性、数字原生性、虚实交互性等特点。

■ 思考题

11.2 试论元宇宙术语翻译的妥当性。

11.3 简析元宇宙具有哪些元特征。

■ 本章阅读文献

1. ［美］尼尔·斯蒂芬森：《雪崩》，郭泽译，四川科学技术出版社 2009 年版。
2. 于佳宁、何超：《元宇宙》，中信出版社 2021 年版。
3. 赵国栋、易欢欢、徐远重：《元宇宙》，中国出版集团中译出版社 2021 年版。
4. ［法］让·弗朗索瓦·利奥塔尔：《后现代状态》，南京大学出版社 2011 年版。
5. 肖珺："元宇宙：虚实融合的传播生态探索"，载《人民论坛》2022 年第 7 期。
6. 赵汀阳："假如元宇宙成为一个存在论事件"，载《江海学刊》2022 年第 1 期。
7. 杨庆峰："元宇宙的空间性"，载《华东师范大学学报（哲学社会科学版）》2022 年第 2 期。
8. 崔中良："元宇宙中深度沉浸感的生成本质与基础"，载《自然辩证法通讯》2023 年第 2 期。

---

[1] 参见关乐宁、王君博："元宇宙新经济"虚实融合"的路径、挑战与治理之策"，载《中国物价》2023 年第 1 期。

第十二章
元宇宙带来的法律规范问题

【导读】

元宇宙空间的独特之处也给现行法律规范带来了诸多挑战，既包括实体法律规范方面的挑战也包括程序法律规范方面的挑战。在实体法律规范方面，元宇宙推动了新兴数字私权的出现，但这些数字私权缺乏宪权基础，行政法律规范和行政行为数字化也带来了合宪性和合理性问题。数字化身、NFT 数字物和 DAO 经济组织分别给民商事法律关系的主客体带来了法理层面的冲击。数字土地和数字经济又分别带来了数字金融监管、数字土地交易和数字经济反垄断问题。在程序法律方面，第二代线上法院、非司法 ODR 系统等富含元宇宙要素的纠纷解决机制也对现行证据规则、司法裁判规则和非诉规则提出了挑战。

第一节　元宇宙给实体法带来的新现象及其问题

一、元宇宙给宪法、行政法带来的新现象及其问题

（一）元宇宙给宪法、行政法带来的新现象

1. 数字私权宪权化

如果说工业革命将地域熟人社会变成了地域生人社会，那么互联网信息革命则将地域生人社会的地域性也完全取消。随着人工智能和新一代网络技术的发展，人的身份开始具有网络与现实的二重性，数字身份使得自然人人格内部产生了分离运动，除自然人人格外，还逐渐在网络空间中产生了一部分平行的数字化人格。元宇宙中的经济活动、娱乐活动、公务活动等都依赖于个人在元宇宙中的数字化身完成，所谓数字化身即个人在元宇宙网络中对应的数字人格。人格数字化使得原本与线下自然人紧密相关的个人特征、个人生活社交信息等，如身份信息、生理信息同时附属于线上数字人格。与数字人格相关联的各类个

人信息则形成了个人信息权。

除个人信息权外，个人隐私权也正产生数字化变革，组成个人信息的相关数据正好与个人隐私范畴高度重合。早期互联网除非地域限制特点外还具有匿名性的特点，但随着互联网实名制、智能网络和大数据技术的发展，通过互联网对网民进行精准个人画像已非难事，互联网的匿名性特点也逐渐被消除。近年来，随着"互联网+"监管、智慧城市、雪亮工程、大数据治理等行政治理手段数字化升级，公权力与个人数据私权之间的冲突也愈发尖锐，其中一个重要冲突点就落在个人隐私保护领域。如何在宪法层面规范国家公权力在数字领域的行使，防范其对个人数字隐私权的侵害既是一个宪法功能性问题，也是一个如何构建数字隐私权辐射法律体系的宪法价值问题。

2. 行政相对人匿名化

传统网络空间依靠 TCP/IP 协议解决用户主体的地址问题，再依靠行政备案和实名制解决地址与用户真实身份绑定的问题，从而确定网络空间中的行政相对人。然而，元宇宙作为 Web3.0 时代的产物，不依靠 TCP/IP 协议生成网络地址，而是依靠区块链作为底层协议解决主体地址问题。以数字货币交易为例，通过区块链可以查询到每一笔交易记录，但是却无法获知交易者信息，这一点在公链环境中尤甚。区块链网络加强了个人隐私的保护，但也增加了用户的匿名性，这将给网络空间治理带来新的问题。

3. 信息采集集成化

场景数字化是元宇宙的主要表征之一，所谓场景数字化即日常生活中的情景在元宇宙虚拟空间中以数字形式孪生再现。场景数字化的直接作用结果就是人们生活的"虚实两栖迁徙"，例如，通过虚拟化身在元宇宙会议系统中开会，在沙盒系统中举办毕业典礼、演唱会等，甚至利用 VRcart 进行 3D 沉浸式社交。[1]因此，元宇宙时代个人信息的收集活动以及数据处理活动都将呈指数级增长。此外，元宇宙的个人信息收集及数据处理还有集成化趋势，同一区块链网络上通常可以整合各类场景应用，实现多场景贯通的一平台多功能。

(二) 宪法、行政法数字化面临的法律问题

1. 数字私权宪权化缺少法律依据及理论支持

当前我国《民法典》已经对包括隐私权和个人信息保护权在内的数字私权利作出了详尽的规定，但目前我国《宪法》对数字私权缺乏明确的法律规定。

---

[1] 参见于佳宁、何超：《元宇宙》，中信出版社 2021 年版，第 58 页。

想要解决此种困境只有两条路径可选，一是经由修宪解决，二是经由解释解决。第一条路径无论是立法成本还是立法技术难度都过高，存在现实困难，经由第二条路径从"未列举的基本权利"出发，经由法律解释更具有可行性。[1]但是，这一路径又面临另一个问题，数字私权宪权化突破了现代宪法的公私二分理论。现代宪法的公私二分理论中，国家被视为基本权利直接效力的唯一对象。推而导之，即基本权利原则上创设了垂直效力，没有创设触及私人关系的水平效力。这导致基本权利能否直接调整还是通过媒介调整私人关系在宪法原理上也缺乏定论和依据。[2]因此，第二条路径也难以行进。

2. 匿名化及去匿名化均面临治理困境

元宇宙中个人身份的匿名化将直接给网络安全造成显著影响。我国选择了去匿名化路径，《区块链信息服务管理规定》的出台实际上标志着我国直接以行政手段介入并取消了区块链的匿名性。但是，去匿名化同样面临治理困境，区块链的分布式记录及不可篡改性意味着基于区块链网络搭建的元宇宙中不存在"被遗忘权"的适用空间，元宇宙将是一个拥有记忆的、不可篡改的网络空间，这对于个人隐私保护将是一个极大的挑战，公权力对用户个人信息及历史记录的查询从技术上说将不再受个人授权的限制。

3. 数字弱势群体宪权不平等问题凸显

从目前元宇宙的发展趋势来看，除游戏娱乐领域外，元宇宙被广泛应用于教育领域，并形成了教育元宇宙概念。教育元宇宙（Edu-Metaverse）是元宇宙技术与教育结合体，它通过元宇宙技术为教师、学生、管理者等相关者创建数字身份，在虚拟世界中开拓正式与非正式的教学场所，并允许师生在虚拟的教学场所进行互动。

众所周知，受教育权是一项基本宪权，但对于数字弱势群体而言，教育元宇宙可能会在受教育权方面带来更多的不平等问题。这种不平等问题不仅体现在教育方面，还会给数字弱势群体带来数字排斥效应。所谓数字排斥是指在数字时代背景之下，数字弱势群体由于信息获取和使用能力的缺乏而无法接触到最先进的技术应用成果，最终导致这部分群体的社会资本和社会能力削弱的一种社会现象。[3]

〔1〕参见李忠夏："数字时代隐私权的宪法建构"，载《华东政法大学学报》2021年第3期。

〔2〕参见杨学科："数字私权力：宪法内涵、宪法挑战和宪制应对方略"，载《湖湘论坛》2021年第2期。

〔3〕周望、徐萍："数字排斥现象及其消解对策——基于数字弱势群体合法权益保障的视角"，载《江南论坛》2021年第10期。

4. 个人信息保护及数据安全面临挑战

场景数字化及"虚实两栖迁徙"给个人信息保护和数据安全带来了显著挑战。一是全时、全场景的个人信息收集改变了传统基于单一场景的个人信息收集模式，进而对当前《个人信息保护法》中的"告知/同意"规则带来挑战。我国"告知/同意"规则具有单一场景特征，如我国"告知"要求逐一传达告知、同步实时告知。这要求告知发生在触发个人信息收集行为时且原则上告知要逐一告知而不能公告告知。[1]而且，当场景变换，个人信息使用目的发生变动时也需要再次单独告知。这意味着在元宇宙多功能一体化场景中合规的做法是每一次应用切换都进行一次告知，但这种告知方式显然不符合宇宙场景集成趋势。二是元宇宙集成式场景应用难以确定"最小/必要"范围。"最小/必要"原则在当前《个人信息保护法》中的规定较为抽象，其中第6条的表述是"应当限于实现处理目的的最小范围"，通常可以解读为业务功能实现所必需。尽管第6条表述相对模糊，但是在单一功能场景之下，确定实现业务功能所必需的个人信息范围相对易于实现，但在元宇宙中，由于不同个体所需的集成功能各不相同且不同功能场景所需个人信息皆有差异，因此确定个人信息收集的必要范围存在现实困难。三是虚拟场景中的个人场景轨迹信息是否属于个人信息存疑。场景虚拟化和"虚实两栖生活"导致个人轨迹信息也发生了数字化转变，虚拟化身在3D虚拟场景中的切换移动同样会产生以数据形式构成的轨迹信息。这些轨迹信息容易被记录、易于被识别。但是当前虚拟轨迹信息难以纳入《个人信息保护法》第28条所确定的"行踪轨迹信息"之中。目前，《个人信息保护法》对"行踪轨迹信息"未作出界定，但《网络安全标准实践指南——网络数据分类分级指引》将其描述为"基于地理位置的个人行踪"，《汽车采集数据处理安全指南》将其描述为"基于卫星定位获取的路径数据"。从上述描述可以看出，我国当前法律层面的"行踪轨迹信息"仅指现实地理意义上的行踪轨迹，而不包括网络空间，因此元宇宙虚拟场景中的个人轨迹信息无法纳入个人信息权及其保护机制之中。四是海量数据集中显著增加平台数据安全风险。元宇宙的网络空间高维化和多功能场景集成化属性使得其相较于二维扁平单一功能的传统网络平台更容易产生平台数据集中风险，而且元宇宙的多场景属性也意味着数据类型更加多元化，一旦发生数据安全事故，元宇宙数据泄露风险将显著高于传统互联网平台。

---

〔1〕 参见《个人信息告知同意指南（征求意见稿）》第5.2条。

二、元宇宙给民商法带来的新现象及其法律问题

（一）元宇宙给民商法带来的新现象

1. 自然人数字化

王利明教授曾对自然人有过更贴近自然的表述，自然人即"每一个有血有肉，具有自然生命的人"，[1]这句话可以更抽象地概括为自然人是生物学意义上的人，这一总结表明法律为何不再对自然人作出更多的规定，而将定义权交还给生物学。

2022 年，正值韩国大选年，Deepfake 技术被用到了韩国大选中，构造了世界上第一个官方 Deepfake 政界候选人，名为「AI Yoon」，其以韩国国民力量党候选人尹锡悦（Yoon Suk-yeol）为原型。借助尹锡悦 20 小时的音频和视频片段，以及其专门为研究人员录制的 3000 多个句子借助 AI 算法构建的数字化身。这一场景仿佛《雪崩》中所描写的一样，人类可以通过 XR 技术，接入进一种投射出来的"虚拟现实"（Virtual Reality）的渲染网络中。在这里，一切现实中事物都被数字化复制，包括我们自己，我们有着数字化身（Avatar）。[2]

通常来说，第一代数字技术以 iPhone Animoji 为代表，第一代"数字化身"技术并未带入太多拟人的概念，并不支持虚拟形象的自定义生成，以预设卡通及动物形象为主，且仅支持头部，实现最基础的面部捕捉与驱动等功能，结合语音技术，使虚拟形象能说会动，并且应用端较为局限，仅用于部分社交场景。从第二代数字化身技术开始，数字化身更加注重拟人化，且可以通过算法实现用户面部特征的"数字孪生"，不再以预设形象为主，且应用范围更加广泛。区块链技术同时为数字化身的人格映射提供了技术可能，使得数字化身可以与特定主体建立一一映射关系。[3]

尽管现在数字化身技术仍然处于早期阶段，但是可以预见的是，元宇宙世界中数字化身是由数据组成的"数据人"，即便经由扩张解释，也难将满足生物学定义上的人扩展到虚拟数据上，显然，其难以涵盖在现行民事法律关系的自然人范畴中，这也就意味着活动于元宇宙世界中的数字化身不具有民事主体资格。民事主体资格否定又意味着数字化身在元宇宙世界中进行的所有民事活动都不产生民事法律效果，也不改变民事法律权利义务关系。因此，如何在人

---

〔1〕 王利明等：《民法学》，法律出版社 2020 年版，第 73 页。

〔2〕 参见［美］尼尔·斯蒂芬森：《雪崩》，郭泽译，四川科学技术出版社 2009 年版，第 19 页。

〔3〕 参见陈吉栋："超越元宇宙的法律想象"，载《中国社会科学文摘》2022 年第 12 期。

格数据化的当下重新审视民事法律关系中的人格权及自然人概念，成了构建元宇宙法律规范的基础性问题。

2. 物的数字化

我国现代民法中的"物"是从日本民法概念中移植而来的，日本学者在研究《德国民法典》的基础上将《德国民法典》中对应"物"的范畴借用汉字"物"加以表示。[1]日本译注的"物"与罗马法颇有渊源。罗马法中"物"有广义和狭义之别，而一般取其狭义之解，即指"财产"，且这一财产单指有体物。然而随着科学技术的发展，诸如光、热、电、电磁等无体物也在日常生活中充当了"财产"的属性，因此，民法之"物"仅限于罗马法之"物"显然是过于偏狭的。为了解决这一矛盾，王泽鉴教授提出民法上的"物"应为"系指除人之身体外，凡能为人力所支配，具有独立性，能满足人类社会生活需要的有体物和自然力"。[2]这一论断在原有"物"的定义基础上增加了自然力，在一定时间内具有合理性。李锡鹤教授对民法之"物"给出了更为抽象的判断，其认为民法之"物"的核心实质要件只有两项：（1）财产；（2）可占有，不可占有之财产不是民法之物。此外，还需具备合法的形式要件，是否具备生命、是否独立皆非判断依据。[3]"财产"＋"占有"的定义为民法上的"物"建立了一套相对合理的叙事体系。

2021 年，NFT 技术问世给数字物涵盖入民法"物"的概念中带来了可能性。NFT 英文全称为 Non-Fungible Token，翻译成中文就是非同质化代币，其铸造过程遵循以太坊 ERC721 和 ERC-1155 代币标准，此标准下铸造的每一枚 NFT 都具有唯一性和不可互换性。举例理解，普通 FT 类似于一般法定货币，具有同质性特点，可以等额交换，交换后双方仍持有等额价值，交换价值为 0。NFT 则可视为分别有周杰伦签名和张三签名的两张等额面值的法币，尽管两枚法币的面值相等，但本次交换价值并非 0，持有周杰伦签名法币的一方必然不愿意等额交换一张仅有张三签名的法币。此外，NFT 上的签名并非手写签名，而是基于区块链技术生成的哈希值，其具有唯一性和不可篡改性的特点，因此，NFT 的技术价值与 FT 不同，不在于交易，而在于标记被交易的数字物。基于其不可分割、不可替代、独一无二的特点，利用 NFT 技术制作的数字物可以很容

---

〔1〕 参见李锡鹤："民法'物格'说引起的思考"，载《法学》2010 年第 8 期。
〔2〕 王泽鉴：《民法物权（1）通则·所有权》，中国政法大学出版社 2001 年版，第 53 页。
〔3〕 参见李锡鹤："民法'物格'说引起的思考"，载《法学》2010 年第 8 期。

易标记其权属，并实现交易权属的链上公开。〔1〕

传统而言，当数字物单纯以数据形态存在于网络空间时是不具有民法上的意义的，那不过是游离于网络世界中的由"0""1"组成的字符，其一方面难以确定占有状态，另一方面可以随意修改、复制。正因为如此，游戏中数字物一般不受民事法律保护，不具有民法上的物格属性。但是，随着NFT技术的发展，为数字物确权，赋予权属已经切实可行，正如鲸探等数字藏品App中售卖的数字藏品一样，由于NFT技术加持，所有数字藏品都被赋予了所有权证明并且区块链技术为其赋予了具有唯一性且不可篡改的哈希值，这就使得数字物兼具了"财产"和"占有"属性，理论上具备了民法上的"物"的地位。

3. 商事主体去中心化、数字化

DAO即去中心化自治组织，其以去中心化的方式进行管理，同时为分享共识的参与者提供激励。DAO去中心化主要表现在个人无法拥有比多数人更大的权利，并且决策不是集中的，而是通过复杂算法和博弈论规则自动进行。早期DAO的构建是模拟公司结构设计。但是，与公司不同，其规章由开源代码创建，并由智能合约执行，规章内容则由通证的持有者集体决定。同时，DAO拥有区别于传统企业的激励机制，中心化平台通常在经济活动中抽取过多的利益且把控着利益分配的话语权，但是DAO经济社群中，收益将公平（非平均）地分配到节点上。此外，DAO通过复杂算法和博弈论规则自动进行，当前许多DAO的参与者甚至是人工智能而非人类，DAO组织正呈现"人—算法混合体"这一"数字集体行动者"特征，这一趋势正冲击着公司是"人的集合"的传统理念。〔2〕

（二）自然人与物数字化面临的民商事法律问题

1. 虚拟化身的法律属性不明

在"人类中心主义"〔3〕的法律价值视角下，"物"被视为人的客体，同样，基于数据构成的数字虚拟化身也不属于人的范畴，因此不具有法律主体资格。数字法律主体不适格产生的第三个问题是其法律属性究竟为何？在讨论这一问

〔1〕参见邓建鹏、李嘉宁："数字艺术品的权利凭证——NFT的价值来源、权利困境与应对方案"，载《探索与争鸣》2022年第6期。

〔2〕See Guther Teubner, "Human-Algorithm Hybrids as (Quasi) Organisations? On the accountability of digital collective actors", Ecologies of Private Law Lecture Series at Amsterdam Centre for Transformative Private Law, November 28, 2022.

〔3〕See Murdy WH, Anthropocentrism: a modern version, Science, Vol. 187, Issue. 4182 (1975), p. 1168-1172.

题前需要引入"人格物"概念，所谓"人格物"即与人格利益紧密相连，体现人的情感意志之物。[1]由于人格物概念的提出，"物"与"人"之间不再是非黑即白的绝对值关系，而是存在可变区间的相对值关系，即"物"——"人格物"——"人"，虚拟化身正处于这区间运动之上。为进一步考察虚拟化身所处的区间状态可以引入数学反比例函数概念。反比例函数式为 $Y=K/X$（$K\neq0$，$X\neq0$），其含义是，反比例曲线上的点会无限接近函数图像中的 X 轴与 Y 轴但不与坐标轴相交（$Y\neq0$），这一函数语义与由"物"及"人"的区间运动有着高度相似性，因为虚拟化身是强人格附属物，所以会随着人格属性的强弱无限地向"物"或"人"端逼近但永不相交。考虑到具有人格附属意义的物是"人格物"，因此数字虚拟化身最低限度的法律属性是人格物，但在数字虚拟化身无限逼近的（人格物，$+\infty$）区间段是何法律属性，目前却没有定论也没有任何法律概念可以对其进行填充，留下了一块法律空白。

2. 虚拟化身的人身权不清

根据我国《民法典》，自然人、法人和其他组织在我国民事法律关系上拥有相应的自然人人身权、法人和其他组织人身权以及相应的人格权。但就目前而言，虚拟化身既不属于自然人范畴也不能归入法人和其他组织之中。因此，在当前民事法律关系中，既未赋予虚拟化身明确的法律地位，也未明确其人身权属性。

在刑事法律范畴中，人身权利作为一项受刑法保护的基本权利，一般解释为公民依法享有身体不可侵犯的权利以及与人身密切相关的权利，如身体权、健康权、生命权、名誉权、人身自由权、性自主权等。[2]但无论这一权利为何，其权利主体都只能是法律意义上的自然人，而不能是其他物或拟人物，显然，虚拟化身不属于这一权利主体范畴。此外，虚拟化身同样不具有人身权利的可侵犯性，虚拟化身不存在血肉之躯也不会生病，不可能受到身体损伤，即便这一损伤体现在虚拟化身的数据表现上，其本体也不会因此受到任何实质伤害。

3. 虚拟资产法律属性不明

当前虚拟资产在民事法律关系中的法律性质依然不明确，《民法典》127 条规定"法律对数据、网络虚拟财产的保护有规定的，依照其规定"，这一条款为虚拟资产设定民事法律权利，赋予民事法律地位提供了衔接桥梁。但是这一

---

[1] 参见冷传莉："论民法中的人格物"，武汉大学 2010 年博士学位论文。
[2] 参见王世洲："我国刑法人身权保护现状和问题"，载《河北法学》2006 年第 11 期。

条仅仅明确了其可以作为民事财产权利的客体予以保护，但未明确其以何种权力受到保护。

NFT虽然从技术角度解决了传统网络空间中"物"的状态游离性和不稳定性问题。但是，作为大陆法系民法体系之滥觞的《德国民法典》认为"物"指有体物，无体物不在此列并进而开创了"物权""债权"二分原则，同时将无体物纳入知识产权和证券权利范畴，明确了实物财产应是有体物。[1]而NFT是无体物，始终难以越过"有无"这一界限，这也是当前物权说主要瑕疵所在。[2]因此，虚拟资产面临法律属性不明的窘境。

4. DAO商事主体法律地位不明

法人的概念起源于罗马法，罗马法实现了法律人格与自然人的剥离进而使得非自然人组织具备了法律人格主体的可能。但是罗马法没有区分财产和财产所有者，这导致罗马法意义上的法人既包括"人的集合"也包括"财产的集合"。[3]"财产的集合"属不属于法人争论至今，但我国法律语境下"财产的集合"应解释为"财产所有者的集合"。我国《民法典》第57条规定"法人是具有民事权利能力和民事行为能力……的组织"，按照文义解释，"组织"一词的文义射程在我国汉语中不可及于"财产"。此外从主体意志论出发，拟制主体的拟制意志来源主体也是人，以财团法人基金会为例，基金会的拟制意志来源于基金会成员的共同意志而非基金本身，因此法人的本质不应含单纯的"财产的集合"，如有学者通过公因式提取归纳法人的本质公式更深入一层是"人格+组织化的群体生物人"，在财团法人中只是成员隐形了。[4]而当前DAO的非自然人化正偏离这一集合，尽管当前尚未出现完全由智能体依据智能合约经营的法人主体，但是这一趋势依然值得法律所警惕。

此外，从域外来看，美国怀俄明州的DAO法案将DAO组织定义为"有限责任公司"。但是，目前我国《公司法》并未对DAO作出任何回应，我国《公司法》第2条规定"本法所称公司是指依照本法在中国境内设立的有限责任公司和股份有限公司"。目前DAO在我国商事法律主体地位未被明确，难以注册成为公司和股份有限公司，成为适格的商事主体。

---

〔1〕　参见王卫国："现代财产法的理论建构"，载《中国社会科学》2012年第1期。

〔2〕　参见谢潇："网络虚拟财产的物债利益属性及其保护规则构造"，载《南京社会科学》2022年第9期。

〔3〕　参见李锡鹤："论法人是无形主体"，载《法学》2000年第7期。

〔4〕　参见张力："区块链与人工智能组织体法人化理路探正"，载《东方法学》2022年第5期。

三、元宇宙给刑法带来的新现象及其法律问题

(一) 元宇宙给刑法带来的新现象

1. 人身侵害虚拟化

元宇宙的虚实交互设备正导致人身侵害行为"脱实向虚"和作用结果"脱虚向实"。人身侵害行为"脱实向虚"主要表现在以虚拟方式进行危害行为。近期,知名元宇宙概念游戏《VRchat》中发生了第一起"VR强奸"案。作用结果"脱虚向实"则体现在各类虚拟侵害行为正向实害化转变。可以预见,VR性侵害产生的作用效果将同时作用于精神感知和生理感知两个层面,元宇宙正将人身侵害带入实害化进程。

2. 财产侵害数字化

随着数字货币、NFT等数字财产问世,虚拟资产侵害类犯罪也与日俱增。我国虽然不承认私人数字货币也不允许私人数字货币交易,但是在我国依然客观存在大量私人数字货币,私人数字货币失窃案也屡见不鲜。2022年4月,北海警方成功破获一起案值超300万元的数字货币盗窃案。2022年5月,北京法院审判信息网披露了一份刑事诉讼案件判决文书,案涉价值5000万元的虚拟货币被盗,包括泰达币、以太币、比特币等私人数字货币,盗窃方式为利用平台系统漏洞,通过技术入侵的方式实现窃取。除私人数字货币外,NFT数字藏品也成为犯罪分子的盗窃新宠,2022年4月,周杰伦持有的名为BAYC#××××的"无聊猿"NFT产品被钓鱼网站盗窃。但是基于NFT的独特属性,NFT盗窃方式有所不同。例如,周杰伦NFT产品失窃案中,犯罪人是通过构建虚假网站的方式误导拥有者,让对方将自己持有的NFT转移到其他钱包地址下,这一方式与诈骗行为类似。

3. 公共安全和公共秩序犯罪数字化

元宇宙数字空间网络安全与传统刑法中公共安全一样属于公共安全范畴,元宇宙公共安全即广义网络空间安全。[1]此外,元宇宙数字空间具有公共社群属性和虚实交互性,元宇宙数字空间的计算机和网络环境损害结果不仅仅作用于计算机信息系统和网络环境本身,其带来的诸如公共虚拟资产损失、重要公共数据丢失、大范围网络攻击还将对元宇宙数字空间秩序产生重大影响。[2]近

---

[1] 参见周立波:"论网络安全的刑法保护",华东政法大学2021年博士学位论文。

[2] 参见黄庆伟:"网络虚拟的终极形态'元宇宙'视域下刑事法治思维的逻辑转换",载《上海法学研究》2022年第5卷。

年来，隐私泄露、数据盗用等问题在元宇宙平台上频发，当前元宇宙接入 VR 设备或 AR 设备本质是一台小型计算机，其具备大量可供攻击的单元，用以窃取语音命令和敏感信息，软件漏洞则为敲诈勒索病毒提供了可乘之机，此外，沉浸式内容也将为组织卖淫、传播淫秽物品乃至宣扬恐怖主义提供新赛道。

（二）元宇宙给刑法带来的新问题

1. 虚拟人身侵害难以定罪

如前文所述，在元宇宙虚拟世界中数字化身不具有人格权属性，因此数字化身也不可能成为人格法益的侵犯对象。从法律规范层面来说，VR 性骚扰虽然因其语音、图文的最终受体是受害人本身而符合《民法典》第 1010 条和《妇女权益保障法》第 40 条关于性骚扰的规定，但难以上升到刑事猥亵层面，单纯仅有数字化身的虚拟肢体动作很难被认定为猥亵罪，除非还有其他线下犯罪行为。猥亵罪尚且难以认定，遑论刑法层面的强奸罪。

2. 虚拟资产犯罪的量刑数额认定不清

虚拟资产犯罪量刑的数额问题，一直以来是实务界难题，虚拟资产的价值往往具有很强的随意性，也易于人为操作。鉴于此，在司法实践中倾向于采取谨慎的处理方式：最高人民法院在对《关于办理盗窃刑事案件适用法律若干问题的解释》进行解读时指出："鉴于对盗窃虚拟资产的行为适用盗窃罪会带来一系列的实务问题，特别是盗窃数额的认定，目前缺乏能够被普遍认可的计算方式，因此对于此类案件不宜按照盗窃处理，如果需要追究刑事责任，可以按照非法获取计算机信息系统数据罪等计算机犯罪处理。"[1]《关于办理危害计算机信息系统安全刑事案件应用法律若干问题的解释》第 1 条、第 4 条规定，非法获取计算机信息系统数据或破坏计算机信息系统，违法所得在 5000 元以上，或者造成 1 万元以上经济损失的，可以依照我国《刑法》第 285 条规定的非法侵入计算机信息系统罪；非法获取计算机信息系统数据、非法控制计算机信息系统罪；提供侵入、非法控制计算机信息系统程序、工具罪，以及《刑法》第 286 条规定的破坏计算机信息系统罪定罪处罚。该司法解释用较为容易操作的计算机犯罪转而替代盗窃罪。客观上导致了虚拟资产犯罪量刑数额认定不准确的问题并有可能伴随罪责刑不适应的风险。[2]

---

〔1〕 胡云腾、周加海、周海洋："《关于办理盗窃刑事案件适用法律若干问题的解释》的理解与适用"，载《人民司法》2014 年第 15 期。

〔2〕 参见孙文杰："网络虚拟财产刑法保护路径的反思与补充"，载《刑法论丛》2020 年第 4 期

3. 网络空间和数据安全刑事保护缺乏

目前，我国对网络安全刑事保护更加侧重计算机信息系统和个人信息保护，忽视了网络数据安全和网络空间安全的公域保护，特别是对关键信息基础设施未作出明确刑法回应。面对元宇宙时代愈发多样的网络空间和关键信息基础设施攻击行为，现有的诸如破坏广播电视设施、公用电信设施罪已经难以涵盖。[1]此外，当前将危害网络安全犯罪置于"妨害社会管理秩序"一章之下在元宇宙时代也尤为不妥，这意味着将危害网络安全犯罪的法益侵害视为妨害社会管理秩序，说明我国当前刑法对元宇宙数字空间网络安全的重要性认识不足。[2]元宇宙数据安全刑事保护所面临的窘境与网络安全刑事保护类似，目前我国刑法对于电子化数据、个人数据和商业数据分别通过计算机犯罪、侵犯公民个人信息罪和侵犯商业秘密罪进行保护，但这样的设计忽视了元宇宙时代数据法益的独立性，无法实现数据分类分级保护，也不利于《数据安全法》数据安全保护义务的实现。[3]

四、元宇宙给经济法带来的新现象及其法律问题

（一）元宇宙给经济法带来的新现象

1. 土地虚拟数字化

早在 2017 年，区块链行业就诞生了一个初具元宇宙元素的项目，名为 Decentraland。简单说这个项目就是用区块链技术构建了一个虚拟空间，用户可以用这个项目发行的 Token（MANA）来购买虚拟空间里的地块。此后，Sandbox 引爆了元宇宙虚拟地产。

正如前文所言，元宇宙世界中的"物"是由数据组成的，因此，元宇宙中的土地也与现实世界中的土地有着本质上的差别，其距离"地产"的概念尚有距离，正如天下秀公司自己所言"我们只是一款基于区块链技术的 3D 虚拟社交产品"。这句话道出了当前元宇宙地产 App 的本质，仅仅是具有社交功能的 3D 虚拟产品，与传统的 3D 在线游戏平台等不同的是，基于区块链技术使其得以确定权利归属并具有特异性。此外，从 Decentraland 的官方定义来看，虚拟房地产指的是一种根据智能合约，在以太坊区块链上创建的不可替代虚拟资产。

---

[1] 参见周立波："论网络安全的刑法保护"，华东政法大学 2021 年博士学位论文。

[2] 参见周立波："论网络安全的刑法保护"，华东政法大学 2021 年博士学位论文。

[3] 参见商浩文、张萌："数据安全刑法保护的路径选择——以 2021 年《数据安全法》颁行为契机"，载《西北工业大学学报（社会科学版）》2022 年第 3 期。

在 Decentraland 中售卖交易的地块都以唯一的 x、y 坐标表示，此外每块虚拟房地产的 Token 都包含地块坐标、所有者信息、内容描述文件、地块编号以及其他购买者和土地提供者协商一致的内容。因此，从技术和使用目的来看，当前大多数元宇宙地产都只是独特的 NFT 而已，其本质依然是 NFT。

2. 平台垄断算法化

在数字化时代，互联网独角兽公司所构建的商业平台正在数字经济领域形成寡头市场，寡头平台基于用户数据、算法与大数据分析精准投递广告、商品与服务。传统市场中的商业个体与客户之间、商业个体与商业个体之间的单独竞价模式正在被改变，取而代之的是大数据与算法技术驱动下的商业集合体平台之间的竞价模式。竞价主体与竞价模式的改变正悄然地改变着传统反垄断法规中垄断行为的行为模式。在数字经济时代下，寡头平台之间形成价格联盟的方式不再需要通过繁琐的谈判与协商，只需要让平台自身的智能算法紧盯其他寡头平台即可，这种借助算法技术而不需要意思共谋的"共谋"被称为"算法共谋"。

算法作为一种计算机运算处理机制，可以借助算力的大幅提升和接入数据的海量收集，为经营方捕捉产品需求变化、价格变化，精准分析客户行为偏好，及时作出反应提供了技术可能。当前有学者认为元宇宙正加剧算法的权力化进程，元宇宙作为由数据搭建而成的虚拟空间，从底层合约执行到元宇宙空间运作都离不开算法。理论上大型平台不仅可以通过算法影响用户的行为方式，甚至可以挤压其他平台的生存空间。[1]可见，在元宇宙空间中，算法的权利异化会带来更多算法共谋型垄断行为。

（二）元宇宙面临的经济法问题

1. 虚拟数字土地监管困境

尽管从技术角度分析，目前虚拟地产仅仅是 NFT，但是法律层面并未对虚拟地产进行界定，我国也没有明确的法律或行政法规禁止元宇宙虚拟房地产的交易。但需要警惕的是，元宇宙虚拟地产极易成为资本炒作的工具。

尽管虚拟地产的本质是 NFT，但其与一般以 2D、3D 数字藏品形式展现的 NFT 仍有不同，虚拟地产实际上是虚拟地产开发公司将其开发的整体虚拟网络空间分割售卖，因此虚拟地产持有人相当于拥有特定网络空间的所有权和使用权。尽管目前没有法律对网络空间的动产或不动产性质进行界定，但可以预见

---

〔1〕 参见黄锴："元宇宙的行政规制路径：一个框架性分析"，载《中国法学》2022 年第 6 期。

的是，随着第三代网络技术和虚拟现实技术的发展，网络空间已经初具现实世界中的空间功能，正因如此，虚拟地产相较于普通数字藏品具有更为显著的使用价值，其确实可以作为高度仿真的网络空间进行诸如会展、演唱会、毕业典礼等活动，这赋予了虚拟地产更具弹性的价值空间，也使得虚拟地产常被冠以"网络不动产"的噱头进行炒作。因此，对于虚拟地产虚拟土地交易的监管不能仅仅当作普通 NFT 数字商品进行监管，更不能当作普通代币进行监管。基于其 NFT 属性，目前依然依靠《关于防范代币发行融资风险的公告》《关于进一步防范和处置虚拟货币交易炒作风险的通知》等规章对其监管。现有经济法律规范中对虚拟地产交易的规定基本处于空白状态，对于虚拟地产的动产或不动产性质也有待进一步探讨。

2. "算法共谋"反垄断监管困境

针对"算法共谋"问题，现行《反垄断法》中"垄断协议"的含义射程狭隘。我国《反垄断法》对横向价格垄断协议的规定主要体现在第 17 条中。目前，通说观点认为垄断协议包括正式的协议、不签订正式协议的联合行动、决定或其他方式。不论是否签订协议，但至少都需要基于一个抽象或具体的共同意思表示。而从意思表示的三要件（目的意思、效果意思和表示行为）来看，"算法共谋"实际上并不需要具备表示意思或意思表示的外部行为，甚至不需要行使具备效果意思的意思表示行为。因此，现行语境下的"垄断协议"概念恐怕无法将"算法共谋"行为纳入含义射程范围之内。

此外，现行《反垄断法》难以规制"垄断行为的算法化"问题。从技术规范的角度展开，平台智能算法带来的共谋，依据人工智能算法的深度学习能力可以分别实现"算法辅助共谋"和"算法自主学习共谋"。"算法辅助共谋"是平台利用智能算法对其他平台价格和用户数据的快速处理能力，紧盯其他平台价格，及时调整价格策略，利用算法辅助形成的共谋。"算法自主学习共谋"则是人工智能算法依靠自主深度学习能力捕获其他平台价格数据并及时调整价格策略的共谋。不论哪种情形，基于智能算法技术形成的平台共识相较于传统的价格协议都具有技术伪装、更加隐蔽、免于明示意识表示的显著特点，一旦定价和协调决策完全委托给具有自主学习能力的算法则可能引发对算法共谋的系统性监管风险。尽管目前尚未出现"算法自主学习共谋"案例，但是已有学者依据利润最大化函数模型，成功模拟了两个经营者利用算法自主学习实现价格共谋的模型。"算法自主学习共谋"带来的问题是系统性的，因为在此经济模型中，平台已经不再是定价策略的主导者，也不是"共谋"活动的策划者，深度自主学习的 AI 才是此种"算法共谋"中的主犯，由此产生的问题是法律可以惩罚一个 AI 吗？因此，现行《反垄断法》恐怕难以将其划定为第 17 条和第 18 条所认定的行为。

■ 要点

1. 在宪法、行政法层面，元宇宙带来了数字私权宪权化、行政相对人匿名化、信息采集集成化现象，同时面临数字私权宪权化缺少法律和理论支持、匿名化及去匿名化均面临治理困境、数字弱势群体宪权不平等、个人信息保护及数据安全面临挑战等问题。

2. 在民商事法律层面，元宇宙带来了自然人数字化、物的数字化和商事组织去中心化、数字化等现象，同时面临虚拟化身法律属性不明、人格权不清、虚拟资产法律属性不明、DAO 商事组织商事法律地位不明等问题。

3. 在刑事法律层面，元宇宙带来了人身侵害虚拟化、财产侵害虚拟化和公共安全侵害数字化等新现象，同时面临虚拟人身侵害难定罪、刑事司法与刑法理论对虚拟资产定性意见不一、虚拟资产犯罪的量刑数额认定不清、网络空间和数据安全刑事保护缺乏等问题。

4. 在经济法层面，元宇宙带来了土地虚拟数字化、平台垄断算法化等现象，同时虚拟数字土地面临监管难和"算法共谋"面临反垄断监管困境等问题。

■ 思考题

12.1 元宇宙中的数字人是否属于"人格物"？
12.2 DAO 经济组织能否参照公司法加以管理？

第二节　元宇宙给程序法带来的新现象及其问题

一、元宇宙的诉与非诉的新现象

（一）司法审判的虚拟智能化

"线上法院"已不再是陌生词汇，随着我国互联网法院建立和 2021 年 8 月《人民法院在线诉讼规则》的实施，我国正式迈入第一代线上法院时代，并进入线上法院发展的快速路。2020 年以来，在线诉讼正成为部分法院的主要诉讼模式。据不完全统计，深圳市龙华区人民法院速裁庭运用"深圳移动微法院"

开庭数占全院 81%。〔1〕随着新一代互联网、人工智能、区块链、XR 技术的发展，第一代线上法院正向第二代线上法院迈进之中。从目前技术应用前景和国际前沿发展趋势来看，第二代线上法院具有远程呈现、增强现实、虚拟现实审判；法律人工智能等技术特征。〔2〕并呈现出庭审远程在场化、举证虚拟化、存证区块化、审判智能化等特点。

1. 庭审远程在场化

英国线上法院正在尝试运用远程呈现技术到在线庭审之中，解决在场性问题。〔3〕远程呈现是一种虚拟实在技术，能够使人实时地以远程的方式于某处出场，即虚拟出场。〔4〕远程呈现技术具有远端图像还原、高清保真传输、空间方位立体呈现等特点，能够较大程度保证场景、人物、音频和动作的还原度。因此，远程呈现技术带来的虚拟在场感知一定程度上弥补了传统线上庭审中的环境扁平化问题和在场性感知缺乏问题。〔5〕此外，虚拟现实技术的司法应用也为在线审判的在场性问题提供了解决方案。我国厦门市思明区人民法院率先运用虚拟现实技术构建了元宇宙庭审场景，并举行了一场元宇宙庭审，依靠虚拟现实技术的数字场景搭建与深度沉浸原理实现传统互联网法院难以实现的当事人远程在场。〔6〕

2. 举证虚拟化

举证虚拟化包括证据远程呈现、VR 示证、AR 举证三大方面。〔7〕证据远程呈现顾名思义是指运用远程呈现技术使证据以远程形式进行展示。VR 示证是指运用虚拟现实（VR）技术进行证据展示。VR 技术具有高度场景还原和沉浸效果，一直受到司法界关注。2018 年 3 月，北京市检察院第一分院使用了基于 VR 技术的"出庭示证可视化系统"进行证据展示：出庭作证的目击证人戴上

〔1〕 参见肖波、徐全盛："深圳'智慧引擎'启动在线诉讼"，载《人民法院报》2020 年 4 月 21 日，第 8 版 。

〔2〕 参见［英］理查德·萨斯坎德：《线上法院与未来司法》，何广越译，北京大学出版社 2021 年版，第 255 页。

〔3〕 参见［英］理查德·萨斯坎德：《线上法院与未来司法》，何广越译，北京大学出版社 2021 年版，第 258 页。

〔4〕 参见冯正勇："远程呈现技术发展简述"，载《电子世界》2017 年第 10 期。

〔5〕 参见闫龙川、张印昶、文涛："远程呈现视频会议技术应用研究"，载《电力信息化》2012 年第 1 期。

〔6〕 参见"'元宇宙+庭审+课堂教学'厦门思明法院推动司法数字化智能化"，载人民网，http://fj. people. com. cn/n2/2022/0923/c181466-40137243. html，最后访问日期：2023 年 1 月 26 日。

〔7〕 参加郑飞："漂向何方：数字时代证据法的挑战与变革"，载《地方立法研究》2022 年第 3 期。

VR 眼镜，通过操作手柄，"身临其境"地还原了杀人现场情况。AR 举证则是运用增强现实（AR）技术进行证据展示。增强现实突破了虚拟现实只能构建虚拟场景的局限，借助视觉技术、计算机图形学和人体交互等技术将计算机生成的虚拟信息无缝地注入真实环境。[1]目前 AR 技术日趋成熟，Apple2019 年发布的 ARKit3.5 已经实现了身体动作实时追踪、人物遮挡等功能。AR 的虚拟可展示性，使得晦涩难懂的科学知识可以具象化地展现出来。[2]因此，AR 技术对在线庭审活动也能够起到一定的辅助作用。2022 年，青岛市市南区人民法院引入 AR 虚拟场景技术，借助系统 AR 虚拟场景引擎和 AI 抠图算法，对法官视频画面深度解析，构建 AR 虚拟法庭。截至 2022 年 3 月 25 日上午，该 AR 虚拟法庭已经审理了 7 宗知识产权案件。[3]

　　3. 存证区块化

　　区块链技术自其诞生以来，因为具有去中心化的信任功能、智能合约系统的自动执行功能、公私秘钥相配合的匿名化功能、哈希值校验的防篡改性功能、可信时间戳的可视化功能，所以天然地适用于司法裁判尤其是事实认定。区块链技术在司法事实认定中的最大应用就是区块链存证，即"利用区块链及其拓展技术可以在电子数据的生成、收集、传输、存储的全生命周期中，对电子数据进行安全防护、防止篡改，并进行数据操作的审计留痕，从而为相关机构审查提供有效手段。区块链特殊的存储方式进行电子数据存证，以无利害关系的技术作为第三方身份（技术和算法充当虚拟第三方），将需要存证的电子数据以交易的形式记录下来，打上时间戳，记录在区块中，从而完成存证的过程"。[4]自杭州互联网法院于 2018 年"首次对采用区块链技术存证的电子数据的法律效力予以确认，并明确了区块链电子存证的审查判断方法"[5]以来，区块链存证已经在司法实践中大量使用。

---

〔1〕　参见刘佳等："基于增强现实的视触觉交互算法"，载《高技术通讯》2021 年第 9 期。

〔2〕　参见张梦洁、刘峰："增强现实技术能提升学习效果吗？——基于 46 项国际研究的元分析"，载《软件导刊》2022 年第 1 期。

〔3〕　参见"司法作风能力提升年 ｜ 打造 AR 虚拟法庭，让庭审随时随地进行"，载澎湃新闻，ht-tps://m.thepaper.cn/baijiahao_ 17309162，最后访问日期：2022 年 7 月 19 日。

〔4〕　可信区块链推进计划：《区块链司法存证应用白皮书》，第 47-50 页，可信区块链推进计划官网：http://www.trustedblockchain.cn/#/result/result/resultDetail/e188e8e1c5d24c9faa96fc0eebd94367/0，最后访问日期：2022 年 4 月 28 日。

〔5〕　"杭州互联网法院首次确立区块链电子存证的法律审查方式"，载微信公众号"杭州互联网法院"，最后访问日期：2022 年 4 月 18 日。

4. 司法智能化

《专业服务的未来》一书给人工智能在专业服务领域的应用描绘了一条清晰的逻辑进路，一是人工智能的能力越来越强大；二是人工智能正在接受许多人工工作；三是人工智能未来很可能会接受更多新工作。[1]随着机器学习技术的发展，今天的人工智能卷积神经网络可以很好地"理解"图片，具有高效的语音识别能力和自然语言处理能力，新一代的 Python 语言甚至可以实现自然语言到机器语言的高效编译。而基于大数据学习训练，一个 Agent 不仅可以展现出一定的道德、价值和政治倾向，甚至可以影响他人的政治倾向。尽管人工智能的作用机制依然是输入和对预测结果的输出，而非对事物本身的理解，但从结果论角度出发，人工智能在许多方面有极其突出的优势。目前，人工智能已经在司法审判领域有着比较广泛的应用，2016 年，时任最高人民法院院长周强提出要建设立足于时代发展前沿的"智慧法院"。2020 年，最高人民法院出台了《关于统一法律适用加强类案检索的指导意见（试行）》并开发了相应的智能类案检索系统。随着海量数据深度自主学习在司法审判中应用，类案智推、裁判文书自动生成等功能拥有较高的精确性、可靠性。

（二）非司法纠纷解决机制虚拟智能化

随着信息通信技术（Information and Communication Technology，ICT）的发展，传统非诉讼纠纷解决机制（Alternative Dispute Resolution，ADR）通过与ICT 技术融合在互联网法院和线上审判制度建设的浪潮之下催生出了线上纠纷解决机制（Online Dispute Resolution，ODR）。

ODR 并非我国独创产物，早在 1995 年，美国部分州就率先探索了虚拟仲裁（Virtual Magistrate）、BBB 在线（BBB online）、中立网络（Internet Neutral）、平行交易（Square Trade）等线上纠纷解决机制。[2]欧盟在 2013 年颁布了《消费者 ODR 条例》，正式以立法形式确立了 ODR 制度。[3]我国 ODR 建设也并非新兴事物，早在 2000 年我国国际经济贸易仲裁委员会就设立了网上争议解决中心。随着电商兴起，我国各大电商平台也率先开始了各类平台 ODR 建设探

---

[1] See Richard Susskind and Daniel Susskind, The Future of the Professions（2015），Oxford university press，Chs. 6 and 7.

[2] 参见张伟征、项凯丽、张丹青："当解纷机制与互联网+时代在诉调衔接领域发生碰撞——ODR 之路径探索"，载《人民法院报》2019 年 12 月 20 日，第 5 版。

[3] 参见於典："论欧盟《消费者在线纠纷解决机制条例》及对我国的启示"，安徽大学 2018 年硕士学位论文。

索。[1]近年来，我国 ODR 迅猛，目前我国已经进入 ODR 发展第五阶段，即 ODR 成为网络空间治理体系的联动机制。这一阶段，我国的网络空间治理政策正在寻求对政府单极中心化治理模式的突破，寻求"去中心化""多元参与"的新型治理机制。这一机制为非司法 ODR 的发展提供了政策空间。互联网纠纷数量庞杂、纠纷群体分散、纠纷类型多样，依靠传统的司法 ODR 难以应对日趋增多的互联网纠纷。因此，平台自治型非司法 ODR 起到了良好的补充作用，例如，阿里巴巴集团开发的"闲鱼小法庭"非司法 ODR 系统通过引入"陪审团"制度，特定平台用户可以选择以"当事人"或"评议员"身份进入系统调处纠纷。

此外，新一代信息技术的发展也对非司法 ODR "线上化""智能化""自动化"纠纷解决提出了更高的技术要求。此前，英国已开展尝试将博弈论模型嵌入系统以帮助和解达成，人工智能也被用于增强 ODR 系统的智能化程度，正如 ODR 领域专家伊森·凯什（Ethan Katsh）所言，"ODR 正处于重大转型中……算法可能会去除对调解员的需要"。[2]从目前英国的实践经验来看，机器学习在 ODR 系统中展现了良好的判决结果预测准确性，且在文档识别归类、类案检索、问题回答和情绪处理上的表现优于法律专业人士。

二、虚拟智能化面临的法律困境

（一）司法证据规则方面的法律困境

1. 法定证据种类受限

我国的证据立法对法定证据种类的规定具有一定的封闭性，主要体现在《刑事诉讼法》第 50 条。其第 1 款规定了证据的概念之后，第 2 款随即规定了物证、书证等八种证据种类，但在最后并未用"等"者，呈现出一种封闭式的法定证据种类规定。《民事诉讼法》第 66 条和《行政诉讼法》第 33 条也作了类似规定。这导致在我国证据立法和实务中一直存在这样一种理论，"不符合法定的证据种类（形式），不能作为定案的根据"，这一现象被称为"证据种类法定主义"或"证据形式法定主义"。[3]证据种类法定主义极大地限制了可纳入司法进程的证据类型。随着元宇宙庭审的出现以及第二代互联网法院的迭代升

---

〔1〕 参见张玥、沈秋豪："在线纠纷解决机制的法治逻辑及完善建议"，载《浙江树人大学学报》2022 年第 1 期。

〔2〕 Ethan Katsh and Orna Rabinovich—Einy, Digital Justice：Technology and the Internet of Disputes, Oxford university press, 2017, p. 47.

〔3〕 参见郑飞："漂向何方：数字时代证据法的挑战与变革"，载《地方立法研究》2022 年第 3 期。

级，势必将出现诸如区块链证据、VR 证据、AR 证据等在内的多种数字化证据。但囿于证据种类法定主义，此类数字化证据目前无法被视为法定证据类型，极大地阻碍了互联网法院和线上庭审的发展。

2. 证据真实性存疑

尽管 VR、AR 技术能够将物证以 3D 效果形式在线上进行展示，但是无论是 VR 还是 AR 展示证据都需要经过计算机视觉编码计算，人为二次编辑很难保证展示证据的真实性。虚拟物证的制作主动权，往往掌握在相关技术方手上，如果该技术方并非客观中立的司法机关，那么该技术方几乎不可能在虚拟物证制作时保持中立地位。虚拟物证在制作时很可能会被篡改，即便制作方保持了自身的中立地位，证据提供者仍然可能利用带有强烈主观色彩的偏见陈述影响虚拟物证制作。例如，利用 VR 技术对犯罪场景建模进行场景设计，使得犯罪嫌疑人的犯罪行为看起来具有一定合理性，在加拿大 Anita Krajnc 案中，犯罪嫌疑人的辩护律师就利用 VR 布景期望陪审团相信 Krajnc 的出发点仅仅是保护动物。抛开中立性不谈，通过 VR、AR 技术再加工的虚拟物证必然经过了主观意识的二次创作，该证据实际上夹杂着客观和主观二重属性。此外，AR、XR 布景还可能直接动摇证人对已发生事实的认知，即便这一认知未被动摇，也极有可能被眼前场景引导，无意识地修改自身证言以符合眼前场景。管理学从众模仿实验已经证明了人更倾向于相信自己的眼睛。例如，我国 VR 司法首案中关于被告人掏出匕首刺向被害人的场景并非基于证言设计而是基于工作人员主观认知设计，这一场景对证人证言具有极强的误导性。[1]

3. 最佳证据原则悖反

在证据法的认识论领域，被一个宽泛的最佳证据原则所统摄。当诉讼的一方当事人本应提交最佳证据，却提供了认识论上的劣质证据时，法庭可以排除该证据，如复制件、庭外陈述等，而最佳证据原则的众多表现之一便是传统的偏爱原始文件而非其复制件的最佳证据规则。[2]区块链证据虽然可以依托区块链技术特性保证证据的真实性且《电子签名法》第 5 条对于电子证据的复制件在符合一定条件的情况下拟定为原件，但仍存瑕疵。有学者提出，"首先，复制件拟定为原件的前提是'完整性'及'未被更改'，复制件拟定为原件往往是原件无法获得或无法呈现于法庭之上。尤其是作为区块链存证对象的网络信息，

---

[1] 参见梁雅丽："VR 技术对法庭审判和刑事辩护的可能影响"，载《中国刑事辩护》2019 年第 1 期。

[2] 参见［美］亚历克斯·斯坦：《证据法的根基》，樊传明、郑飞等译，中国人民大学出版社 2018 年版，第 264-269 页。

往往瞬息万变，原件极有可能在取证后便已灭失。由此，产生了一个悖论，没有原件与复制件进行比对，如何判断复制件是否完整以及未被更改，如何认定复制件具有和原件一样的证明力？其次，区块链证据是以电子数据的形态存在的，但在法庭举证、质证、认证过程中，需要转化为能为人类所理解的内容，或是在计算机等设备上转化为视频、音频、图片，或是利用打印技术转化为书证等，转化了证据种类的复制件，对其证据能力和证明力有何影响？"[1]上述瑕疵使得区块链证据在面对最佳证据原则时显得力不从心。

4. 直接言辞原则悖反

从技术角度来说，线上裁判采用的是异步交互模式，其最大的特点是诉讼参与方不必即时响应。这一特点重塑了法庭构造，一是法庭扁平化。线上裁判和相关技术应用一定程度削弱了传统法庭环境构造的庄严性，诉讼三方被拉至一个屏幕上，法庭呈现对抗色彩弱化、诉讼三方扁平化的特点。二是交流信息化。线上裁判中的法庭交流完全依靠信息技术实现，信息环境稳定、安全与否决定着庭审信息交流的可靠准确性。但这一重塑对直接言词原则产生了颠覆性的冲击。在传统审判模式中，直接言词原则包括"直接原则"与"言词原则"两部分，"直接原则"强调当场性，"言词原则"则强调口头辩论性。[2]但是，在异步庭审中，诉讼参与人可不在同一时间各自作出诉讼行为，一方当事人可以在一定时间间隔后对对方的诉讼行为作出回应，并且是以非面对面、非同步化的方式进行回应，这种突破庭审同一时空维度限制的回应方式难以满足直接言词原则的两项基本内涵。[3]

（二）司法裁判方面的法律困境

1. 机器逻辑与法律逻辑混同

司法智能化带来的第一个问题是司法逻辑混乱。人工智能司法活动遵循的并非法律逻辑，一个 Agent 对案件结果的推论并不按照司法三段论"大前提（法律理解）—小前提（事实认识）—结论（涵摄）"进行，而是基于"输入—处理—反馈—预测—输出"的机器逻辑而进行。Agent 对一个案件的输出结果并非一个演绎推理结果，而是一个概率统计结果，究其根本在于当前人工智能无法理解人类法律的内在含义。举例说明，当前 Google 翻译软件具有精准的中

---

[1]　郑飞："漂向何方：数字时代证据法的挑战与变革"，载《地方立法研究》2022 年第 3 期。

[2]　参见陈瑞华：《刑事证据法学》，北京大学出版社 2014 年版，第 49 页。

[3]　参见陶杨、付梦伟："互联网法院异步审理模式与直接言词原则的冲突与协调"，载《法律适用》2021 年第 6 期。

英双语翻译能力，其对语言的翻译不仅准确而且可以做到富含俚语表达，但这不意味 Google 翻译软件理解了这句话本身的意思，其只是在深度学习的帮助下找到了单词的更优组合解。尽管就结果论而言，机器逻辑在结果预测的准确性上的表现并不逊于法律逻辑，但是司法证明并非简单证据概率计算，即 $f(n)=1-(0.5n)$ 方程解，司法证明的本质是最佳解释推论，尽管这一结果的准确性可以通过概率加以表示，但是不能因此将其简化为独立事件概率问题。[1]从结果论出发不仅是本末倒置，而且会从根本上否定法律推理和司法活动存在的必要性。

2. 法感缺失

司法智能化带来的第二个问题是法感缺失。自由主义学派德沃金对法感作出了定义："法感是对法律开始解释前，预先形成的概念或观点，即法律解释之历史性留存途径。"[2]有实务学者剖析了司法裁判活动的内涵，"裁判文书不仅是静态意义上法官精心打磨的作品，还是动态意义上的思维演出，属于法官对案件认知的整体反应"。[3]除静态逻辑推理外，整个推理过程还浸润于裁判者经年累月积累凝练的法感情之中。法感是司法裁判活动的重要组成，并对司法裁判活动起着引导作用。但是法律人工智能不具有法感，也无法通过编程或学习获得法感。法感是法律先验经验的凝练，在司法裁判活动中是理性因素外重要的非理性潜意识辅助纠偏机制，其能够帮助法官避免出现过于理性而导致的偏离，也能赋予裁判文书一定温度。例如，在（2018）皖 0104 民初 1367 号裁判文书中，"本院认为"处写到"四原告至亲猝然离世，实值痛心。四原告欲追究合肥四院疏于管理之责，告慰亲人在天之灵，于感情角度，不难理解"。[4]这一表述虽然不具有法律意义，但在安抚亲属之间感情裂痕上确有辅助作用。法律裁判的价值不仅在于法律价值的实现，还在于社会价值的实现。但这种基于人伦情感所凝练而成的感情目前依然不能被人工智能理解和运用，有温度的司法离不开法感加持，社会价值的实现也离不开法感加持。

（三）非司法 ODR 制度方面的法律困境

1. 缺少法律规制

尽管当前我国非司法 ODR 发展迅猛，但是目前我国《仲裁法》和《人民

---

〔1〕 参见［美］罗纳德·J. 艾伦：《艾伦教授论证据法》（上），张保生、王进喜、汪诸豪译，中国人民大学出版社 2014 年版，第 91 页。

〔2〕 参见王林清："司法裁判中的意义分歧及其消解路径"，载《中国法学》2015 年第 1 期。

〔3〕 参见舒澜静毅："交互性裁判方式生成逻辑之思考——以司法领域认知判断型系统的优化为切入点"，载《上海法学研究》2022 年第 1 卷。

〔4〕 安徽省合肥市蜀山区人民法院（2018）皖 0104 民初 1367 号判决书。

调解法》均未对非司法 ODR 的法律地位、申请程序、裁决程序和执行作出任何法律规定或补充规定。针对平台自治型非司法 ODR，我国《消费者保护法》和《电子商务法》也未对电子商务活动中消费者通过平台自治型非司法 ORD 解决纠纷，维护自身权益进行相应的法律规范。总体来说，当前我国非司法 ODR 处于事实存在，能够发挥作用但"有名无分"的状态。

此外，目前主流的平台自治型非司法 ODR 的信用背书完全来源于平台本身，因此，不同量级之间的互联网平台也在信用大小上有着显著差异，而信用大小决定着平台自治型非司法 ODR 的可信度。因此，大平台往往拥有良好信用背书，其非司法 ODR 系统也更受市场青睐，受到更多网民选择，进而拥有良性发展优势，而小平台则相反。

2. 非司法 ODR 与司法 ODR 衔接不畅

目前，我国非司法 ODR 发展还面临与司法 ODR 衔接不畅问题，主要体现在三个方面，一是未与互联网法院搭建诉前分流机制；二是缺少公力救济指引衔接机制；三是非司法 ODR 调解结果缺少司法确认机制。[1]

首先，非司法 ODR，尤其是平台自治型非司法 ODR 仅在处理额度较小、事实较为明确的纠纷时具有优势。因此，缺少诉前分流机制一方面容易导致大量小额简易纠纷涌入司法 ODR 系统，占用宝贵的司法资源，另一方面流入非司法 ODR 系统的大额复杂纠纷既容易增加非司法 ODR 系统负担又容易给当事人增加时间成本。其次，缺少公力救济指引衔接机制，也就减轻了非司法 ODR 在大额复杂纠纷得不到解决情况下向当事人指明前往互联网法院解决纠纷的告知和处置义务，这极易导致多平台重复调解和平台法院相互扯皮，不利于保障消费者的利益。最后，由于缺乏司法确认衔接机制，当前我国非司法 ODR 的调解结果在法律层面不具有法律效力，其执行力完全来源于行业自治生态的内部道德约束和平台信用约束，这也导致纠纷当事人常常拒绝履行协议，无视非司法 ODR 结果，损害非司法 ODR 调解结果的权威性。

■ 本节要点

1. 元宇宙的司法应用推动了司法活动庭审远程在场化、举证虚拟化、存证区块化、审判智能化。

2. 在新一代互联网非诉纠纷解决中，以平台自治型 ODR 为代表的非司法

---

〔1〕 参见韩烜尧："我国非司法 ODR 的适用与完善——以闲鱼小法庭为例"，载《北京工商大学学报（社会科学版）》2020 年第 5 期。

ODR 系统得到大量应用，ODR 发展进入第五阶段，网络空间治理实现从单极化向多元化的转变。

3. 诉与非诉机制的虚拟智能化给司法审判活动带来了诸如法定证据种类受限、证据真实性存疑、最佳证据原则悖反、直言言辞原则悖反、机器逻辑与法律逻辑混同、法感缺失等问题，同时非司法 ODR 也面临着缺少上位法规定，缺少司法衔接等问题。

■ **思考题**

12.3 简述元宇宙的司法应用带来了哪些新变化？

12.4 诉与非诉程序的虚拟智能化给司法审判带来了哪些系统性问题？

■ **本章阅读文献**

1. 黄镕："元宇宙的行政规制路径：一个框架性分析"，载《中国法学》2022 年第 6 期。
2. 李忠夏："数字时代隐私权的宪法建构"，载《华东政法大学学报》2021 年第 3 期。
3. ［英］理查德·萨斯坎德：《线上法院与未来司法》，何广越译，北京大学出版社 2021 年版。
4. 郑飞："漂向何方：数字时代证据法的挑战与变革"，载《地方立法研究》2022 年第 3 期。
5. 郑飞、夏晨斌："系统论法学视野下的元宇宙法律治理研究"，载《河北学刊》2023 年第 2 期。

第十三章
元规范体系及其与法律的衔接

【导读】

元宇宙社会的本质仍然是经济社会，元宇宙社会也包括社会经济生产和社会关系管理两大范畴。因此，元宇宙社会同样离不开规制经济活动、明确主体间权利义务关系的规范体系。元规范具有去中心化、自动智能化和自定义化的元特征，以多元共治、双轮共驱和公序良俗为其基本原则，规范内容包括元部门规范和元争议解决规范两大领域。同时，元规范通过与现行法律规范衔接产生联动机制，实现元宇宙内部自治与外部监督双轨并行的社会治理架构。

第一节 元规范概论

一、元规范的概念与特征

（一）元规范的概念

元宇宙同样是一个社群社会，除生产活动外，还有大量的社会关系存在，这就意味着元宇宙同样需要一套适应元宇宙社群独特性的社会规范，即元规范。所谓元规范是指元宇宙社会范畴体系内，基于元宇宙社会关系特性，在元宇宙社群、个人、组织之间构建的权利义务关系以及不当后果的行为准则。元宇宙社会是经济社会，包括社会经济生产和社会关系管理两大范畴，因此，广义上而言，元规范应当包括两个范畴，一是基于生产需要的元技术规范；二是基于社会管理需要的元社会规范，其中，元社会规范下又包括元道德规范和元法律规范。考虑到元技术规范不在于创设特定权利义务关系，而侧重于实现生产安全和效力提升，不属于社会规范范畴，而元道德规范则可以是现实世界道德规范的延伸，无须特别创设。因此，狭义层面而言，元规范仅指调整元宇宙社会权利义务关系的规范体系。

（二）元规范的特征

1. 去中心化

元宇宙社群规则是基于 DAO 组织的去中心化决策管理实现的，因此元规范具有其独特的去中心化属性。在加密项目中，项目本身由去中心化组织管理，因此，代币持有者可以对项目的方向或各种参数设置进行投票，项目方向不完全由项目团队决定。正如 Roblox 所言，元宇宙的能量来自用户而非企业。在 Roblox 平台的沙盒游戏中，用户同样可以结成社群，在自己的社群中构建游戏子领域，并建立子领域中的行为规则，同时各子领域的行为规则又共同组成了沙盒游戏的整体行为准则架构。由此不难看出，元规范的构建具有去中心化色彩。

2. 自动智能化

智能合约因其自动化执行的高智能性和低成本性使其大量应用于元宇宙场景之中。理论上说，元宇宙中的规范执行将通过智能合约的形式加以履行。当前互联网平台经济体系下，许多互联网平台公司都制定了网络交易规则和平台管理规则，其中部分已经上升为法律规则，如网络购物 7 天无理由退货规则。但是，目前各大平台的规制执行仍然需要人来执行，且需要中心化电商平台来执行，因此，在执行的过程中依然存在许多变通和规避法律责任的行为。尽管网络购物 7 天无理由退货规则为国家强制力所保障，但是在该规则的具体执行中，国家的强制力很难对个案形成强制，执行效果和成本依然被平台把持，消费者实际上依然处于弱势地位。但是，在去中心化智能合约执行机制下，该规则将由算法完成自动执行，且在去中心化机制下，单一平台很难干扰或改变执行进程，可以最大化地保障消费者权益，并提供具体、可视的执行力保障。

3. 自定义化

元宇宙去中心化的治理模式为元规范的自定义腾挪出了部分可操作空间，所谓自定义化就是由特定社群就特定活动领域，根据现行法律权利义务基础，结合实际，自行续造的行为准则。自定义并非元宇宙规范的独创，随着互联网经济的发展，为适应电子商务和互联网商业管理需要，大型平台开始出现自定义规则。

二、元规范中的基本原则

（一）多元共治原则

诚然，元宇宙并非单一的虚拟网络世界，也并非由某一主体单独构建、单独所有。因此，元宇宙的治理模式必然是多元共治的模式，这一模式有两个方面的表现，一是社会秩序控制路径的多元化。元宇宙是由虚拟世界和现实世界交织而成的复杂社会，对其秩序的塑造和管控不可能通过单一治理方式实现。二是治理主体的多元化。元宇宙基于区块链网络构建，而区块链网络建设和维护需要多节点的共同参与，因此，技术层面客观地决定了元宇宙建设和治理主体的多元化。此外，主体多元还有更深层的含义，那就是主体性质的多元化。这意味着元规范的制定和执行主体不仅仅局限于政府或政府性组织，还包括政府间组织、非政府组织乃至企业和社会组织。

元规范的多元共治原则与当前我国所提倡的"社会治理共同体"思想颇有异曲同工之妙。元规范的多元共治原则符合互联网社会发展的客观趋势，有利于为快速创新发展的元宇宙生态系统构造良性治理机制，构建涵摄政府与市场、国家与社会、私益与公益的数字社会治理生态，迎合新兴复杂的元宇宙实践。[1]

（二）双轮共驱原则

传统社会控制模式中，内部控制往往难以占据主导地位，难以形成有效控制，原因在于个体行为的自动性难以保障，个体行为自动性完全依赖于自身对规则的认同和遵守。但是，元宇宙中的社会规范可以通过智能合约实现，这意味着个人行为活动的自动性可以通过技术加以补强。智能合约为内在控制，尤其是以社群为主体的内在控制实现提供了可能，这也使得内在控制可以作为元宇宙社会控制模式的一大主要方面。

此外，需要强调的一点是，元宇宙社群是去中心化而不是无中心化，元宇宙社会规范并非无权威化的规范。丧失法律强制执行力保护的元宇宙社会规范必然会受到动摇。因此，去中心化不意味着没有监管，一定的监管也不意味着没有自治空间。

（三）公序良俗原则

目前，元宇宙中的规范体系依然处于真空状态，道德失范行为在元宇宙社群中普遍存在。此外，公共安全的失范风险也显著存在，元宇宙作为数据构造的虚拟空间，个人在元宇宙活动中必然会产生大量的个人信息和个人隐私，这些信息事关个人的人格尊严和财产安全，一旦丢失或泄露将对个人造成难以估量的损害。目前元规范的真空状态，已经给元宇宙社群带来了公共秩序与道德

---

〔1〕　参见张钦昱："元宇宙的规则之治"，载《东方法学》2022年第2期。

层面的失范风险，亟须移植续造起符合元规范特征、适应元宇宙社群的公共秩序与善良风俗。除元宇宙社会规范体系尚未构建成型外，元宇宙社会规范体系还有可 DIY 的自定义属性，这加剧了元宇宙社会规范体系背离社会人伦的隐忧。缺少具有共识基础的"底线思维"，元宇宙社群极有可能滑坡为"灰色"产业的避风港，成为一个灰色地带。据此，公序良俗原则应成为元宇宙社群自定义社群规范的底线共识和外部边界。

■ 要点

1. 元规范具有广义和狭义两个范畴。广义上而言，元规范分为基于生产需要的元技术规范和基于社会管理需要的元社会规范。元社会规范下又包括元道德规范和元法律规范。狭义下而言，元规范仅指调整元宇宙社会权利义务关系的规范体系。

2. 元规范具有去中心化、自动智能化和自定义化的元特征。元规范的基本原则包括多元共治原则、双轮共驱原则和公序良俗原则。

■ 思考题

13.1 简述元规范的基本概念。

13.2 简述元规范的元特征有哪些。

13.3 简述元规范的基本原则有哪些。

第二节 元规范构建及法律衔接

一、元规范构建原理及其架构

（一）元规范构建原理

卢曼认为法律系统是社会系统中起规范功能作用的系统，人们通过赋予法律"合法/非法"的二值代码，借助沟通机制消解"双重偶联性"难题，实现法律规范的自创生。[1]元规范系统也同样通过上述形式分三步走实现自创生，形成元宇宙中的规范系统。

---

〔1〕 参见泮伟江：《法律系统的自我反思》，商务印书馆 2020 年版，第 345 页；彭飞荣：《风险与法律的互动——卢曼系统论的视角》，法律出版社 2018 年版，第 102 页。

第一步，为元规范进行"合规/不合规"二值赋码。卢曼认为二值代码性是系统生成的前提。[1]元宇宙的本质是一套计算机编程系统，因此元宇宙要遵循计算机原理的基本逻辑。当前计算机都使用二进制进行底层计算，这决定了计算机的逻辑计算最终只能输出"ON/OFF"的二值结果。元规范可以基于计算机计算的这一底层逻辑，为"ON/OFF"分别赋予"合规/不合规"的规范判断标准。

第二步，以"合规/不合规"作为成就性媒介进行沟通与反馈。卢曼认为沟通是社会运作的基本单元，二值代码是沟通媒介中的成就性媒介，而成就性媒介是实现沟通的有效媒介。[2]因此，元宇宙社会系统可以基于"合规/不合规"这一成就性媒介在社会系统内部进行沟通，并基于二值反馈实现社会群体向二值代码中的积极面靠拢，进而抽象出社会各领域中的规范。

第三步，消除怀疑，建立规范的公信力。卢曼认为怀疑是双重偶联性困境的症结，也是阻碍规范系统产生的原因。[3]元宇宙基于区块链网络构建，而区块链的核心作用之一就是在陌生环境中构建信任机制，破除"拜占庭难题"。因此，元规范需要基于区块链底层协议构建，通过智能合约执行，以技术赋能公信力，实现规范自创生。

（二）元规范部门架构

元宇宙社会规范并非单一、单元的一个整体，而是由不同部门规范共同组成的统一整体。元规范与法律体系一样，具有部门化的特点，与部门法概念相对应，元规范同样具有部门规范概念。部门规范的划分标准应当由两部分组成，一是部门规范背后所调整的社会关系。依据社会关系领域划分，元规范大致可以分为元宪章和行政规范、元民商事规范、元刑事规范、元经济规范等；二是对社会关系的调整方法。如可以将调整方式划分为行政处罚、刑事处罚和民事赔偿等。但需要注意的是，部门规范划分的主要依据是规范背后特定的社会关系。

（三）元部门规范内容

1. 元宪章与行政规范

元宇宙与现实世界不同，是超越地理疆界、民族族别的网络社群。因此，

---

[1] 参见泮伟江：《法律系统的自我反思——功能分化时代的法理学》，商务印书馆2020年版，第77页。

[2] 参见泮伟江：《法律系统的自我反思——功能分化时代的法理学》，商务印书馆2020年版，第344页。

[3] 参见泮伟江：《法律系统的自我反思——功能分化时代的法理学》，商务印书馆2020年版，第334页。

元宇宙内不具有产生社会契约的主体条件，自然也不具备产生宪法的基石，因此，元宇宙并不存在元宪法。但元宇宙社群依然可以通过制定章程的形式确定社群内的社会契约，并通过智能合约技术使其上升为元宪章。通过元宪章确定元宇宙的秩序和运行规则，明确并赋予元宇宙数字行政的正当性，并将行政管理者与数字公民的宪法性权利拟制于其中。

元宇宙世界依然面临许多行政规范问题，如元宇宙的网络环境安全、经济活动规制、内部反垄断等。元宇宙世界依然存在行政行为，但是元宇宙世界中行政行为的适格主体却需要进一步扩充解释。元宇宙不能用地理或民族国家概念加以理解，元宇宙中的公共行政主体也并非单一的国家政府组织，因此，元行政规范需要对元行政主体在元宪章的架构下做进一步探讨，其外延甚至需要囊括经过元宪章授权并承担公共事务职能的 DAO 组织。此外，元行政行为也并非现实世界中的"人工行为"，元宇宙治理更可能是更多的"算法行为"，要如何赋予算法行政主体责任和行政行为效果将是元行政规范必须讨论的问题。美国怀俄明州的立法活动给这一问题提供了一个可行的解，2021 年 4 月，美国怀俄明州通过了《怀俄明分布式自治组织法案》并承认了"算法治理"与"人工治理"的并行地位。最后，除行政主体和行政行为外，由于行政主体和行政行为内涵外延的变化，对行政行为的救济制度也需要作出相应调整。

2. 元刑事规范

在确定元刑事规范之前，有必要对元宇宙犯罪类型进行区分。其中一类元宇宙犯罪仅仅是假借元宇宙名义实施的犯罪，这类犯罪既不发生于元宇宙空间中也没有运用到元宇宙相关技术，不具备元宇宙技术特征。例如，利用元宇宙进行集资诈骗犯罪。这类犯罪也被称为"伪元宇宙空间犯罪"，此类犯罪中元宇宙仅充当犯罪的工具作用，犯罪工具改变不影响犯罪行为性质改变，因此，针对此类犯罪不需要额外设置特别的元刑事规范。[1]

与"伪元宇宙空间犯罪"相对的是"真正的元宇宙空间犯罪"，这类犯罪通常在元宇宙空间中发生并利用元宇宙技术进行，具有元宇宙技术特征。对于这一类犯罪应确定相应的元刑事规范。其一，应充分考虑元宇宙技术对刑法保护法益的固有冲击，将元宇宙空间中拓展、延伸的法益形式或内容纳入元刑事规范。其二，应充分考虑元宇宙技术对犯罪客体、犯罪对象和犯罪手段带来的深刻改变，根据技术特征与时代变化适当扩张诸如盗窃罪、猥亵罪、以危险方式危害公共安全罪等犯罪内涵及其文义射程。构建起符合元宇宙特征的空间环

---

〔1〕 参见刘宪权："元宇宙空间犯罪刑法规制的新思路"，载《比较法研究》2022 年第 3 期。

境安全、信息数据安全、人身财产安全和经济秩序安全等刑事规范。[1]

3. 元民商事规范

元民商事规范应至少包括三个方面。一是承担元宇宙空间中民事行为权利义务关系的民事主体规范，即数字化身规范。二是元宇宙空间中民事行为权利义务关系作用客体规范，即数字物及其产权规范。三是商事活动中承担商事活动义务关系的商事主体规范，即 DAO 经济组织规范。

数字化身规范。此处所说的数字化身仅包括现实世界中的人在元宇宙网络中的数字分身，不包括元宇宙网络中的 NPC。有学者认为"应以是否具备人工智能来判断（虚拟人）是否具有适格的主体地位"的标准是不准确的。[2]一来人工智能分为弱人工智能、强人工智能和超人工智能，仅仅强人工智能以上才具有"意识"，且这一"意识"极有可能与人类"意识"并不相同。总体来说，当前人类的 AI 技术水平还处于并会较长时间处于弱人工智能阶段，因此从技术层面不宜以是否具备人工智能作为适格主体判断标准。从现实角度来说，元宇宙中的 AI 数字人依然属于物的属性。而数字化身则应被视为现实中特定自然人人格权在数字世界的从属与延伸。

数字物及其产权规范。正如前述章节所作分析，数字物符合当前民法法理意义上的"物"的概念，可以为现有民法上物的内涵所涵盖，因此数字物的元规范设计可以参照民法典对物权的规范加以定义。在权利归属方面，数据资产宜动产加以理解，正如前文所言，所谓的虚拟地产其本质依然是 NFT，不具有不动产的基本法律特性，对于虚拟资产的权利扭转与归属遵照动产的物权转移规范执行即可。此外，NFT 艺术作品领域还会涉及知识产权规范，在 NFT 产业中，并非所有 NFT 数字藏品都是原创的，很多产品会借鉴甚至直接使用他人原素材进行数字处理。NFT 技术虽然能确定数字的占有状态，但是无法保证知识产权来源合法，对于知识产权确权，应当遵照《著作权法》相关规范执行。

DAO 经济组织规范。如何确定 DAO 经济组织的商事主体地位是元规范必须解决的问题，是比照公司法律制度还是为其设计一套全新的规范体系，目前仍有很大争议。幸运的是，美国怀俄明州首次在法律层面承认了 DAO 经济组织的商事主体地位并将其比照有限责任公司执行。目前，元宇宙和 DAO 经济组织均处于初期阶段，为其设计独立的规范架构不仅缺少实践依据，也缺少可操作性，因此，沿用现行公司法律规范治理 DAO 经济组织或许是最为可行的办法。

---

〔1〕 参见刘宪权："元宇宙空间犯罪刑法规制的新思路"，载《比较法研究》2022 年第 3 期。

〔2〕 参见张钦昱："元宇宙的规则之治"，载《东方法学》2022 年第 2 期。

4. 元经济秩序规范

元宇宙经济秩序规范主要包括货币金融规则、竞争规则和产品质量规则等。首先，金融是经济系统的血脉，元宇宙金融市场与传统金融市场有所不同，主要区别在于流通货币为加密数字货币，金融科技手段为金融区块链网络。目前，我国已经出台了包括《关于防范代币发行融资风险的公告》等文件在内的法律规范，但加密数字货币和金融区块链科技带来的金融风险远不止代币发行这一项，非同质化货币集融资炒作目前也呈现高发态势，未来还需要进一步明确非同质化代币法律性质和交易规则，明确基于金融区块链融资和证券化的操作细则和风险防控准则。

其次，元宇宙世界同样面临市场竞争问题。尽管元宇宙网络基于去中心化理念构建，但商业活动的逐利性使得其依然具备垄断基因，元宇宙网络也不太可能基于开放的公链模式加以构建，极有可能采取联盟链或私链的方式加以构建。尽管联盟链并非单一节点一家独大，但联盟链的节点数依然有限，且节点依然存在通过"钞能力"获取51%投票权的可能性，2020年3月，波场基金收购 Steemit 社区就曾发生过此类事件。除经济垄断外，元宇宙还需要面对技术层面垄断问题，即算力垄断，拥有垄断算力的单个或多个节点可以通过分叉技术实现对于元宇宙世界中数据的篡改。因此，对元宇宙社群需要订立同时针对经济层面和技术层面的反垄断规范。

最后，元宇宙同样面临产品质量和消费者权益保护问题，元宇宙并非单一社群，而是多元宇宙社群的集合体，这也意味着元宇宙初期的商品生产状态更加缺少统一技术标准，更加难以保障消费者权益。因此，应利用智能合约在技术层面建立健全与数字孪生、人工智能、区块链、XR等相关的统一技术标准，实现用户、信息、资产等元宇宙要素的互通；逐步确立元宇宙间市场普遍认可的统一技术标准和审核程序，提高各元宇宙平台的产品质量。

二、元规范架构的法律衔接

(一) 元规范的实体法律衔接

1. 行政法律衔接

由于元宇宙社群是由数字网络和数据构成的空间，因此《网络安全法》《个人信息保护法》《数据安全法》构成了元宇宙空间环境安全的法律支撑，成为元宇宙空间安全执法的主要依据。从现行的以上行政法律的内容来看，《网络安全法》中关于个人信息保护和数据安全的规定宜按照"特别法优先于一般法"的原则被《个人信息保护法》与《数据安全法》取代，形成"总体国家安全观"下的网络安全、数据安全、个人信息安全三条主线，构成元宇宙空间安全设计的四梁八柱。

除环境安全外，元宇宙中还存在商业经营活动，此类线上商务活动统一规范在《电子商务法》中，该法第2条第2款将电子商务界定为"通过互联网等信息网络销售商品或者提供服务的经营活动"。并具体从电子商务所依托的技术、电子商务交易行为和法律属性三个维度界定，从其内涵上来看，元宇宙商业管理纳入其中应是题中之意。在电子商务行政管理上，该法明确了行政主体为县级以上地方各级人民政府，并明确了构建有关部门、电子商务行业组织、电子商务经营者、消费者等多方参与、多元共治的治理体系。从治理框架和治理理念来看，该法的设计与元宇宙社群治理的特点高度契合。

2. 刑事法律衔接

元宇宙刑事犯罪既包括"伪元宇宙空间犯罪"，也包括"真正的元宇宙空间犯罪"，因此，与元刑事规范相衔接的法律也分为两个部分。与"伪元宇宙空间犯罪"相衔接的法律规范主要有《刑法》危害公共安全罪部分，如利用元宇宙宣扬恐怖主义、极端主义，煽动实施恐怖活动；破坏金融管理秩序罪部分，如利用元宇宙集资诈骗，以及《关于审理非法集资刑事案件具体应用法律若干问题的解释》加以衔接规制。2022年2月，最高人民法院对《关于审理非法集资刑事案件具体应用法律若干问题的解释》修改的内容中包括认定"以网络借贷、投资入股、虚拟货币交易等方式非法吸收资金的"的非法集资行为；NFT领域还存在侵犯知识产权犯罪，如NFT知识产权犯罪，有《刑法》第217条确定的侵害著作权罪等可以进行衔接，NFT可以归入该条"计算机软件及法律、行政法规规定的其他作品"之中；侵犯人身民主权利部分包括在元宇宙空间侮辱诽谤他人，煽动民族歧视等；侵犯财产部分包括利用元宇宙名义实施诈骗或在元宇宙空间实施诈骗的行为；妨害社会管理秩序部分包括在元宇宙中开展非法宗教邪教活动和传播淫秽色情物品；贪污贿赂部分包括利用NFT等数字藏品进行贿赂的行为。

与"真正的元宇宙空间犯罪"相衔接的法律规范主要为《刑法》危害公共安全罪部分，如破坏广播电视设施、公用电信设施罪；破坏金融管理秩序罪部分，如伪造数字人民币、买卖和非法持有伪造数字人民币犯罪、擅自发行DAO商事组织债券等；侵犯公民人身权利部分包括在元宇宙空间通过XR设备利用数字化身进行猥亵、侮辱等性侵害犯罪，但明确需要人的身体接触或身体实质损害的虚拟人身侵害行为目前难以纳入刑法保护；侵犯财产部分包括盗取虚拟资产行为；妨害社会管理秩序部分包括非法侵入、破坏计算机信息系统，不履行网络安全管理义务等。此外，《刑法修正案（九）》还规定了侵害公民个人信息罪，对帮助信息网络犯罪活动罪进一步细化并完善了网络信息犯罪的相关规定。

3. 民商经济法律衔接

与元民事规范相衔接的法律主要为《民法典》。但目前，元民事规范架构中的数字化身依然不属于《民法典》中的适格主体，元宇宙中的数字物在现行民法上也缺乏明确的法律属性界定。就 NFT 而言，其究竟属于物本身还是物权凭证，目前依然没有定论，因此，其物权法律构造依然处于模糊近乎空白的状态。要想实现元民事规范与民事法律关系的衔接还需要在数字化身与民法上的人之间搭建一座桥梁，引入一个中间转换量。目前，有学者提出了"赛博格"的概念用以解释具有半生命、半机械、智能化特点的法律人格，该概念及理论提出最早用于 AI 法律人格的构建。[1]基于数字化身与人工智能之间的高度相似性，可以将"赛博格"拿来作为数字化身的法律人格，并基于"赛博格"构建民法上的人格衔接法律关系。

与元经济规范相衔接的商事法律主要有《公司法》《企业破产法》等。目前，尚无法律对 DAO 进行定义和规范。此外，元宇宙产品还会面临知识产权问题，主要衔接法律为《著作权法》等。对于 NFT 数字藏品的版权确定可以参照《著作权法》有关规定执行，还可适用《民法典》第 1195 条的"避风港"原则规避相关的版权法律风险。

与元经济规范相衔接的经济法律法规主要有《反垄断法》《反不正当竞争法》《消费者保护法》《产品质量法》《中国人民银行法》等及相关法规、规范性文件。

（二）元规范的诉讼法律衔接

1. 在线诉讼制度衔接

元宇宙社会经济活动具有高度虚拟化的特点，其社会经济活动中产生的纠纷也同样具有虚拟属性，辅助以人工智能和区块链技术的互联网法院与在线诉讼能够较好地满足元宇宙争议诉讼需要。

目前，与元宇宙争议解决相衔接的在线诉讼规则有三大诉讼基本法，还有作为在线诉讼的专门规定，如《关于互联网法院审理案件若干问题的规定》

---

〔1〕 参见孙占利："智能机器人法律人格问题论析"，载《东方法学》2018 年第 3 期。

《人民法院在线诉讼规则》在法理和依据层面为在线诉讼活动提供了基础支撑。如《民事诉讼法》中规定证人因不可抗力等原因不能出庭的，可以通过在线方式出庭，为在线诉讼提供了具体操作指引和基本遵循。目前，司法实践也极大丰富了在线诉讼规则的内涵，从当前判例来看，境外证人同样可以在线出庭作证。考虑到元宇宙的虚拟性，元宇宙社群成员必然会突破传统地理国别疆界，其成员可能来源于各个国家，在线诉讼规则可以有效地保障境外证人的出庭作证权。

在线诉讼还推动了证据电子化，加快了电子证据理论和规则的构建。《民事诉讼法》第 66 条和《刑事诉讼法》第 84 条将"电子数据"定为法定证据种类，为元宇宙电子证据提供了法律依据支持。此外，"区块链证据"规则也为元宇宙电子证据适用提供了制度保障。"区块链证据"最早规定于最高人民法院 2018 年颁布的《关于互联网法院审理案件若干问题的规定》之中，此后，最高人民法院在 2021 年颁布的《人民法院在线诉讼规则》中对"区块链证据"做了进一步规定。目前，互联网法院已经有了较为可行的"区块链证据"审查依据，主要包括《关于互联网法院审理案件若干问题的规定》《人民法院在线诉讼规则》《最高人民法院关于民事诉讼证据的若干规定》。但是对非互联网法院而言，"区块链证据"适用依然缺少适用规则。2020 年 7 月，上海普陀区人民法院率先开始探索非互联网区块链证据审查标准，从其判例来看，非互联网法院在审查"区块链证据"时基本参照互联网法院相关规则执行。

2. 在线非诉制度衔接

近年来，在线非诉纠纷解决机制特别是在线仲裁机制得到了长足发展，在线仲裁案件与法院执行申请呈井喷式增长，在线仲裁方式也日趋多元，包括传统电脑终端接入、云端仲裁系统、App 和微信小程序等。许多仲裁机构也颁布了相应的《网络仲裁规则》，如 2018 年福州仲裁委员会通过了《福州仲裁委员会网络仲裁规则（试行）》，2019 年广州仲裁委员会发布了《中国互联网仲裁联盟网络仲裁示范规则（征求意见稿）》。

目前，互联网仲裁缺乏相衔接的上位法律支持，《民事诉讼法》《仲裁法》均未对互联网仲裁作出明确规定。因此，互联网仲裁实际上还未取得法定仲裁方式的地位。此外，由于缺少上位法支持，全国范围内也未形成总览性的互联网仲裁规则，缺少统一的证据标准和程序规范。

总体来说，我国互联网非诉纠纷解决机制发展步伐相较于在线诉讼要滞后不少，关于元规范相关的在线非诉纠纷解决机制有待在《仲裁法》《人民调解法》《消费者权益保护法》《电子商务法》等法律法规中加以补充。

元宇宙的大门才微微打开，以上对元宇宙法律规范的剖析都如同盲人摸象、管中窥豹，元宇宙对现行法律规范带来的挑战是全方位的，无论是民法、刑法、经济法抑或国际法乃至法哲学都受其影响。作为一本教材本不应给出过多关于未来的猜想，但元宇宙的思维是超脱现实宇宙中时间概念——当下、过去与未来所限的。如今，人类已宛如元宇宙的造物主，设计论又成了元宇宙本体的最佳解释。彼时彼刻，恰如此时此刻。尽管元宇宙尚处于未来未至的状态，但未来将至已是科技洪流所趋的历史必然，当元宇宙将至的那一刻，笛卡尔所言的"我"该如何选择？连接元宇宙还是断开连接，这不仅是你我的问题，而是人类文明站在十字路口必须回答的问题。

■ 要点

1. 依据所调整的社会关系不同，元规范以部门规范的形式呈现，具体包括元宪章与元行政规范、元民商事规范和元经济秩序规范。

2. 元规范需要通过与外在法律衔接形成法律效力。元规范的法律衔接包括实体法律衔接和程序法律衔接两个部分。实体法律衔接包括行政法律、刑事法律、民商事法律和经济法律；程序法律衔接包括诉讼法律和非诉法律。

■ 思考题

13.4 试分析元部门规范应具备哪些规范内容。

13.5 针对元宇宙纠纷解决机制还需要补充哪些衔接法律规范。

■ 本章阅读文献

1. 刘宪权："元宇宙空间犯罪刑法规制的新思路"，载《比较法研究》2022年第3期
2. 李忠夏："数字时代隐私权的宪法建构"，载《华东政法大学学报》2021年第3期。
3. 泮伟江：《法律系统的自我反思——功能分化时代的法理学》，商务印书馆2020年版。
4. 张钦昱："元宇宙的规则之治"，载《东方法学》2022年第2期。
5. 郑飞、夏晨斌："系统论法学视野下的元宇宙法律治理研究"，载《河北学刊》2023年第2期。

第五编

区块链的法律应用

本编着眼于区块链的司法应用、区块链证据和区块链知识产权保护应用三个核心法律应用场景。

首先，区块链的司法应用涉及以下问题：区块链司法应用的平台搭建、制度规范和适用场景；区块链技术下的诉源治理机制；区块链技术下的债权行为可视化；区块链应用于侦查的基本原理、在侦查中的具体应用、面临的挑战和应对；区块链技术助力执行难的机理和路径。

其次，区块链证据着眼于以下内容：区块链证据的概念和类型；区块链与传统电子数据的差异；区块链存证类证据和运行类证据的司法审查以及区块链证据的未来展望。

最后，区块链与知识产权保护聚焦于以下方面：（1）对于版权保护，涉及网络环境下版权保护新形势、版权确权、版权交易、版权维权。（2）在其他知识产权方面，涉及区块链技术与专利权保护、商标权保护、商业秘密保护。

第十四章
区块链的司法应用

【导读】

区块链技术以复合技术为手段，以数据和信息为对象，逐渐驱动司法治理模式的转型和升级。但区块链技术在助力司法治理提能增效的过程中，必然面临诸多技术风险和难题，其中包括私钥泄露风险、技术安全性风险、容错性难题、司法归责难题、实质审查难题等，究其本质是技术逻辑与法律逻辑的天然差异性。因此，需要构建技术与法律的融合模式，在通过治理技术化解技术风险的基础上，不断弥合法律与技术之间的逻辑鸿沟，将技术风险控制在法律框架中，助推司法治理价值目标的实现和方式方法的升级。

司法与技术的融合为社会治理增效赋能。司法治理以司法为规则基础、技术为辅助手段，发挥去中心化的网络特性，通过调动多元主体、多方资源、多种手段协同化解社会矛盾纠纷，打击违法犯罪活动。[1]区块链技术在司法治理中的应用依托于其底层设计理念，通过探究可以发现区块链技术的所有应用都可源于其去中心化的信任功能、智能合约系统的自动执行功能、公私秘钥相配合的匿名化功能、哈希值校验的防篡改性功能、可信时间戳的可视化功能。而通过对区块链的改造和升级，在"去币存块"的理念指导下，司法的公正性、可视化、高效性等方面在区块链技术的加持下均有较大的提升。区块链在很大程度上发挥了工具性价值。对区块链技术，不仅需要从其原理入手，探究其在司法治理前端（诉源治理）、中端（民刑诉讼）和后端（案件执行）的应用广度和深度，还需要从其应用风险入手，实现对技术风险的有效规制。本章结合区块链技术的原理和功能，通过将区块链技术的应用实践与发展构想相结合，从可能的面向探讨区块链技术在诉源治理机制、债权行为可视化、刑事侦查和

---

[1] 参见李占国："网络社会司法治理的实践探索与前景展望"，载《中国法学》2020年第6期。

"执行难"四类场景的应用价值，并对其存在的典型技术风险进行分析，探寻区块链司法应用模式的法治化进路。

第一节　区块链的司法应用概述

为充分发挥区块链在促进司法公信、服务社会治理、防范化解风险、推动高质量发展等方面的作用，2022年5月，最高人民法院颁布了《关于加强区块链司法应用的意见》，从而为区块链技术在司法过程中的应用提供了顶层设计和系统方案。以该意见为导引，区块链在司法实践中进行了较为广泛的适用，从诉源治理、协同治理、司法治理等方面，逐步搭建司法区块链应用平台，健全区块链在司法中的制度标准，完善区块链在司法中的具体应用场景，最终形成中国特色、世界领先的区块链司法领域应用模式。

一、司法区块链应用平台的搭建

司法区块链应用平台的搭建为区块链在司法中的广泛应用提供了安全、可靠的基础设施，这也是构建区块链司法领域应用模式的基础。首先，司法区块链应用平台的搭建实现需要明确技术支撑。区块链可以实现司法区块链运行的平等化、智能化、透明化，进而提升平台系统的安全性和高效性。其次，跨链技术是司法区块链应用平台实现信息共享、集聚、分析、利用的重要技术支撑。跨链技术可以通过建成人民法院与社会各行各业互通共享的区块链联盟，进一步整合司法信息资源，实现不同主体之间的跨链协同和信息共享。最后，司法区块链应用平台同样需要依靠物理设施实现稳定运行，需要加强基础物理设施建设，保障其安全性。基础物理设施主要包括数据感知层和基础网络层，主要依靠传感器、摄像头、移动终端、芯片设备等进行有效及时的数据感知；4G/5G网络、物联网保障数据有效传输。因此，通过区块链多种技术手段，保障司法区块链应用平台的建设，为区块链司法应用模式提供平等化、智能化、透明化、协同高效和安全可靠的基础应用平台。

二、区块链司法应用模式的制度规范

区块链司法应用模式的构建必然需要建立基础性的制度和标准体系。《关于加强区块链司法应用的意见》指出"形成较为完备的区块链司法领域应用标准体系"，"坚持开放共享、注重标准先行"，进一步明确制度标准在区块链司法

应用模式中的优先性和必要性，是防范技术风险的有效手段。前期，最高人民法院已发布了《司法区块链管理规范》《司法区块链技术要求》《司法区块链接口要求》《司法区块链跨链协同技术规范》《司法区块链智能合约管理规范》《司法区块链跨链协同技术规范》等信息化规范。[1]因此，区块链司法应用模式的相关制度和标准体系主要分为两个部分，一方面是需要满足的基本制度（硬法）要求，诸如对数据采集、数据处理、数据分析、跨链协同等方面的安全性标准和可靠性标准，而这些主要是由司法机关制定并发布的；另一方面是需要满足的基本技术标准（软法），诸如对区块链具体技术支撑应当满足的技术性细节规范，如公私密钥、共识算法、跨链技术等需要达到的具体技术标准，这些主要是由区块链行业内部制定的专业性技术标准。以司法机关的制度需求为导向，区块链产业具体技术标准为回应，推动硬法与软法的有机衔接，才能构建契合我国国情的区块链司法应用模式。

三、区块链司法应用模式的适用场景

区块链司法应用模式的构建应以区块链的技术特性为先导，探索可能的适用场景。从《关于加强区块链司法应用的意见》给出的适用场景来看，依托区块链的特性，构建司法区块链应用模式的典型适用场景。首先，依托区块链的防篡改性，提升司法公信力，主要集中在电子数据取证、执行操作合规、司法文书传输等方面。其次，依托区块链的自动化，提升司法效能，主要集中在立案信息流转、大调解体系构建、案件自动执行等方面。再次，依托区块链的平等化，提升司法协同能力，主要集中在律师资质验证协同、政法部门案件协同办案、跨部门协同执行等方面。最后，依托区块链的可信性，营造社会互信环境，主要集中在保护知识产权、优化营商环境、数据效能开发、金融信息流转、征信体系建设等方面。司法区块链应用场景的具体化，为整个司法治理体系乃至社会治理体系的系统优化提供了现实基础，也进一步推动法治与科技的深度融合，推动运用区块链等数字经济技术实现数字化变革，为人民群众创造更高水平的数字正义。[2]

但在场景开发时仍然应当注意区块链司法应用模式应当以司法为落脚点，在强调技术合规性的前提下，实现区块链技术与司法方法、逻辑、价值的有机融合，保障技术的辅助性与司法人员的主体性。因此，本章乃至本编在探讨区

〔1〕　参见孙福辉："《最高人民法院关于加强区块链司法应用的意见》理解与适用"，载《中国应用法学》2022年第4期。

〔2〕　参见孙福辉："《最高人民法院关于加强区块链司法应用的意见》理解与适用"，载《中国应用法学》2022年第4期。

块链的司法应用时，将依托区块链本身的特性，结合实践经验，从典型场景出发，内容涉及司法过程中的思维理念、方式方法、体制机制等内容，为区块链在司法中的应用路径提供合理性和可行性的场景证成。同时，本章还注重对技术风险的防范，探讨区块链技术对法律带来的种种风险和挑战，力争实现技术与法律在逻辑、价值等方面的有机融合，进而实现"技术最终为法律驯化"。

■ 要点

1. 最高人民法院《关于加强区块链司法应用的意见》为司法区块链应用模式的构建提供了基本纲要和顶层设计，是研究区块链在司法治理中应用的重要制度基础。

2. 司法区块链应用平台的搭建离不开跨链技术，跨链技术的应用为司法区块链的互联互通、提能增效提供了重要的技术保障。

3. 区块链司法应用模式需要聚焦具体司法应用场景，依托区块链不同的特性，进行系统性和场景化的应用考量，同时注意技术风险防范，保障司法人员的主体价值。

■ 思考题

14.1 区块链的司法应用离不开完备的制度支持和规范，如何实现区块链的行业标准与司法标准的有效衔接，进而形成软法与硬法相互协调的制度体系？

14.2 区块链司法应用场景的具体化必然带来具体应用流程和机制的具体化，如何分门别类地构建适用于不同场景的区块链司法应用的具体机制和流程？

第二节　区块链技术下的诉源治理机制

一、区块链应用于诉源治理的基本原理

所谓诉源治理就是从诉讼产生的源头——矛盾纠纷处着手，以预防后续司法行为的产生，这也是司法治理的前端。当代社会纠纷的解决更多依托于中心化的信任机构，即存在作为信任中心的公权力机关或权威组织，为信任关系的建立提供最终保障。[1]从这个角度而言，区块链技术一定程度上颠覆了传统的纠

---

〔1〕　参见郑观、范克韬："区块链时代的信任结构及其法律规制"，载《浙江学刊》2019 年第 5 期。

纷解决模式。

首先，区块链技术的去中心化特性可构建"去中心化"的纠纷解决模式。区块链的分布式记账技术可以做到多节点内容的同时同步更新，且只能添加，不能移除和修改。[1]这种多中心共同见证和认证模式极大增强了区块链技术本身的可信性，突破了传统的通过中心化的中介机构实现对信息真实性的确认，进而达到信任交互的效果。在区块链中，纠纷双方当事人将其信任转移到技术本身，即信任该技术对纠纷的解决具有公正性和有效性，接受其定分止争的最终裁决。最终，区块链技术实现了纠纷双方地位的真正平等。

其次，区块链的匿名化特性可保护纠纷双方的个人信息权益和地位的实质性平等。区块链引入了数字签名技术，该技术采用非对称加密算法，通过公钥与私钥的相互配合，实现信息的匿名化。具体而言，信息发送者通过私钥对交易内容进行签名，并将签名附加在交易中，实现身份信息的匿名化，接收者通过公钥予以验签，进而确保交易对象身份和交易内容真实性。与此同时，其他节点也可以通过公钥对交易对象身份和消息完整性进行校验，进而实现对交易信息真实性的确认，最终触发后续的交互流程。[2]区块链所应用的数字签名技术可以很好地保护双方当事人的个人信息权益乃至隐私权，防止因当事人信息泄露而对当事人产生的不利影响，也可防止某一方当事人利用规模优势或资金优势，对纠纷的公平公正解决产生实质性影响。

再次，区块链的自动化特性可提升矛盾纠纷的化解速率。区块链的自动化运行有赖于共识算法和智能合约技术。区块链的正常运转依赖于各方均认同的共识算法，而智能合约技术则保障协议内容的自动化执行。区块链的运行并不依赖于个人，而依赖于算法的设计，即将整个区块链的运行规则通过共识算法加以设定，各方只要遵循协议的严格要求，便可以自动实现信息的发布、验证和存储，而算法的设计往往具有高效性，不因各种外力和人的有限理性，对纠纷解决产生障碍，形成过分迟延的情形。同时，智能合约作为一套用数码形式明确表达的承诺，其中包含当事人根据这些承诺作出履行的约定，[3]而且相关协议条件一旦达成，则其生效和执行均由系统自动推进，而无须借助外力。因

---

〔1〕　参见王延川、陈姿含、伊然：《区块链治理——原理与场景》，上海人民出版社 2021 年版，第192 页。

〔2〕　参见华为区块链技术开发团队编著：《区块链技术及应用》，清华大学出版社 2019 年版，第 28-29 页。

〔3〕　See ZABO Nick, Smart contracts: Building blocks for digital markets, https://www. fon. hum. uva. nl/rob/Courses/InformationInSpeech/CDROM/Literature/LOTwinterschool2006/szabo. best. vwh. net/smart_ contracts_2. html.

此，智能合约为协议的执行赋予自动化特性，可以化解传统纠纷解决过程中所面临的低效性和执行难等问题。纠纷双方当事人也享有一定的程序选择权，不同的程序具有不同的复杂性和费用标准，当事人可以根据实际情况选择合适的程序，以求更好地解决纠纷。

最后，区块链的防篡改特性可保障纠纷中存证真实性。区块链技术通过哈希算法技术和时间戳技术确保上链信息不会被篡改。以比特币为例，每 10 分钟，比特币挖矿程序就会验证区块中所有交易。每个有效的区块都要用前一个区块的哈希签名，并添加至整个链中，而针对任何上链信息的更改，都会引发哈希值极大的变化，进而会使得整个区块链在那一点中止。[1]同时，时间戳技术会针对上链信息进行盖章，以此来表明在该时间点确实发生过该交互，进而可以充当"公证人"的角色。不同区块按照时间戳进行串联，最终形成了整条区块链。因此，可以说上链后储存的证据具有不可篡改性，即真实性，但这并不意味着该证据在上链之前具有真实性。在证据资格认定的"证据三性"中，司法区块链存证天然满足了合法性与上链后"真实性"要求，解决了电子证据的提取与保存难题。[2]在线纠纷解决机制的逐步推广，为区块链技术助力更高效便捷地解决纠纷，为保障存证真实性提供了更大的空间和平台。

二、区块链在诉源治理中的实践模式

对于区块链的应用应当以目的作为分类标准，即如何能够更好地以分流诉源、化解诉源为标准，区分区块链是解决纠纷的辅助工具目的还是解决纠纷目的。

（一）以纠纷解决为目的的区块链应用

对于区块链本身解决矛盾纠纷的路径仍然是通过合法有效的法律合同和解纷条款，设计不同类型的裁决程序，借助区块链本身去中心化、匿名化、自动化以及激励机制实现对纠纷高效公正地化解，且其裁决结果为各方主体甚至各国法院所承认，具有较强的执行效力。

第一种类型为麦太坊模式。麦太坊（Mattereum）是一家智能合约企业，旨

---

[1] 参见王延川、陈姿含、伊然：《区块链治理——原理与场景》，上海人民出版社 2021 年版，第 23 页。

[2] 参见韩旭至："司法区块链的复合风险与双层规制"，载《西安交通大学学报（社会科学版）》2021 年第 1 期。

在通过区块链对各种实体财产和权利进行有效管理。麦太坊创造性地将法律、技术和社会规范以某种复杂的方式组合起来，建立了"李嘉图合同"（The Ricardian Contract），这是一种综合运用法律合同、智能合约及仲裁协议的机制。[1]该模式主要对在区块链上进行交互的主体间所产生的纠纷进行仲裁，其借助有效的仲裁条款对区块链上的证据进行调取，保障了证据的真实性，进而通过有效的仲裁程序作出裁决，基于《承认和执行外国仲裁裁决公约》（《纽约公约》）的规定，[2]该模式已获得 157 个国家的承认和执行。

第二种类型为克列罗斯模式。克列罗斯是一种依据谢林点（Schelling Points）博弈论概念，采用区块链和众包（Crowdsource）技术来裁决链上纠纷的协议系统。[3]首先，该模式需要纠纷双方自愿同意通过克列罗斯系统解决争议。其次，纠纷双方可以自主选择陪审员或通过系统随机选取陪审员。再次，陪审员通过相关证据作出投票，并在投票时对其投票原因进行说明。复次，执行激励机制。即作出错误裁决或少数裁决的陪审员，其在该系统中的皮纳卡恩通证将被分配给作出正确或多数裁决的陪审员，以激励所有参与的陪审员均作出公正的裁决。最后，克列罗斯还设计了上诉机制以保证纠纷双方的权利。为了限制上诉的次数，克列罗斯机制规定，在每一轮上诉程序中，新陪审团的人数将是前一轮人数的两倍再加一，[4]因而上诉人所耗费的成本将翻倍，以此来避免滥诉，保障纠纷解决的时效性。

第三种类型为朱瑞斯模式。朱瑞斯使用区块链和朱瑞斯通证（JRS）提供了一个开放代码的争议解决系统。[5]该模式主要采用专家裁决的方式对纠纷予以解决，这里的"专家"分为三个层次，即"初级法学家""资深法学家""高级法学家"。[6]不同"专家"的权限和权威性不同，一般来说，"初级法学家"只能提供相关的分析和讨论；"资深法学家"提供的意见更具有权威性；"高级法学家"提供的意见具有最高权威性，其最终裁决具有仲裁的性质，可

---

〔1〕　参见杨锦帆："基于区块链的纠纷解决机制研究"，载《陕西师范大学学报（哲学社会科学版）》2021 年第 4 期。

〔2〕　《纽约公约》规定：依据合法的仲裁条款、由约定的仲裁机构做出的裁决将获得 157 个公约签署方的承认。

〔3〕　See Kleros, The Blockchain Dispute Resolution Layer, available at：https：∥old. Kleros. io／，2021.

〔4〕　参见杨锦帆："基于区块链的纠纷解决机制研究"，载《陕西师范大学学报（哲学社会科学版）》2021 年第 4 期。

〔5〕　Aaron Wright, Primavera De Filippi, Decentralized Blockchain Technology and the Rise of LexCryptographia, available at：https：//papers. ssrn. com/sol3/papers. cfm？ abstract_ id＝2580664，2015.

〔6〕　Richard Susskind, Online Court and the Future of Justice, Oxford University Press, 2019, p. 98.

以提交法院强制执行。根据不同等级的"专家"提供意见，朱瑞斯设计出层层递进的纠纷调解模式，即"初级法学家"和"资深法学家"提供的意见并不具有强制执行效力，只是供纠纷双方参考，力求双方可自行协商调解，如果前两者意见无法促使纠纷双方达成调解合意，则采用"高级法学家"裁决的方式。因此，该模式采用纠纷调解和专家裁决两种方式并行，并且将调解作为前置程序，充分尊重了纠纷双方当事人的意思自治。

（二）作为纠纷解决辅助工具的区块链应用

当区块链作为辅助工具存在时，主要是以技术手段的方式辅助司法裁判。通过区块链技术天然的"去中心化"，结合司法机关权威的"中心化"，使司法区块链既能满足分布式的、零经验基础的信任，又能引领规则前置、诉调分流、繁简分道，提升司法效能。[1]区块链应用于司法过程中主要通过各方建立起来的技术信任，进行相关的存证工作，使得相关信息或证据不可被篡改，极大提升了法院对信息或证据的掌控能力。同时，法院还可以通过互联网平台与司法区块链的互联互通，实现互联网平台自动存证与法院自动调证相结合，一方面可以解决互联网平台海量纠纷的固证和存证难题，另一方面也确保相关电子数据的真实性与合法性，进而解决了法院对电子数据真实性、合法性、关联性认定困难的局面，提高了诉讼效率。

区块链作为司法辅助工具的典型应用为"天平链"。北京互联网法院秉持"中立、开放、安全、可控"的原则，联合北京市高级人民法院、司法鉴定中心、公证处等司法机构，以及行业组织、大型央企、大型金融机构、大型互联网平台等20家单位作为节点共同组建了"天平链"，且已于2018年9月9日上线运行。通过利用区块链本身技术特点以及制定应用接入技术及管理规范，实现了电子证据的可信存证、高效验证，降低了当事人的维权成本，提升了法官采信电子证据的效率。通过设置三级节点，实现整个天平链的存证、取证和验证工作。其中，一级节点为司法机构和行业组织，[2]参与天平链的共识、数据校验与记录；二级节点主要为科技公司，[3]不参与天平链共识，只参与数据校

〔1〕 参见张春和、林北征："司法区块链的网络诉源治理逻辑、困惑与进路"，载《中国应用法学》2019年第5期。
〔2〕 其中司法机构和行业组织主要包括北京互联网法院、北京市高级人民法院、北京市方圆公证处、北京中海义信司法鉴定所、中国信息通信研究院等。
〔3〕 其中科技公司包括北京信任度科技有限公司、国网电子商务有限公司、北京汽车集团财务有限公司、百度在线网络技术（北京）有限公司等。

验与记录；其他节点只对存证服务，不参与天平链治理。[1]通过天平链的应用，可以直接调取经过公证的可信数据或不同平台的原始数据，解决了长期困扰司法机关的电子数据取证、存证和认证难题。同时，也极大提升了当事人对司法服务的信任度，加强了对当事人的个人信息保护，从而一步提升了在线诉讼的质量，实现从解决证据问题向诉讼服务体验的转型。

三、区块链在诉源治理中的困境

区块链在司法应用中所面临的困境和挑战主要包含技术和法律两方面。

（一）技术应用方面的困境

1. 技术逻辑与法律逻辑的衔接难题

区块链得以运行的基础是代码，而语言转变为代码则需要借助一定的转化机制，这种转化机制主要依赖于专业程序员的理解和转译。因此，实践中便产生了代码逻辑与法律逻辑之间的差异。同时，区块链的自动化运行依赖于智能合约，不同的智能合约则相当于当事人之间签订的合同，而智能合约的生成往往需要相对固定的程式，进而保障其更好地运行。但这种程式在一定程度上会限制双方当事人的表达，进而可能忽视双方当事人的深层意思表示以及交互行为所产生的法律效果。因此，智能合约可能会造成代码逻辑向法律逻辑的转化困难，甚至是意思表示的误读和法律效果的误判。实践中，智能合约主要分为命令式智能合约和声明式智能合约两种模式，[2]由于声明式智能合约按照语言逻辑进行合约编辑，因而该合约更容易被推理和验证，在一定程度上可以解决代码逻辑向自然逻辑的转化问题，但仍然难以直接实现代码逻辑向法律逻辑的跃升。

2. 数据流通与数据共享难题

面临不同区块链之间的数据壁垒，首先需要解决不同区块链之间的信任难题。虽然从原理层面可以认为不同区块链数据信息具有真实性和不可篡改性，

---

〔1〕　参见王延川、陈姿含、伊然：《区块链治理——原理与场景》，上海人民出版社 2021 年版，第218 页。

〔2〕　命令式智能合约由诸多指令组成，但指令顺序并不反映用自然语言表达合约条款的自然顺序。程序员必须设法想出这样一种顺序，人工确定触发器如何转换规范性条款（如义务、禁令和许可）的状态并根据其含义扩大转化。这就意味着程序员负责预测合约条款所隐含的法律推理。而声明式智能合约是基于逻辑语言进行编写，通常其会指定使用的语义，以便推理系统能够根据合约进行推理并运行合约。参见张海斌主编：《人工智能、区块链与法治：国别区域科技与法律动态》，法律出版社 2020 年版，第192-195 页。

但不同区块链之间有自己的信任和运行机制,如何实现不同区块链之间的数据接受和验证是重要的难题。其次需要解决不同区块链数据联通后的管理难题。不同区块链之间存在诸多交互信息,如何确保不同区块链之间的交互信息被最终确认、永不回滚以及如何保证交互信息的原子性均为亟待解决的难题。[1]司法区块链的应用主要采用了联盟链的形式,节点较少,以主体自愿加入区块链为主,并对管理权能予以赋权,不同节点的管理权限不同。但其中必然面临节点不足,而导致区块链发挥效能有限的问题,其实质原因仍然是数据壁垒难以破除。区块链在司法中的应用可能受到不同区块链、不同主体以及不同地域(管辖权)的限制,进而严重影响其应用效能的发挥。

3. 技术本身容错性难题

区块链上代码一旦存有漏洞或其上链内容一旦有错则难以更改,甚至产生颠覆性的后果。最为著名的案例即"The DAO 事件",黑客利用以太坊上运行的私募基金合约的代码漏洞,将价值 5000 万美元的以太币转移到其私人账户,且黑客的做法完全符合代码的逻辑。[2]在"软分叉"方案难以解决的背景下,只能采用"硬分叉"的方式。最终,以太坊经典区块链(ETH Classic chain, ETC)与以太坊区块链(ETH chain, ETH)分道扬镳。由此可见,针对区块链的低容错性,其底层代码或上链信息一旦发生错误或漏洞,将无法更改,甚至导致整个软件的失效,开发者不得不花费高昂的代价予以修复,甚至开发新的软件。在司法应用的场景下,区块链同样面临着如上难题,一旦上链信息发生错误,所有节点都将同步其错误信息,使得信息被误用的风险增大。

(二)法律应用方面的困境

1. 上链前信息的真实性难以判断

区块链在司法应用中最大的优势在于存证,而对于上链之前信息的真实性则难以判断。《关于互联网法院审理案件若干问题的规定》第 11 条第 2 款规定:"当事人提交的电子数据,通过电子签名、可信时间戳、哈希值校验、区块链等证据收集、固定和防篡改的技术手段或者通过电子取证存证平台认证,能够证明其真实性的,互联网法院应当确认。"该司法解释肯定了区块链证据的证据属性,但也应当注意到,法院仍然需要审查其真实性。按照证据法学的基本理论,

---

〔1〕 参见华为区块链技术开发团队编著:《区块链技术及应用》,清华大学出版社 2019 年版,第 94-95 页。

〔2〕 参见王延川、陈姿含、伊然:《区块链治理——原理与场景》,上海人民出版社 2021 年版,第 112 页。

电子证据的真实性分别包括电子证据内容的真实性、电子数据的真实性以及电子证据载体的真实性。[1]在司法实践中，对区块链证据真实性的审查仍然需要借助电子数据真实性的审查作为中介，进而审查上链前电子数据的真实性。[2]而基于区块链的技术特性，针对区块链上链后的数据信息，可以基于技术信任而确认其存证的真实性。因此，针对区块链数据在上链之前是否真实，需要针对具体情形进行具体判断。而且针对接入区块链的相关互联网公司，司法机关直接在其后台调取的相关数据是否真实，有无经过篡改，在调取过程中有无发生数据的变化，仍然需要对此类数据的真实性进行具体判断。

2. 区块链证据难以进行实质性审查

对于区块链上链证据的审查，结合已有的司法判例，[3]可知其主要是从存证平台资质、侵权网页取证技术手段可信度和区块链电子证据保存完整性三方面对区块链上链证据进行真实性审查，其中通过平台资质和技术手段可信度的确认来推定所获取电子数据的真实性。同时，通过区块链电子证据保存完整性来确认区块链存证数据的真实性。由此可知，对于电子数据真实性的判断主要依赖技术可信度与平台资质两方面条件相互支撑。在实践中，还存在司法机关对国家公证的过度依赖，进而转换为在公证机构对特定电子数据的真实性、关联性与合法性加以认定的基础上，司法机关仅需对该电子证据进行形式审查。[4]从天平链的二级节点的设置看，诸多公证公司虽然只参与数据校验与记录，但其作出的公证结论实质性地成为法官裁判的依据，进而架空了法院对区块链证据的实质性审查责任。因此，如何实现对区块链证据的实质性审查成为司法机关迫切解决的难题，也成为新技术时代，司法机关应对技术性证据审查所需要解决的问题。

3. 区块链激励机制难以应用

区块链的高度可信性一定程度上受益于其激励机制，而司法出于公共服务目的，导致司法的非激励性与区块链的激励性难以兼容。具体而言，区块链所

---

〔1〕 参见褚福民："电子证据真实性的三个层面——以刑事诉讼为例的分析"，载《法学研究》2018年第4期。

〔2〕 参见童丰："公证介入区块链技术司法运用体系初探——从杭州互联网法院区块链存证第一案谈起"，载《中国公证》2018年第9期。

〔3〕 参见杭州华泰一媒文化传媒有限公司诉深圳市道同科技发展有限公司侵犯信息网络传播权纠纷案。

〔4〕 参见张玉洁："区块链技术的司法适用、体系难题与证据法革新"，载《东方法学》2019年第3期。

适用的矿工挖矿激励机制，导致诸多适用主体基于营利目的参与数学难题的测算，而这种运算需要耗费巨大的算力，进而导致大量资源被消耗。而在司法活动中，其本质属性为公正和服务，与区块链本身所具有的逐利属性存在天然的矛盾，且司法活动也不允许通过耗费大量公共资源来保障存证的真实性，此行为显然不符合目的和手段相契合原则。因此，采用何种模式构建司法区块链，如何调和司法的非激励性与区块链的激励性之间的矛盾是在司法适用中需要解决的问题。

四、区块链在诉源治理中的优化路径

针对区块链在纠纷化解中所面临的技术和法律方面存在的难题，也应当将技术与法律相互结合，统筹考量。

首先，应当提升代码逻辑与法律逻辑的契合能力。前文已经提到智能合约的底层语言分为命令式和声明式两种模式，而声明式智能合约更契合逻辑，而法律逻辑往往通过演绎逻辑而实现推理或得出结论，即"大前提—小前提—结论"。从这个角度而言声明式智能合约可以更好地适应法律合约的基本要素。声明式合约在缩小实际条款与其运行之间的解释差距方面也是有利的。[1]因此，在区块链智能合约的适用过程中，可以考虑主要采用声明式智能合约的模式予以编辑，也可以通过虚拟验证的方式，对智能合约运行过程进行测算，以检验其是否终结，以免出现运行闭环的局面。同时，可以不断增加智能合约的语料库，增加法律逻辑的逻辑模型与被编码的"公用"变量，[2]用来提升智能合约合法律的逻辑性与规范性。而后，设置应当增加法律人员在区块链乃至智能合约底层代码设计时的参与度，促进代码逻辑在设计时融入一定的法律逻辑，进而在一定程度上消除技术人员与法律人员之间的话语隔阂。有学者提出通过设置"计算机法庭"让司法介入智能合约，司法机关可重点审查"损害消费者利益的交易"和"危害国家或社会利益的交易"两类合约，对此法院可直接宣布合约无效，并可对相关交易者进行处罚。[3]这种"司法介入，重点审查"的方式不失为一种规范智能合约运行的有效方法。

---

〔1〕 参见张海斌主编：《人工智能、区块链与法治：国别区域科技与法律动态》，法律出版社 2020 年版，第 202-212 页。

〔2〕 参见张海斌主编：《人工智能、区块链与法治：国别区域科技与法律动态》，法律出版社 2020 年版，第 206 页。

〔3〕 参见王延川、陈姿含、伊然：《区块链治理——原理与场景》，上海人民出版社 2021 年版，第 118 页。

其次，对于区块链存在的数据壁垒难题，应当依据不同的区块链适用主体和区块链类型予以渐进式推进。在司法区块链的搭建过程中，其天然具有国家公权力机关导向，因而在推动区块链破壁的过程，仍应当由公权力机关推动，通过相关政策或优惠等举措促进不同的主体加入司法区块链。同时，针对区块链的公开性，对于相关公司、企业的交易记录如若公开，则可能会泄露其商业秘密，损害其商业利益，若对于个人而言，则可能侵犯其个人信息权益甚至是隐私权。[1]虽然公私秘钥的配合可以有效规避其信息泄露，但通过大数据挖掘，依然可以找到信息和用户的关联性，[2]在跨链信息流动过程中，不同类型的信息相互交互，则更容易加剧信息的泄露。因此，在司法区块链设计时，需要进一步加强对信息和隐私的保护，利用信息分级分类机制，对那些具有重要信息和敏感信息予以加密，即在区块链中不放入原始信息，而是放入加密后的信息证据，这样可以有效降低信息的可识别性。

再次，对于区块链低容错性和激励机制的问题，司法区块链可采用联盟链的方式予以解决。联盟链是在改进传统区块链弊端基础上产生的区块链形态。针对传统区块链低容错性的弊端，联盟区块链一方面可以通过创建主体（主要为政府、企业）雄厚的财力和技术支撑，定期对区块链算法、协议和加密技术等进行审查，以解决安全性的问题，防止出现漏洞，造成硬分叉；另一方面由于联盟链以政府声誉和商业信誉作为支撑，以节点的可信性和权威性补强了因节点较少所引发的可信性不足的弊端，因而其不同的可信节点可以通过修改其控制的记录副本纠正过去的错误，进而增强了修改的可信度，从而避免区块链网络分叉。针对传统区块链的激励机制，联盟链采用"去币存块"的模式，不同节点基于公共利益考量，进而相互配合，最终为实现公共服务目标，在一定程度上也可获得政策红利或优惠，因而不需要代币进行激励。[3]

最后，针对区块链的真实性和实质性审查难题，需要改变传统针对技术性证据的形式审查模式，采用实质审查与形式审查相结合的模式，对区块链上的电子数据进行审查。因此，对于区块链上链电子数据的实质性审查应当主要聚焦于上链前电子数据的真实性和完整性。一方面，对电子数据的内容予以鉴真，目的是确保电子数据中所包含的图表、照片、图像、声音等内容可以如实反映

---

〔1〕　参见张怀印："区块链技术与数字环境下的商业秘密保护"，载《电子知识产权》2019 年第 3 期。

〔2〕　参见王延川、陈姿含、伊然：《区块链治理——原理与场景》，上海人民出版社 2021 年版，第 126 页。

〔3〕　参见王延川、陈姿含、伊然：《区块链治理——原理与场景》，上海人民出版社 2021 年版，第 88 页。

案件事实发生的情况。[1]通过内容鉴真保证电子数据本身的实质关联性、提取的完整性与原始性。针对内容的鉴真需要着重审查电子数据提取内容和数据范围的完整性和原始性；对相关数据提取技术进行审查，主要从技术的可信性、技术的原理、技术的可行性、技术的实施过程规范性等方面进行审查，建立全程录音录像制度和取证合规的解释机制，进而避免仅针对电子数据进行形式审查，实现技术的相对降维和法官的相对升维。另一方面，针对上链后的数据，基于区块链本身的高度可信性，可采用形式审查的方式，对平台资质、技术手段等方面进行审查即可，以此通过二阶审查的方式，实现对区块链证据的有效取证、认定。

■ 要点

1. 区块链作为诉源治理的重要方式依据目的性可分为两类，分别为以纠纷解决为目的的区块链应用和作为纠纷解决辅助工具的区块链应用，而前者又可依据其具体模式细分为麦太坊型、克列罗斯型、朱瑞斯型三种模式。

2. 区块链在司法应用中所面临技术方面的困境主要包括区块链底层代码逻辑与法律逻辑的隔阂、不同区块链之间的信息或数据交互难题、区块链本身的容错难题；法律方面的困境主要包括部分上链电子数据的事前真实性难以判断、电子数据的实质性审查难题、司法作为非激励性手段与区块链中激励性措施之间的矛盾。

■ 思考题

14.3 技术逻辑与法律逻辑的区别是阻碍技术应用于司法中的根源性难题，两种逻辑的区别是什么？如何最大限度地实现两种逻辑的衔接？

14.4 "技术法律化"与"法律技术化"的区别为何？哪种路径在司法应用过程中更具可行性？

14.5 区块链应用于在线纠纷解决机制中如何实现"仲裁实质化"或"庭审实质化"？

---

[1] 参见龚善要："论区块链电子证据的双阶鉴真"，载《西安交通大学学报（社会科学版）》2021年第1期。

第三节 区块链技术下的债权行为可视化

债权债务纠纷产生的原因主要在于，对物权变动多采用公示生效主义的原则，尽管这些公示不一定具有法律上的公信力，但"向不特定多数人的权利公示"构成了有体物支配秩序的基本特征；[1]但在债权债务关系中，债权人与债务人之间往往是私下交易，缺乏必要的公示手段，造成债权债务关系混乱，真实性难以辨别等困境。区块链技术的应用刚好可以弥补债权债务关系所具有的上述缺陷，极大提升了债权行为的可视化水平。债权行为可视化是厘清民事关系、消解民事纠纷的重要途径，而区块链技术通过强化债权行为可视化，消解民事中的债权债务纠纷，是减轻民事审判压力的重要路径。

一、区块链技术在债权行为可视化方面的应用机理

可视化是民事领域中厘清法律关系，解决交互行为真实性的重要方式。可视化在法律领域中的应用主要集中于两方面，一方面为司法证明的可视化，主要分为司法证明过程的可视化和一定程度上保持证明模糊性两种进路，包括边沁的说服刻度表、威格摩尔的图示法、概率论乃至人工智能算法；[2]另一方面为总体司法过程的可视化，即聚焦司法的公开性，主要包括司法信息的透明度，司法过程中民众的知情权、参与权和监督权等内容。[3]而债权行为的可视化主要解决债权债务关系司法证明的可视化问题，即如何证明债权行为的真实性问题。区块链通过技术本身所具有的特性较好地解决了债权行为的真实性、公开性、可追溯性和关联性等问题。

首先，区块链解决债权行为的真实性问题。在司法实践中，区块链存证主要为两种方式，一种是通过联盟链的方式，可对原始数据予以调取和保存，以保障数据的真实性；另一种是通过公有链的方式，个体上传相关数据，区块链通过对上传原始数据的哈希值进行校验，校验一致则可进行存证，否则不予存证。同时，从数据生成到入链管理，其间的时长越短，数据遭篡改的可能性就

---

[1] 参见常鹏翱：《物权法的展开与反思》，法律出版社2017年版，第190-194页。

[2] 参见史长青："司法证明本体论：从可视化到正当化"，载《上海大学学报（社会科学版）》2020年第6期。

[3] 参见江国华、李鹰："司法可视化与可视化司法——以庭审直播为样本"，载《理论月刊》2020年第5期。

越小，入链数据的真实性越高。[1]通过以上方式则可以保障上链数据的真实性。债权行为如果均通过区块链平台予以实现，那么债权行为本身的真实性得以保障。因为区块链本身即可记录交易时间、数额、双方身份及关系等内容，满足债权行为数据生成的共时性，进而存入区块，以保证债权行为的真实性。

其次，区块链解决债权行为的公开性问题。区块链的分布式记账功能，使得不同节点可以在较短时间内获得债权行为的有关数据信息。这种公开性一方面解决了传统债权行为乃至金融行为私密性的特征，即他人很难获知相关债权行为或金融行为。另一方面可以通过分布式记账的方式解决债权行为双方当事人的可信度问题，由于每个中心节点都可以同步更新所有债权行为的相关信息，对于债权债务人的相关信用程度可以进行一定的衡量和评估，进而在一定程度上可以增加债务人按期还债的概率，减少债权债务纠纷。

再次，区块链解决债权行为的可追溯性问题。区块链通过可信时间戳技术可以实现对债权行为的全程留痕，结合区块链本身的分布式记账和哈希值校验，以保证每个痕迹的真实性。通过以上技术，可以实现债权行为数据信息的链式储存，进而实现多主体债权行为的链式储存。而这种链式储存是随着债权行为产生而产生的，解决了以往债权行为只能通过事后证明，且取证手段有限，证明难度较大的困境。[2]

最后，区块链解决债权行为的关联性问题。区块链通过分布式记账功能实现去中心化，而这种去中心化恰恰突破了传统中心化的权威认证模式，使每个节点（行为人）均可获得全部的记录，实现了不同节点行为的联动，最终实现债权行为"由链到网"的构建。而这种网链构建为梳理债权行为的复杂关系网提供了可视化、真实性的基础。同时，区块链本身的匿名性保证了债权行为双方及多方当事人的个人信息权益和隐私权，即所有节点只可看到交易发生过，却不知交易的具体内容。而通过区块链智能合约的权限设置，才能在当事人提出合理查阅申请、经过系统自动查验确有利害关系后方可查询关联债权行为内容。

二、区块链技术在债权行为可视化方面的具体应用

区块链技术支持下的债权行为可视化为债权债务纠纷的解决提供了极大便利，其功能主要集中在司法证明过程中，即可以破解民事司法活动中债权行为

---

[1] 参见刘品新："论区块链证据"，载《法学研究》2021年第6期。

[2] 参见史明洲："区块链时代的民事司法"，载《高等学校文科学术文摘》2019年第3期。

的证据供给、债权债务关系厘清、事实认定和虚假诉讼等难题。在区块链的远期司法应用阶段，任何两个主体之间的债权行为有可能在"区块链+物联网+智能合约"的系统下，获得一种图示化的展示，成为一种可以被人类认知的对象，实现债权行为可视化。[1]

首先，区块链技术强化债权行为可视化在民事司法中的证据保全能力。在债权行为所引发的纠纷中，举证责任在双方当事人，但基于民间借贷行为的私密性和不规范性，导致双方在借款过程中往往不注重证据存留。因此，在承担举证责任时，缺乏相关证据材料支撑或证据材料真实性难以有效证明，造成证据供给上的困境。而区块链恰好可以通过技术手段解决以上难题，一是通过智能合约对双方当事人的债权行为进行格式化限制，可以有效避免行为的不规范性。二是通过可信时间戳将债权行为中的每一分支行为进行记录，并按照时间先后顺序予以串联成链，记录于区块之中。三是每个分支行为都可成为证明债权行为事实的间接证据，而分支行为形成的区块则可形成对整体债权的印证，进而解决了债权行为证据不足的困境。

其次，区块链技术提升债权行为可视化在民事司法中对债务关系的厘析能力。债权行为本身就具有所涉主体的多元性和利益衡量的复杂性。因此，区块链为债权行为本身带来的就是复杂关系的清晰化和可视化，使得不同主体之间形成较为明晰的网络结构，以减少法官在事实和关系梳理中的负担和认定难题。

再次，区块链技术助推债权行为可视化在民事司法中对民事事实的认定能力。在债权行为的证明过程中，一方面，法官作为居中裁判者，其调查手段仅限于向当事人询问或者向有关机关调取证据等非常弱的调查方式，造成对于债权行为案件事实的认知有限，主要依赖双方当事人承担举证责任的证明程度。[2]另一方面，基于当前债权行为的数字化，一定程度上通过电子数据记录完成的。因此，对债权行为的证明依赖于对电子数据本身的专业化存证或鉴定，造成债权行为的证明成本增加，证明周期增长。同时，也造成法官对于债权行为的裁判主要依据鉴定结论，一定程度上削弱了法官独立裁判的能力。因此，对债权行为的证明工作主要集中于证明电子数据真实性方面。而通过区块链的哈希值校验机制、共识算法机制和分布式记账机制可以很好地对债权行为进行记录、储存，进而解决债权行为产生电子数据的真实性难题，完成对债权行为事实的认定。

---

[1]　参见史明洲："区块链时代的民事司法"，载《高等学校文科学术文摘》2019 年第 3 期。

[2]　参见史明洲："区块链时代的民事司法"，载《高等学校文科学术文摘》2019 年第 3 期。

最后，区块链技术提高债权行为可视化在民事司法中对虚假诉讼行为的识别能力。虚假诉讼一直是困扰民事司法裁判的难题，在理论上，虚假诉讼判决虽然成为原告向被告转移财产的法律依据，但该判决对第三人的影响是"事实上的"而非"法律上的"。[1]但在实践中，债权往往具有相对性，债权双方当事人通过虚假诉讼的方式，虚构双方之间的交易损害第三方利益，却很难被第三人发现。最终导致虚构债权的双方当事人通过法院裁判，获得既判力，以规避自身财产的损失。为应对现实与理论的差异，我国立法者于2012年《民事诉讼法》修正中增设了第三人撤销之诉制度以打击虚假诉讼。但这种救济方式属于事后救济，治标不治本。尽管可以通过借贷发生的原因、时间、地点、款项来源、交付方式、款项流向以及借贷双方的关系、经济状况等事实表象识别一部分"明显的"虚假诉讼，但对于大部分"不明显的"虚假诉讼，这种做法存在方法论上的困境。[2]因此，通过区块链"由链到网"的构造，可以很明晰地识别哪些债权行为是真实的，债权行为双方当事人与哪些人存在其他债权债务关系，进而实现对权益可能受损的第三人进行识别、预警和判断，最终从"上帝视角"实现对虚假诉讼行为的规制。

三、区块链技术在债权行为可视化应用中面临的挑战与应对

区块链技术下债权行为可视化目前并未在民商事实践和司法实践中予以应用，必须考量债权行为可视化在实践中所面临的挑战或风险以及应当如何加以应对，做到未雨绸缪。

（一）区块链技术在债权行为可视化应用中面临的技术性挑战

首先，债权行为可视化面临技术上可行性的挑战。区块链作为一项新兴技术，其适用和性能提升存在很大的空间。目前，较为成熟的区块链系统中，其单位时间内产生的区块链是有限的。随着区块数量的几何级增长和时间的推移，区块链的容量将很可能达到上限，面对大量的民商事行为，一旦所有的节点行为均通过区块链进行记录，基于单位时间内添加区块的有限性，将会导致区块链难以承受体量巨大的记账需求。而基于节点信息共享的时间间隔性，随着数据更新体量的增加，各节点数据库同步更新所需时间将会更长，也无法实现节点信息的及时同步，进而无法满足民商事行为信息交互的共时性需求。区块链之所以能实现分布式记账，主要原因在于每个节点作为一个数据库，可以满足

---

〔1〕 参见任重："回归法的立场：第三人撤销之诉的体系思考"，载《中外法学》2016年第1期。
〔2〕 参见史明洲："区块链时代的民事司法"，载《高等学校文科学术文摘》2019年第3期。

数据储存的需要，但随着债权行为所产生的数据汇入，数据体量呈几何式增加，节点内存将无法实现对海量数据的储存，进而造成分布式记账模式本身的崩溃。因此，对于区块链能否普及到债权行为进行大范围的适用，需要从技术上考虑数据体量和数据传输的两大难题。从传输速度上可考虑联盟链的方式，因为其运行效率更高，传输速度更快。从数据体量上可考虑采用随机分布式储存的方式，将整体数据库进行拆分，通过共识算法随机储存在单位数量的节点上，进而降低不同节点对储存数据的硬件要求。

其次，债权行为可视化也面临安全性的挑战。随着债权行为的上链，相关债权债务信息将作为个人敏感信息进行储存。同时，基于"无需信任的信任"或"技术信任"，法院更倾向于认定债权债务行为数据的真实性。但结合上一节的论述，区块链的应用仍然存在私钥泄露和被盗以及基于区块链本身的中心化趋势所带来的安全性挑战。一方面，这种安全性挑战可能造成对个人信息权益的侵犯，因为债权行为所产生的信息本身属于个人敏感信息，属于未经个人同意或公权力机关职权行为不得公开的信息。另一方面，一旦算力达到可以篡改数据信息的程度，则很容易出现虚构债权或更改债权，侵犯他人财产权的行为，导致所谓的债权可视化失去意义。因此，对于债权行为可视化所面临的安全性挑战，归根结底是区块链技术本身安全性的问题，仍然需要区块链通过加强底层设计，建立一套防范安全风险的可行方法和措施予以实现。

（二）区块链技术在债权行为可视化应用中面临的可归责性难题

对于区块链上发生的债权行为，虽然当事人的行为基本实现了可视化，一定程度上遏制了虚假诉讼行为的发生，但并不能完全制止，且当事人之间的虚假通谋如若发生在区块链上，则相关数据的可信性更高，也更易被法官所采信。如果有关债权债务关系并未实现有效关联或存在漏洞，则必然会产生归责难题，即对于事后发现的侵权行为，其造成的财产损失究竟归属于何方的问题，如何实现对使用者的救济。根据我国目前有关区块链的规范，仅规定了区块链服务提供者的义务，对如何救济使用者权益未置可否。[1] 同时，区块链自身具备匿名性和开放流动性，各节点实际上已人格化，但节点人格与现实法律人格并非一一对应，因此即使产生债权行为的侵权事实，也难以确定背后侵权主体。[2] 因此，针对债权行为可视化形成了两种归责困境，需要首先明确相关责任主体，

---

〔1〕　参见陈奇伟、聂琳峰："技术+法律：区块链时代个人信息权的法律保护"，载《江西社会科学》2020年第6期。
〔2〕　参见汪青松："区块链系统内部关系的性质界定与归责路径"，载《法学》2019年第5期。

依据作为侵权和不作为侵权两种方式，区分不同侵权主体责任。作为侵权人主要指侵权行为的主动实施者，包括黑客、债权行为的实施者等。不作为侵权人主要指通过不作为的方式侵犯其他人合法权益的主体，包括信息服务提供者、系统开发人员等。其次，确定相关证明责任和担责方式。对于作为侵权人，其应当作为责任主体，承担相应的赔偿责任。在不作为侵权人中，对于信息服务提供者，应当承担过错推定责任；对于系统开发人员因过失造成的损害责任，应当承担过错责任。最后，对于区块链的匿名化难题，区块链服务提供者应当建立在特殊情况下去匿名化的配套机制，以实现对于侵权行为者的身份确认。

■ 要点

1. 债权可视化的功能主要集中于司法证明过程中，可以解决债权行为的证据供给、债权债务关系厘清、事实认定和虚假诉讼等方面的难题。

2. 债权可视化的实现需要解决技术上的可行性和安全性，以及法律上的可归责性等难题。

■ 思考题

14.6 可视化的具体内涵在技术上与法律上有何区别与联系？

14.7 虚假诉讼在区块链技术背景下如何实现有效解决？

14.8 如何解决区块链应用过程中行为的归责难题？

第四节　区块链赋能刑事侦查

区块链技术作为一项新兴技术，其必然也会促进侦查效率的进一步提升和侦查目的的精准实现，至于其能否引发侦查模式的转型和升级，则有待侦查实践和侦查理念的进一步发展与检验。

一、区块链应用于侦查的基本原理

区块链最典型的逻辑是"去中心化"，直接改变了传统的中心化信任模式。这种分布式记账模式使得数据在每个节点得以储存，实现信息共享和共识达成。传统的侦查模式往往是中心化的，主要是以公安机关为中心，以犯罪地管辖为主的侦查模式。这种以块为主的单一中心侦查模式由于不同部门、警种、地域之间的壁垒，直接制约侦查效能的发挥。其后，虽然提出了合成作战的新理念，通过依托现代科技建立的多警种侦查协作机制，包含警种合成、部门合成和数据资源合成三层含义，但仍然未有效解决跨地域协作问题和数据壁垒严重的问题。[1]因此，去中心化的思维逻辑可以直接解决传统的中心化思想所引发的侦查活动的诸多现实困境，促进不同区域、不同部门、不同警种的协同以及数据资源的高效流动。同时，科学决策是侦查活动能否顺利运行的核心基石，侦查决策直接影响侦查的方向，一次决策的偏差，在多次决策的作用下，将可能导致整体决策的极大偏移，进而影响到侦查效率，甚至影响到案件能否最终侦破。因此，区块链的去中心化为不同区域乃至不同等级公安机关平等对话，形成共识的场域。在科学决策基础上，去中心化也为循证决策提供了基础。所谓循数决策就是遵循"数据"进行决策，其主要依赖于有效证据，而有效证据是经过筛选、过滤和评估，并融合了公共价值和社会知识的大数据。[2]区块链通过智能合约设置数据标准，也通过对节点的准入资格审查，保证上传数据的单位本身具有较强的公信力，并将数据共享至不同节点，在一定程度上可以保证上链数据的真实性和有效性，进而为侦查中的循证决策提供坚实基础。

区块链的防篡改性提升了侦查中信息系统的安全性，并对侦查监督和打击预防犯罪产生重要影响。当前侦查中越来越依赖数据的交互、管理与共享，而前提是需要安全可靠的数据信息系统，区块链刚好满足侦查对数据信息系统安全性的刚性需求。区块链通过哈希算法和可信性时间戳技术保障上链信息的有序性和不变性。可信性时间戳技术可以将区块链上的每一次交互行为进行记录，而且会按照时间序列予以记录。因此，该技术可实现对侦查行为的全程留痕管理，进而强化对侦查行为的监督，及时纠正侦查人员的违法行为，并对违法侦查人员进行追责。最后，因为区块链使用链式数据机构来验证与存储数据，这意味着数据信息被按照前后的顺序紧密存储在区块中，侦查人员可以依据犯罪嫌疑人行踪在区块链上进行顺序搜索，在短时间内迅速定位。[3]基于以上考量，区块链的防篡改性可以在信息系统安全性、侦查监督和犯罪侦破上发挥重要作用。

区块链的自动化特性为侦查智能化提供基础。首先，区块链在一定程度上

---

〔1〕　参见唐云祁、蒋占卿、李卓容："打击犯罪新机制中合成作战体系建设分析"，载《中国人民公安大学学报（社会科学版）》2019年第2期。

〔2〕　参见郁俊莉、姚清晨："从数据到证据：大数据时代政府循证决策机制构建研究"，载《中国行政管理》2020年第4期。

〔3〕　参见李康震、陈刚、周芮："区块链技术在侦查领域中的应用研究"，载《信息资源管理学报》2018年第3期。

可以助力公安机关对涉案财产的自动扣押，而这种自动扣押恰恰依靠智能合约，即在遵循逻辑设定的基础上，一旦相关行为满足事前约定的情形，则区块链会自动执行事前约定的内容，这也是诸多用户信赖区块链的重要原因之一。其次，犯罪侦查同样依赖数据的自动化运行。大数据侦查的典型逻辑就是通过将非结构化数据结构化，再借助数据挖掘、数据碰撞、数据学习等技术实现对有价值的犯罪信息进行挖掘和提炼。[1]但大数据侦查也会面临一定的"瓶颈"，其数据的样本要求无限接近"全数据"，而且数据质量往往参差不齐，其间可能存在大量无效数据，需要进行数据清洗。而区块链则可以解决数据质量难题，区块链通过智能合约的部署，设置规范的数据标准，避免了无效数据的进入。各节点主体也会基于技术信任和社会信任更倾向于上传可靠数据。随后，通过智能合约可以将非结构化数据结构化，实现数据的分级与分类，促进数据的有序化和有效化利用。再次，通过将反映犯罪行为规律的算法嵌入智能合约，实现数据的挖掘、碰撞和学习，获得有价值的信息，进而实现对犯罪的预防、预警与打击。最后，通过智能合约的设置，还可以针对不同等级节点设置不同的信息查阅权限，以促进侦查过程中对公民个人信息权益的保护。

二、区块链在侦查中的具体应用

在区块链技术应用于某一领域或活动中，其技术构架主要包括技术原理层与技术应用层两部分，而侦查作为一项更侧重实践性的司法活动，将区块链技术的效能进行转化的核心在于如何具体应用。信息生命周期理论为侦查中区块链技术的应用提供了基本的流程和框架。信息生命周期是指信息从出现到使用最后到老化消亡的动态、循环过程，该过程一般伴随价值形成与不断增值。[2]而信息生命周期理论则为研究信息的收集、处理、转换与运用提供全过程、全方位的理论支撑。[3]在侦查模式的转型升级中，数据和信息成为主导的要素，因而创制了信息化侦查、大数据侦查等概念，并围绕相关概念构建庞大的理论体系和应用体系，进一步表明对信息的有效收集和分析已成为侦查工作的核心。[4]

---

〔1〕 参见徐惠、李晓东："大数据证据之可行性研究"，载《山东警察学院学报》2019年第6期。

〔2〕 参见黄静、周锐："基于信息生命周期管理理论的政府数据治理框架构建研究"，载《电子政务》2019年第9期。

〔3〕 参见赖茂生、李爱新、梅培培："信息生命周期管理理论与政府信息资源管理创新研究"，载《图书情报工作》2014年第6期。

〔4〕 参见马方、吴桐："信息化侦查的维度冲突与法律规制"，载《中国人民公安大学学报（社会科学版）》2017年第2期。

而区块链技术的应用将进一步提升侦查活动中信息的收集、管理、分析、决策等多方面能力，倒逼侦查体制改革，提升侦查活动效能。

第一，区块链赋能侦查信息收集。侦查机关可以利用区块链本身的开源性、安全性高和匿名性，开拓数据的汇入途径。相关数据主体也会基于对区块链的技术信任，更容易同意将数据通过区块链分享给侦查机关，尤其是针对大型互联网公司。在视数据为重要资源的时代，大型互联网公司往往掌握海量数据，基于在网络空间所掌握的话语优势和用户个人信息权益的保护，其并不希望将数据分享给公权力机关，进而产生了"大型互联网公司具有准司法权"的现实困境。[1]而区块链通过哈希算法和公私秘钥相配合，极大增强了对用户个人信息权益的保护和数据信息的安全性。基于相关社会责任承担和入链激励机制的考量，大型互联网公司也更容易将平台数据接入区块链，实现侦查机关通过搭建开源区块链的多元数据信息收集，也在一定程度上削弱了大型互联网公司所具有的"准司法权"。同时，侦查人员在面对电子数据时，基于电子数据存证技术的专业性和程序的复杂性，很容易造成电子数据的更改，进而造成电子数据失去证据效力。而区块链本身的防篡改性为电子数据的存证带来极大的便利性，可保证上链之后数据的真实性，进而避免了侦查人员对电子数据线下取证、存证的复杂性和易错性。[2]

第二，区块链赋能侦查信息管理。区块链的去中心化为侦查机关的扁平化侦查提供了重要基础。通过区块链不同节点对数据的即时更新，促进不同地区侦查机关享有相同的数据资源，以极大地提升基层公安机关的侦查能力。同时，侦查机关通过采用联盟链的形式也可赋予不同层级节点不同的数据权限，每个节点依据开放权限不同程度地保存全网信息副本。[3]不同数据权限主要依据数据的分类分级而设定，可划分为政府数据和个人数据两类数据，再以业务范围、获取方式、数据内容不同为标准进行细化分类；数据级别可分为国家核心数据、重要数据和一般数据三个级别。[4]普通节点享有一般数据的数据副本，即区县一级侦查机关；而更高等级的节点则可视需求享有重要数据和国家核心数据的数据副本，即国省市一级侦查机关。围绕不同的案件场景和类型，将案件类型

〔1〕　参见马长山："数字社会的治理逻辑及其法治化展开"，载《法律科学（西北政法大学学报）》2020年第5期。

〔2〕　参见石超："区块链技术的信任制造及其应用的治理逻辑"，载《东方法学》2020年第1期。

〔3〕　参见李康震、陈刚、周芮："区块链技术在侦查领域中的应用研究"，载《信息资源管理学报》2018年第3期。

〔4〕　参见郑曦："刑事司法数据分类分级问题研究"，载《国家检察官学院学报》2021年第6期。

化，评估不同案件类型的数据类型需求，进而依据案件管辖机关的数据需求，通过不同类型级别数据的加密传输，满足办案机关的数据需求，进一步实现案件的扁平化侦查，提升基层侦查机关的侦查效能。

第三，区块链赋能侦查信息分析。区块链的自动化运行依赖于智能合约，而侦查中的大数据分析同样依赖于算法的自动化运行，区块链可以通过算法嵌入智能合约的方式，将数据和自动化有机结合，实现数据的自动化、智能化分析，获得有效的侦查线索或证据。首先，通过算法嵌入，将实时汇入的非结构化数据结构化，建立分布储存和按需分类的数据库。其次，根据每种犯罪特定的行为模式的行为算法模式建立特定的模型，并将算法模型运用于对关联数据的监控，就能够达到预测和侦破犯罪的效果。[1]再次，通过不同的编程人员将算法嵌入智能合约，实现不同种类数据的自动运行对数据的分析，实现有价值信息的自动推送。美国学者梅兰妮·斯万认为区块链追踪意味着能够统计到所有参与方对系统的贡献，无论是多么微小级别，无论是否需要上升到宏观层面，都可以无缝、自动化方式进行评估和总结。[2]最后，有针对性地对重难点案件进行实时监控，实现预测性侦查。围绕案件链接入高危行业数据监测的侧链，建立开放、动态、实时的数据监测体系，侧链可用于专门监测特殊类型的重大犯罪，如跨国贩卖妇女儿童犯罪、金融诈骗犯罪等。[3]通过对重点犯罪的实时动态监控，达到在犯罪的预备阶段或萌芽阶段即可及时制止的效果。

第四，区块链赋能侦查信息决策。区块链的信息分析机制和信息管理机制使得侦查人员克服思维惯性和感性认知，最大限度地用于客观线索或证据的呈现，倒逼侦查人员循证决策，极大地限缩了侦查人员决策的主观任意性。一方面，区块链通过自动推送的方式，将具有价值的线索和信息推动给侦查人员，使得案件的相关信息得以全面、有序和系统地呈现。另一方面，侦查人员的决策依据可以在区块链上实现留痕，为案件的事后复查展现相关决策依据。同时，区块链通过不同节点的信息共享，使得上级侦查机关对下级侦查机关的侦查决策形成监督，案件关联机关对相关决策形成认同，进而有助于实现决策共识，避免侦查机关内部决策的封闭性和肆意性，最大限度地提升决策的科学性。[4]

---

〔1〕 参见王燃：《大数据侦查》，清华大学出版社 2017 年版，第 60 页。

〔2〕 ［美］梅兰妮·斯万：《区块链：新经济蓝图及导读》，新星出版社 2016 年版，第 190 页。

〔3〕 参见李康震、陈刚、周芮："区块链技术在侦查领域中的应用研究"，载《信息资源管理学报》2018 年第 3 期。

〔4〕 参见刘光华："法循证学：法学与循证科学的交叉方法和领域"，载《图书与情报》2018 年第 3 期。

第五，区块链赋能侦查信息监督。2021 年《关于健全完善侦查监督与协作配合机制的意见》规定"健全完善监督制约机制"健全完善协作配合机制"健全完善信息共享机制"。但依靠传统手段依然很难形成有效监督，需要借助技术进行实时动态监督。区块链可以实现侦查行为的全程留痕管理，通过实时共享行为信息实现对侦查行为的全程监督，而不干涉侦查行为的具体事务，可以解决检察机关事中监督的难题。具体可应用于发现侦查过程中的非法取证、超期羁押、公权私用等侵犯公民人权的相关违法行为，实现对于侦查行为的及时有效监督，避免侦查权滥用。

三、区块链在侦查中适用的挑战与应对

区块链在侦查的应用一方面为侦查带来效能的提升，甚至是体制上的革新；另一方面，区块链作为一种新兴技术，也为侦查带来一定的风险和挑战。因此，侦查作为司法活动的重要环节，以追诉犯罪为首要目标，以实现公平正义为本旨，更需要警惕区块链在侦查中应用的扩张性和风险性。

首先，区块链在侦查中的应用可能存在私钥泄露或被盗窃的问题。虽然区块链技术本身具有较高的安全性，基于链式结构，篡改上链数据需要篡改该区块之前的所有数据，具有极高的难度。但由于区块链加密技术是由公私秘钥相互配合而实现信息交互的，私钥一旦泄露，则会对侦查造成重要影响，其所谓绝对的数据安全性也将面临巨大风险。针对公有链的私钥保管者，在信息交互前可建立身份核验机制，而对于联盟链的私钥，需要侦查机关自身建立完备的私钥保管机制、私钥紧急冻结机制和私钥定期更换机制，以提升对私钥的安全保管能力。[1]

其次，针对区块链技术的安全性来说，尽管依据比特币网络的逻辑，采用区块链技术可视为很高的安全性，但是从技术风险和技术发展的视角审视其安全性，绝对的安全往往是不存在的。随着技术的发展，看似绝对安全的区块链技术也可能被未来的技术攻破。[2]虽然对于上链数据的篡改需要 51%以上的算力才能实现，这看似非常困难，但仍然存在一定的可能性。矿池的出现本身就是区块链"在中心化"的过程，当不同的矿池联合或兼并后形成 51%以上的算力时，区块链的安全性将被攻破。[3]相较于公有链，联盟链并没有严格的算力

---

〔1〕 参见陈奇伟、聂琳峰："技术+法律：区块链时代个人信息权的法律保护"，载《江西社会科学》2020 年第 6 期。

〔2〕 参见张庆立："区块链应用的不法风险与刑事法应对"，载《东方法学》2019 年第 3 期。

〔3〕 参见王延川、陈姿含、伊然：《区块链治理——原理与场景》，上海人民出版社 2021 年版，第197-205 页。

要求，其上链信息的篡改可能相对更为容易。区块链在侦查中的应用也更应当建立周延安全的软件逻辑和硬件设施，考虑多种可能的安全性风险，应当进一步提升区块链在侦查中适用的安全性。

再次，区块链应用侦查中，其自动化运行依赖于智能合约中的代码翻译，而代码翻译往往需要经过逻辑上的转化，即将侦查中的实践逻辑和法律逻辑转化为程序员应用的代码逻辑。这种逻辑转化往往在主体间的作用下发生偏移，[1]容易造成智能合约的偏差，进而使得区块链应用于侦查时的规则出现异化，导致侦查过程中出现程序正义或实体正义的偏移。而这种偏差的根源仍然在于法律逻辑和代码逻辑之间的鸿沟。即侦查活动作为司法行为，其天然带有一种价值判断的属性，虽然相较于审查起诉或审判环节，其价值判断的属性稍弱，但代码编译过程中，并不进行价值判断，更无法进行价值衡量，[2]而是以行为或表象作为判断依据，这就造成了两种逻辑之间的根本性差异，即便是声明式智能合约也难以完全消除该鸿沟。因此，对于区块链底层逻辑的开发与应用，应当更注重正义理念的输入，保证侦查人员和法律工作者有效参与，实现司法人员与程序员的双向有效沟通。同时，在代码翻译中更应注重程序正当性和相对人权益保护，最大限度地实现数字正义。

最后，区块链应用于侦查，基于逻辑的根本性差异还会引发哲学上的反思，即人究竟应当信任技术/代码，还是信任人本身。美国的法学家劳伦斯·莱斯格很早就提出代码理论，将代码（架构）和法律并列，从而提出了法律代码化和代码法律化的问题，力图打通法律与技术之间的鸿沟，从而颠覆人们对法律与技术的传统理解。[3]两种不同的命题直接代表不同的解决思路，是人为技术所"驯服"还是技术为人所"驯服"。基于人的主体性和能动性而言，在维护社会安全秩序方面，区块链虽然能更敏锐地发现细微变化和弱关联性事物，但这并不能成为其取代侦查人员进行价值判断和最终决策的理由，依然只能作为参考和辅助手段，帮助或协助侦查人员进行最终判断和决策。虽然区块链塑造了"无需信任的信任"和"技术信任"，但这种信任只是人们对风险社会下非传统安全的不适和担忧。技术本身就是风险源，而技术的发展将可能导致更大的风险。因此，在维持社会安全秩序方面，法律和人仍然发挥主要作用，而以区块

---

〔1〕 参见董少平、李晓东、魏俊斌："独狼式恐怖袭击的成因与治理研究——基于班杜拉三元交互决定论模型分析"，载《北京警察学院学报》2019年第3期。

〔2〕 参见马长山："司法人工智能的重塑效应及其限度"，载《法学研究》2020年第4期。

〔3〕 参见［美］劳伦斯·莱斯格：《代码2.0：网络空间中的法律》，李旭、沈伟伟译，清华大学出版社2009年版，第1—9页。

链为代表的技术只能是工具，发挥补充作用。

■ 要点

1. 区块链赋能刑事侦查主要从信息论的视角出发，从信息的收集、管理、分析、决策四个方面提升侦查效能，倒逼侦查体制改革。

2. 区块链在侦查的应用给侦查带来效能的提升，甚至是体制上的革新，但侦查作为司法活动的重要环节，以追诉犯罪为首要目标，以实现公平正义为本旨，更需要警惕区块链在侦查中应用的扩张性和风险性。

■ 思考题

14.9 数据和信息之间的区别为何？数据向信息乃至价值的转化机制为何？

14.10 "技术法律化"的路径具体应当从哪些方面落实？如何避免法律从业人员对技术形成惯性依赖？

14.11 生命周期理论的基本原理是什么？如何实现与区块链技术的有机结合？

第五节　区块链技术助力执行难

执行难一直是困扰法院公信力的重要难题，也是法院急欲化解的困境。执行难涵盖民事和刑事两大领域，是司法治理的末端。依靠体制改革在一定程度上可以提升执行透明度和公平性，但还不足以根本扭转执行难的困境，而区块链技术的应用则可以在很大程度上提升司法执行的能力和水平。

一、执行难的成因分析

随着执行体制的改革，我国逐步走向执裁分离的道路。同时，围绕执行实施权，将"依法突出执行工作的强制性，全力推进执行工作信息化，大力加强执行工作规范化"，即"一性两化"作为基本工作思路。[1]其中，执行信息化是一项综合性体系建设，包括执行查控体系、执行管理体系、执行指挥体系及执行信用惩戒体系。信息化建设对解决执行难带来了较大的改观，但仍然存在一些难题。从表层原因来看，执行难的原因主要包括财产信息难以有效查控、

---

〔1〕参见袁定波、邓新建、周强："切实有效推行执行工作'一性两化'建设"，载《法制日报》2013年11月19日，第1版。

被执行人位置难以有效获得和执行过程难以有效监督三个方面。从深层原因来看，主要为执行主体与被执行人之间信息的非对称性。这种非对称性主要体现在被执行人财产的金融化，而这种金融化是一种非公开的行为，即主要存在于双方主体之间，且具有分散性和流动性，其他主体在未获得授权的基础上很难获知相关信息，即便获得相关授权也很难及时获得。同时，执行行为与被执行人选择信息方面也存在非对称性。这种非对称性主要体现在执行过程中缺乏充分的合法性阐释和执行监督，造成执行权的滥用和越轨行为。

二、区块链助力执行难的机理

破解以上难题仍然需要借助相关的技术手段，区块链技术便为此提供了极大的便利，既可以实现查控信息的全面性和及时性，又可以实现执行监督的有效性。

区块链解决执行中信息可信性难题。被执行人财产信息的可信性直接决定执行过程中相关财产能否有效查控以及虚假交易能否被识别。当执行信息查询出现错误时，极易造成财产的错误扣押、保全或拍卖，进而影响到第三人合法权益，引发第三人撤销之诉、案外人对执行标的的异议等后续法律行为；也可能造成拟执行财产无法有效查控，最后造成司法资源的浪费。而虚假交易一直困扰执行难问题的解决，就双方当事人真实意思表示以及是否真正实现财产的转移均需要进行判断。首先，区块链本身的不可篡改性可以确保上链信息储存的真实性。其次，借助智能合约，构建上链前信息验证机制，可以确保上链信息本身的真实性。例如，可通过哈希算法验证上链信息的真实性，还可对原始数据库进行直接访问，在保证安全性的前提下实现对原始数据的获取。最后，通过区块链的信息保存机制与上链前的信息验证机制相结合，共同保障执行中信息的可信性。

区块链解决执行中信息及时性难题。被执行人财产信息和位置信息更新的及时性直接决定相关财产查控的及时性。而区块链通过接入不同节点，在保证上链信息真实性的前提下，通过智能合约嵌入算法的方式，自动实现真实数据的自动上链和自动推送。而这种自动上链和自动推送的方式可以保障法官和司法辅助人员及时了解相关信息，保障其可以及时作出执行决策和执行行为，防止财产的转移。同时，通过解决财产查控及时性和执行可行性难题，可以保障法官有时间和能力审查强制执行申请合法性或相关保全措施合法性的问题，进而促进执行行为和机制的整体性优化。

区块链解决执行中信用制度缺失难题。一再备受重视的"执行难"的直接成因显然在于信用制度的缺失。[1]从这个角度来看，信用缺失问题确实是诸多经济问题所引发的根源性原因之一，我国也为解决信任难题建立了信用评估机制和失信惩戒机制，这种方式仍然是依靠外部"中心化"惩戒或控制的方式实现民众的规范性守信，而非内生性守信。而区块链本身便是一种信任机制，其通过"去中心化"的方式实现民众个体的"点对点"信任，进而促进了民众增强内生性的信用交互。

区块链解决执行过程中的监督难题。而区块链可通过可信时间戳和其特有的链式结构将执行过程中的每一次决策和实施行为予以记录，而且相关记录不可篡改。通过这种方式，使得相关法官的执行裁决和司法辅助人员的财产保全、拍卖等行为实现了全程留痕，便利了对以上行为合法性与合理性的审查与监督。同时，也可作为相关执行证据予以存留，以便于后续对被执行人提出相关救济进行佐证以及执行机关对其裁决和执行行为的应诉答辩。

三、区块链解决执行难的路径

区块链作为解决执行难困境的重要手段，为其提供了技术手段和信任框架。

首先，建立区块链信息共享机制。信息共享机制主要包括三个方面和三种方式。三个方面的信息包括互联网金融产品信息，如支付宝、财富通、人人贷等金融产品信息平台，及时发现和查控被执行人所拥有的分散性金融资产；电子商务信息平台，如淘宝网、天猫网、京东网等电子商务平台，通过对被执行人的消费行为画像判断其消费能力，进而为执行行为的可行性提供依据，也可以根据其收货地址判断被执行人的经常居住地或可能的藏身地点；位置信息平台，通过对被执行人的出行信息和送餐位置信息可以有效确定被执行人的位置信息。[2]而这些信息的获取通过二级节点的设置和智能合约的设置，结合人工智能技术，相关数据在符合可执行条件时，可自动推送给司法机关，以保障信息获取的有效性和及时性。司法机关通过对推送信息进行执行可行性与必要性审查后，在满足相应的司法审查程序之后，方可对相关数据进行有针对性的调取和分析。

其次，建立财产自动执行机制。在满足相应的执行条件后，司法机关可借助智能合约的自动触发机制，对被执行人的相关财产进行自动冻结、扣押或发

---

〔1〕　参见张榕："'执行难'化解之误区及其归正"，载《厦门大学学报（哲学社会科学版）》2017年第4期。

〔2〕　参见杨淑霞、李磊："大数据背景下司法执行的创新"，载《河南社会科学》2019年第9期。

放，确保在程序合规的前提下简化审批环节，提高执行效能，防止被执行人转移或消费财产。同时，建立对核查财产线索足额终本案件、不履行义务的执行和解案件，无须单独提起立案流程即可自动立案恢复执行的智能合约机制，进一步简化办案流程。随着数字货币的出现，虽然这些货币未成为法定货币，也未能形成稳定的价值，仍为财产自动执行提供一种可能性。中国数字人民币（DC/EP）试点与应用落地也在如火如荼地进行，[1] 数字人民币在流动过程中将采用点对点分布式的方式进行，借助区块链首尾相连的特性，可以将各个交易节点完整记录，实现包括流转节点、流转路线、周转速度等在内的交易流程全记录，[2] 实现财产流转的可视化和可执行财产的合理评估。

最后，建立区块链执行监督机制。针对裁决黑箱和执行黑箱，执行机关可以建立裁决依据上链机制和执行行为上链机制。裁决法官将裁决的相关证据以及裁决理由及时上链，作为执行行为合法性的前提；执行人员将财产执行的过程记入区块，形成时间序列，实现执行行为的可视化。同时，还要建立当事人事中异议机制和事后复查机制，通过将当事人以及相关人对执行的异议上链，以保证当事人的意见可以被审视和处理。而通过事后复查机制，确保当事人事后提出的相关申请得到救济。上级执行机关和本级执行机关也可通过上链数据信息进行复查或倒查，实现对裁决和执行过程进行有效的监督和制约。

■ 要点

1. 执行难的原因主要包括财产信息难以有效查控、被执行人位置难以有效获得和执行过程难以有效监督三个方面，更深层次原因主要为执行主体与被执行人之间信息的非对称性。

2. 区块链技术可以实现查控信息的全面性和及时性，又可以实现执行监督的有效性，需要从信息共享机制、数字货币执行机制和执行监督机制三个维度解决信息非对称性问题。

■ 思考题

14.12 数字人民币在解决执行难问题中将提供何种有益助力，可能存在何种风险？

---

〔1〕 参见戚聿东、刘欢欢、肖旭："数字货币与国际货币体系变革及人民币国际化新机遇"，载《武汉大学学报（哲学社会科学版）》2021 年第 5 期。

〔2〕 参见秦波等："比特币与法定数字货币"，载《密码学报》2017 年第 2 期。

14.13 国家作为最大的数据控制者和使用者，其权力该如何制约与规范，如何实现打击违法犯罪行为与保护个人信息权益之间的平衡？

■ 本章阅读文献

1. ［美］劳伦斯·莱斯格：《代码2.0：网络空间中的法律》，李旭、沈伟伟译，清华大学出版社2009年版。
2. ［美］凯文·沃巴赫：《链之以法——区块链值得信任吗》，林少伟译，上海人民出版社2019年版。
3. ［法］普里马韦拉·德·菲利皮、［美］亚伦·赖特：《监管区块链：代码之治》，卫东亮译，中信出版社2019年版。
4. 史明洲："区块链时代的民事司法"，载《高等学校文科学术文摘》2019年第3期。
5. 孙福辉："《最高人民法院关于加强区块链司法应用的意见》理解与适用"，载《中国应用法学》2022年第4期。
6. 汪青松："区块链系统内部关系的性质界定与归责路径"，载《法学》2019年第5期。
7. 郑戈："区块链与未来法治"，载《东方法学》2018年第3期。
8. 张海斌主编：《人工智能、区块链与法治：国别区域科技与法律动态》，法律出版社2020年版。
9. 张玉洁："区块链技术的司法适用、体系难题与证据法革新"，载《东方法学》2019年第3期。
10. 张庆立："区块链应用的不法风险与刑事法应对"，载《东方法学》2019年第3期。

第十五章
区块链证据

【导读】

近年来，随着司法区块链的迅猛发展，区块链证据审查方面的诸多问题也逐渐显露，传统电子证据审查模式无法有效适用，区块链证据认定的标准与依据较为混乱。解决区块链证据所衍生的一系列特殊性问题，首先需要明确"区块链证据"的概念，在静态认知层面，遵循"区块链+证据"的认知路径，将区块链证据界定为基于区块链技术的一切证明材料。在动态认知层面，将区块链证据界定为"证据的区块链化"和"区块链数据的证据化"的产物，前者即区块链存证类证据，后者即区块链运行类证据。

关于"区块链证据"的概念内涵与外延存在一定的认知混乱，对"区块链证据"的研究集中在区块链存证类电子数据，但是区块链数据并不限于此，还包括涉案区块链平台相关链上数据、智能合约数据、区块链附属数据（如钱包地址）等。本章将从结合证据法的基础理论与新技术的特点，从不同视角全面审视区块链证据，提炼相较于传统电子数据的特殊性，并针对性地探索和总结区块链证据审查新规则。

第一节 区块链证据的概念与类型

区块链技术应用范围广泛，区块链技术与证据法治进程结合最为紧密的便是存证领域。以吉林省为例，自 2019 年 5 月，吉林省高级人民法院作为最高人民法院首批区块链试点单位，率先接入最高人民法院司法链平台，截至 2021 年 2 月 5 日，吉林省司法链平台存证数据量达 2.6 亿。[1]2022 年最高人民法院发

---

〔1〕 参见刘中全："吉林法院 2020 年区块链平台存证数据量达 2.6 亿"，载法治网，http://www.legaldaily.com.cn/index/content/2021-02/08/content_ 8431090.htm，最后访问日期：2022 年 12 月 15 日。

布《关于加强区块链司法应用的意见》，提出建成互通共享的司法区块链联盟，明确了区块链司法公信力、提高司法效率、增强司法协同能力、服务经济社会治理四个典型场景中的应用方向。

一、区块链证据的定义

目前，与区块链相关的证据法研究大部分围绕"区块链存证"展开，跟进的相关立法性文件，如 2021 年 6 月最高人民法院发布的《人民法院在线诉讼规则》，亦围绕"区块链技术存储的电子数据"的效力及审查规则进行细化规定。尽管学界对于通过区块链存证技术所存储的电子数据的称谓多种多样，如"区块链证据""区块链电子证据""区块链电子数据""区块链存证证据"等，但指代对象基本一致。

静态上，区块链证据的定义应当分为两个层面进行完整认知，区分技术认知层面和法律认知层面，遵循"区块链+证据"的认知路径。正如有学者的界定：区块链证据泛指基于区块链技术的一切证明材料。[1]具体而言：在技术认知层面，区块链证据应当符合区块链技术特性，内生于区块链技术中的共识机制、链式存储结构，并结合时间戳服务等技术，将电子数据以哈希值的形式去中心化的分布在各区块之上。在法律认知层面，区块链证据应当符合证据的定义。关于证据的定义，虽有"事实说""材料说""信息说"等多种定义，但其共识是证据乃用于证明案件待证事实。区块链证据的法律认知，需要符合《刑事诉讼法》第 50 条对证据的界定，一是属于八种证据类型之一，二是符合"用于证明案件事实"的要求。证据的区块链态在一定程度上也是证据的电子数据态，其自然归属于八种证据类型中的电子数据，同时该区块链化的电子数据需能用于证明案件事实，二者共同构成区块链证据的完整法律认知。

动态上，在"技术—法律"两大概念认知层面的基础上，从动态视角可区分为两个维度对区块链证据的概念进行进一步解构。维度之一——证据的区块链化，即证据材料通过区块链技术转化为链上电子数据，原本符合证据定义用于证明案件事实的相关材料或信息通过区块链技术手段转化为区块链电子数据，并以哈希值的形态存储于链上各区块之中。此即学界目前的主要研究对象，也是部分学者对区块链证据概念的基本认知，在这些学者的相关论述中，将区块

---

〔1〕 参见刘品新："论区块链证据"，载《法学研究》2021 年第 6 期。

链证据直接等同于证据材料的区块链化。[1] 维度之二——区块链数据的证据化，即区块链上相关电子数据与案件事实具有相关性，符合证据定义，能够用于证明案件事实，包括但不限于涉案区块链平台相关链上数据、区块链办公记录、数字货币交易记录、智能合约数据、区块链附属数据（如钱包地址）等。前者我们可以将其称为区块链存证类证据，后者我们可以将其称为区块链运行类证据。

关于区块链存证类证据。2019 年，由最高人民法院信息中心指导，中国信息通信研究院、上海市高级人民法院牵头，众多司法机关、科技公司、专家参与编写的《区块链司法存证应用白皮书》将区块链存证定义为，"利用区块链及其拓展技术可以在电子数据的生成、收集、传输、存储的全生命周期中，对电子数据进行安全防护、防止篡改，并进行数据操作的审计留痕，从而为相关机构审查提供有效手段。区块链特殊的存储方式进行电子数据存证，以无利害关系的技术作为第三方身份（技术和算法充当虚拟第三方），将需要存证的电子数据以交易的形式记录下来，打上时间戳，记录在区块中，从而完成存证的过程"。

区块链存证类证据可以从两个角度进行定义。其一，技术层面。区块链存证，通过运用区块链技术中的共识机制、链式存储结构，并结合时间戳服务技术，将原始电子数据转化成哈希值同步存储在区块链的多个节点上，从而完成整个存证过程，利用签名验签、电子身份认证、数据加解码技术，结合区块链技术的"去中心化"的特点，实现后续的安全防护、数据篡改以及审计留痕。[2] 其二，法律层面。区块链存证是证据保全的一种新方式，利用区块链技术层面的诸多优势，实现证据关联性的全流程追溯，证据真实性的在线校验、技术自证。利用区块链技术所存取的证据本身，即区块链证据，但区块链证据并不属于新的证据类型，而是三大诉讼法所规定的八大证据种类中电子数据（电子证据）的一种。

---

[1] 参见刘学在、阮崇翔："区块链电子证据的研究与思考"，载《西北民族大学学报（哲学社会科学版）》2020 年第 1 期；罗恬漩："民事证据证明视野下的区块链存证"，载《法律科学（西北政法大学学报）》2020 年第 6 期；蒋鸿铭、吴平平："《人民法院在线诉讼规则》区块链证据规则若干问题探析"，载《法律适用》2021 年第 7 期；陈爱飞："区块链证据可采性研究——兼论我国区块链证据规则的构建"，载《比较法研究》2022 年第 2 期；段莉琼、吴博雅："区块链证据的真实性认定困境与规则重构"，载《法律适用》2020 年第 19 期；胡萌："区块链电子证据的效力分析与规范路径"，载《证据科学》2021 年第 1 期；杨继文："区块链证据规则体系"，载《苏州大学学报（哲学社会科学版）》2021 年第 3 期。

[2] See John D. Gregory, The Authentication of Digital Legal Records, 6 EDI Law Review 47（1999）.

区块链运行类证据的定义，与区块链存证类证据的相同点在于，都是运用区块链技术中的共识机制、链式存储结构，并结合时间戳服务技术，将电子数据以哈希值的形态呈现，同时，其也不属于新的证据类型，而是三大诉讼法所规定的八大证据种类中电子数据（电子证据）的一种，受电子证据相关规则的规制。但与区块链存证类证据的不同点在于，运行类电子数据是在区块链运行过程中自动生成的，是区块链上原始电子数据因其具有证明案件事实的作用而证据化了的形态。简言之，区块链存证类证据，是区块链存证平台进行保存管理的证据；而区块链运行类证据是基于区块链技术运行而生成的原生数据。[1]二者均以区块链电子数据的形态呈现，属于我国诉讼法规定的八种证据种类之电子数据的一种。

二、区块链证据的类型

美国司法判例一贯将电子证据分为计算机存储的数据（Computer-Stored Data）和计算机生成的数据（Computer-Generated Data）。[2]但不同于上述电子证据传统分类，以区块链存证类证据为例，虽然通过计算机存储数据，但是在存储电子数据的同时还具备很强的"生成性"，将原始电子数据信息转化为哈希值，盖上时间戳，基于共识机制进行分布式存储。[3]所以在整体上，区块链证据分为区块链存证类证据和区块链运行类证据两大类则更为恰当。

区块链存证类证据大体有两种分类方式。第一种分类，司法联盟链证据和其他区块链证据。区块链技术在不断发展过程中，逐渐形成三大类，私有链、公有链和联盟链。其中私有链，是指写入权限在一个组织手里，读取权限可能会被限制的区块链。公有链，是指任何人都能读取区块链信息，发送交易并能被确认，参与共识过程，是真正意义上的去中心化区块链。联盟链，根据一定特征设定的节点能参与、交易，共识过程受预选节点控制的区块链。[4]联盟链也属于私有链，不但弱化了"去中心化"的特点，且其私有的程度更高，权限设计要求更复杂，可将特权限定于少数用户，从而创造出访问控制更为严格的

---

〔1〕　参见刘品新："论区块链证据"，载《法学研究》2021年第6期。

〔2〕　参见王立梅、刘浩阳主编：《电子数据取证基础研究》，中国政法大学出版社2016年版，第12页。

〔3〕　参见中国信息通信研究院：《区块链司法存证应用白皮书》，载可信区块链推进计划官网，http://www.trustedblockchain.cn/schedule/detail/2992，最后访问日期：2022年12月15日。

〔4〕　参见中国信息通信研究院：《区块链司法存证应用白皮书》，载可信区块链推进计划官网，http://www.trustedblockchain.cn/schedule/detail/2992，最后访问日期：2022年12月15日。

系统。[1] 相较于普通私有链，司法联盟链在存证中的安全性、可靠性更高。司法联盟链是以法院为"中心"搭建，使用区块链技术将公证处、CA/RA 机构、司法鉴定中心以及法院连接在一起的联盟链，每个单位成为链上节点。例如，北京互联网法院的"天平链"、广州互联网法院的"网通法链"等。而司法联盟链之外的其他区块链存证，既包括公有链存证，也包括授权公证机关等接入节点的商业联盟链存证以及其他私有链存证。

第二种分类，直接取证类证据和转化存证类证据。直接取证类证据是指利用区块链平台提供的前端取证环境，通过诸如 puppeteer 的程序打开目标网页，获取网页源码、图片信息、文字信息，对网页截屏固化证据，通过 curl 抓取网页源代码，其操作过程是按照取证系统事先设定好的程序由机器自动完成，最终按照国家密码局标准加密算法对原始数据加密处理后转化成哈希值上传到区块链中予以存储。直接取证类区块链证据是当前司法实践中最普遍的应用，主要应用于涉及知识产权侵权的案件中。转化存证类证据则是指在证据转化成哈希值上传到区块链存储之前的取证环节，并没有区块链技术的参与，或者说是并未利用存储该证据的区块链平台所开发的前端取证技术进行取证，而是通过其他取证手段取得证据，再将证据转化为哈希值，存储到区块链的各个不特定节点中去。这一类区块链证据在笔者所收集的裁判文书中并未有明确记载，也可能是司法实践中对这一类型的区分并未重视，在描述上未做清晰区分，无法从裁判文书中窥得某一区块链证据是否属于转化存证类证据。[2]

区块链运行类证据则有三种分类方式。第一种分类，依据技术标准不同，可以将区块链运行类电子数据分为区块链模块中的账本数据和账户认证数据。[3]账本数据是指区块链平台的网络成员之间共享、复制和同步的数据库，以分布式账本的形式记录网络参与者之间的交易，比如资产或数据交换的信息，分布式生成存储于各区块中的数字货币交易信息、智能合约内容及执行数据。

---

[1] 参见罗文华："规则与共识：从电子签名到区块链"，载《中国政法大学学报》2019 年第 2 期。

[2] 在北大法宝数据库中，以"区块链证据"和"区块链存证"为关键词进行检索，共获得 275 份裁判文书，根据整理总结，多数裁判文书明确表达了使用区块链存证平台进行前端取证后直接存证，少数裁判文书只简单记述了使用"区块链存证"，未明确表达所保存之证据是直接存证还是转化存证（最后检索时间为 2022 年 2 月 10 日）。

[3] 账本数据和账户认证数据只是区块链基础架构下，网络层、数据层涉区块链模块中的一部分，广义区块链电子数据包含应用层、合约层、共识层、网络层、数据层、存储层中所有数据信息，但账本数据与身份认证数据是与案件事实相关的直接电子数据，也是目前司法实践中主要应用类型。参见 United States. v. ULBRICHT, 858 F. 3d 71 (2017). 参见姚前主编：《中国区块链发展报告（2020）》，社会科学文献出版社 2020 年版，第 79–80 页。

账户认证数据是指账户信息归属的认证方法，通过地址数据、数字签名、时间戳、加密算法数据认定账本信息所归属的用户。数字签名可用于验证鉴别信息发送方所宣称的身份。可信时间戳是由联合信任时间戳服务中心签发的一个电子凭证，用于证明电子数据文件自申请可信时间戳后内容保持完整、未被更改。账户认证数据附属于区块链账本数据，用于实现区块链主体数据的不可篡改与身份认证的需要。

第二种分类，依据证据的法学标准再分类，可分为区块链实质证据与辅助证据。[1]实质证据包括区块链账本数据、系统环境数据、地址类数据中与证明案件事实相关的电子数据，能用于证明犯罪主体、犯罪客体等事实的链上数据，如区块链数据中的身份认证数据可用于证明待证事实中的犯罪主体。辅助证据则主要指附属信息数据，通过时间戳数据、数字签名数据、文件属性信息等辅助判断实质电子证据在生成、传输、存储过程中是否具有修改、增删的情形，以增强实质电子证据的真实性、可靠性。

第三种分类，依据不同应用类型进行分类。区块链可用于国际汇兑、信用证、股权登记和证券交易所等金融领域。[2]区块链在物联网和物流领域也可以天然结合。在保险理赔方面，保险机构负责资金归集、投资、理赔，往往管理和运营成本较高。通过智能合约的应用，既无须投保人申请，也无须保险公司批准，只要触发理赔条件，实现保单自动理赔。区块链上存储的数据，高度可靠且不可篡改，天然适合用在社会公益场景。公益流程中的相关信息，如捐赠项目、募集明细、资金流向、受助人反馈等，均可以存放于区块链上，并且有条件地进行透明公开公示，方便社会监督。总而言之，只要是能够用于证明案件事实，实现证据化的区块链应用数据都可视为本节所述之区块链运行类证据。

■ 要点

1. 区块链证据的概念可以区分静态和动态两个视角进行认知。

2. 动态视角下，区块链证据可以区分为区块链存证类证据和区块链运行类证据两大类。

---

〔1〕 实质证据，是在证明时被认为属于待证事实的存在或发生而形成的证据，在证明逻辑上与待证事实之间具有"生成"意义上的证据相关性；辅助证据，是在证明时被认为属于相对独立于待证事实之外的其他事实的存在或发生形成的证据。参见周洪波："实质证据与辅助证据"，载《法学研究》2011 年第 3 期。

〔2〕 参见吴京辉："票据信用风险的共治规则研究——以区块链应用为视角"，载《法商研究》2023 年第 1 期。

3. 区块链存证类证据按照开发平台区分，可分为司法联盟链证据和其他区块链证据；按照存证方式区分，可分为直接取证类证据和转化存证类证据。区块链运行类证据依据技术标准，可分为区块链模块中的账本数据和账户认证数据；依据证据的法学标准再分类，可分为区块链实质证据与辅助证据。

■ 思考题

15.1 智能合约类证据是属于区块链存证类证据还是属于区块链运行类证据？

15.2 区块链证据是否还有其他具有理论意义或实践价值的分类方法？

第二节　区块链证据对传统电子数据的冲击

区块链证据属于电子数据的一种，虽然各国法律规定以及学界对电子证据定义不一，但在某一范围内是可以达成共识的，即"电子数据的产生、存储、传输基于现在信息技术，经过现代化计算工具和信息处理设备的加工，转换为二进制机器语言，实现证据电子化"。[1]证据经过区块链技术转化为哈希值这一电子语言，同步存储在区块链的多个节点上，形成区块链证据。毋庸置疑，区块链证据属于三大诉讼法所规定的八大证据种类中的"电子数据"。最高人民法院在 2018 年 9 月印发的《关于互联网法院审理案件若干问题的规定》第11 条对此也予以认可。[2]

但基于区块链技术转化、存储的电子数据与传统电子数据又有显著不同，这其中的差异也在影响着证据审查的方法与结果，其差异主要体现在三个方面。

其一，技术层面的差异。[3]传统的电子数据依赖于固定实体设备的生成与存储，如计算机、手机、芯片、磁带、U 盘等实物信息介质，[4]具有"中心化"的特点。而区块链证据基于"分布式账本技术"实现的可信存储，则在技术上实现了"去中心化"与电子数据存储介质的"去实体化""虚拟化"。这一

---

〔1〕 戴士剑、刘品新主编：《电子证据调查指南》，中国检察出版社 2014 年版，第 5-6 页。

〔2〕 该规定第 11 条规定：当事人提交的电子数据，通过电子签名、可信时间戳、哈希值校验、区块链等证据收集、固定和防篡改的技术手段或者通过电子取证存证平台认证，能够证明其真实性的，互联网法院应当确认。该条认可通过区块链这一技术手段收集、固定的证据属于电子数据。

〔3〕 技术层面的差异有很多，但限于本文主题与篇幅，只在证据法层面论述影响证据审查的技术差异。

〔4〕 参见何家弘主编：《电子证据法研究》，法律出版社 2002 年版，第 14 页。

技术层面的差异直接在证据法层面上影响着取证方式与证据的审查方法。传统电子数据取证往往通过查封、扣押硬件设备、存储介质来实现，并通过对设备流转情况以及对保管主体的审查实现证据真实性的认定。由于区块链证据的"去中心化""虚拟化"的特点，前述传统的取证、存证方法与证据审查模式在适用上便面临难以有效适用的问题。

其二，证据真实性层面的差异。传统电子数据存在易篡改的问题，真实性程度不高。[1]且真实性审查环节复杂，往往需要从电子数据载体、电子数据内容等层面进行审查。[2]而区块链证据因特殊的签名验签、电子身份认证、数据加解码等技术的加持，至少保证了在区块链数据在链上的记录具有天然的高度真实性。同时，在目前广泛采用的联盟链存证形式中，因为联盟链上节点为法院以及公证机构，为区块链中所存储的证据赋予了司法公信力和国家信用的背书，这使得区块链证据相较于传统电子数据，具有了更高的真实性。出于证据真实性方面的保障，《关于加强区块链司法应用的意见》明确提出，推进人民法院电子卷宗、电子档案、司法统计报表等司法数据上链存储，以保障司法数据的安全。区块链技术的安全性保障是多国确立区块链证据自我鉴真制度的基础，但区块链技术绝不意味着百分之百的安全，在"重放攻击""节点攻击""日食攻击"中也面临着信息被篡改的风险，需要司法人员在证据审查时予以警惕。区块链证据的高度真实性也不意味着可以作为司法认知予以采信，其并不能达到"无须凭借任何证据，不待当事人举证即可予以认知的众所周知事实"的标准，[3]区块链证据真实性的认证需要进行"区块链技术经有效应用"这一前置性的基础证明。

其三，在司法实践中具体应用的差异。首先，证据使用的案件类型不同，笔者同样在"北大法宝"中以"电子证据""电子数据"为关键词进行案例检索，时间段从2012年《刑事诉讼法》《民事诉讼法》将电子数据列为证据种类之一时起到2020年10月，共检索案例54218件，其中刑事35830件、民事17667件（含知识产权类案件）、行政599件，与之相对应的涉及区块链证据的案件，民事147件（其中绝大多数为知识产权类案件）、刑事1件。区块链证据相较于传统电子数据，更为广泛地应用于民事案件。其次，在取证存证方法上，传统电子数据存证取证手段包括扣押、封存原始存储介质，冻结电子数据，拍

---

〔1〕　参见刘品新："论电子证据的理性真实观"，载《法商研究》2018年第4期。

〔2〕　参见褚福民："电子证据真实性的三个层面——以刑事诉讼为例的分析"，载《法学研究》2018年第4期。

〔3〕　参见郑曦："论司法认知及其中国式构建"，载《中国司法》2010年第4期。

照录像，拷贝复制等。其中，扣押电子数据原始载体是首位的选择。而区块链证据则是存储在多个虚拟化的区块链节点之中，其实体服务器可能广布于全球各地，形成分布式节点，往往难以获取。虽然通过获取电子数据原始载体来获取区块链电子数据的方式在司法实践中也有应用，[1]但面对传统犯罪结合区块链技术的新特点，这种获取原始数据载体的传统电子数据取证手段对于区块链证据而言既无必要，也面临巨大的司法成本和适用困难的情况。[2]最后，司法实践中真实性认定的差异，笔者在"北大法宝"中以"电子证据""电子数据"为关键词进行案例检索，时间段为 2012 年《刑事诉讼法》《民事诉讼法》将电子数据列为证据种类之一时起到 2020 年 10 月，涉及电子证据真实性的案件共 1291 件，其中 787 件肯定了真实性，占比 60.96%，其余 504 件或是不置可否或是直接否定其真实性。而在笔者所收集到的涉及区块链存证的 148 件案件中，仅有 3 件法院作出对区块链证据不予采信的决定，其余 145 件案件中法院都对区块链证据作出了采信的决定。

■ 要点

1. 区块链电子数据的产生、存储、传输基于区块链软硬件系统运行，经过现代化计算工具和信息处理设备的加工，转换为计算机语言，实现证据的区块链化。

2. 区块链证据与传统电子数据在技术层面、证据真实性层面、司法应用层面存在诸多差异。

■ 思考题

15.3 面对区块链技术所实现的"去中心化"与电子数据存储介质的"去实体化"，区块链证据是否需要调整取证方式？应当如何调整？

15.4 区块链证据面临着哪些潜在的真实性风险？

第三节 区块链证据的司法审查

区块链证据由于具有传统电子数据所不具备的新技术特性，导致以传统电子数据为立法规制对象的证据审查规则难以针对性地适用到区块链证据的审查

---

〔1〕 United States of America v. Twenty-Four Cryptocurrency Accounts, 473 F. Supp. 3d 1 （2020）.

〔2〕 参见宗帅斌："区块链背景下的非法集资犯罪侦查"，载《网络安全技术与应用》2022 年第 11 期。

之中。同时，又因为区块链存证类证据和区块链运行类证据在技术上存在较大不同，所面临的证据审查方面的问题有所不同，需要结合各自技术特性分别予以分析并针对性地探索解决之道。适用共识机制、签名验签、链式存储等区块链技术生成的区块链证据，在证据的真实性、关联性、合法性审查方面均存在因技术适用而形成的新变化。

一、区块链存证类证据的司法审查

区块链存证类证据在具体审查过程中会与传统电子证据审查存在较大不同，这种差异性主要体现在证据关联性、真实性和可采性等方面。但需要说明的是，区块链存证类证据的合法性并不会因为区块链技术的特殊性而在审查环节产生规则适用的差异，证据合法性主要审查证据形式、取证主体等合法性要素是否完备，以及取证行为是否存在违反程序正义或者对权利造成重大侵害的情况，但区块链存证过程并不会使上述审查要素产生相较于传统电子数据的异化和变动，因此，下文对区块链证据合法性审查问题将不作赘述。

（一）证据关联性审查问题

对于电子数据关联性的审查，2010 年最高人民法院、最高人民检察院、公安部、国家安全部和司法部联合发布的《关于办理死刑案件审查判断证据若干问题的规定》（以下简称《死刑案件证据规定》），2012 年最高人民法院发布的《关于适用〈中华人民共和国刑事诉讼法〉的解释》（以下简称 2012 年《刑事诉讼法解释》）以及 2016 年最高人民法院、最高人民检察院、公安部联合发布的《关于办理刑事案件收集提取和审查判断电子数据若干问题的规定》等规定，都提出了审查电子数据关联性的要求。但这些规定过于简单笼统，且没有体现出电子数据审查的特殊性，更是无法有效适用到区块链证据关联性审查中来。

具体到区块链存储的证据，借助区块链技术的全流程留痕、全流程可追溯的特点，[1]区块链存储之电子数据形成相对完整的保管链，强化了证据的关联性，尤其是载体与案件主体、案件事实的关联性。同时，相较于普通电子数据，区块链证据在关联性方面也具有其独有的特殊性。其一，物的关联性的差异。传统电子数据需要审查证据所在介质的关联性，即物的关联性，传统承载电子数据的物是硬盘、计算机之类的电子介质，这时就需要确认电子介质同当事人

---

〔1〕　参见中国信息通信研究院：《区块链司法存证应用白皮书》，载可信区块链推进计划官网，http://www.trustedblockchain.cn/schedule/detail/2992，最后访问日期：2022 年 12 月 15 日。

或其他诉讼参与人的关系。[1]形成电子数据—电子介质（物）—人的关联链条，但是区块链证据存储介质"去实体化""虚拟化"，存储在虚拟空间的一个个节点，导致依据物的关联性论证电子数据关联性的传统电子数据关联性审查路径失效。其二，时间关联性的差异。传统电子数据需要审查时间的关联性，建立起虚拟空间的时间，通常就是机器时间，同物理空间的时间的对应关系，方法主要是依赖专家或权威机构鉴定，对于机器时间进行提取。但区块链存证融合了可信时间戳技术，将电子数据提取、存储、修改等所有时间节点和权威时间绑定，由国家授时中心负责授时和守时，并通过时间的先后顺序建立可信、完整的关联链条。其三，事的关联性差异。区块链存证目前主要应用领域在知识产权侵权领域，通过截取侵权网页，并通过视频记载取证全流程，将证据与某运营主体利用所运营网页从事的侵权行为相联系，利用区块链保全类网站进行取证时，多数会同时抓取网页源代码，强化事的关联性。

当前的审查规则既没有体现并细化电子数据关联性的审查，更没有基于区块链技术的特点以及区块链证据的特殊性，发展出有别于普通证据关联性审查、电子数据关联性审查的区块链证据审查的具体规则。由于区块链证据关联性审查问题有别于普通证据、传统电子数据，区块链存证可以实现证据的关联性追溯，强化电子数据的关联性支撑，可以实现更为高效的关联性直接认定。但当前法律对于证据关联性的笼统规定抑制了区块链证据在关联性认定方面优势的发挥。

（二）证据真实性审查问题

传统电子数据真实性审查主要是三个方面的审查，分别是电子数据载体的真实性、电子数据的真实性、电子数据内容的真实性。[2]但是区块链证据由于自身的特殊性，在这三个方面的审查中，出现了诸多与传统电子数据真实性审查截然不同的情况，同时造成以传统电子数据为模型所制定的相关法律规范在适用上与区块链证据出现了龃龉。

其一，在电子数据载体真实性审查的层面。《死刑案件证据规定》、2012《刑事诉讼法解释》、2012 年最高人民检察院《人民检察院刑事诉讼规则（试行）》（以下简称《刑事诉讼规则》）、2005 年公安部《计算机犯罪现场勘验与电子证据检查规则》（以下简称《公安部规则》）等规范性文件中，主要强

---

[1] 参见刘品新："电子证据的关联性"，载《法学研究》2016 年第 6 期。
[2] 参见褚福民："电子证据真实性的三个层面——以刑事诉讼为例的分析"，载《法学研究》2018 年第 4 期。

调电子数据载体来源的真实性，即是否是原始存储介质，以及电子数据载体在诉讼流转中的真实性，在流转过程中是否保持了完整性、同一性，是否符合鉴真的要求。〔1〕通过检验电子数据载体是否是原始存储介质来判断电子数据的真实性的方法在区块链证据真实性的审查中并不适用。区块链证据的"去中心化"存储模式是对原件证据理论的颠覆（每一个保存涉案文章的区块都是原件，也都是复制件，同步保存或修改），〔2〕而存证的多个区块节点之间也无是否是原始存储介质之分。

判断流转中的真实性所运用的主要是传统鉴真手段，即进行保管链条的证明，通过保管链条审查电子数据载体在流转中的真实性，这一证明主要通过笔录类证据的审查以及相关保管人、见证人的作证。但是传统电子数据多是实物，整个保管流转过程有保管人、见证人等的参与，有相关笔录类证据予以佐证，保管链条鉴真是通过保管人和相关笔录类证据建立起完整、不断裂的保管流转链条。而区块链证据的载体是虚拟化的"云"节点，整个保管过程由计算机技术进行维护与见证，排除了人的参与。区块链证据载体的"虚拟化"，提取、保管、流转"去人工化"的两项特点，导致了依靠电子数据载体流转的完整性来判断电子数据形式真实的传统鉴真手段遭遇了适用上的困境。

其二，在电子数据的真实性审查层面。对于传统电子数据真实性的审查主要是对技术措施与程序措施的审查。技术措施如计算比对完整性校验值，《公安部规则》第26条规定，办案人员将电子数据移交给检查人员时应同时提供《固定电子证据清单》和《封存电子证据清单》的复印件，检查人员应当依照以下

---

〔1〕 《刑事诉讼规则》第228条规定：对于查获的重要书证、物证、视听资料、电子数据及其放置、存储地点应当拍照，并且用文字说明有关情况，必要的时候可以录像。第238条第3款规定：对于可以作为证据使用的录音、录像带、电子数据存储介质，应当记明案由、对象、内容、录取、复制的时间、地点、规格、类别、应用长度、文件格式及长度等，妥为保管，并制作清单，随案移送。第370条规定：人民检察院对物证、书证、视听资料、电子数据及勘验、检查、辨认、侦查实验等笔录存在疑问的，可以要求侦查人员提供获取、制作的有关情况，必要时也可以询问提供物证、书证、视听资料、电子数据及勘验、检查、辨认、侦查实验等笔录的人员和见证人并制作笔录附卷，对物证、书证、视听资料、电子数据进行技术鉴定。《公安部规则》第26条规定：办案人员将电子证据移交给检查人员时应同时提供《固定电子证据清单》和《封存电子证据清单》的复印件，检查人员应当依照以下原则检查电子证据的完整性：（1）对于以完整性校验方式保护的电子数据，检查人员应当核对其完整性校验值是否正确；（2）对于以封存方式保护的电子设备或存储媒介，检查人员应当比对封存的照片与当前封存的状态是否一致；（3）存储媒介完整性校验值不正确，封存状态不一致或未封存的，检查人员应当在《电子证据检查笔录》中注明，并由送检人签名。
〔2〕 参见张玉洁："区块链技术的司法适用、体系难题与证据法革新"，载《东方法学》2019年第3期。

原则检查电子数据的完整性，其中是对于以完整性校验方式保护的电子数据，检查人员应当核对其完整性校验值是否正确。程序措施则是审查是否遵循电子数据提取、固定、保存的相关程序规则。[1]主要是技术+程序的真实性审查模式。

但由于相关区块链存证平台在构建过程中会加入存取数据的自动校验以及防篡改技术，通过自动验证，验证结果会显示涉案证据自存证到"区块链"上后是否被篡改。相较于传统电子数据，法官所需要做的工作应更偏向于对于平台校验技术的有效性、可靠性的审查，而非之前法律所规定的运用技术措施核对校验值的完整性。

面对区块链存证类证据的特殊性，最高人民法院于 2021 年颁布的《人民法院在线诉讼规则》对于区块链存证类证据进行了规定，第 16 条规定，当事人作为证据提交的电子数据系通过区块链技术存储，并经技术核验一致的，人民法院可以认定该电子数据上链后未经篡改，但有相反证据足以推翻的除外。第 17 条规定："当事人对区块链技术存储的电子数据上链后的真实性提出异议，并有合理理由的，人民法院应当结合下列因素作出判断：（一）存证平台是否符合国家有关部门关于提供区块链存证服务的相关规定；（二）当事人与存证平台是否存在利害关系，并利用技术手段不当干预取证、存证过程；（三）存证平台的信息系统是否符合清洁性、安全性、可靠性、可用性的国家标准或者行业标准；（四）存证技术和过程是否符合相关国家标准或者行业标准中关于系统环境、技术安全、加密方式、数据传输、信息验证等方面的要求。"第 18 条第 1 款规定，当事人提出电子数据上链存储前已不具备真实性，并提供证据证明或者说明理由的，人民法院应当予以审查。

上述规定明确了通过区块链技术存储的电子数据，经技术核验一致的，可以认定该电子数据上链后未经篡改，即区块链上所存储的证据可推定为真，但真实性推定效力并不延伸至上链之前。其中上述第 17 条规定对真实性推定的例外情形也做了列举式规定。在一定程度上回应了技术之新和实践之需。但规则制定仍有不足：其一，未明确真实性推定范围，如 2018 年《佛蒙特州证据规则》为区块链记录规定了真实性推定范围："（A）记录进入区块链的日期和时间；（B）区块

---

[1] 例如，在原始存储介质无法封存、不便移动或者依法应当由有关部门保管、处理、返还时，对电子数据的审查应当关注提取、复制电子数据是否由二人以上进行，是否足以保证电子数据的完整性，有无提取、复制过程及原始存储介质存放地点的文字说明和签名；在远程勘验过程中，应采用录像、照相、截获计算机屏幕内容等方式，记录提取生成电子证据等关键步骤，并制作相关笔录。参见褚福民："电子证据真实性的三个层面——以刑事诉讼为例的分析"，载《法学研究》2018 年第 4 期。

链接收记录的日期和时间；（C）该记录作为常规活动保存在区块链中；和（D）记录是作为常规做法定期开展的活动作出的。"[1]对此，当事人可以通过提交证据证明"区块链中所述日期的推定事实、记录时间或身份不属实"等，进行反驳。但我国的真实性推定范围并不明确。其二，对于存证平台审查的规定过于粗疏，首先审查标准并不明确，导致法官在司法实践中并不清楚需要援引哪一项标准，虽然抽象性规定更有利于法官进行自由裁量，但是由于目前司法实践中存在审查方式和审查标准混乱的情况，且存证平台的审查标准相对具体明确，进行统一规定更具合理性和可行性。其次涉及诸多技术性审查超出法官知识范畴，并未规定诸如企业技术人员出庭说明情况等程序性保障措施，2021年《刑事诉讼法解释》并未将这一类人员纳入"有专门知识的人"的范畴。其三，证据审查未区分不同种类而确立适合的审查路径，公有链存证、联盟链存证、私有链存证的真实性基础存在诸多差异，并不能一概而论对于真实性推定规则和异议审查规则进行同一适用。司法联盟链证据和普通联盟链区块链证据，直接取证类证据和转化存证类证据，其取证、存证所涉及的主体、技术、环境、流程等皆有不同。目前"一刀切"式的审查模式，难以普遍性地适用于每一类区块链证据。

（三）原件优先规则的适用困境

最高人民法院《关于民事诉讼证据的若干规定》第22条的规定隐含着在不考虑证据之间的相互印证的前提下，原件证据比复制件证据更有助于证明案件事实，[2]属于更优的证据。

我国司法实践中对于电子数据复制件常用的出示方式是将电子数据转化为"截图"、"打印件"等书证形式通过光盘以及打印文本等形式出示。[3]而利用区块链存证所形成的复制件，包含几种不同类型。第一种类型是通过自动调用谷歌开源程序puppeteer对目标网页进行图片抓取，同时，通过调用curl获取目标网页源码，[4]形成一组对目标网页不完全复制的电子数据从而存到区块链之中。第二种类型是形成抓取数据后，上传到区块链之中又复制存储于多个节点

---

〔1〕　Vermont Rules of Evidence, Rule 902.

〔2〕　参见张玉洁："区块链技术的司法适用、体系难题与证据法革新"，载《东方法学》2019年第3期。

〔3〕　参见冯姣："论互联网电子证据的出示"，载《哈尔滨工业大学学报（社会科学版）》2020年第4期。

〔4〕　参见罗恬漩："民事证据证明视野下的区块链存证"，载《法律科学（西北政法大学学报）》2020年第6期。

之中的内容完全相同的多个版本。第三种类型是在完成区块链存证平台的取证、存证操作以后，形成"区块链保全证书"的打印件，以电子文件或者是书证的形式对取证对象进行记载。以上按照传统证据法的定义结合区块链的技术特性总结的三种区块链证据的形态均是以复制件或者说是传来证据的面貌予以呈现的。虽然《电子签名法》第5条对于电子数据的复制件在符合一定条件的情况下拟定为原件，一定程度上对于该问题有所解决。

首先，复制件拟定为原件的前提是"完整性"及"未被更改"，复制件拟定为原件往往是原件无法获得或无法呈现于法庭之上，尤其是作为区块链存证对象的网络信息，往往瞬息万变，原件极有可能在取证后便已灭失，由此，产生了一个悖论，没有原件与复制件进行比对，如何判断复制件是否完整以及未被更改？如何认定复制件具有和原件一样的证明力？其次，区块链证据是以电子数据的形态存在的，但在法庭举证、质证、认证过程中，需要转化为能为人类所能理解的内容，或是在计算机等设备上转化为视频、音频、图片，或是利用打印技术转化为书证等，转化了证据种类的复制件，对其可采性、证明力有何影响？这都是当前立法和司法难以解决的问题。我国司法实践中，电子数据审查存在直接通过印证模式替代证据可采性审查的情况。裁判文书有"证据经庭审质证，取证程序合法，所证明的内容客观真实，且能相互印证，本院予以确认"，[1]"聊天记录之间相互印证，可证实……"等表述，从此类表述中可以明确看到，司法实践中将证据可采性附属于内容真实性的判断之中，存在省略复制件可采性前置判断的环节。

二、区块链运行类证据的司法审查

(一) 证据关联性审查问题

区块链运行类证据关联性审查之难多肇因于网络虚拟空间与真实世界关联性的相对割裂，以及区块链数据在网络空间的反复流转运行，难以构建起"人案关联"的完整证明链条。

以当前区块链运行类证据关联性审查问题最为突出的领域，即以数字货币类运行数据审查为例，一般需完整审查"人→计算机→IP地址→钱包地址→后续流转"之间的关联。而依托暗网的数据运行往往更为隐蔽，其证明链条则进一步拉长。以暗网技术中的洋葱路由运行原理为例，在发送者和接受者之间建

---

〔1〕 参见浙江省金华市中级人民法院刑事裁定书 (2020) 浙07刑终155号。

立多个节点进行信息中转，节点之间的用户身份信息互不相知，如欲建立"由人到案"的完整证明链条将会更加困难。[1]

证明人与计算机之间的关联性本质上与传统人与物证的关联性证明方法并无区别，关键的问题在于缝合人与虚拟世界中电子数据的割裂，建立起"由人到数据"的完整关联性。一是需证明数字货币钱包地址和 IP 地址间的关联，区块链具有半匿名性，来往于不同地址之间的交易是完全透明的，且被"账本"记录，但钱包地址所对应的 IP 地址却是匿名的，无法建立钱包地址与 IP 地址之间的关联，犯罪行为就无法指向犯罪人。二是需证明 IP 地址与计算机的一致性，IP 地址是建立犯罪嫌疑人与虚拟世界中的犯罪行为关联的关键枢纽，犯罪行为人往往可通过代理上网、IP 欺骗、黑客技术篡改建立虚假 IP，造成 IP 地址无法关联到真实涉案的计算机。[2]同时，目前通过 IP 地址只能确定计算机所在的范围，并不能精确定位到计算机具体位置，这也给 IP 地址与计算机的一致性证明带来一定困难。即便前述关联确立，亦不能直接建立数字货币流转、钱包地址、IP 地址、现实地点与行为人之间的关联。仍然需要五者之间确定必然的关联性，以此才可以最终认定行为人与区块链运行数据之间的关联性。仅有钱包地址，很难确定登录 IP，仅有 IP 地址也无法直接建立现实地点与行为人之间的关联，无法简单地认定犯罪。三是直接建立数字货币使用行为与行为人的关联。当前欧盟委员会发布《欧盟反洗钱第六号指令草案》（DIRECTIVES（EU）2018/1673），该指令草案达成了"虚拟货币交易所需要履行其客户信息确认（KYC）义务"的共识。对于法案成员方而言，在其境内平台所进行的虚拟货币交易行为可以直接追溯到行为人，从而直接建立"人—行为"之间的关联。[3]但对于没有要求客户信息确认的国家内交易平台中进行的交易，以及暗网交易中，如欲建立由案到人的关联，仅依靠侦查机关所获取的客观性证据难以建立完整的关联链条，大部分被判刑的数字货币犯罪案件都是由其他证据印证，例如自己认罪，或者从手机电脑等硬盘中的数据网络日志缓存日志等痕迹、QQ 登录信息、发帖信息以及其他信息相印证，从而将证据链补充完整。

（二）证据真实性审查问题

鉴真是确定物体、文件等实物证据真实性的证明活动，旨在证明实物证据

---

〔1〕　参见温赵云等："暗网的通信方式及监管方法"，载《数字通信世界》2019 年第 7 期。

〔2〕　参见罗文华、张谦："从破坏计算机信息系统案件看 Windows 系统日志取证实践"，载《中国刑警学院学报》2014 年第 2 期。

〔3〕　参见李静："最新欧盟反洗钱指令解读"，载《中国市场》2020 年第 11 期。

与案件特定事实之间联系的真实性。[1]区块链运行类证据亦需要通过鉴真程序确定其真实性，但此类证据的鉴真问题存在两方面的问题，也为司法机关的鉴真工作带来了诸多困境。

一方面，区块链运行类数据难以适用传统鉴真规则。所谓电子数据形式真实性审查，在于通过审查证据来源、电子数据提取过程以及保管链条以检验证据的同一性、完整性。传统的电子数据生成并存储于固定实体设备中，如计算机、手机、芯片、磁带、U 盘等实物信息介质，[2]对电子数据来源与提取过程的审查往往可以依附于"中心化"实体介质的审查，或是依赖实体存储介质与电子数据本身的双重审查，[3]以实体存储介质的同一性、真实性佐证电子数据本身的同一性、真实性。例如，2021 年《刑事诉讼法解释》第 110 条第 1 项规定"对电子数据是否真实，应当着重审查以下内容：（一）是否移送原始存储介质；在原始存储介质无法封存、不便移动时，有无说明原因，并注明收集、提取过程及原始存储介质的存放地点或者电子数据的来源等情况"。但目前广为流通的私人数字货币依托区块链技术，电子数据多为对区块链平台数据的提取，区块链基于"分布式账本技术"所实现的多节点同步可信存储，没有中心大账本数据库，不依赖第三方管理机构和硬件设施，则在技术上实现了"去中心化"与电子数据存储介质的"去实体化""虚拟化"。由于电子数据无法附着于区块链平台进行"一体性"迁移流转，且其来源为不特定的多个链上节点，导致传统上通过电子数据依附于单一实体电子设备来完成对来源、提取过程、保管链条的一体化审查的路径将无法适用。

另一方面，难以实现对跨境运行类证据的完整鉴真。2021 年《人民检察院办理网络犯罪案件规定》第 58 条第 2 款规定，"移交、开箱、封存、登记的情况应当制作笔录，由最高人民检察院或者承办案件的人民检察院代表、外方移交人员签名或者盖章，一般应当全程录音录像。有其他见证人的，在笔录中注明"。最高人民检察院第十八批指导性案例第 67 号案例，司法机关根据肯尼亚警方出具的《调查报告》、我国驻肯尼亚大使馆出具的《情况说明》以及公安机关出具的扣押决定书、扣押清单等完成鉴真之要求。以上立法及司法实践涉及鉴真的程序看似完备，实则只是对境外证据的移交过程及之后的存证、转移链条进行了程序性规定，对于移交前的保管链条审查仅通过《调查报告》《情况

〔1〕 参见张保生主编：《证据法学》，中国政法大学出版社 2018 年版，第 232 页。
〔2〕 参见何家弘主编：《电子证据法研究》，法律出版社 2002 年版，第 14 页。
〔3〕 参见刘译矾："论电子数据的双重鉴真"，载《当代法学》2018 年第 3 期。

说明》来审查，并没有实现对境外电子数据保管链条的全程性、完整性审查，出现了保管链条上的过程性空白断裂。同时，脱离实体介质的境外电子数据的保管移交工作可能完全在虚拟的网络空间进行，对传统境外电子数据进行的"移交—开箱—封存—登记"的整体审查路径难以适用。

（三）证据合法性审查问题

区块链运行类证据的证据合法性问题目前主要存在于两个层面。

其一，区块链存证类证据取证与个人信息保护的矛盾。区块链运行类证据的取证往往涉及进行网络侦查以获取电子数据，而司法实践中进行电子数据取证主要有三种方法，一是对网络公开数据的获取，二是通过已经掌握的账号密码远程登录数据平台勘验提取电子数据，三是通过技术手段获取相关电子数据，[1]其技术手段主要包括大数据远程勘验[2]、实施"黑客行为"搜查、植入计算机"病毒"搜查等。[3]其中最后一种方法并没有得到 2019 年《公安机关办理刑事案件电子数据取证规则》的明确授权，[4]且该规则对于远程勘验的范围与技术要求未作明确规定，存在大量模糊地带，而以区块链技术为基础的数字货币犯罪由于具有极强的保密性与匿名性，往往需要利用技术手段进行强制性秘密侦查或是请求数据平台开发者开启"后门程序"进行取证，在相关法律文件没有明确授权的情况下就涉及证据是否具有合法性的疑问，尤其当前的大数据远程勘验技术多会进行"打包取证"，而非"精确取证"，这就形成了侦查权过分扩张从而侵犯公民信息安全的风险。

其二，跨境电子取证的合法性问题，即数据主权与司法协助的问题。区块链运行类数据往往在全球范围内跨国境匿名流转，如数字货币在区块链技术的加持之下所进行的全球范围内跨境流动，这就导致对链上数据的获取需要借助司法协助的手段进行跨境取证。但是跨境取证活动在法律层面主要面临三方面阻碍：一是各国纷纷加强数据主权保护的全球大背景，各国谨慎限制数据开放

---

〔1〕 参见徐伟、翁小平、王馨全："跨境电子取证：谨慎的立法与冲动的司法——兼谈对数据主权的影响"，载《信息安全与通信保密》2020 年第 7 期。

〔2〕 参见邓玉洁："大数据侦查与个人隐私保护平衡问题研究"，载《广西警察学院学报》2020 年第 5 期。

〔3〕 参见郑曦："网络搜查及其规制研究"，载《比较法研究》2021 年第 1 期。

〔4〕 《公安机关办理刑事案件电子数据取证规则》第 23 条规定"对公开发布的电子数据、境内远程计算机信息系统上的电子数据，可以通过网络在线提取"，该条规定将网络在线提取电子数据的对象限定在"公开发布的电子数据""境内远程计算机信息系统上的电子数据"，对于其他类电子数据的提取权限未作明确规定。

的法律政策为司法机关进行跨境取证带来了诸多合法性论证成本与政治性阻碍，国家之间有关电子数据取证范围、取证方式、司法管辖范围规定不一、理解不同，难以在短时间之内得到妥善解决；二是国际司法协助存在较大局限，国际司法协助受限于双边、多边条约的签署，整个司法协助程序复杂，涉及繁杂的审批手续、交接手续，导致耗时冗长，且我国司法人员往往没有直接取证权，有赖于他国司法机关的协作意愿与数据取证技术能力，这可能会错失取证的最佳时机或无法实现最佳的取证效果；三是链上运行数据的去监管性及自由市场经济主体对商业隐私的高度保密，区块链技术（此处指"公有链"）的去中心化特性使其很大程度脱离政府监管，加之运营网络服务器的企业以商业机密及用户隐私保护为由拒绝配合司法机关侦查活动。以美国为例，司法机关向各企业获取后台数据历来面临重重阻碍。[1]

■ 要点

1. 作为区块链存证类证据，其关联性审查问题有别于传统电子数据，当前法律对于证据关联性的笼统规定面临着适用困境。

2. 司法联盟链证据和普通联盟链区块链证据，直接取证类证据和转化存证类证据，其取证、存证所涉及的主体、技术、环境、流程等皆有不同，目前存在的"一刀切"式的审查，既不符合司法公正也有悖于司法效率。

3. 区块链存证类证据副本缺乏合理的分类和明确的采纳标准。

4. 作为区块链运行类证据，在关联性审查方面，因网络虚拟空间与真实世界关联性的相对割裂，以及区块链数据在网络空间的反复流转运行，难以构建起完整的关联链条。在真实性审查方面，由于数据跨境和数据的海量性，区块链证据难以适用传统的鉴真规则。在证据合法性方面，取证与个人信息保护以及国家数据主权存在矛盾。

■ 思考题

15.5 区块链技术中的分布式存储技术对于区块链证据的真实性、关联性审查分别会带来哪些影响？需要现有的证据规则作出哪些调整？

15.6 区块链证据有哪些副本形态？这些证据副本是否符合最佳证据规则的

---

[1] 2015年，FBI希望苹果能够解锁犯人的iPhone手机，遭到拒绝。随即ACLU便发声明表示"政府的要求将削弱无数iPhone的安全，既危险也违宪"。而苹果公司依然是给出以用户隐私为重的理由："如果开此先河，则无法保证政府不会滥用而进入普通用户的信息，以此迫害民众"，"如果我们屈服，则没有什么能阻止政府进入任何一个iPhone"。

要求？

15.7 区块链证据取证与个人信息保护和数据主权保护的边界在哪里？

第四节 区块链证据的未来展望

一、宏观层面：区块链技术与司法审查的矛盾关系及其纾解

法律与科技的矛盾关系是人类社会所固有的，从马克思主义哲学的观点来看，科技和法律分属经济基础和上层建筑，科技与法律的传统关系是科技对法律具有决定性作用，法律对科技具有能动作用。[1]从社会法学派的视角来看，社会法学派奠基人尤根·埃利希指出，因为法律是一个社会联合体的内部规则，社会和经济的每一次变化都会导致法律的变化，法律发展的重心内存于社会本身，这不仅可以适用于法律机构，也同样适用于裁判规范。

建立在上述分析的基础上，区块链科技和司法审查之间的矛盾关系正是经济基础和上层建筑间对立统一关系的具体反馈，立法与司法需要随科技之变而变，科技之变亦需要法律的反作用力予以规制。区块链技术作为科技生产力发展的产物，作为社会存在的一部分，对于司法审查规则和实践具有决定作用，而司法审查对区块链技术也具有反作用，两者构成了作用与反作用的辩证关系。二者的矛盾关系主要存在于两个方面：一方面，司法规则与实践的滞后性在日新月异的科技发展下越发彰显。科技与法律的作用逻辑大抵建立在"挑战—回应"的关系上，具体作用路径为"科技出题→司法答题→立法规制"，而有些司法人员的科技知识缺乏、法律水平的参差不齐，加之立法周期的漫长，导致法律在科技的迅猛挑战下回应愈显迟滞。另一方面，法律界与科技界存在知识壁垒。法律界对科学技术的进展及应用了解不够，科技界对法律及其对科技的需求也不甚了解，缺乏有效的融合机制。[2]而在具体案件的处理中又需要融合行业知识，如处理区块链证据审查问题，需要法律知识、科技知识、金融知识的深度结合，这给传统的法律工作者带来极大的认知挑战。

具体到区块链技术和证据审查之间的矛盾，要实现在纾解法技矛盾的基础上建立区块链证据审查的长效机制，应建立四个方面的保障措施：第一，立法保障。拓宽电子数据审查规则的规制范围，摆脱以传统电子数据作为规制对象

---

〔1〕 参见苏力："法律与科技问题的法理学重构"，载《中国科技法学年刊》2005 年第 1 期。
〔2〕 参见闫文军主编：《依法治国视野中的科技与法律》，知识产权出版社 2020 年版，第 5 页。

的立法模型，将传统"载体—数据"一体化审查模式转轨到"载体""数据"分离审查的路径上来。同时，拓宽当前区块链证据审查规则的规制对象，将区块链运行类数据及时纳入证据规则的调整范畴，注重提高立法效率，注重立法时效性、前沿性、科学性、前瞻性与包容性，建立从区块链技术新发展到国家立法的高效反馈机制。第二，制度保障。构建区块链技术专家对立法、司法工作的全面有效参与机制，在立法环节，建立法律与区块链技术发展沟通融合的长效机制和交流平台，实现区块链前沿科技发展快速反馈和落实到证据规则之中，也保障有关区块链证据规则中技术问题的处理得到有效管控和查补。在司法环节，拓宽参与司法的专业人员范围，实现区块链专业人员能够全程深入参与专业问题的解决。第三，人才保障。高校人才培养应打破学科壁垒，加强高素质复合型人才培养，对于律师、法官、检察官等法律工作者，加强有关区块链技术知识的业务培训，常态化科技工作者与法律工作者的交流学习机制，消弭司法人员在处理区块链技术问题时存在的简单化思维和逃避心理。第四，物质保障。在深入推进智慧法院建设的进程中，建成互通共享的司法区块链联盟，将尽可能多的司法机关纳入区块链节点，为司法机关配套充足的用于区块链证据存储、流转、出示、校验的网络设备，并配备专业人员定期对庭审中的信息网络设施进行检查、调试、维护、升级，保证庭审质量。

二、微观层面：区块链证据的法律规制前景

第一，针对层出不穷的专门性证据问题，应打破证据种类局限并将鉴定人制度整合为专家证人制度。科技的日新月异导致证据的审查不断会面临新的挑战，法律工作者存在知识壁垒，即使是专业司法鉴定机构和鉴定人员也无法保持同步的知识更新。证据的科学认定者无法定资质，而合资质机构面对新兴科技鉴定能力存疑的问题，关键症结在于现行法律对证据种类与鉴定资格进行了限制，当前证据种类中的鉴定意见无法完全容纳日新月异的科技发展下层出不穷的专门性证据，合资质鉴定机构存在相关鉴定项目缺失或鉴定能力存疑的问题，而2021年《刑事诉讼法解释》新增的专门性问题报告只是在无鉴定机构的情况下的选择，而在面临鉴定能力存疑的情况下，则只能转向专家辅助人制度，无法自始针对性地引入有专门知识的人出具专门性报告，且新司法解释对专门性报告的审查认定方法规定得过于粗糙。与其叠床架屋地设置鉴定意见、专门性报告、鉴定人、专家辅助人、有专门知识的人，或可将所有专门性证据材料统一为"专门性证据"，将鉴定人、有专门知识的人、专家辅助人并立的三轨制统一为专家证人，并设置明确的专门性证据采纳规则，既有利于避免法律条文过

分冗杂，也可更为有效地应对日新月异的科学证据对于司法证据审查的冲击。例如，美国诉斯特奇乌案（United States of America v. Bradley A. Stetkiw）[1]，通过引入专家证人解决"图像文件中是否能搜寻到比特币所有者所隐藏的私钥和钱包地址"这一专业问题，通过专家证人参与专门性证据的分析研判与法庭质证，从而使数字货币犯罪审理中涉及的专业性问题得以顺畅解决。

第二，对区块链证据进行类型化规制。司法联盟链的显著特点在于链上节点包含司法机关、公证机关，证据效力既源于技术的安全性，也源于国家公证的效力和司法公信力。由于平台资质不同，涉及主体不同，技术手段也略有差异，司法联盟链所存取的证据的真实性保障与普通区块链存证也是不同的，在证据审查方面也应该基于其特殊性而分门别类地予以针对性审查。对于司法联盟链存储证据主要针对平台建设层面进行规制，规范接入平台标准，强化技术细节管理，使司法公信力和技术自证能力实现深度结合。对于普通区块链存储证据则要强化法庭的终端审查，如对于区块链证据真实性的审查便转隶到区块链平台技术有效性的审查，对于证据真实性的认定转而通过技术自证来实现真实推定，需审查以下几个方面：其一，平台资质，需要审查区块链存证平台运营主体是否具有符合标准的资质证明，是否取得国务院信息产业主管部门颁发的《电子认证许可证书》，是否属于依法设立的电子认证服务机构；其二，技术能力，审查区块链平台的技术说明，是否具备区块链存证技术所要求的签名验签、电子身份认证、数据加解码技术，是否符合区块链技术的"去中心化"的特点，是否能实现后续的安全防护、数据篡改以及审计留痕，是否能提供《信息系统安全等级保护备案证明》《信息安全管理体系证书》等相关技术能力证明文件。区块链证据的具体规制也应当由规制存证类证据向运行类证据的规制发展，并实现对于广义的区块链证据进行同一化规制和差别性对待，如将存证类数据、数字货币类数据、智能合约类数据等统一为区块链记录进行一体化规范。

第三，对于区块链证据规制需具有系统性思维。区块链证据的有效规制与发展需要法律的内部与外部形成系统性合力，在宏观层面纾解法律与科技之间的矛盾，在微观层面完善证据法规则体系。还需要强化技术化治理思维，比如针对性地更新电子数据取证、鉴定技术，强化区块链企业技术监管和合规审查，收集记录完整的平台运行数据。同时，目前面临的证据问题，除了证据法规则体系本身的问题，也在很大程度上是侦查技术"瓶颈"与国际政治经济形势在司法领域的折射。以私人数字货币类电子数据为例，区块链技术加持下的数字

---

〔1〕　See United States of America, v. Bradley A. Stetkiw, Not Reported in Fed. Supp（2019）.

货币具有高度保密性与去监管化的特点，并没有十分有效的外部侦查技术予以破解，而近年来世界经济下行压力增大，中央货币信用体系降级，加之日趋自由的货币政策和金融政策共同催化了数字货币的全球流通热潮，数字货币犯罪在经济形势的裹挟之下乘势而起。国际政治形势也对数字货币类数据的证据证明问题产生了深刻影响，以跨境取证为例，美国司法机关在处理数字货币犯罪的跨境取证问题时，针对北约组织内部同盟国，可以取得高效的司法协助。[1]但中国在涉及美国、加拿大等国的跨境取证问题时则面临重重困境。数字货币犯罪证据法问题的成因是多重因素复杂作用的结果，其解决也将是一项需要复合法律、科技、经济、政治多项举措的系统性工程。

区块链技术与司法存证相结合对于推动司法进步则是此意义的一大体现。区块链技术的发展与移植所引发的"排异"反应具体到证据审查之中，便是传统电子数据审查规则与具备新技术特点与属性的新兴电子数据之间产生了无法适用的冲突，从而引发了司法实践中证据审查的纷纭乱象。

反思新技术发展与证据审查产生冲突的原因。其一，根源在于我国的证据审查模式建立在对证据进行分类，形成了八大证据种类，证据种类则建立在对证据的"特点"＋"属性"的总结划分的基础之上。无论是外部种类划分，还是内部的属性总结都不可避免地面临着不周延的问题。这种不周延在电子数据这一证据种类身上体现得尤为明显，立法者总是以具有传统特点属性的电子数据模型作为立法规制的对象。2016 年最高人民法院、最高人民检察院以及公安部共同出台的《关于办理刑事案件收集提取和审查判断电子数据若干问题的规定》总体上是以"虚拟数据"＋"实体介质"的传统电子数据为模型进行立法规制，设置电子数据取证、存证、证据审查的相关规则，而区块链证据则有别于传统立法所依据的电子数据模型，依托区块链技术形成不依赖"实体介质"的"虚拟数据"，这必然会在法律适用上与现行规则产生龃龉。其二，过分保守的法治主义与过于激进的技治主义固化于司法裁判者的裁判思维之中。根据在北大法宝数据库中收集的裁判文书总结发现，判决书中存在诸多对区块链证据审查仅以"符合证据三性"的描述一笔带过，甚至是存在未做说明直接采信的情况。[2]同样，也有法院对于所涉及的区块链证据在未做详细审查的情况

---

〔1〕 United States of America v. Twenty-Four Cryptocurrency Accounts, 473 F. Supp. 3d 1 (2020).

〔2〕 参见浙江省杭州市中级人民法院民事判决书，(2020) 浙 01 民终 4247 号；北京知识产权法院民事判决书，(2019) 京 73 民终 3557 号；北京互联网法院民事判决书，(2019) 京 0491 民初 28754 号；辽宁省沈阳市中级人民法院民事判决书，(2019) 辽 01 民终 2913 号；杭州互联网法院民事判决书，(2020) 浙 0192 民初 2569 号；海南省海口市龙华区人民法院民事判决书，(2019) 粤 0309 民初 13161 号等。

下，而以简单的"不符合证据采信规则，且无法当庭核验"以及"该取证方式不予认可"的理由对区块链证据不予确认。[1]

在立法回应滞后的背景下，要实现法律与技术的深度融合与良性互动，则需要法官在司法实践中既有坚守证据法基本规则、原则的意识与能力，切实保证区块链证据符合法律所规定的相关性、合法性、真实性等要求，也要有超越传统证据规则立法模型的勇气和把握新型证据属性特点，适应性地调整区块链证据审查模式的智慧。首先，司法裁判者要有必要的知识储备和技术自觉。司法裁判者既要在裁判中学习和掌握与案件相关的科学知识和技术原理，辅助证据的使用、案件事实的证明以及法律的适用，也要在对科学证据的理解超越自身知识储备的情况下，将新技术带来的证据审查上的疑问委诸适格鉴定机构以及专家辅助人的参与，避免囫囵吞枣的模糊裁判。其次，司法裁判者也要坚持证据审查的基本规则。在澄清和理解新技术原理及其带给证据的新特点和新属性的基础上，切实审查证据的相关性、可采性、真实性等属性是否达到法律所规定的证据标准，坚持取证、举证、质证、认证在法律程序框架之内有序展开、有效运行。

■ 要点

1. 在宏观层面，区块链证据所面临的审查难题，本质上是科技和法律、经济基础和上层建筑的固有矛盾所形成的。纾解法律与科技的矛盾关系，需要立法和制度多措并举。

2. 在微观层面，区块链证据审查问题的解决需要建立完善专家证人制度，区分证据种类进行类型化审查，对于区块链证据问题的治理需要形成内部与外部系统化治理的思维。

■ 思考题

15.8 如何解决科技迅猛发展和法律滞后性之间的矛盾？法官在审查科技证据时如何克服自身的专业壁垒？

15.9 我国的"鉴定人+专家辅助人"制度在解决区块链证据审查时存在哪些缺陷？

15.10 在对域外主权国家和国际组织的跨境取证面临困境的情况下，区块

---

[1] 浙江省杭州市余杭区人民法院民事判决书，（2020）浙 0110 民初 1172 号；浙江省杭州市余杭区人民法院民事判决书，（2020）浙 0110 民初 1172 号。

链证据的取证工作应当如何有效展开？

■ 本章阅读文献

1. 陈爱飞："区块链证据可采性研究——兼论我国区块链证据规则的构建"，载《比较法研究》2022 年第 2 期。

2. 段莉琼、吴博雅："区块链证据的真实性认定困境与规则重构"，载《法律适用》2020 年第 19 期。

3. 胡萌："区块链电子证据的效力分析与规范路径"，载《证据科学》2021 年第 1 期。

4. 蒋鸿铭、吴平平："《人民法院在线诉讼规则》区块链证据规则若干问题探析"，载《法律适用》2021 年第 7 期。

5. 刘品新："论区块链证据"，载《法学研究》2021 年第 6 期。

6. 刘译矾："论电子数据的双重鉴真"，载《当代法学》2018 年第 3 期。

7. 罗恬漩："民事证据证明视野下的区块链存证"，载《法律科学（西北政法大学学报）》2020 年第 6 期。

8. 杨继文："区块链证据规则体系"，载《苏州大学学报（哲学社会科学版）》2021 年第 3 期。

9. 张玉洁："区块链技术的司法适用、体系难题与证据法革新"，载《东方法学》2019 年第 3 期。

第十六章
区块链与知识产权保护

【导读】

区块链技术与知识产权制度之间存在密切关联，区块链技术本身可以作为知识产权所保护的对象，如将区块链技术申请专利；也可在知识产权确权、交易、维权等方面发挥保护作用。在版权确权领域，区块链技术为数字环境下发表的海量文字、图片、视频等作品提供了版权登记确权的可能性，区块链的公开性使得社会公众更加容易了解版权作品的权利状态。在版权交易领域，区块链技术从智能合约、数据分散、交易信用三个方面为数字环境下的版权交易提供了安全快捷的版权交易环境，有助于解决小微作品与协同作品的版权交易问题。区块链技术还有利于遏制非正常专利申请、促进专利权维权，证明商标使用情形从而为商标获得授权、维持注册商标效力、保护商标权利等提供支撑，有利于强化商业秘密的保护。目前，区块链技术在保护知识产权方面也面临着一些挑战。

2022 年 5 月，最高人民法院出台的《关于加强区块链司法应用的意见》指出"保护知识产权。构建与版权、商标、专利等知识产权区块链平台的跨链协同机制，支持对知识产权的权属、登记、转让等信息的查询核验，为知识产权案件的证据认定等提供便利，更好地服务国家创新驱动战略实施"。一方面，利用区块链技术可以保障存储在区块链中的知识产权客体内容的真实可信性，因而对知识产权的确权起到一定的帮助作用；另一方面，区块链技术还能准确记录各类对信息的操作，从而为知识产权侵权行为的判定提供可信证据，有利于知识产权的保护。区块链技术在版权、专利、商标、商业秘密等方面均可发挥重要作用。

第一节　区块链技术与版权保护

区块链技术运用于版权保护中，能够实现从信息网络传播权到链上传播权的进阶，在促进信息自由流动的同时，保证作者对作品从创作到流动的全程控制。[1]

一、网络环境下版权保护新形势

互联网等信息技术的不断发展，催生了数字版权、微版权等新类型版权，版权保护也面临着一些新形势。

其一，数字作品、微作品大量出现，传统版权登记成本高、周期长，功能发挥受限。版权确权既需要付出费用成本，也需要付出时间成本。版权登记需要支付相关费用，如中国版权保护中心版权登记作品费用为1件作品至少100元，且需要等待较长一段时间。这一情况导致权利人尤其是网络文学、微作品的权利人一般不倾向于进行版权登记。

其二，微作品保护制度有待完善。微作品因其作品体量小，创作活动的非专业化，大部分作者并没有将其作品加入著作权集体管理组织予以管理，因此无法享受著作权集体管理组织提供的专业版权服务。当前的出版模式下，平台提供商占据绝对的主导权，在版权定价与版权收益中平台提供商具有话语权，小微作品的创作者与平台提供商之间存在着信息不对称、交易不透明等问题。[2]

其三，版权侵权速度快，途径多，方式隐蔽。互联网环境下，原因在于作者对作品的控制力下降，作品更容易获得，分享也更为容易，导致盗版行为更加突出。[3]数字经济背景下，短视频平台侵权可能性较大，在算法的加持下，侵权行为出现和传播的速度大大增加，侵权情节严重。例如，短视频平台通过设置智能聚合合集、话题简介、顶部分类标签、关键词标注"热"、首页推荐、猜你想搜、有偿推荐等方式对短视频包括侵权视频进行收集、分类、编辑，在一定程度上促进了侵权视频的传播，侵害了相关权利人的利益。侵权途径的多样化使得权利人自行进行作品追溯显得不切实际。虽有专门针对网络文学侵权

---

〔1〕　熊皓男："版权链论纲：区块链对网络版权底层规则的重塑"，载《科技与法律（中英文）》2022年第1期。

〔2〕　参见贾引狮："基于区块链技术的网络版权交易问题研究"，载《科技与出版》2018年第7期。

〔3〕　Alexander Savelyev, Copyright in the blockchain era: Promises and challenges, Computer Law & Security Review Volume 34, Issue 3, June 2018.

的平台或联盟，但在保护版权方面的作用仍然有限。[1]

其四，维权成本高，赔偿数额不高。网络环境下，侵权的证据容易被更改、删除，权利人难以自行有效收集证据；鉴于电子证据容易被更改等特点，权利人证据保全中相当一部分采取了公证方式，但公证取证成本较高并具有一定的滞后性。关于侵权赔偿方面，权利人既难以确定其实际损失，也难以获得侵权人违法所得的证据。法院一般采取法定赔偿方式确定侵权赔偿金额，适用惩罚性赔偿的案例也较少，[2]权利人通常难以获得公平的赔偿。

二、区块链技术与版权确权

(一) 版权确权概述

版权确权即版权登记。在知识产权领域，不同于专利权和商标权，版权是自动取得而非登记取得的。我国《著作权法》中规定作品产生即依法享有著作权，对版权确权登记并没有强制性的要求。版权权利自动生成对于著作权人取得权利来说非常便捷，但也引发了一些问题。登记制度自身的不足会影响权利公示，导致版权权利状态的不明晰、权利人失联、"孤儿作品"等问题，对作品的传播使用不利。[3]对版权登记进行取舍是一个两难的选择，如若版权生成需以登记为前提，一方面有助于明确作品的权利状态，对于权利人而言，可以通过版权登记公示其权利；另一方面对于社会大众而言，版权登记有助于大众更方便地查找和使用作品，促进作品的传播，进而促进文化繁荣和社会进步。但版权登记制度会增加版权人和版权局的成本，作者登记意愿可能会降低从而可能会减少作品的数量。鉴于版权登记自身的优点与强制登记的不足，包括我国在内的众多国家鼓励并实行版权自愿登记制度。我国作品自愿登记存在登记成本高、登记标准不统一、登记隐私泄露、版权登记程序认证周期长、流程复杂、手续众多等方面的问题。[4]同时，在数字环境背景下，传统的版权自愿登记制度也面临着与新技术发展不相适应的问题。比如，在作品的种类划分、登

---

〔1〕 参见张辉、王柳："区块链下网络文学版权保护问题研究"，载《法学论坛》2021年第6期。

〔2〕 参见李永明、赖利娜："区块链背景下数字版权全链条保护的困境与出路"，载《科技管理研究》2022年第10期。

〔3〕 参见吕炳斌："版权登记制度革新的第三条道路——基于交易的版权登记"，载《比较法研究》2017年第5期。

〔4〕 参见黄保勇、施一正："区块链技术在版权登记中的创新应用"，载《重庆大学学报（社会科学版）》2020年第6期；张辉、王柳："区块链下网络文学版权保护问题研究"，载《法学论坛》2021年第6期。

记的申请条件、登记信息的搜索手段、登记程序以及登记样本介质等方面存在明显的差异、登记机构数据库缺乏联网等问题。[1]

（二）基于区块链技术版权登记的原理与优势

使用区块链技术进行版权登记旨在建立一个由区块链技术支撑的版权保护平台。区块链技术是点对点数据传输技术，对去中心化的数字版权保护平台的研发工作具有保障作用。区块链的本质是一串串链条式相接的数据区块，在连接指针中使用哈希算法处理区块头并且给区块头赋予哈希值。区块头和区块体共同构筑了数据区块。区块头部分包括有该数据区块当前版本号、前区块地址、时间戳、区块哈希树根植等信息内容，其中时间戳与哈希树根植是协助版权登记与版权溯源的重要数据来源。区块链技术可以用作版权登记的原理在于，在区块链系统运行的过程中，区块体部分的哈希树会在每笔交易中签署数字签名并且注明时间戳，时间戳可以用来记载区块数据的更新时间并作为存在性证明检验数据的存在性，最后通过哈希算法得到一个哈希树根植封装在区块数据的区块头部分，通过该哈希数值可以追踪到区块链系统中所有区块的版权记载与版权状态，进而完成版权的溯源。[2]因而，一旦通过版权登记注册，区块链技术可以完全地记载版权登记作品从最开始的灵感乍现到最后成形的所有作品变化过程，利用时间戳与数字签名为每一个固定时间点进行存在性证明与身份证明，文字作品或图片作品，都能使用区块链技术存证，以此来证明版权的归属。

与传统的版权登记相比，基于区块链技术的版权登记具有以下优势。首先，基于区块链技术的版权登记为数字环境下的海量数字作品提供版权登记的可能性。微版权登记在现有法律框架及流程下存在登记成本高、时间慢、法律效力低等诸多问题，因此微版权人不愿花费人力物力去给大量的微作品登记注册。而区块链技术因其技术特点能够解决微版权登记问题，可以创设"创作即确权"的登记模式，对作品著作权归属和存在性进行快速、简易的基础性证明，同时给作品打上时间戳，保证微作品的存在。其次，基于区块链技术的版权登记具有不可篡改性。区块链上的版权登记信息一旦写入便没有办法更改，无论是上传信息者本人还是相关登记机构都没有办法对登记信息予以修改，版权登记信息一经写入就被时间戳永远保存，登记效力远高于传统版权登记。再次，

---

[1] 参见李乾炜："近十年我国著作权登记制度发展及完善研究"，黑龙江大学2016年硕士学位论文。

[2] 参见张岩、梁耀丹："基于区块链技术的去中心化数字出版平台研究"，载《出版科学》2017年第6期。

使用区块链技术进行版权登记的成本极低。使用主链版权确权可能产生的成本约为每次 0.3 元，使用侧链版权确权成本则更低，不仅节约了人力物力，也大大降低了系统的运营成本，甚至有的区块链版权登记可以做到几乎免费。同时，运用区块链技术还可以降低版权登记的管理成本。最后，区块链版权登记简化了传统版权登记的流程，瞬间完成，极大地提升了确权效率。区块链的公开性可以使社会公众更透明地了解版权作品的权利状态，解决了传统版权登记的登记机构分工和管辖混乱，登记程序混乱等问题。

然而，目前区块链在版权确权中也面临着一些挑战，如唯一哈希值妨碍独创性的判断，区块链存证还缺乏全国统一的标准，对数据使用者的使用行为等都记录下来存在侵犯个人隐私的风险等，可从加强对区块链技术的研究、完善区块链存证平台标准、规范平台认证制度、完善区块链平台保护法律法规等方面解决上述问题。[1]

三、区块链技术下的版权交易

（一）智能合约技术为版权交易提供便利

智能合约等区块链技术可以为版权交易提供便利，在一定程度上解决传统版权交易分散等问题。智能合约与区块链技术的联结之处在于区块链对智能合约的系统和技术提供了支撑。有赖于区块链技术的去中心化账本功能，各种数字资产与合约因此创建转移，版权交易合约便是其中之一。

区块链技术可以对作品从头到尾的所有数据信息进行版权存证，并据此拟定好一套完整的智能合约。版权交易者可在作者创作作品的任何阶段参与进来，设定彼此的权利义务并通过智能合约规范且记录下来，版权交易效率显著提升。以游戏《太平洋大劫杀》搭载区块链技术为例，区块链技术的运用，使得用户在进行阅读时会产生相关记录，平台可以凭此记录对用户的阅读行为进行收费；用户可以将游戏作品转发至朋友圈分享，通过链接分享所得的收益部分可作为回馈返还用户。在全部使用过程中，区块链同技术与智能合约完美搭配，用户每次打开链接即视作签订一次合同，使用智能合约来实现收费阅读与数字版权保护，操作过程既容易落实，用户的整个阅读与分享过程也更加高效方便。[2]此外，借助于区块链技术中的加密算法与共识机制，可以为小微作品的创作者与

---

〔1〕　参见张辉、王柳："区块链下网络文学版权保护问题研究"，载《法学论坛》2021 年第 6 期；赖利娜、李永明："区块链技术下数字版权保护的机遇、挑战与发展路径"，载《法治研究》2020 年第 4 期。

〔2〕　参见陈莹："'区块链+版权'率先突围"，载《中国出版传媒商报》2017 年 4 月 25 日，第 11 版。

读者提供一条无须第三方担保的版权交易通道，智能合约可以为版权收益分配提供公平合理的解决方案。以微电影微视频区块链版权交易平台为例，该平台联合了中国版权保护中心与华夏微影文化传媒中心，建立了以区块链技术为支撑的数字版权交易平台，在该平台可以达到版权作品的实名上传、自动分销与自动结算等多重功能。版权作品的运转过程由智能合约自动执行，区块链对全过程进行保存记录，确保数据的透明性与不可篡改性，对数字环境下小微作品的版权交易有积极促进作用。[1]此外，基于区块链技术的数字版权交易平台可以方便小微作品获得版权登记，每个小微作品可以得到近似于 DNA 的版权合同，所有作品的版权登记信息与交易信息在流转中可被追踪，有助于著作权的保护。

（二）助力搭建版权交易平台，解决交易数据分散问题

由于版权作品的财产权利束分散，各个财产权权利状态不同，给著作权人与版权交易方带来了很多不便，甚至造成了版权交易市场的乱象。借助于区块链技术搭建的版权交易平台可以将分散的版权交易数据进行集合管理，为著作权人以及版权交易双方提供更多的选择，方便查看版权作品的财产权利状态，更加有助于精准交易，实现作者、著作权人、版权服务商的互利共赢，也为版权交易提供更有序、高效的交易环境。[2]

互联网背景下，许多新的作品生产方式与使用方式开始涌现，许多作者通力完成的协同作品的诞生便是典型的代表之一。许多网络服务提供商为协同作品的产生搭建平台，如一起写网、亚马逊 kindle 电子书等均建立了作品创作平台。在协同作品中，用户的角色呈现交叉转换的迹象，既可以是创作者，又可以是使用者，作品的权属关系也因此变得庞杂。网络作品创作门槛的降低使得大量协同作品与微作品产生，如果按照传统的版权授权方式传播作品，会产生无共同意思联络下的著作权主体确权问题。即使能确认著作权主体，也会面对获得所有参加创作者的授权事宜，对协同作品的版权交易产生直接影响。协同作品创作中的数据分散问题可以通过区块链技术来解决，所有图片作品、文字作品、动漫以及游戏等可以通过哈希运算，将哈希值和时间戳载入区块链保存。区块链技术可以对协同作品中每个创作者的占比数、占比内容与占比时间予以

---

〔1〕 参见刘仁："区块链技术助力微电影微视频版权交易"，载《中国知识产权报》2017 年 2 月 10 日，第 11 版。

〔2〕 参见刘德生、葛建平、董宜斌："浅议区块链技术在图书著作权保护和交易中的应用"，载《科技与出版》2017 年第 6 期。

完整的记录，并利用智能合约来分配版权利益。由区块链技术构建的版权交易平台可以运用散布式的去中心化技术作为信息集散中心，同时加入信用认证和奖赏机制，对协同作品的报酬公平分发，既可以提升人们对协同创作生产方式的信心与效率，又可以为协同作品生产模式的可持续发展奠定基础。

（三）数字签名等技术可以增进版权交易中的信任度

网络服务提供商所提供的作品点击量与网络文学阅读量数据是否真实，因其对平台自身交易数据具有最终解释权而变得不透明，一定程度上也会影响版权交易的不透明，对数字版权交易产生负面影响。区块链技术通过使用数字签名来处理数字版权交易中的信用问题，而工作量证明机制可以处理与第三方交易的信任问题。[1]信用体现了区块链技术的价值，区块链技术所引发的信息自由公证，是人类有关信用历史中相继血亲信用、贵金属信用、央行纸币信用后的第四个里程碑。[2]公钥与私钥的完美配合在区块链转账交易的进行中发挥着重要作用：公钥作为账户，私钥作为加密的签名工具。公钥分配给每一个在区块链上的版权账户，在进行数字版权交易时，用户需要利用私钥给交易对象设定相应的数字签名，区块链通过工作量证明机制把该笔交易记录发布至全区块链网络，这样各个节点均会保存该笔交易记录，使用加密算法和分布式账本，确保了版权交易的不可更改。基于此，版权人的存证信息与交易信息都可以上链保存，每一项版权交易信息都可以查询、追踪、充分证明，通过大众监管来完成去中心化的监管模式，有助于解决数字版权交易的信用问题。将区块链技术运用于著作权集体管理制度中，有利于实现管理信息的公开化和透明化，构建对集体管理组织的信任机制，从而有利于降低版权交易的成本。[3]

四、区块链技术下的版权维权

基于区块链技术的版权登记有助于明确作品提交时间和版权归属，区块链中自动记录信息等技术可以为版权保护提供可追溯的、不可篡改的、公开透明、具有法律效力的维权证据，有助于解决维权举证难的问题，能够提高维权质效。区块链技术的特性与电子数据存证有着契合点。区块链技术背景下，电子证据使用的情形日益增加，涌现出许多新的电子数据平台，比如"云法通"平台、

---

[1] 参见［加］唐塔普斯科特、亚力克斯·塔普斯科特：《区块链革命》，凯尔、孙铭、周沁园译，中信出版社2016年版，第115-117页。

[2] 参见冯珊珊："区块链：信任背书大数据时代的可能性"，载《首席财务官》2016年第6期。

[3] 参见舒晓庆："区块链技术在著作权集体管理制度中的应用"，载《知识产权》2020年第8期。

"可信时间戳"平台以及"存证云"平台等，这些平台有不同的技术条件与服务重心，可以对外开展电子证据收集与固定业务。如"版权印"区块链保护平台在社交媒体平台上植入区块链授权保护链接后，能够快速定位侵权行为和侵权主体，实现对原创作品保全、全网传播监测和网络侵权取证，区块链的版权登记证书也具有法律效力，能在司法举证中发挥更大的作用。新华社利用新华智云、中国搜索"媒体融合链"等包括区块链技术在内的技术，并与北京互联网法院"天平链"对接，为稿件确权、侵权发现、证据上链等工作提供了极大便利。[1]

根据我国当前的司法状况与技术条件，本书认为联盟链更加适用于电子证据存证。公有链要求开放所有数据去认可同一种共识机制参与到区块链系统中，而社会对共识机制的接受需要一个过程，即便是所有数据生产主体自愿参与到共识机制中来防范未知风险，数量庞大的数据与节点所消耗的计算机与互联网资源也是一个无法承受且无法想象的共识成本。而且，完全去中心化的区块链系统与集中判断的司法权是相互抵牾的，去中心化的证据不利于法院的监管，不利于司法审查与判断。与公有链相比，联盟链中的授权证明机制选择具有灵活性，挑选一群节点，然后构建新区块完成验证任务，能够极大地减少公有链区块链生成所耗费的成本。联盟链有利于隐私保护与监管安全。联盟链所呈现的部分"中心化"，可以协调司法去中心化与审判权集中的问题，有助于电子证据的存证，如杭州互联网法院的司法区块链系统采用的就是联盟链。

运用区块链技术进行电子存证、维权在司法实践中亦有体现。2018 年 6 月全国首例运用区块链技术存证的著作权案件在杭州互联网法院审理，权利人利用区块链技术成功地实现了版权维权。该案中，通过对区块存证的基本原理进行分析，法院认为区块链作为一种保持内容完整性的方法具有可靠性。对于区块链技术存证，法院认为应采取开放、中立的态度进行个案分析认定，结合法律和涉案电子数据来源、技术手段、其他证据等因素，综合认定。该案中，法院认可区块链存证的效力，采取比对手段对争议的电子数据进行审查，保护了权利人利益。[2]北京市东城区人民法院在京东公司与中文在线数字出版集团股份有限公司作品信息网络传播权纠纷一案中，也依据区块链技术云取证数据作

---

〔1〕 参见赵丹文："新华社利用区块链技术在版权保护方面的探索"，载《中国传媒科技》2021 年第 10 期。

〔2〕 杭州互联网法院（2018）浙 0192 民初 81 号民事判决书。

出了判决。[1]该案作为司法实践中明确电子证据证明效力以及证明作用的重要依据，明确了只要具备相关性、关联性、可采性的电子证据，就可以作为认定案件事实的证据，该案是北京市东城区人民法院首次采用区块链云取证数据对知识产权案件进行判决，也是北京地区首例已经判决的区块链存证案；该案判决进一步明确了区块链电子存证的审查判断方法，为今后法院推广使用区块链电子存证具有一定的参考和借鉴意义。

■ 要点

1. 区块链技术在版权确权、交易、维权三个领域中可以得到充分运用。

2. 区块链技术因其技术特点可以创新出一种"创作即确权"的登记模式，对作品著作权归属和存在性进行快速的基础性证明。

3. 在版权维权领域，运用区块链技术进行电子证据存证在版权维权中发挥着重要作用，司法实践中已出现运用区块链技术的电子证据的案例。

■ 思考题

16.1 未来运用区块链技术进行电子证据存证在全国普及的优势有哪些？

16.2 当前司法实践中对区块链技术的电子存证应用有怀疑的声音，可以采取哪些措施提高对电子存证的认可度？

16.3 理论上看，区块链技术可以在微版权登记、授权、维权等方面发挥极其重大的作用，但在实际应用中，无论是自身的发展，还是在现有经济、法律框架的限制下，都会不得不面临一些问题。对于区域链自身而言存在哪些问题？

第二节　区块链技术与其他知识产权保护

一、区块链技术与专利权保护

（一）区块链与专利权的申请获得

区块链技术本身可以且有必要申请专利，获得专利权保护。目前，已有不少企业获得区块链技术方面的专利，全球区块链技术方面的专利申请质量逐

---

[1]　参见北京市东城区人民法院（2018）京 0101 民初 4624 号判决书、北京知识产权法院（2018）京 73 民终 2163 号判决书。

年增加。[1]对于区块链技术申请的专利，也需要依据《专利法》的规定对新颖性、创造性和实用性进行审查。如"应注意结合区块链专利申请的特点来评价其创造性"，如是否解决传统区块链所存在的问题，是否使区块链更加安全。[2]

此外，区块链技术还有利于规范专利申请，提高审查效率。我国专利申请数量每年增加，其中包括一些没有实质性技术贡献的非正常申请。可运用区块链技术形成统一的专业文献库，为申请文件和在先专利文献进行比对，分析申请的新颖性、创造性等提供基础。可运用时间戳技术，对申请文件和其他文件的时间进行比对，将申请文件和区块链中的在申请文件之前所有节点文献和技术信息进行内容比对，只有通过相似性比对后才能进入实质审查环节；对于同一时间的文件，如果实质内容相近，均可以进入实质审查环节。如此，有利于迅速排除非正常申请数量，为正常专利申请节约审查时间，进而从整体上提升专利审查效率。[3]

除遏制非正常申请外，区块链基于其高性能运算，能节约审查时间，缩短审查周期，提高审查质效，更好地发挥专利价值。基于区块链存证技术，可以证明优先权、宽限期的存在，从而将专利申请日提前，增加专利被授权的可能性。

（二）区块链技术与专利权保护

区块链技术可以基于电子存证等手段保护专利权。在专利维权方面，专利权人需对被告实施了侵害其专利权的行为承担证明责任。目前，关于侵权行为证据的调取、保存一般通过公证途径，经公证的证据具有较高的证明力，但公证也有其不足之处，如效率较低，一般都是事后进行公证而无法有效反映当时的侵权情形，不能很好应对网络环境下数据易被删除等情形。区块链技术的去中心化、不易篡改等优点，有助于记录侵权行为的发生、持续时间、侵权产品的销售范围等多方面的证据，为权利人维权提供证据支持。例如，在运用区块链技术的网络上，关于侵权产品在网络上展示的商品信息、销售情况、物流信息等信息都会被记录下来，并且因不容易被篡改而具有较高可信性，从而有助于证明侵权行为、侵权行为人的获利等方面的事项，促进专利权保护。司法实

〔1〕 参见石超、余晓春："区块链的知识产权保护模式与战略布局研究"，载《科技与法律》2019年第4期。到2020年1月初，我国已有超过500件区块链技术方面的专利获得授权。参见张雪凌、刘庆琳："区块链专利申请审查标准研究"，载《知识产权》2020年第2期。

〔2〕 参见张雪凌、刘庆琳："区块链专利申请审查标准研究"，载《知识产权》2020年第2期。

〔3〕 参见余俊、张潇："区块链技术与知识产权确权登记制度的现代化"，载《知识产权》2020年第8期。

践中也有运用区块链技术保全被控侵权产品销售情况的证据。如王鹏、武义朵佳电子商务有限公司等侵害发明专利权纠纷一案中，王鹏委托诉讼代理人通过电子数据取证与区块链存证查看被告在天猫所开店铺的信息。[1]

二、区块链技术与商标权保护

"区块链可以为商标提供使用范围、持续时间和影响力提供证明。"[2]区块链具有分布式网络存储功能，能够将数据分散地储存在各个节点上，每个分布的节点都保存了区块链数据副本，因此任意单节点故障都不会影响系统的正常运作。同时，分布式存储具有多副本的一致性、较强的容灾性和较高性能，可在短时间内处理大量数据，大大降低了数据缺失、损毁的可能性，提高数据存储的安全性和传输速率。区块链能够大幅减少权利人自行收集使用证据的难度，"可以防止入链后电子数据被篡改，保障电子数据的真实性和同一性"[3]，提高自制证据的证明力，从而为证明商标使用情况提供很大便利。除使用外，区块链还有助于记录、证明商标转让等方面的信息。

（一）有利于商标权的获得

我国商标法实行申请注册制，获得商标权需要向国家知识产权局提出申请，国家知识产权局经审查，对符合商标注册条件的申请予以核准注册。只有具备区分商品或服务来源的标志，即具备注册商标应有显著性的商标申请，才能被核准注册。根据《商标法》第 11 条的规定可知，仅有本商品的通用名称、图形、型号的或者仅直接表示商品的质量、主要原料、功能、用途、重量、数量及其他特点的标志，通常不具备显著性，不能作为商标注册；但上述标志经过使用取得显著特征，并便于识别的，可以作为商标注册。区块链存证技术可以为商标通过使用获得显著特征提供支持，从而为商标注册提供支持。此外，我国商标法实行申请在先原则，如果在同一天申请的，则需要提交申请注册前在先使用商标的证据；我国商标法还规定了展会优先权制度，通过在中国政府主办的或者承认的国际展览会上首次使用的，自该商品展出之日起 6 个月内，该商标的注册申请人可以享有优先权。区块链技术有助于证明商标使用情况，进

---

[1]　参见最高人民法院（2021）最高法知民终 2382 号民事判决书。该案中，法院认定被控侵权产品未落入涉案专利保护范围，但对于区块链存证的证据予以认定。

[2]　张怀印、凌宗亮："区块链技术在商标领域的证明作用"，载《知识产权》2018 年第 5 期。

[3]　谢登科、张赫："电子数据区块链存证的理论反思"，载《重庆大学学报（社会科学版）》，中国知网 2022 年 12 月 20 日网络首发。

而促进在先使用商标的申请人获得商标权。

(二) 有利于注册商标效力的维持

商标标志功能的发挥依赖于其使用。为督促注册商标权人对商标进行商业性使用，发挥商标区分商品或服务来源的功能，维护商标注册管理秩序，我国《商标法》确立了注册商标除有正当理由外，会因连续 3 年停止使用而被撤销的制度。当商标被提起撤销申请时，权利人应提交指定 3 年期间在核定使用商品或服务上的使用证据。商标权人可在日常经营中，运用区块链技术，将商标使用证据入链，提高证据的可信性和证明力，从而为证明商标的使用奠定基础。例如，关于商标在核定使用商品上进行使用的照片、产品宣传册、收据等可以自制的证据，如果没有其他证据佐证，国家知识产权局、法院一般会因其为自制证据或者其他情形，而不予采信。若权利人及时将产品照片、宣传册等证据传入区块链中，则这些证据的证明力将更强，更容易被采信用于证明涉案诉争商标的使用，从而有利于维持商标的注册。

(三) 有利于驰名商标的证明和保护

区块链技术有利于证明商标使用的时间、使用的范围、销售情况、广告宣传、受保护记录等认定驰名商标所考虑的要件。[1] 在驰名商标认定中，广泛和形式多样的宣传是证明商标具有较高知名度的重要证据之一。商标的基本功能在于识别商品或者服务来源，通过大量和广泛的宣传，可以使消费者在商标和使用该商标的商品、服务之间建立唯一对应的联系，是商标为相关公众所知悉的主要方式。区块链技术可用于证明商标宣传工作的持续时间和范围。在证明其宣传范围时，最主要的是证明广告的投放量、形式、覆盖面和覆盖率、持续时间等。商标宣传形式的多样性体现在广告媒体的多样性和权威性，如国家级或省级报纸、期刊、电视广播、网络、展会等。宣传材料包括证明广告的投放量、形式、覆盖面和覆盖率、持续时间等方面的材料，以上材料的收集往往依赖当事人自行检索、收集。司法实践中，法官对宣传持续时间及范围的认定会依据当事人向法庭提交的证据以及各证据之间的证明力进行考量。在微信食品案中，腾讯公司提交了《人民日报》《新京报》等媒体报道材料，所获荣誉，品牌价值排名情况，公证书，关于微信商标的认驰记录，国家图书馆检索报告

---

〔1〕《商标法》第 14 条第 1 款规定："驰名商标应当根据当事人的请求，作为处理涉及商标案件需要认定的事实进行认定。认定驰名商标应当考虑下列因素：（一）相关公众对该商标的知晓程度；（二）该商标使用的持续时间；（三）该商标的任何宣传工作的持续时间、程度和地理范围；（四）该商标作为驰名商标受保护的记录；（五）该商标驰名的其他因素。"

等证据，法院据此认定"微信及图"等商标构成驰名商标，微信食品公司在餐饮类服务上使用"微信食品""WECHATFOOD"商标侵害了腾讯公司的商标权。[1]法院采信的证据主要是具有较高证明力的非自制证据，如《人民日报》新报报道、认驰记录、公证书等能够体现微信商标宣传、使用情况的证据。若腾讯公司运用区块链技术，将证明力本身不高的自制证据如宣传册、产品照片等入链，将提高上述证据的证明力，亦有助于证明商标达到驰名程度，保护驰名商标权利人利益。

（四）有利于未注册商标的保护

区块链技术能为未注册商标提供存在性证明，[2]有利于为有一定影响的未注册商标提供保护。我国《商标法》保护注册商标，对未注册商标也提供保护，但保护力度较低。对于未注册商标提供保护的基础是未注册商标在涉案注册商标申请注册前已经使用，保护途径包括对未注册驰名商标的保护（《商标法》第13条第2款）、禁止恶意抢注他人具备一定影响的在先商标（《商标法》第32条后半段）、可在原有范围内继续使用商标（《商标法》第59条第3款）等。《商标法》第32条规定，不得以不正当手段抢先注册他人已经使用并有一定影响的商标，此处"他人已经使用并有一定影响的商标"是指未注册商标。

区块链技术有助于明确商标的最先使用时间，证明未注册商标的在先使用。类似著作权的确权记录，当商标使用者在以区块链技术为底层技术的网络空间中使用商业标志时，其商标的信息会被保留在相应的数据区块之中，而该数据区块的时间戳所记录的区块形成时间，就是商标的最早使用时间。而区块链数据具有的不易篡改性，使用者可以无须担心数据丢失或被篡改，从而消除使用者将商标投入使用之顾虑。此外，区块链技术还可以公开提供商标的使用范围、使用持续时间等数据。基于区块链技术的数据公开透明性，商标使用者在区块链技术网络中使用商标时，商标使用范围、商标使用的持续时间等一系列信息都会记载在区块链上，任何人都可以在链上查询验证这一类信息。这种公开透明性保证了商标的使用状态为公众所知晓，对于已经投入使用的商标，公众可以清楚地了解其使用范围和使用时间，从而为证明在先商标使用的商品范围和地域范围，是否具有一定影响提供帮助。

（五）有利于商标权人的维权

在商标侵权纠纷中，商标权人主张被告实施了侵害其商标权的行为，并主

---

〔1〕 北京市高级人民法院（2019）京民终332号民事判决书。
〔2〕 参见张怀印、凌宗亮："区块链技术在商标领域的证明作用"，载《知识产权》2018年第5期。

张相应的赔偿责任，对此，其应承担相应的证明责任，需证明被告实施了侵权行为，包括侵权行为的持续时间、地域范围等因素。随着区块链技术运用的普及，能够越来越多地用于证明商标的使用情况（包括首次使用），有利于遏制商标恶意注册，完善商标制度。例如，可以考虑将商标授权方式由申请制调整为使用制，即只有通过使用才能获得注册商标，如此"既可以保证商标的确权效率以及商标权利状态的公开和稳定，也能减少注册确权制度带来的商标抢注、商标注册后不使用、商标注册审核压力等不良影响"；[1]或者对商标权人施加提交商标使用情况以维持商标注册的义务。商标权人可以运用区块链技术将商标使用证据存证，减轻收集适用证据的负担，并增强其使用证据的证明力，维持商标效力。

三、区块链与商业秘密保护

区块链技术有利于商业秘密的保护、使用和维权。区块链技术基于散列算法和非对称单向加密算法，对数据加密后不公开私钥有助于证明数据是秘密的，区块链中商业秘密很难被篡改，且数字签名技术有利于检查数据是否被篡改，采用区块链技术加密措施本身即体现了采取保密措施。故区块链技术有助于证明数据符合商业秘密的秘密性、采取保密措施的要件。区块链中的交互记录可以证明商业秘密的使用情况，基于区块链技术的匿名性特点，其他节点并不知晓交易的具体内容和当事人等基本信息，故不会因交易而导致商业秘密的泄露。[2]由于商业秘密的秘密性与区块链自身的特点，运用区块链保护商业秘密还面临一些风险，如公有链、联盟链、私有链这三种类型的区块链自身均有一些风险，如公有链中信息保密、速度和效率的延展性均较差；商业秘密被窃取后再上链的话，原权利人维权可能会变得更加困难；商业秘密在上链后仍存在泄密风险。侵犯商业秘密的行为具有隐蔽性，有关侵权行为的证据多偏在于侵权方，这些使得目前通过区块链保护商业秘密的方式尚不普遍。虽然如此，运用区块链技术保护商业秘密仍具有广阔前景。可以利用公有链、联盟链、私有链各自优点，如采用"应用层的公有链+扩展层的联盟链+底层的私有链"融合模式保护商业秘密，其表现为以"私有链（或在联盟链）为原始信息存储地+公有链（或在

---

〔1〕 黄武双、邱思宇："论区块链技术在知识产权保护中的作用"，载《南昌大学学报（人文社会科学版）》2020年第2期。

〔2〕 参见余俊、张潇："区块链技术与知识产权确权登记制度的现代化"，载《知识产权》2020年第8期。

部分联盟链）上传哈希值"的"跨链兼容"模式。[1]

■ 要点

1. 区块链技术本身可以申请专利权保护。区块链技术又可以用于遏制非正常专利申请，为专利权维权提供证据支持。

2. 区块链技术可以用于证明商标的使用，从而有助于商标注册申请，商标权的维持和保护。

3. 区块链技术有利于保护商业秘密，但也面临着一些挑战。

■ 思考题

16.4 关于区块链技术本身涉及的知识产权，可以从哪些方面进行保护？

16.5 区块链技术在商标证明方面的优势有哪些？

16.6 区块链技术在商业秘密保护中所面临的争议有哪些，可以从哪些方面着手使区块链在商业秘密保护中发挥更大作用？

■ 本章阅读文献

1. 吕炳斌："版权登记制度革新的第三条道路——基于交易的版权登记"，载《比较法研究》2017 年第 5 期。

2. 马治国、刘慧："区块链技术视角下的数字版权治理体系构建"，载《科技与法律》2018 年第 2 期。

3. 石超、余晓春："区块链的知识产权保护模式与战略布局研究"，载《科技与法律》2019 年第 4 期。

4. 舒晓庆："区块链技术在著作权集体管理制度中的应用"，载《知识产权》2020 年第 8 期。

5. 邢玉霞、宋世勇："区块链技术在商业秘密保护中的运用及法律规制"，载《政法论丛》2022 年第 1 期。

6. 熊皓男："版权链论纲：区块链对网络版权底层规则的重塑"，载《科技与法律（中英文）》2022 年第 1 期。

7. 余俊、张潇："区块链技术与知识产权确权登记制度的现代化"，载《知识产权》2020 年第 8 期。

8. 张怀印、凌宗亮："区块链技术在商标领域的证明作用"，载《知识产权》2018 年第 5 期。

9. 张辉、王柳："区块链下网络文学版权保护问题研究"，载《法学论坛》2021 年第 6 期。

---

[1] 参见邢玉霞、宋世勇："区块链技术在商业秘密保护中的运用及法律规制"，载《政法论丛》2022 年第 1 期。

10. 张雪凌、刘庆琳："区块链专利申请审查标准研究"，载《知识产权》2020 年第 2 期。

11. Alexander Savelyev, Copyright in the blockchain era: Promises andchallenges, Computer Law & Security Review, Volume 34, Issue 3, June 2018.

12. Allen, Darcy & Lane, Aaron &Poblet, Marta. （2020）. *The Governance of Blockchain Dispute Resolution*-Harvard Negotiation Law Review, Vol. 25.

第六编

区块链应用的法律问题

本编涉及区块链多项应用中的法律问题。

首先，区块链金融应用的法律问题涉及：银行业、证券业、保险业、金融业区块链应用的法制困境，包括法律法规的滞后问题、与现行法律及理念冲突、增加监管机构治理难度、部门法之间的协调问题。

其次，区块链在其他领域应用的法律问题涉及：区块链技术在政务领域的法律兼容、技术安全、人才培养问题；区块链技术在经济领域的微观经济活动、共享经济领域、财经活动管理领域的法律问题；区块链技术在民生领域的网络餐饮、农产品溯源、教育、智慧交通方面的法律问题；区块链技术在信息领域的新闻平台、信息产权保护等法律问题。

第十七章
区块链金融业应用的法律问题

【导读】

金融业已经高度信息化、全球化，行业特征决定了区块链技术与金融业必将结合。技术革命带来生产关系的变革，区块链金融将重新定义法律主体，重塑法律关系，挑战现行法律和金融监管，带来收益的同时也带来风险。区块链金融将金融业原有的风险进一步分散扩大，甚至可能成为犯罪的工具，给世界金融体系和现实生活增加不确定性。区块链金融与现行的法律和理念存在冲突，法律必须尽快作出回应，监管部门有力防范和化解风险，将区块链金融纳入法治视野。

第一节　银行业区块链应用

一、银行业区块链应用概述

（一）国际应用概述

英国政府采用"监管沙盒"试点区块链技术，主要涉及支付服务、保险、反洗钱等方面；2018 年，法国央行积极推动相关研究，开展了"银行间区块链试验"。[1]2018 年，德国联邦银行和德意志交易所完成了使用区块链进行清算的试验，开发了初级模型。[2]2018 年，韩国运用区块链技术的代币发行已经获得合法地位。[3]2019 年，日本通过了《资金结算法》和《金融工具交易法》

---

〔1〕　参见李梦宇、付宇航："区块链技术在商业银行的应用分析与展望"，载《清华金融评论》2020年第 7 期。

〔2〕　参见张伟："德国区块链技术在金融科技领域中的应用、监管思路及对我国的启示"，载《国际金融》2019 年第 9 期。

〔3〕　参见李梦宇、付宇航："区块链技术在商业银行的应用分析与展望"，载《清华金融评论》2020年第 7 期。

修正案，加强了区块链在金融行业的规制；在商业银行方面，2016 年以来，摩根大通、花旗、瑞士信贷、巴克莱等银行机构与企业合作开展区块链测试，探索衍生品市场的应用。[1]银行业区块链的应用，逐渐由个别探索走向整个行业系统。

（二）国内应用现状

我国商业银行业层次分明，主要包括国有大型银行、股份制银行、城市商业银行、互联网银行等。近年来，银行业不断加大对区块链技术的开发。2016 年，中银香港开始使用区块链进行物业估价。[2]2019 年，全国 15 家银行共申请了 433 项专利，主要集中在数字资产、信贷业务和供应链金融领域。[3]截至 2021 年 12 月，国家网信办共发布了 6 个批次的《境内区块链信息服务备案清单》，其中备案主体为银行业相关机构的共有 23 家。[4]国有大型银行的应用案例有中国银行数字钱包、工商银行数字票据交易平台、建设银行住房租赁系统；股份制银行的应用案例有平安银行中小企业融资、招商银行跨境支付；城市商业银行应用案例有江苏银行票据跨行贴现、浙商银行场外交易平台；互联网银行应用案例有网商银行担保凭证融资、微众银行联合贷款结算清算。[5]

二、银行业区块链应用场景

（一）贸易融资

贸易融资是商业银行为商品贸易提供资金融通的金融业务。由于贸易流程涉及资金、物流、票据等诸多环节，因而贸易融资业务手续繁琐。在贸易融资领域应用区块链技术，可以将相对独立的各个环节链接起来，实现基于智能合约的链上操作，提升业务效率，防止数据篡改，降低风险。[6]同时，区块链技术能够重塑小微企业与银行之间的信任关系，提高数据共享程度。[7]

---

〔1〕参见王雅娟：“区块链+商业银行的探索与实践”，载《清华金融评论》2017 年第 3 期。

〔2〕参见王雅娟：“区块链+商业银行的探索与实践”，载《清华金融评论》2017 年第 3 期。

〔3〕参见李梦宇、付宇航：“区块链技术在商业银行的应用分析与展望”，载《清华金融评论》2020 年第 7 期。

〔4〕参见戴一挥等：“银行业区块链应用分析”，载《金融科技时代》2022 年第 5 期。

〔5〕参见李梦宇、付宇航：“区块链技术在商业银行的应用分析与展望”，载《清华金融评论》2020 年第 7 期。

〔6〕参见秦笑：“区块链技术在商业银行的应用：理论依据、现实困境与破解策略”，载《现代营销（下旬刊）》2022 年第 6 期。

〔7〕参见徐小茗、周艺霖：“金融供给侧结构性改革背景下区块链与小微企业信贷发展研究”，载《国际金融》2020 年第 6 期。

（二）支付结算

支付结算清算是商业银行的重要基础性业务，跨境支付是国际贸易不可或缺的组成部分。传统跨境支付业务通过环球银行金融电信协会（SWIFT），需要在境内外多个机构之间传输信息，财务工作操作复杂，手续费高。而基于区块链技术的银行间分布式支付清算系统，可以跳过 SWIFT 进行交易，能够有效提升结算效率，优化业务流程，降低交易成本。[1]应用案例如中国银联与中国银行合作，基于区块链平台的信任机制与安全性管理向境内跨境汇款的关键信息，汇入、转接、收汇机构均能够查询流转信息，在以银联为核心的前提下，在各相关机构建立节点，既不改变原交易链条，又能减少工作量。[2]

（三）资产管理

资产管理是商业银行收益的主要来源之一，特点是资金量大、涉及主体较多，周期较长，对信用要求比较高。大型资管项目，时间跨度大，比如跨代际的家族信托管理，涉及数代人的庞大家族资产。区块链的技术特点，恰恰能够提高资产管理的透明度、真实性、可溯源性，降低业务风险，保护投资者合法权益。区块链亦可在一定程度上解决资产所有者与资产管理人之间的信任问题，抑制资产管理人道德风险，减少其违规的空间。区块链技术应用于资产管理，还可以提高跨机构之间的资产管理项目的合作。

■ 要点

1. 区块链技术应用于贸易融资，能够简化交易流程，重塑银行与企业之间的信用关系，为企业尤其是小微企业提供便利。

2. 区块链技术应用于资产管理，可以提高资管项目的透明度，降低业务风险，保护投资者利益。

■ 思考题

17.1 商业银行对银行业应用区块链技术持什么态度？

17.2 银行业监管者在区块链技术应用中扮演什么角色？

---

〔1〕 参见李超："区块链技术在商业银行中的应用"，载《中国管理信息化》2022 年第 3 期。

〔2〕 参见李吉慧："区块链技术在银行业的应用及安全问题探讨"，载《中国信息安全》2021 年第 3 期。

第二节　证券业区块链应用

一、证券业区块链应用概述

（一）国际应用概述

欧洲证券与市场管理局、国际证监会组织、世界交易所联盟等行业权威机构一直认为区块链在证券行业有广阔的应用空间。2016 年，时任美国证券交易委员会主席怀特也认为，区块链在证券市场交易、清算、交收等情境下有应用潜力。[1]美国证监会成立创新和金融科技战略中心，推动该领域的开发与应用。[2]2016 年，国际商业机器公司对 16 个国家或地区的 200 余家金融机构进行了专项调研，报告显示清算和结算、大额支付、股票与债券发行这三大领域被寄予厚望。[3]同时，澳大利亚证券交易所与区块链公司合作，开发区块链证券结算清算系统。[4]韩国证券交易所研发基于区块链技术的证券登记、交易结算等应用。[5]总体来看，国际证券业对区块链应用持有积极态度，但具体应用仍需进一步研究。

（二）国内应用概述

我国的证券行业区块链应用处于探索阶段，应用方式也是各有不同。京东金融、度小满金融、阿里巴巴与金融机构合作构建了基于区块链的证券化交易和管理平台。2016 年，深圳市金融科技协会等单位与科技企业联合成立了"金融区块链合作联盟（深圳）"，推进证券业的研发与应用。[6]2018 年，上海证券交易所发布区块链应用计划。香港证券交易所研发基于区块链技术的证券登记、交易结算等应用。[7]2021 年 12 月 30 日，中国证券期货业区块链联盟正式

---

〔1〕　参见刘瑜恒、周沙骑："证券区块链的应用探索、问题挑战与监管对策"，载《金融监管研究》2017 年第 4 期。

〔2〕　参见王玉："基于区块链技术的证券业生态圈构建研究"，载《探求》2021 年第 4 期。

〔3〕　参见刘瑜恒、周沙骑："证券区块链的应用探索、问题挑战与监管对策"，载《金融监管研究》2017 年第 4 期。

〔4〕　参见巴曙松、乔若羽、郑嘉伟："区块链技术如何渗透到不同金融场景：现状与趋势"，载《新金融评论》2018 年第 2 期。

〔5〕　参见邢梅："区块链技术在证券领域的应用与监管研究"，载《证券法苑》2019 年第 1 期。

〔6〕　参见赵旭："基于区块链技术的证券行业应用前景及业务开展路径探析"，载《上海立信会计金融学院学报》2018 年第 6 期。

〔7〕　参见邢梅："区块链技术在证券领域的应用与监管研究"，载《证券法苑》2019 年第 1 期。

成立，该联盟由上海证券交易所、深圳证券交易所、金融公司、科技企业、科研院所联合发起，接受证监会科技监管局指导。[1]该联盟旨在搭建行业平台，协调成员共同研发新技术，推动区块链技术在证券领域的应用。

二、证券业区块链应用场景

(一) 证券发行

传统的首次公开发行股票流程繁琐，需要企业股份制改造、保荐机构尽职调查与辅导、财务机构提供咨询、法务部门出具报告、监管部门进行验收与审核等环节。整个过程，信息与材料在多部门之间传递，容易出现信息不对称和欺诈的情况，涉及各主体的切实利益。同时，保荐机构追求信息真实与合规运行，需要对国家和投资者负责，而承销机构更加看重销售利益，以利益最大化为导向，二者之间的博弈存在风险隐患，不利于合规运作和投资者保护。[2]区块链的技术特点能够应对信息不对称的情况和欺诈行为，提高真实度和流通效率，并且信息的可溯源性也为监管部门提供了技术手段。同时，优化流程也可为发行者节约时间和经济成本。

(二) 证券结算

传统结算方式需要对交易中的各环节进行清点、运输、鉴别，需要大量劳动投入，限制了结算效率的提高。[3]证券结算涉及安全、效率、成本三个核心要素，片面追求安全，会降低效率和提高成本；片面强调效率，常常降低安全和提高成本；降低成本则损害安全和效率。[4]为平衡三要素的关系，需要采用更先进的理念和技术，区块链的技术特征有助于实现这一目标。具体而言，交易时双方将数字证券和资金不可撤销地嵌入事先准备好的智能合约，在交易条件满足时合约自动执行，证券和资金自动同时转移到对方账户，实现无时差交割，并且将完成结算的信息传播给链上其他主体，实现数据一致性，既提升了

---

〔1〕　参见昌校宇："中国证券期货业区块链联盟正式成立"，载《证券日报》2021年12月31日，A1版。

〔2〕　参见刘瑜恒、周沙骑："证券区块链的应用探索、问题挑战与监管对策"，载《金融监管研究》2017年第4期。

〔3〕　参见任春伟、孟庆江："区块链与证券清算结算"，载《中国金融》2017年第5期。

〔4〕　参见马其家、卜学民："论我国推行区块链证券结算的可能及法律监管路径"，载《中国社会科学院研究生院学报》2020年第6期。

效率又降低了成本。[1]并且，智能合约的自动化和程序化，能够有效避免人为干预，最大限度防范恶意行为和意外事件。[2]

(三) 证券登记与存管

证券登记是在登记名册上记录所有权和持有人信息，证券存管是相关机构对证券进行保存和管理，我国实行的是各证券公司对自身客户分散保管，并由中央证券存管机构对全行业进行集中保管。分散登记保管有一定的劣势，如证券公司自身管理水平参差不齐，需要人力较多而又效率低下。区块链的技术特点能够应对分散登记的不足。基于区块链的证券登记依托技术而非传统登记机构，将证券登记、存管在链上账本，能够将变动信息及时准确地上传和公示，并且为股权拆分、股权质押、派发权益等业务提供支持。[3]具体应用案例，如2017年，澳大利亚证券交易所正式宣布采用美国区块链公司的系统，替代目前的次级登记系统，将区块链应用于场内股票交易的处理业务。[4]

■ 要点

1. 区块链应用于证券发行可以提高信息真实性，减少信息不对称的情况，节约交易时间和成本。

2. 区块链应用于证券结算领域，可以平衡安全、效率、成本三者之间的关系，智能合约能够提升结算的自动化和程序化。

3. 区块链应用于证券登记与存管，可以应对分散登记的不足，可以为股权拆分、股权质押、派发权益等业务提供支持。

■ 思考题

17.3 区块链技术节约的证券发行成本应该如何分配。

17.4 基于区块链技术的证券登记发生错误时，需要如何处理。

---

[1] 参见马其家、卜学民："论我国推行区块链证券结算的可能及法律监管路径"，载《中国社会科学院研究生院学报》2020年第6期。

[2] 参见万国华、孙婷："'区块链+证券'的理想、现实与监管对策研究"，载《上海金融》2017年第6期。

[3] 参见刘瑜恒、周沙骑："证券区块链的应用探索、问题挑战与监管对策"，载《金融监管研究》2017年第4期。

[4] 参见曾曾："区块链在证券市场应用中的法律规制研究"，华东政法大学2020年硕士学位论文。

第三节　保险业区块链应用

一、保险业区块链应用概述

保险业的成立目的就是分散风险，锁定预期收益，与区块链分布式的特点有相似之处，区块链在保险行业有广阔的应用空间。区块链的共识算法可以验证保险业务数据，分布式账本和密码学可以保证数据传输与存储的安全，智能合约可以自动执行业务流程。[1]

（一）国际应用概述

2016 年，安联集团、瑞士再保险、慕尼黑再保险、苏黎世保险的代表共同讨论区块链在保险行业的运用。[2] 此后，推出了 Blockchain Insurance Industry Initiative（B3i），其是一个由全球保险与再保险公司联合成立的联盟，旨在推动区块链在该领域的应用，第一个具体应用是合同管理，可以统一合约标准，降低运营成本。[3] 英国的 Aviva 保险公司，借助区块链技术分析钻石、艺术品等的流转和真伪。[4] 欧洲的保险公司，探索借助区块链智能合约办理自动理赔业务。[5]

（二）国内应用概述

2016 年，平安保险成立金融科技部门进行相关研究；2017 年，上海保险交易所联合 9 家保险企业完成区块链交易平台系统测试；泰康保险在线区块链保险积分平台投入运行；众安保险在线区块链云服务平台"安链云"投入使用；2018 年，弘康保险将理赔业务上链，实现透明化运营；轻松筹联合华泰保险等企业发布区块链保险产品；蚂蚁金服联合信美推出"相互宝"业务。

---

〔1〕　参见曾于瑾："区块链在保险行业的应用现状与未来"，载《清华金融评论》2017 年第 12 期。

〔2〕　参见张斐："区块链在全球保险业中的应用：以 B3i 联盟为例"，载《清华金融评论》2017 年第 10 期。

〔3〕　参见张斐："区块链在全球保险业中的应用：以 B3i 联盟为例"，载《清华金融评论》2017 年第 10 期。

〔4〕　参见冯键："区块链的颠覆性价值将重塑保险新业态"，载《清华金融评论》2017 年第 12 期。

〔5〕　参见冯键："区块链的颠覆性价值将重塑保险新业态"，载《清华金融评论》2017 年第 12 期。

二、保险业区块链应用场景

（一）保险产品设计

保险产品设计程序复杂，需要考虑诸多因素，其中的定价机制是保险设计中的核心内容之一。区块链技术应用于保险定价，可以优化差异定价机制。[1]区块链可以将不同场景下的用户信息、交易信息收集存储，运用链上安全、细分、交叉计算的技术特点进行数据挖掘，准确判断不同客户群的风险偏好和个性化需求，有针对性地开发对应产品。[2]链上信息的公开性，在合规的前提下可以为保险业与其他行业搭建信息融通的渠道，实现数据共享，延伸到医疗、养老等行业，为客户提供可供选择的增值服务。[3]

（二）保险销售环节

保险销售环节最容易因信息不对称而发生欺诈、道德风险等情形，并且是各主体之间的相互欺诈。无论是投保人、被保险人故意隐瞒，还是保险人蓄意欺诈，都不利于保险业的发展，而且会将损失外溢到合法合规的客户与保险公司。保险公司可以借助区块链全网公证的信息优势，对投保人、被保险人情况进行准确分析[4]，投保人也可对保险公司作出理性选择。同时，保险区块链平台可以与公共信用平台相连接，实现与公共信用体系的信息融通。[5]

（三）保险理赔环节

理赔是保险业务中的重要环节，也是经常出现争议的环节，从理赔纠纷案件数量可见一斑。当投保人认为达到保险合同的理赔条件，便会向保险公司申请理赔。此时，投保人和保险公司之间往往由于对保险合同条款的理解不同而产生纠纷，进而诉诸法律，既不利于保护投保人利益又消耗大量司法资源。区块链智能合约可以保证保险合同的公开透明，保险公司将理赔条款写入智能合约，当满足理赔条件时自动启动理赔程序，还可以实现资金的自动划转。[6]同

---

〔1〕 参见王玉华、戴泽曦："区块链技术在保险行业的应用场景研究"，载《吉林金融研究》2019年第6期。

〔2〕 参见赵成军："区块链技术在保险业的应用探析"，载《金融纵横》2020年第4期。

〔3〕 参见赵成军："区块链技术在保险业的应用探析"，载《金融纵横》2020年第4期。

〔4〕 参见赵成军："区块链技术在保险业的应用探析"，载《金融纵横》2020年第4期。

〔5〕 参见宋蔚、李佳颖："金融创新背景下'区块链+保险'业务发展模式探讨"，载《商业经济研究》2018年第8期。

〔6〕 参见赵成军："区块链技术在保险业的应用探析"，载《金融纵横》2020年第4期。

时，自动赔付可以提升理赔效率，降低保险公司运营成本，提升客户体验。[1]

■ 要点

1. 区块链技术可以应用于保险定价，优化差异定价机，开展数据挖掘，有针对性地开发对应产品。

2. 保险公司可以借助区块链全网公证的信息优势，对投保人、被保险人情况进行准确分析，以便投保人作出理性选择。

3. 区块链智能合约可以保证保险合同的公开透明，保险公司将理赔条款写入智能合约，当满足理赔条件时自动启动理赔程序。

■ 思考题

17.5 区块链应用于保险产品设计是否可能造成杀熟问题？

17.6 智能合约能否应对保险骗保的情况？

第四节　区块链金融应用的法律问题

一、法律法规的滞后问题

区块链迅猛发展了十余年，但是我国关于区块链的制度供给相对迟缓。[2]金融监管的法律法规，具有不可避免的滞后性，[3]关于区块链相关概念的法律界定相对空白，[4]我国尚未建立关于区块链金融方面的法律体系。[5]鉴于此，我国应当在指导性文件的基础上，结合技术发展和现有探索情况，适时制定法规，为区块链在金融业的应用提供制度支持并加以规制。

---

〔1〕 参见宋蔚、李佳颖："金融创新背景下'区块链+保险'业务发展模式探讨"，载《商业经济研究》2018年第8期。

〔2〕 参见马其家、卜学民："论我国推行区块链证券结算的可能及法律监管路径"，载《中国社会科学院研究生院学报》2020年第6期。

〔3〕 参见杨东："区块链如何推动金融科技监管的变革"，载《人民论坛（学术前沿）》2018年第12期。

〔4〕 参见陈思语："区块链应用于证券交易的法律风险及防范"，载《法律适用》2019年第23期。

〔5〕 参见王玉华、戴泽曦："区块链技术在保险行业的应用场景研究"，载《吉林金融研究》2019年第6期。

二、与现行法律及理念冲突

如果将区块链技术应用到金融业的核心业务，那么法律面临既要规制专业性极强的金融业，又要处理非常复杂的技术问题。例如，传统结算系统是基于数据中心化的架构，由各结算中心进行。因此，区块链技术应用于证券结算，会导致新的结算系统与传统结算系统难以衔接。[1]现行的法律法规是基于传统结算方式制定的，难以在基于区块链技术的新结算系统适用。即使区块链技术逐渐成熟之后，也同样面临法律与技术协调的难题。技术应用的基础是执行代码，编写代码和制定标准会形成新的规制形式和控制力量，导致事实上的"代码即法律"的局面，使技术游离于现行法律法规之外。[2]例如，区块链在金融行业的监管科技项目 Corda，明确提出不支持"代码即法律"的主张。[3]因此，对于区块链在金融业的应用，需要协调法律与技术之间的冲突。

区块链金融已经重塑金融行业的法律关系，与现行法律规定的法律关系内容冲突。具体到金融领域，首先，突破了法律关系客体范围，如我国法律对证券品类做了明文规定，区块链带来的"数字证券"等非典型类型与法定种类几乎无法兼容。[4]举例而言，首先，"数字证券"是否能够进行法定登记，如何进入流通市场，能否作为受法律保护的资产，诸多问题均对现行法律构成挑战。其次，模糊了法律关系主体属性，如区块链链条中存在平台提供者、软件开发者、代码编写者、网络节点等众多参与主体，这些主体的属性在《证券法》视野下模糊不清。[5]主体的属性尚且不清晰，那么主体之间、主体与其他法律主体的关系，更难以界定和规制。

三、增加监管机构治理难度

区块链的去中心化，对现有的中心化监管机构带来挑战。[6]第一，弱化金

---

〔1〕 参见马其家、卜学民："论我国推行区块链证券结算的可能及法律监管路径"，载《中国社会科学院研究生院学报》2020 年第 6 期。

〔2〕 参见万国华、孙婷："证券区块链金融：市场变革、法律挑战与监管回应"，载《法律适用》2018 年第 23 期。

〔3〕 参见［英］凯伦·杨、林少伟："区块链监管：'法律'与'自律'之争"，载《东方法学》2019 年第 3 期。

〔4〕 参见万国华、孙婷："证券区块链金融：市场变革、法律挑战与监管回应"，载《法律适用》2018 年第 23 期。

〔5〕 参见万国华、孙婷："证券区块链金融：市场变革、法律挑战与监管回应"，载《法律适用》2018 年第 23 期。

〔6〕 参见崔志伟："区块链金融：创新、风险及其法律规制"，载《东方法学》2019 年第 3 期。

融监管主体，区块链系统形成"代码即法律"的"自监管"模式，将监管机构排斥在外，架空监管法律体系和监管权力。[1]第二，模糊监管对象，去中心化的账本模式是全网共建和维护的超级账本，参与主体众多，又缺乏责任承担机制，加大了监管难度。[2]第三，技术的应用使得风险更加分散，更具有系统性和传染性，导致了监管空白和套利的可能性，给监管体系带来挑战。[3]金融行业本身就存在诸多风险，区块链的应用加剧了不确定性，足以撬动整个经济体。

四、部门法之间的协调问题

金融业涉及众多部门法，技术领域也有相应的法律法规。现行法律体系处于较为稳定的状态，但是区块链应用于金融业必将引发新的法律问题，而新的法律问题应当由哪些法律来规制，是悬而未决的问题。可能出现多部法律都不规制的情形，也可能出现交叉重叠的情形。区块链技术应用于金融业，要协调各部门法、效力层次不同的规范之间的关系。

区块链金融与现行法律的冲突也包括民商法领域。例如，现行《公司法》对股权转让的公示办法是向登记机关办理登记，此后产生公信力。但是，在区块链系统中转让股权，公示公信不再是依靠登记机关，而是全体参与者共同维护，此时的登记机关已无必要。[4]

■ 要点

1. 我国尚未建立关于区块链金融方面的法律体系。我国应当为区块链在金融业的应用提供制度支持，并且加以规制。

2. 区块链金融的相关法律面临既要规制专业性极强的金融业，又要处理非常复杂的技术问题，需要协调法律与技术之间的关系。

3. 相关监管法律，可能出现规制空白的情形，也可能出现交叉重叠的情形，易引起部门法之间的紧张关系或冲突，因此，应当协调各部门法、效力层次不同的规范之间的关系。

---

〔1〕 参见常健、罗伟恒："论区块链技术下我国互联网金融法律的制度演化"，载《北京行政学院学报》2018 年第 6 期。

〔2〕 参见常健、罗伟恒："论区块链技术下我国互联网金融法律的制度演化"，载《北京行政学院学报》2018 年第 6 期。

〔3〕 参见杨松、张永亮："金融科技监管的路径转换与中国选择"，载《法学》2017 年第 8 期。

〔4〕 参见杨东、潘曌东："区块链带来金融与法律优化"，载《中国金融》2016 年第 8 期。

■ **思考题**

17.7 区块链在金融业的应用对立法部门带来哪些挑战？

17.8 在法律存在滞后的情况下，如何规范日新月异的技术发展？

■ **本章阅读文献**

1. 巴曙松、乔若羽、郑嘉伟："区块链技术如何渗透到不同金融场景：现状与趋势"，载《新金融评论》2018 年第 2 期。

2. 曾于瑾："区块链在保险行业的应用现状与未来"，载《清华金融评论》2017 年第 12 期。

3. 常健、罗伟恒："论区块链技术下我国互联网金融法律的制度演化"，载《北京行政学院学报》2018 年第 6 期。

4. 陈思语："区块链应用于证券交易的法律风险及防范"，载《法律适用》2019 年第 23 期。

5. 崔志伟："区块链金融：创新、风险及其法律规制"，载《东方法学》2019 年第 3 期。

6. 马其家、卜学民："论我国推行区块链证券结算的可能及法律监管路径"，载《中国社会科学院研究生院学报》2020 年第 6 期。

7. 万国华、孙婷："证券区块链金融：市场变革、法律挑战与监管回应"，载《法律适用》2018 年第 23 期。

8. 杨东、潘曌东："区块链带来金融与法律优化"，载《中国金融》2016 年第 8 期。

9. 杨松、张永亮："金融科技监管的路径转换与中国选择"，载《法学》2017 年第 8 期。

10. 张伟等："德国区块链技术在金融科技领域中的应用、监管思路及对我国的启示"，载《国际金融》2019 年第 9 期。

第十八章
区块链在其他领域应用的法律问题

【导读】

区块链被认为是互联网之后的又一次科技革命，被广泛关注并应用于诸多领域，深刻地改变着我们的生活。同时，区块链的应用也会引起一些法律问题，区块链政务应用面临法律兼容、技术安全、人才培养等问题，在经济领域应用面临信息孤岛、数据滥用、不正当竞争等问题。在新闻平台应用面临法律规则与平台责任、信息真实与价值判断、被遗忘权与信息删改等问题，在信息产权、网络餐饮和军事领域的应用方面同样面临着一些问题。本章着重讨论区块链在这些领域应用的法律问题及应对措施。

第一节　区块链政务应用的法律问题

一、政务应用概述

2016 年英国发布了区块链白皮书，2018 年成立专门组织推动区块链技术在社会福利方面的应用。同时，英国政府认为区块链可以重新定义政府与公民之间的信任关系，在公共服务领域潜力巨大。[1]2018 年美国时任财长提出区块链技术将助力美国政府管理，[2]美国政府提出建立区块链信息平台以开展匿名的情报收集工作。[3]爱沙尼亚基于区块链技术发展"无密码签名设施"管理政府和公民信息，使得每个公民都能独立检查政府记录的完整性，并且任何人都无

---

〔1〕　参见石菲："世界各国政府谁最爱区块链"，载《中国信息化》2018 年第 8 期。

〔2〕　参见于佳宁、刘芳："区块链技术在美国的应用"，载《互联网天地》2019 年第 11 期。

〔3〕　参见刘卫铠、杨智勇："区块链在电子政务服务中的应用研究——基于国内外典型案例分析"，载《档案与建设》2021 年第 5 期。

法销毁电子日志。[1]2020 年中国已有多个省份将区块链写入政府工作报告，例如，2021 年青岛在市民政务服务中具体应用了区块链技术发放证明文件。区块链政务应用既涉及国家管理，又贴近百姓生活。

二、法律兼容问题

区块链技术在政府中的应用将极大提升政务活动的效率、公开性和公信力，优化治理结构，降低管理成本。同时，区块链在政务中的应用也面临着法律兼容问题。

第一，区块链政务应用与现有法律难以融合。从法律的制定时间来看，现行法律大多是在区块链兴盛之前制定的，并未将区块链政务应用的场景考虑在内。况且，我国规范政务活动的行政法律法规本身尚不完善。区块链的政务应用对现有法律构成现实挑战，主要表现在现有法律对该领域规制相当不完善以及部分应用与现行法之间存在冲突。[2]区块链的政务应用应该如何融入现有法律体系，是需要直面的问题。

第二，区块链政务应用挑战传统的政府管理方式。传统政务数据管理中，政府负责数据的维护、利用、保密等工作，而区块链技术的应用将极大降低政府维护海量数据与实施监管的成本。在实际的政府管理中，区块链可能会冲击政府中心化的地位，挑战政府对数据的监管权，在一定程度上束缚政务活动的灵活性。[3]具体行政管理事务的变化各不相同，在政务中应用区块链技术可能增加政府的管理成本。

第三，数据权属与利用问题尚未明确。信息时代，数据是推动社会发展的重要资源，数据权属问题是学界一直热议但尚未形成主流意见的议题。区块链政务应用过程中会产生大量数据，这些数据的权属和利用问题尚未有明确的安排。并且，政务数据是在政府履行公共管理职能过程中产生的，其权属应区别于企业与用户所有的数据。

鉴于此，有必要理顺区块链政务的法律兼容关系。第一，应当转变传统的政务管理理念，协调政务中心化与区块链去中心化的矛盾。政务管理的思维中

---

[1]　参见刘卫铠、杨智勇："区块链在电子政务服务中的应用研究——基于国内外典型案例分析"，载《档案与建设》2021 年第 5 期。

[2]　参见陈鹏："区块链嵌入下的政府治理：能力提升与风险防范"，载《广东行政学院学报》2020 年第 5 期。

[3]　参见徐琳、袁光："区块链：大数据时代破解政府治理数字难题之有效工具"，载《上海大学学报（社会科学版）》2020 年第 2 期。

应当融入区块链技术的特征，区块链政务理念应当贯穿政务活动制度设计、执行落地、后续监管和纠纷解决的全过程，为发挥技术优势提供基础。第二，对现行法律法规进行必要的修订或解释，协调区块链政务应用与现有规范的冲突，为其提供法律依据，同时需对其加以规制，完善区块链政务的全过程管理。[1]第三，对数据权属与利用作出合理安排。区块链政务活动中形成的大量数据是一笔宝贵的资源，数据资源的权属划分、开发利用需要法规范作出合理安排，同时应当建立权责统一的监管制度，防范数据泄露、滥用等问题。

三、技术安全问题

近年来，区块链技术发展迅猛，但是仍然存在技术安全问题。首先，区块链技术仍然存在安全性隐患，面临遭受攻击的风险。自区块链技术出现以来，每年都会发生黑客攻击的事件，其安全隐患可见一斑。例如，《证券时报》报告，2016年美国一家加密货币交易所遭到黑客攻击，大约12万枚比特币被盗，直到2022年美国司法部才追回了其中的部分比特币。区块链政务应用也面临遭受攻击、网络瘫痪、境外窃取等安全性问题，这些风险若不能被妥善防范，将构成对国家安全的潜在威胁。

其次，区块链应用标准化尚不充分。相关部门目前已颁布部分安全标准，如《区块链技术架构安全要求》已于2020年10月1日起实施，但其主要涉及技术安全问题，其他的技术标准和行业标准仍然不够完善，缺乏统一标准，不利于相关应用的实施和推广。

最后，随着政务应用场景的拓展和深入，治理体系越发依赖数据和算法，而传统的行政机构对此并不擅长。政府在利用去中心化技术时，可能形成以互联网巨头为新中心的中心化趋势。[2]由于政务应用的专业性很高，政府很可能需要与互联网企业合作，对合作方的监管也应属于政府的考量范围。

因此，需要采取积极的措施应对技术安全问题。第一，针对技术安全问题，政府可以鼓励企业大力发展区块链技术，提升应用的安全水平，以期为政务应用提供技术保障。第二，虽然各地方陆续出台一些政策规范，但是这些规范适用范围有限，规定不尽相同。政府应当考虑制定国家层面的区块链政务应用规范和指导意见，统筹各地开发利用，避免相互冲突和重复建设，提升发展效率，

---

[1] 参见陈鹏："区块链嵌入下的政府治理：能力提升与风险防范"，载《广东行政学院学报》2020年第5期。

[2] 参见陈鹏："区块链嵌入下的政府治理：能力提升与风险防范"，载《广东行政学院学报》2020年第5期。

改善应用环境。具体而言，要推动政务应用的标准化建设，提升应用程序的开发质量，构建应用标准、应用开发、程序利用的完整生态。[1]第三，政务应用中应当对数据与算法进行合理的规划和利用，引导其良善地为政务活动服务，防止滥用风险，同时要提升技术多元性、手段多样性，防范过度依赖技术被算法绑架。并且，在与互联网企业合作中，建立完善的监管制度，避免出现企业利用技术架空政府的风险，防范寡头造成新中心化的问题。

四、政务人才培养问题

在区块链政务中我们需要大力培养专业人才，而现行的教育制度限制了专业人才的培养，有必要调整现有规范以适应时代需求。

首先，区块链政务应用涉及公共政策、网络技术、行政管理等多个领域，具有显著的交叉学科的特征。我国目前的学科培养体系不够重视交叉学科人才培养，尤其是类似于区块链政务这种前沿技术与公共政策融合的学科，仍存有较大不足。其次，区块链属于新兴技术，很多人对其落地应用仍持有怀疑态度，不愿意将自身发展投向这一领域，导致该领域的人才吸引力不高。最后，政府工作人员对区块链政务这一新的应用掌握不足，会限制该技术的应用和推广，甚至在政务应用中排除新技术的实施。

为培养精通区块链政务的专业人才，需要采取有针对性的措施。第一，在学科设置上，在大学和科研机构开设相关专业，培养该领域需要的复合型人才，并为其提供必要的保障。第二，开展丰富的科普活动，加强引导和宣传，鼓励大家参与新技术的学习和应用，吸引更多人才投身该领域的建设。[2]第三，对政府工作人员进行系统培训，使其掌握基本的区块链技术，为区块链政务的实施扫清内部障碍。

■ 要点

1. 区块链政务应用与现有的政务法律法规和政策文件存在一定的冲突，因而需要理顺二者的关系，减少制度性摩擦。

2. 政务活动要求极高的安全性，区块链技术本身需要进一步提升安全性。应当努力改善应用环境，为政务应用提供保障。

---

〔1〕 参见杨柠聪、白平浩："区块链技术的政府治理实践：应用、挑战及对策"，载《党政研究》2020年第2期。

〔2〕 参见胡蓉："长三角一体化视角下区块链赋能政务领域研究"，载《重庆文理学院学报（社会科学版）》2022年第5期。

3. 现有的学科体系不利于交叉学科人才培养，需要在学科建设中重视区块链领域的复合背景教学活动，为开展应用提供人才基础。

■ 思考题

18.1 区块链政务应用对公民体验感有何影响？

18.2 区块链政务应用应当如何科普和推广？

18.3 如何提升政府工作人员运用区块链技术的能力？

第二节 区块链经济领域应用的法律问题

一、微观经济活动

在微观经济活动中应用区块链技术，主要存在三个问题。第一，区块链以数据和算法为基础，数据的流动性是区块链经济发展的基础，但是信息孤岛现象普遍存在；[1]数据产权不清造成的数据共享和利用不畅，严重阻碍了区块链在微观经济活动中的应用。第二，数据持有者可能滥用数据，破坏数据提供者的合法利益。例如，数据滥用已经成为互联网行业惯用的伎俩，大数据在外卖行业的应用严重压榨外卖员的生存利益，那么区块链在经济中应用也可能会导致类似侵害他人合法权益的法律问题。第三，区块链在经济中的应用可能为应用者提供不正当竞争的优势地位，破坏公平公正的市场环境，导致数据鸿沟和寡头垄断。

针对区块链在微观经济活动中应用的问题，第一，建立全国范围内统一、规范、便捷的数据流通渠道和交易市场，为区块链应用于微观经济活动提供要素流通的渠道，并且有必要建立与国际接轨的流通机制，将其纳入法律授权的领域和规制的范围。第二，需要从私法层面明确数据权属，并对企业收集、开发、应用数据的行为加以行政规制，严格限制企业利用用户的数据侵害用户利益，细化各类规范以保护公民在区块链经济应用中的合法权益。第三，针对信息时代的不正当竞争问题，为应对区块链垄断风险，需要《反垄断法》《反不正当竞争法》等部门法作出恰当的安排，既保障企业有利用区块链技术的充裕空间，又防范其滥用支配地位限制竞争。

---

〔1〕 参见致公党中央调研组："推进大数据、区块链与经济社会融合创新发展"，载《中国发展》2021年第2期。

二、共享经济领域

区块链可以应用于共享经济领域，提供新的应用模式。第一，保护用户信息安全，区块链可以通过加密技术构建点对点的价值传输，应用对称加密和授权技术防止隐私泄露，保证信息安全。[1]第二，引入智能合约可以自动执行交易过程，降低第三方合约的中心化、篡改等违规风险，促进交易公平。[2]第三，传统的平台公信力来自平台自身声誉，其在用户群体中的公信力需要长期累积，而区块链保证了数据流通中授权信息、过程信息的不可删改，将部分节点交由数据源、数据需求方、监管方控制，有效地解决了诸多利益相关方之间的信任问题。[3]第四，发生纠纷时，区块链可以实现交易信息的透明化和电子化，降低监管人员收集证据的成本，维护市场秩序，保护消费者利益。[4]

区块链助力共享经济的同时，也会带来一些风险。首先，共享经济是不特定的供需双方都会向对方与平台发生关系，[5]如网约车为乘客、司机、平台三方关系。平台的管理与经营行为都将传导到市场，但由于平台内部管理行为难以被监管机构知晓，将给供求方、市场带来因平台违规导致的风险。[6]第二，区块链给共享经济带来信用修复风险，使得被遗忘权难以实现；用户信息被平台控制，[7]平台对这些数据的滥用容易出现严重的道德风险。[8]因此，需要探索规范区块链共享经济应用中的新问题，防范和化解新风险，明确三方法律关系和责任。

三、财经活动管理领域

会计准则是会计工作必须遵从的准则，世界各国有自成体系的会计准则，

---

〔1〕参见石蓉姗、李丹："基于区块链技术的共享经济发展模式研究"，载《商业经济研究》2018年第24期。

〔2〕参见高锡荣、石颖："基于区块链技术的共享经济信用约束机制研究"，载《征信》2020年第7期。

〔3〕参见王毛路、高航、陆静怡："区块链和共享经济的关键问题研究"，载《电子政务》2018年第4期。

〔4〕参见石蓉姗、李丹："基于区块链技术的共享经济发展模式研究"，载《商业经济研究》2018年第24期。

〔5〕参见唐清利："'专车'类共享经济的规制路径"，载《中国法学》2015年第4期。

〔6〕参见杨尊源："共享经济中区块链应用风险的法律规制——基于公主体与私主体的合作规制模式"，载《北京社会科学》2021年第6期。

〔7〕参见杨尊源："共享经济中区块链应用风险的法律规制——基于公主体与私主体的合作规制模式"，载《北京社会科学》2021年第6期。

〔8〕参见郑联盛："共享经济：本质、机制、模式与风险"，载《国际经济评论》2017年第6期。

而区块链技术要求各节点上传数据的范围和使用的算法保持一致，这对会计领域应用区块链技术提出了新的挑战，例如，企业办理跨国业务并利用区块链上的数据时，可能因为不同国家或地区的会计准则不一致导致数据利用方面的问题。[1]鉴于此，需要建立一个应用于区块链技术上的统一的会计标准，为会计业务的开展提供准则，并与国际标准相衔接。同时，区块链+会计的应用，对于会计从业人员提出了更高的要求。这需要会计从业人员熟悉计算机知识，熟练应用区块链平台。[2]

■ 要点

1. 微观经济活动中的应用存在信息流通补偿、权力寻租、不正当竞争等问题，需要构建规范的数据流通渠道、明确数据权属、规制不正当竞争。

2. 区块链应用于共享经济可以提升用户信息安全、智能合约自动执行交易、强化对共享经济的监管，也存在平台道德风险的隐患。

3. 财务会计领域的应用会冲击现有的会计准则，因而需要建立区块链应用中的统一的会计准则，为区块链财务应用和推广提供必要条件。

■ 思考题

18.4 区块链在微观经济活动中的应用可能出现哪些不正当竞争的行为？

18.5 共享经济的共享模式与区块链去中心化理念之间的关系。

18.6 财务会计领域应用区块链能否降低财务造假的现象？

第三节　区块链民生领域应用的法律问题

一、网络餐饮

近年来，屡屡曝光的网络餐饮问题严重损害消费者身体健康和经济利益。例如，很多网络餐饮商家不具备食品生产资质和卫生环境，有些平台利用大数据杀熟、实施价格歧视。区块链在网络餐饮中的应用，能够在一定程度上解决网络餐饮中的上述问题。

---

〔1〕 参见杜高杨、胡嘉琪："区块链技术在会计领域应用研究"，载《合作经济与科技》2021年第20期。

〔2〕 参见杜高杨、胡嘉琪："区块链技术在会计领域应用研究"，载《合作经济与科技》2021年第20期。

可以建立基于区块链的食品溯源系统，实现餐饮企业、消费者、政府监管部门数据互通共享，要将《电子商务法》《网络餐饮服务食品安全监督管理办法》《网络食品安全违法行为查处办法》等法律法规与区块链技术相衔接，使区块链网络餐饮既有法可依又受到监管。[1]并且，可以将区块链技术应用于网络餐饮的电子发票和票据认证方面，保障消费者利益的同时，便于税务监管与审计。[2]

二、农产品溯源

区块链基于自身独特的技术优势，在农产品溯源有一定的应用空间。运用区块链的加密算法和共识机制，保证农产品溯源信息的完整、安全、公开透明。[3]

目前，区块链在农产品溯源领域的应用仍处于探索阶段，主要存在以下问题。首先，全产业链整合程度较低，无法形成交易闭环，只能实现流通效益的局部优化；其次，数据共享与可靠性问题仍未能完全解决，企业之间数据存在一定壁垒，线上数据与实际流通之间难以实现完全一致。[4]鉴于此，需要进一步完善农产品溯源的相关规范，建立区块链在农产品溯源应用领域的行业标准，实现全产业链的高度贯通。同时，在应用中需要搭建统一的数据交换渠道，协调企业间的数据共享，减少数据流通的障碍。

三、教育领域

区块链技术在教育领域也有独特的应用方式。第一，在信息管理方面，主要应用于教育存证、成绩单记录和学分银行、档案管理、师生身份认证等场景。例如，在档案管理的场景，明确功能定位、技术架构、实现过程，确保学生档案真实性和有效性，也便于用人单位获得允许后便捷地查询学生信息，方便学生和用人单位之间的信息交流。[5]又如，有学者提出基于区块链

---

〔1〕 参见刘柳："破解网络餐饮领域治理难题"，载《东方法学》2019 年第 5 期。

〔2〕 参见张嘉哲、黄今慧："基于区块链的餐饮行业商业模式研究"，载《信息与电脑（理论版）》2019 年第 20 期。

〔3〕 参见翟鸿雁："区块链技术在农产品安全信息溯源中的应用研究"，载《物联网技术》2020 年第 1 期。

〔4〕 参见刘如意、李金保、李旭东："区块链在农产品流通中的应用模式与实施"，载《中国流通经济》2020 年第 3 期。

〔5〕 参见周小韵："区块链技术在学生档案管理中的应用模式探究"，载《南京理工大学学报（社会科学版）》2019 年第 6 期。

不可篡改等特性设计学历及学位认证、成绩管理等信息管理系统。[1]第二，在教育资源管理方面，主要应用于教学资源、学术成果、学习知识共建共享等场景。例如，有学者为促进教育教学资源共享，探索了基于区块链技术的资源存储、评估、互联的架构。[2]第三，在教育平台建设方面，主要应用在于教学评估、经费管理、综合素质评价等场景。例如，应用区块链技术建立核心数据网络和信息公开网络，规范高校科研经费管理，建立可信任的回溯机制。[3]

教育领域应用区块链技术同样面临一定的问题。第一，数据权属问题。区块链在教育领域应用中产生的数据，属于传统的学校教务部门还是属于师生自己。同时，查询权限、使用流程、使用目的等问题也有待明确。例如，学校是否有权将数据提供给招聘平台。第二，数量庞大的学生群体会形成海量数据，给链上存储造成压力，可能降低信息交互效率，进而影响用户体验。[4]第三，现有匿名技术在隐私保护上仍然存在风险，教育领域的应用涉及学生这一弱势群体，还涉及未成年人保护问题，因此，隐私风险需要备受重视。

四、智慧交通领域

车联网是智慧交通的核心应用之一。车联网以车内网、车际网、车载移动互联网为基础，[5]实现车与其他车、建筑物、基础设施之间的信息交换，甚至助力车与非机动车、行人之间的沟通。[6]区块链技术可应用于车联网的两个方面。第一，区块链可以改进传统的汽车身份认证密钥分配方式，变革传统的密钥分配中心，通过共识机制实现各节点的分布式密钥分配中心，助力数字证书的发放和管理。[7]第二，车联网的海量数据是车辆行驶的数据参数，决定车辆行驶状态，直接关系到驾驶安全，关乎驾驶人、行人的生命健康，需要严密安

---

〔1〕 参见吴玲燕："区块链技术在研究生教育教学管理中的应用与挑战"，载《天津科技》2019 年第 3 期。

〔2〕 参见刘丰源等："基于区块链的教育资源共享框架探究"，载《现代教育技术》2018 年第 11 期。

〔3〕 参见曲广强、孙斌："基于区块链的实验教学经费可信任回溯机制研究"，载《计算机科学》2019 年第 A2 期。

〔4〕 参见贾伟洋、李昕宇、李援农："区块链技术在我国教育领域应用的研究综述"，载《中国林业教育》2021 年第 5 期。

〔5〕 参见王良民等："5G 车联网展望"，载《网络与信息安全学报》2016 年第 6 期。

〔6〕 参见惠伟、孙伟华、何蔚："车联网发展中的机遇与挑战"，载《网络空间安全》2015 年第 12 期。

〔7〕 参见刘勇等："基于区块链技术的车联网汽车身份认证可行性研究"，载《汽车技术》2018 年第 6 期。

全保护，区块链在数据传输和保护方面能够发挥优势。在以上两方面的应用中，首先，需要明确应用的所有者、开发者、使用者之间的权利与义务，为区块链应用提供法律制度，规范各主体的行为。其次，数据权属和开发利用需要规制，智慧交通中产生的数据是否可以用于其他经济用途及其收益的分配问题。最后，智慧交通中产生的数据应用范围是否需要限制，例如，数据涉及用户隐私，民事纠纷中可否以此数据作为证据是需要考量的问题。

■ 要点

1. 区块链在网络餐饮中的应用，能够助力解决食品安全、配送溯源、电子发票和票据认证等方面的问题。

2. 区块链可以保证农产品溯源信息的完整、安全、公开透明。但是，全产业链整合程度较低，无法形成交易闭环，数据共享与可靠性问题仍未能完全解决。

3. 区块链应用于教育领域，可以在教育信息管理、教育资源管理、教育平台建设等方面提供助力。

4. 智慧交通方面，区块链搭建分布式密钥分配中心，助力数字证书的发放和管理，加强海量数据传输和保护。但是，所有者、开发者、使用者之间的权利与义务不清晰，难以形成有效的规制。

■ 思考题

18.7 网络餐饮中的应用对外卖小哥有什么影响？

18.8 技术应用中农民权益如何保障？

18.9 教育领域的应用如何划定信息上传的范围？

18.10 智慧交通中应用区块链是否存在算法歧视的风险？

第四节　区块链信息领域应用的法律问题

一、新闻平台应用的法律问题

（一）法律规制与平台责任

区块链在新闻平台的应用主要在于代币交易、媒体内容交易，影响着新闻行业的内容生产、知识变现、权益分配、信息真实等方面。[1]区块链+新闻平台需要整合密码学、数学、经济学、网络科学等多种技术，存在公共区块链、联盟区块链、私有区块链等不同样态。[2]复杂的应用环境增加了法律规制的难度。

第一，新闻平台有自己的平台代币，例如，美国 Civil 平台的代币是 CVL，中国亿书平台的代币为 DDN。各平台的代币不尽相同，又缺乏统一的价格交易机制，并且我国法律与政策对虚拟货币持不支持态度。因此，需要在法律框架内为新闻平台代币作出制度安排，规范代币发行和流通市场，并明晰其与现实货币市场的关系。第二，信息时代网络犯罪猖獗，例如，利用网络进行赌博、诈骗、虚假宣传等活动。新闻平台作为新闻媒介的运营管理者，根据《网络安全法》应当建立明确的安全责任制度，履行投诉处理义务，审核用户身份信息并做好保密工作，履行违法信息处置义务。[3]第三，新闻行业本身有自己的自律组织和行业规章，能够灵活地应对本行业内的发展趋势和新情况。可以构建多层次的治理格局，拓展区块链新闻平台的自治方式。平台通过对去中心化理念的自我纠偏和抑制炒作概念的方式，实现区块链新闻平台对接市场与学科运营。[4]

（二）信息真实与价值判断

区块链作为一项技术，缺乏对信息真实性与价值的评判。区块链的技术特点决定了其依靠算法和投票机制确定信息的真实性，而算法确定的真实性与现实的真实性并不一定完全一致。群体心理学有一个"乌合之众"的概念，认为人一旦加入群体便失去了原先的个性，加密算法和持币人的投票都为机器共识增加了人性因素，从而影响共识的决策结果。[5]而真实性是新闻价值的基础，不实新闻可能给社会带来损害。同时，技术无法对新闻的价值内涵和导向进行判断，很可能出现不符合法律规范和政策要求的信息内容。

〔1〕　参见付红安："区块链新闻平台内容生产的法律规制研究"，载《新闻与传播评论》2019年第2期。

〔2〕　参见高杰："颠覆式创新：'区块链+新闻'平台特点与发展瓶颈"，载《中国报业》2020年第5期。

〔3〕　参见付红安："区块链新闻平台内容生产的法律规制研究"，载《新闻与传播评论》2019年第2期。

〔4〕　参见付红安："区块链新闻平台内容生产的法律规制研究"，载《新闻与传播评论》2019年第2期。

〔5〕　参见匡文波、黄琦翔、郭奕："区块链与新闻业：应用与困境"，载《中国报业》2020年第5期。

具体而言，第一，区块链作为虚拟的数字场域，在新闻生产主体和流程上有别于传统的新闻行业，用户数量较少的新闻主体投票权就少，难以掌握话语权，正确信息的编辑被记录而误认为是篡改等问题，进而会阻碍新闻生态与区块链技术的深度融合；第二，区块链技术决定了多数节点投票的民主方式，此方式可能导致形式民主与实质上的垄断，如在新闻选题的环节，生产者用户发起提案，读者用户进行投票，该方式受读者偏好影响严重，甚至出现通过代币操纵舆论的问题。[1]因此，单纯的算法逻辑存在不足，需要其他方式加以完善。

鉴于此，需要建立对信息真实性和价值的审查机制。第一，通过法律法规，明确区块链新闻平台的审核义务，赋予平台必要的审查权限，建立权责统一的审查机制，强化平台主体责任。第二，对于利用技术进行犯罪、误导大众等行为，予以严厉打击，加大惩罚力度。第三，增加国际合作，完善相关国际条约和规范，提升国际组织对区块链新闻行业的监管能力。

（三）被遗忘权与信息删改

欧盟早在1995年《个人信息保护指令》（Directive 95/46/EC）中引入了个人信息保护的相关概念，并在2016年出台的《一般数据保护条例》（General Data Protection Regulation）中正式确立了被遗忘权，以应对信息时代公民信息保护问题。我国2021年出台了《个人信息保护法》第47条规定了个人信息处理者的删除义务和公民请求删除的权利救济。[2]区块链的技术特征决定了信息删改的难度极高，将其应用到新闻领域，将会对现行信息删改制度构成挑战。因此，区块链在新闻领域的应用，迫切需要考虑构建我国的被遗忘权制度。

首先，需要明确被遗忘权的权利主体。公民个人毫无疑问是被遗忘权的主体，但是法人和非法人组织甚至国家能否成为该权利的主体存在争议。第二，应当清晰界定权利客体，对被遗忘信息的种类、内容等作出具体规定。第三，明确对应的义务主体，主要涉及数据流通过程中收集、传输、存储、开发等各环节的数据控制者。第四，完善权利行使的程序，便捷的方式能够降低权利运行的成本，并由公权力部门加强监管，解决法律纠纷。

同时，区块链的哈希值唯一且不可修改，被遗忘权的制度构建需要克服技术本身的特点，建构一个技术方案，能够从区块链中删除部分信息，同时保障

---

〔1〕参见蒋林志："基于区块链技术的新闻生产创新研究"，中央民族大学2021年硕士学位论文。

〔2〕参见王义坤、刘金祥："被遗忘权本土化的路径选择与规范重塑——以《个人信息保护法》第47条为中心"，载《财经法学》2022年第3期。

删除后链上信息的完整与一致。不可篡改的技术特性导致信息删改成本很高，实践中如果链上信息发生错误，常规做法是不删改错误信息，而是在原有错误信息上添加正确的新信息。[1]

二、信息产权保护应用的法律问题

进入信息时代以来，信息产权的问题一直备受关注。按照国际上信息分类的最新标准，数据资产将在信息阶段化基础上构建，个人信息经过处理后，被企业存储和利用形成新的数据资产，构成数据交易市场的基础。[2]数据资产可以按照原始/底层数据与增值数据，分为个人信息的人格权益与财产权益和数据企业的数据资产权与数据经营权。随着平台与共享数据的发展，从原始数据和增值数据中衍生出分享平台数据，即平台定制化处理后具有直接应用价值的数据。[3]分享平台数据的权能分离，形成生产与消费混同的信息产权，在"互联网+"信息产权交易价值共享法律保护的理想规范状态下，共享平台通过信息生产分享价值网络，形成对信息产权交易共享平台的保护模式。[4]主要涉及平台垄断和经济产权两方面的问题。

大平台垄断会阻碍信息产权的流通和保护。鉴于此，需要加强对数据交易市场上的新型著作权、商业秘密、数据库权等的保护，应采取"合理适用例外相结合"的数据产权法律保护；针对经济产权，信息产权交易可以通过共享模式提供法律配置路径，共享模式即是将权能共享与组合。[5]在现有实践中，计算能力强的平台占有优势地位，并获取产权利益。应用区块链技术可以打破交易垄断，洗牌算法能力，实现资源的重新分配。[6]

■ 要点

1. 新闻领域是严格管制的特殊行业，区块链在该行业的应用需要规范代币管理、落实平台责任，同时，加强自律组织和行业规范建设。

2. 区块链的共识机制，对新闻内容的真实性埋下了隐患，也无法进行价值

---

[1] 参见高杰："颠覆式创新：'区块链+新闻'平台特点与发展瓶颈"，载《中国报业》2020年第5期。

[2] 参见许娟："互联网信息产权交易的规范形态"，载《学海》2018年第5期。

[3] 参见许娟："互联网信息产权交易的规范形态"，载《学海》2018年第5期。

[4] 参见许娟："互联网信息产权交易的规范形态"，载《学海》2018年第5期。

[5] 参见许娟："互联网信息产权交易的规范形态"，载《学海》2018年第5期。

[6] 参见许娟："互联网信息产权交易的规范形态"，载《学海》2018年第5期。

判断。因此，需要辅之以其他方式提高内容的真实性和价值筛选。

3. 需要建立我国的被遗忘权制度，克服技术对公民权益的威胁，并降低链上新闻的删改成本。

4. 需要加强对数据交易市场上的新型著作权、商业秘密、数据库权等的保护，应采取"合理适用例外相结合"的数据产权法律保护。

■ **思考题**

18.11 新闻平台是否对利用区块链技术发布的新闻内容负责？

18.12 能否开发相应的技术自动进行价值判断？

18.13 如何平衡链上新闻与公民隐私权？

18.14 信息产权保护能够助力财富分配、共同富裕？

■ **本章阅读文献**

1. 陈鹏："区块链嵌入下的政府治理：能力提升与风险防范"，载《广东行政学院学报》2020年第5期。

2. 付红安："区块链新闻平台内容生产的法律规制研究"，载《新闻与传播评论》2019年第2期。

3. 刘丰源等："基于区块链的教育资源共享框架探究"，载《现代教育技术》2018年第11期。

4. 刘柳："破解网络餐饮领域治理难题"，载《东方法学》2019年第5期。

5. 吴玲燕："区块链技术在研究生教育教学管理中的应用与挑战"，载《天津科技》2019年第3期。

6. 徐琳、袁光："区块链：大数据时代破解政府治理数字难题之有效工具"，载《上海大学学报（社会科学版）》2020年第2期。

7. 杨尊源："共享经济中区块链应用风险的法律规制——基于公主体与私主体的合作规制模式"，载《北京社会科学》2021年第6期。

8. 翟鸿雁："区块链技术在农产品安全信息溯源中的应用研究"，载《物联网技术》2020年第1期。